LIVROS QUE
CONSTROEM

Biblioteca "História, Exploração e Descobertas" - 01
VOLUMES PUBLICADOS:

1. História dos Povos de Língua Inglesa .... Winston Churchill
2. A Revolução Russa .... Alan Moorehead
3. Memórias de Montgmorey .... Mal. Montgomery
4. Jornal do Mundo .... Vários
5. História das Orgias .... Burog Partridge
6. Os Sonâmbulos .... Arthur Koestker
7. A Revolução Francesa .... Georges Lefreve
8. As Grandes Guerras da História .... H. Lidell Hart
9. Nova Mitologia Clássica .... Mário Meunier
10. História dos Gregos .... Indro Montanelli
11. História de Roma .... Indro Montanelli
12. Hernan Cortez .... S. de Madariaga
13. Pequena História da Ciência .... W. C. Dampier
14. De Adão à ONU .... René Sédillot
15. Rendição Secreta .... Allen Dulles
16. A Angústia dos Judeus .... E. H. Flannery
17. Idade Média: Trevas ou Luz? .... Indro Montanelli e R. Gervaso
18. Itália: Os Séculos Decisivos .... Indro Montanelli e R. Gervaso
19. Itália: Os Séculos de Ouro .... Indro Montanelli e R. Gervaso
20. Hitler e a Rússia .... Tumbull Higgins
21. Síntise Histórica do Livro .... J. Barbosa Mello
22. Ruínas Célebres .... Herman e Georg Schreiber
23. Impérios Soterrados .... Herman e Georg Schreiber
24. Romance e Arqueologia .... P. E. Cleator
25. Autobiografia de Benjamin Franklin .... Benjamin Franklin
26. A Declaração de Independência .... Carl L. Becker
27. Hitler: Autodestruição de Uma Personalidade .... H. D. Rïhrs
28. Israel: Do Sonho à Realidade .... Chaim Weizmann
29. A Conspiração Mundial dos Judeus: Mito ou Realidade? .... Norman Cohn
30. A Longa Marcha .... Simone de Beauvoir
31. De Leste a Oeste .... Arnold Toynbee
32. A Manipulação da História no Ensino e Meios
    de Comunicação .... Marc Ferro
33. Japão - Passado e Presente .... José Yamashiro
34. História da Cultura Japonesa .... José Yamashiro
35. Os Astrônomos Pré-Históricos do Ingá .... F. C. Pessoa Faria
36. Choque Luso no Japão dos Séculos XVI e XVII .... José Yamashiro
37. João Paulo II .... Jean Offredo
38. História da Bíblia .... G. S. Wegener
39. A Papisa Joana .... Rosemary e Darrol Pardoe
40. História dos Samurais .... José Yamashiro
41. A Língua de Camões .... José Verdasca
42. Raízes da Nação Brasileira .... José Verdasca

HISTÓRIA DOS POVOS DE LÍNGUA INGLESA
WINSTON S. CHURCHILL

C488h CHURCHILL, Winston S., Sir; 1874-1965
História dos povos de língua inglesa - Winston Churchill,
Tradução de Enéas Camargo - São Paulo: IBRASA, 2006
384p. (Biblioteca História, Explorações e Descobertas; 1)

Bibliografia
ISBN 85-348-0270-x

1. História 2. Reino Unido 3. Inglaterra I. Título II. Série

CDU   942

Índice para Catálogo Sistemático:
1. História da Inglaterra: 942
2. História do Reino Unido: 942

Maria José Oliveira
Bibliotecária CRB 5641/8

WINSTON S. CHURCHILL

HISTÓRIA
DOS POVOS DE LÍNGUA INGLESA

Volume II
O Novo Mundo

Tradução de:
Enéas Camargo

IBRASA - Instituição Brasileira de Difusão Cultural Ltda.
São Paulo - SP

Título original:
A History of the English Speaking Peoples, vol. II

Direitos desta edição reservados à
IBRASA
INSTITUIÇÃO BRASILEIRA DE DIFUSÃO CULTURAL LTDA.
Rua. Treze de Maio, 446 - Bela Vista
01327-000 - São Paulo - SP
e-mail: ibrasa@ibrasa.com.br
home page: www.ibrasa.com.br

Copyright © by
Emery Reves; 157 Route de Florissant, Genebra

Nenhuma parte dessa obra poderá ser reproduzida, por qualquer meio, sem prévio consentimento dos editores. Excetuam-se as citações de pequenos trechos em resenhas para jornais, revistas ou outro veículo de divulgação.

Capa:
Antonio Carlos Ventura

Editoração Eletrônica:
Alpha Design

Revisão:
Edna G. Luna
Maria Inez de Souza

Produção Editorial:
Tania Jorge

Publicado em 2010

IMPRESSO NO BRASIL - PRINTED IN BRAZIL

Agradecimentos

Devo novamente testemunhar meus agradecimentos ao Sr. F. W. Deakin e Sr. G. M. Young, bem como ao Dr. Keith Feiling, pelos serviços prestados, antes da Segunda Guerra Mundial, na preparação desta obra. Estendo estes agradecimentos ao Sr. Alan Hodge, Sr. J. Hurstfield, da University College, de Londres, ao Dr. A. L. Rowse of All Souls, que examinaram o texto à luz dos novos conhecimentos da História e ao Sr. Denis Kelly e Sr. C. C. Wood. Também quero agradecer às numerosas pessoas que leram e comentaram estas páginas.

Para compor este volume consultei prazerosamente escritos de Gardiner, Pollard e Ranke, sobre a "História Inglesa de Oxford" e trabalhos de outros estudiosos do passado e do presente. Nos últimos dois capítulos, com a permissão de Messrs. George G. Harrap & Co. Ltd., segui em parte o esquema geral de minha obra "Marlborough: sua vida e sua época".

Prefácio

Eventos de grande repercussão ocorreram nos dois séculos estudados neste volume. O Novo Mundo do continente americano foi descoberto e colonizado por aventureiros europeus. Novos mundos foram abertos ao espírito humano no campo da filosofia e da crença, da poesia e da arte. Entre 1485 e 1688 os povos de língua inglesa começaram a se expandir pelo mundo todo. Enfrentaram e derrotaram o poderio da Espanha. Uma vez conquistada a liberdade dos mares, as colônias americanas se consolidaram. Comunidades progressistas surgiram na costa ocidental do Oceano Atlântico, as quais com o correr do tempo se transformaram nos Estados Unidos da América do Norte. A Inglaterra e a Escócia adotaram o credo protestante. Os dois reinos da Ilha uniram-se, depois, sob uma dinastia escocesa. Por questão de princípios uma grande guerra civil ocorreu. O país experimentou o regime republicano sob a maciça personalidade de Olivério Cromwell. Mas, por imposição da própria Nação, as tradições da realeza foram restauradas. No final deste volume encontramos o credo protestante estabilizado sob um monarca holandês, o Parlamento em vias de completa hegemonia nos negócios de Estado, a América em franco progresso, enquanto se aproxima do fim uma prolongada e generalizada disputa com a França.

W. S. C.

Chartwell
Westerham
Kent

4 de setembro de 1956

Sumário

Agradecimentos 7
Prefácio 9

Livro IV
Renascimento e Reforma

Capítulo I - O mundo redondo 15
Capítulo II - A dinastia Tudor 27
Capítulo III - Rei Henrique VIII 37
Capítulo IV - Cardeal Wolsey 47
Capítulo V - O rompimento com Roma 61
Capítulo VI - O fim dos mosteiros 77
Capítulo VII - A luta dos Protestantes 89
Capítulo VIII - A bondosa Rainha Bess 103
Capítulo IX - A armada espanhola 119
Capítulo X - Gloriana 129

Livro V
A Guerra Civil

Capítulo I - As coroas unidas 143
Capítulo II - O "Mayflower" 157
Capítulo III - Carlos I e Buckingham 171
Capítulo IV - O governo pessoal 183
Capítulo V - A revolta do Parlamento 201
Capítulo VI - A grande rebelião 219
Capítulo VII - Marston Moor e Naseby 235
Capítulo VIII - O golpe final 247

Livro VI
A Restauração

Capítulo I - A REPÚBLICA INGLESA 269
Capítulo II - O LORDE PROTETOR 283
Capítulo III - A RESTAURAÇÃO 299
Capítulo IV - O ALEGRE MONARCA 315
Capítulo V - A CONSPIRAÇÃO PAPISTA 333
Capítulo VI - WHIG E TORY 343
Capítulo VII - O REI CATÓLICO 357
Capítulo VIII - A REVOLUÇÃO DE 1688 369

Mapas e Quadros

MAPA DO MUNDO MOSTRANDO AS PRINCIPAIS VIAGENS DE
    DESCOBRIMENTO 22
A EUROPA NO TEMPO DE HENRIQUE VII 55
DINASTIAS TUDOR E STUART 94
AS COLÔNIAS AMERICANAS NO SÉCULO XVII 169
A INGLATERRA DURANTE A GUERRA CIVIL 225

Livro IV

Renascimento e Reforma

CAPÍTULO I

O MUNDO REDONDO

Agora alcançamos o alvorecer do século XVI. Abrange um período durante o qual extraordinárias transformações afetaram toda a Europa. Algumas já se processavam havia muito tempo, mas eclodiram em sua plena força neste período. Há trezentos anos ou mais a Renascença vinha excitando o pensamento e o espírito da Itália e agora continuou, revivendo intensamente as tradições da antiga Grécia e Roma, embora não a ponto de afetar os alicerces da fé cristã. Entrementes, os Papas adquiriram poder temporal, cercando-se da cobiça e das pompas dos demais potentados, embora alegando conservar também o poder espiritual. As rendas da Igreja foram aumentadas pela venda de indulgências destinadas a livrar do purgatório tanto os vivos, como os mortos. Os cargos de bispo e cardeal eram comprados e vendidos e o povo explorado ao máximo em sua crença. Esses e outros abusos na organização da Igreja eram largamente reconhecidos e criticados, mas, não obstante, continuavam ocorrendo. Ao mesmo tempo, a literatura, a filosofia e a arte floresciam sob a inspiração clássica e a mente dos estudiosos arejava-se e alargava-se. Eram os humanistas, que tentavam uma reconciliação dos movimentos clássico e cristão, destacando-se entre eles Erasmo de Roterdã. A ele devemos, em grande parte, a influência do pensamento renascentista na Inglaterra. A imprensa permitia que o conhecimento e as opiniões penetrassem nas inúmeras associações religiosas que garantiam a estrutura da Europa medieval, e a partir de 1450 a palavra impressa constituía a espinha dorsal de um domínio sempre crescente. Já existiam sessenta Universidades no mundo ocidental, de Lisboa a Praga, e no primeiro quartel do novo século elas voluntariamente abriram novos e mais largos caminhos de estudo e intercâmbio, que tornaram sua vida mais fértil e menos rígida. Na Idade Média a educação praticamente limitava-se a formar o clero. Agora, ela se ampliava consideravelmente e seus propósitos passavam a ser não apenas formar clérigos, mas homens cultos e estudiosos. O ideal da Renascença passou a ser o homem de muitos predicados e conhecimentos.

Esse efervescer do espírito humano é acompanhado por uma investigação de teorias de há muito olvidadas, através do livre exame. Pela primeira vez, no curso do século XV, os homens passaram a referir-se ao milênio anterior usando a expressão "Idade Média". Não obstante ainda sobrevivessem em suas mentes muitas das idéias medievais, os homens sentiam que estavam vivendo no alvorecer de uma nova e moderna era, marcada não apenas por esplêndidas realizações na arte e na arquitetura, mas também pelo início de uma revolução na ciência, a que podemos associar o nome de Copérnico. A afirmação de que a Terra se move ao redor do Sol, que ele comprovou e mais tarde Galileu confirmou num célebre episódio, era uma idéia nova que teria acentuado efeito na filosofia. Até então, pensava-se que a Terra era o centro de um Universo feito especialmente para servir aos anseios do Homem. Agora, novas e vastas perspectivas se abriam.

A ânsia de inquirir, debater e procurar novas explicações alastrouse do campo da cultura clássica para os estudos religiosos. Textos gregos e latinos, até hebraicos, foram examinados no original. Isto levou, inevitavelmente, a pôr em dúvida crenças religiosas já aceitas. A Renascença fomentou a Reforma. Em 1517, com a idade de 34 anos, Martinho Lutero, um padre alemão, denunciou a venda de indulgências, pregando na porta da igreja do Castelo de Wittenberg suas teses sobre esse e outros assuntos. Iniciou, assim, sua temerária polêmica com o Papa. O que começara como um protesto contra práticas da Igreja logo se tornou um desafio à doutrina católica. Em sua luta, Lutero demonstrou qualidades de determinação e convicção ante o perigo do próprio extermínio, o que lhe valeu a fama. Ele começou ou impulsionou um movimento que em uma década empolgou o continente e orgulhosamente ostenta o título genérico de Reforma, a qual tomou formas diferentes em vários países, particularmente na Suíça, sob Zwinglio e Calvino. A influência deste se estendeu de Genebra, através da França, aos Países Baixos e Bretanha, onde se fez sentir mais na Escócia.

Há muitas interpretações da doutrina luterana, mas ele próprio firmou rigorosamente o princípio da "salvação pela fé, não pela obra". Isto significa que o fato de se levar uma vida correta na terra, como muitos pagãos tem feito, não é garantia da eterna bem-aventurança. A crença na revelação de Cristo é vital. As palavras da sagrada escritura e a obediência à própria consciência, não à autoridade papal, eram as idéias mestras de Lutero. Ele próprio acreditava no predeterminismo. Adão pecou no Paraíso porque Deus todo poderoso o fez assim proceder. Daí o pecado original do Homem. Conseqüentemente, cerca de um décimo da Humanidade pode escapar ou já escapou da punição eterna. Todos os monges e freiras devem procurar consolo no casamento. O próprio Lutero deu o exemplo, casando-se com uma freira fugitiva, quando tinha 40 anos de idade, e viveu feliz desde essa época.

* * *

A Reforma atingiu todos os países da Europa, porém nenhum mais do que a Alemanha. O movimento luterano falou de perto ao nacionalismo do povo germânico, que vivia indócil sob a extorsão de Roma. Lutero lhe deu uma tradução da Bíblia, de que os alemães com razão ainda se orgulham. Deu também aos príncipes alemães a oportunidade de se servirem das propriedades da Igreja. Os ensinamentos luteranos nas mãos extremistas levaram o sul da Alemanha a uma guerra social, em que centenas de milhares de pessoas pereceram. O próprio Lutero estava apaixonadamente no lado oposto à massa que inflamara. Apesar de haver usado de linguagem muito violenta para levantar a população, ele não hesitou em voltar-se contra ela quando a massa respondeu ao seu apelo. Lutero iria bem longe na luta contra o Papa, no terreno doutrinário, mas as multidões oprimidas que o fortaleceram, em última análise não lhe interessavam. Chamou-as de "porcos" e outros nomes grosseiros e repreendeu os "senhores", como chamou a aristocracia e as forças dominantes, por sua frouxidão em reprimir a Rebelião dos Camponeses.

Heresia sempre houve e em todos os tempos ressentimentos contra a Igreja têm aparecido em quase todos os países europeus. Mas, o cisma que começou com Lutero era de diferente aspecto e de proporções formidáveis. Todos os que dele participaram, os inimigos e os defensores de Roma, estavam ainda profundamente influenciados pela mentalidade medieval. Julgavam-se restauradores do espírito mais puro dos velhos tempos do cristianismo e da primitiva Igreja. Mas, a Reforma contribuiu para aumentar a confusão e incerteza numa época em que o homem e o Estado se agarravam desesperadamente às âncoras que por tanto tempo prendiam a Europa. Após um período de contenda eclesiástica entre o Papado e os reformistas, o protestantismo estabeleceu-se em grande parte do continente, sob uma variedade de seitas e escolas, predominando o luteranismo. A Igreja romana, fortalecida pelo movimento vivificador conhecido como a Contra-Reforma, e de modo mais amplo pela Inquisição, provou ser capaz de se manter de pé através de uma longa série de guerras religiosas. A divisão entre inimigos e defensores da velha ordem ameaçou a estabilidade de todos os Estados na moderna Europa e comprometeu a unidade de alguns. A Inglaterra e a França emergiram da contenda abaladas, mas internamente unidas. Uma nova barreira foi criada entre a Inglaterra e a Escócia. O Sacro Império Romano do povo alemão dissolveu-se numa série de principados e cidades. Os Países Baixos dividiram-se no que ora conhecemos como Holanda e Bélgica. Dinastias foram ameaçadas, velhas alianças abjuradas. Em meados do século os calvinistas estavam na vanguarda da ofensiva protestante, enquanto os jesuítas, escudo e espada da reação católica, contra-atacavam. Somente um século depois a exaustão e a resignação poriam um fim à revolução que começou com Lutero. Ela só terminou depois que a Europa central foi arrasada pela guerra dos Trinta Anos e a paz de Westfalia, em 1648, pôs fim a uma luta cujo ponto de partida já estava quase esquecido. Não foi senão no século XIX que um maior senso de tolerância, baseado em mútuo respeito e reverência, impregnou a alma dos cristãos.

Um conhecido pregador e teólogo vitoriano, Charles Beard, por volta de 1880 formulou estas conjeturas:

"Foi, então, a Reforma, sob o ponto de vista intelectual, um fracasso? Teria ela quebrado um jugo, apenas para impor outro? Somos obrigados a confessar que, especialmente na Alemanha, a Reforma logo se confundiu com o livre ensinamento; deu as costas à cultura, perdendo-se num emaranhado de controvérsias teológicas, em nada contribuindo para despertar a ciência... Mesmo mais tarde, foram os pregadores que em mais altos brados proclamaram sua obediência à teologia da Reforma, que olharam mais interrogativamente para a ciência e reclamaram para seus pareceres uma completa independência do moderno conhecimento. Ignoro como, baseado em qualquer teoria da Reforma, é possível responder às acusações implícitas nestes fatos. Os teólogos modernos mais cultos, profundos e tolerantes, devem relutar muito em aceitar inteiramente os sistemas de Melanchthon e Calvino... O fato é que, embora não possamos subestimar os serviços que os reformadores prestaram à Verdade e à Liberdade, em sua revolta contra a rígida supremacia do Cristianismo medieval devemos reconhecer que lhes foi impossível ordenar as questões que eles próprios levantaram. Não só lhes faltou o necessário conhecimento, como eles nem sequer perceberam o objetivo das controvérsias nas quais se envolveram. Coube-lhes abrir as comportas da represa; e a torrente, apesar dos seus bem intencionados esforços para controlá-la, passou a fluir impetuosamente, ora destruindo velhos marcos, ora fertilizando novos campos, mas sempre levando vida e frescor. Se olharmos a Reforma em si, se a julgarmos somente pelo seu desenvolvimento teológico e eclesiástico, diremos que ela fracassou. Mas, seu passado justifica-se e seu futuro compreende-se se considerarmos a Reforma como parte de um movimento geral do pensamento europeu, ligado à maturidade intelectual e ao progresso da ciência, necessariamente aliado à liberdade e à tolerância."[1]

---

[1] "A Reforma no século XVI", por C. Beard, edição de 1927 págs. 298-299.

Enquanto as forças do Renascimento e da Reforma se somavam na Europa, o mundo de além-mar revelava seus segredos aos exploradores, comerciantes e missionários do continente. Desde a velha Grécia alguns homens sabiam teoricamente que a Terra era esférica. Agora, no século XVI, cabia à navegação comprovar essa teoria. A história vinha de longe. Nos tempos medievais viajores da Europa alcançaram o Oriente, com a imaginação inflamada por lendas de reinos fabulosos e tesouros existentes em regiões que foram o berço da humanidade. É o caso das histórias do reino de Prestes João, que diziam estar entre a Ásia Central e a moderna Abissínia, ou então os relatos mais objetivos das viagens de Marco Polo, de Veneza à China. Mas, a Ásia também marchava para Oeste. Em certo momento tinha-se a impressão de que a Europa sucumbiria ante uma terrível avalancha vinda do Oriente. As hordas pagãs dos mongóis vindos do coração da Ásia, formidáveis cavaleiros armados de arcos e flechas, rapidamente varreram a Rússia, Polônia e Hungria. Em 1241 infligiram esmagadoras derrotas simultaneamente sobre os alemães nas imediações de Breslau e a cavalaria européia perto de Budapeste. Alemanha e Áustria ficaram por fim, à mercê dos mongóis. Providencialmente, nesse ano o Grande Khan morreu na Mongólia. Os líderes mongóis galoparam as dezenas de milhas de volta ao Karakorum, sua capital, para elegerem seu sucessor. E a Europa ocidental escapou da avalancha.

Durante a Idade Média houve incessantes batalhas entre cristãos e infiéis nas fronteiras do sul e do leste da Europa. As populações das fronteiras viviam em constante terror, os infiéis avançavam firmemente e, em 1453, Constantinopla foi capturada pelos turcos otomanos. Perigos da maior gravidade agora ameaçavam as riquezas e a economia da Europa cristã. A destruição do Império Bizantino e a ocupação pelos turcos da Ásia Menor bloquearam as comunicações terrestres com o Oriente. A estrada que abastecera as cidades e vilas do Mediterrâneo e fizera a fortuna e a glória dos genoveses e venezianos, estava barrada. O tumulto se espalhava pelo Oriente e, não obstante os turcos desejarem preservar suas relações econômicas com a Europa para continuarem auferindo lucros, o comércio e as viagens tornavam-se cada vez mais inseguros.

Geógrafos e navegantes italianos havia algum tempo vinham tentando descobrir uma nova rota marítima para o Oriente, que ficasse fora do alcance dos infiéis. Mas, embora eles tivessem vasta experiência em construção de navios e navegação, adquirida no tráfico comercial no Mediterrâneo oriental, faltavam-lhes recursos financeiros para a aventura da exploração oceânica. Portugal foi o primeiro país a descobrir um novo caminho. Auxiliado pelos ingleses, alcançara sua independência no século XII, aos poucos expulsara os mouros de seu solo e agora se aventurava pela costa da África. O Príncipe Henrique, o navegante, neto de João de Gaunt, iniciou uma série de empresas. A exploração marítima começou em Lisboa. Durante todo o século XV navegantes portugueses percorreram a costa oeste da África, à procura de ouro e escravos, estendendo aos poucos os limites do mundo conhecido. Até que em 1487 Bartolomeu Dias contornou o grande promontório que marca o fim do continente africano. Denominou-o Cabo das Tormentas, mas o Rei de Portugal acertadamente mudou a denominação para Cabo da Boa Esperança. A esperança era justificada: em 1498 Vasco da Gama lançou âncoras na baía de Calicut. A rota marítima estava aberta às riquezas da Índia e do longínquo Oriente.

* * *

Entrementes, um evento de repercussão ainda maior para o mundo ocorria na mente de um genovês chamado Cristovão Colombo. Debruçado sobre os rudimentares mapas de seus patrícios, ele concebia um plano de navegar rumo Oeste, pelo Atlântico, além das ilhas conhecidas, à procura de outra rota para Leste. Colombo era casado com a filha de um navegante português, em cujos mapas e diários de viagem conhecera as aventuras marítimas. Em 1486 ele mandou seu irmão Bartolomeu procurar o apoio da Inglaterra para sua empreitada. Bartolomeu foi capturado pelos piratas, ao largo da costa francesa, e quando por fim chegou à Inglaterra e alcançou o beneplácito de Henrique Tudor, o novo rei, já era tarde. Cristovão, por seu lado, obtivera o apoio dos soberanos de Espanha, Fenando de Aragão e Isabel de Castela, sob cuja proteção, em 1492, partiu de Palos, Andaluzia, para o mar desconhecido. Após uma jornada de três meses ancorou numa das ilhas das Bahamas. Involuntariamente, descobrira, não uma nova rota para o Oriente, mas um novo continente no Ocidente, que logo seria chamado de América.

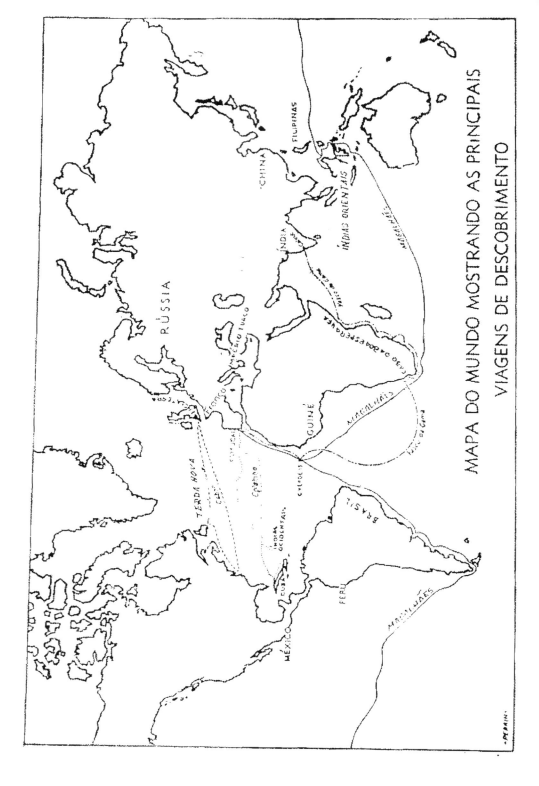

Somente quase um século depois a Inglaterra começaria a desenvolver seu poderio marítimo. Por isso, poucas vantagens, relativamente, pôde tirar desse fato, na época. Os mercadores de Bristol tentaram uma nova passagem no Atlântico norte para o Oriente, sem muito encorajamento, mas tiveram pouco êxito. Seus colegas em Londres e na parte leste da Inglaterra estavam mais interessados nos lucros sólidos do comércio com os Países Baixos. Henrique Tudor, por sua vez, gostava de que os empreendimentos privados não o envolvessem em disputas contra a Espanha. Ele financiou uma expedição a cargo de João Cabot, genovês como Colombo, que morava em Bristol. Em 1497 Cabot alcançou terra, perto da ilha do Cabo Bretão. Mas, havia poucas perspectivas de comércio, e um continente imenso e proibitivo parecia impedir maior penetração. Em sua segunda viagem Cabot costeou a América em direção da Flórida, aproximando-se bastante da área de domínio espanhol. O cauteloso Henrique, após a morte de Cabot, abandonou sua aventura no Atlântico.

* * *

A chegada dos espanhóis ao Novo Mundo e a descoberta de preciosos metais fatalmente os levariam a um conflito verbal com os portugueses. Como um dos motivos que animavam Espanha e Portugal era a difusão da fé cristã em terras pagãs desconhecidas, apelaram para o Papa, a quem por essa época deviam caber os bens das novas terras. Por uma série de bulas, por volta de 1490, o Papa Borgia, Alexandre VI, traçou uma linha através do hemisfério, dividindo as esferas de influência da Espanha e Portugal. Essa notável providência estimulou a conclusão de um tratado entre os dois países ibéricos. Uma linha norte-sul a 370 léguas a oeste dos Açores foi traçada, e os portugueses sentiram-se com direito de ocupar o Brasil

Apesar de os portugueses terem sido os pioneiros das aventuras oceânicas, seu país era muito pequeno para sustentar tais esforços. Diz-se que a metade da população de Portugal morreu tentando conservar suas possessões de além-mar. Logo a Espanha suplantou Portugal. Por ocasião da primeira viagem de Colombo, Granada, a única cidade mourisca que sobreviveu em solo espanhol, fora tomada pelo último grande exército das Cruzadas da Idade Média. A partir de então os espanhóis ficaram livres para dedicar suas energias ao Novo Mundo. Em menos de uma geração Magalhães, um capitão, a soldo de Espanha, empreendeu uma viagem à América do Sul e através do Pacífico, terminando por dar a volta ao mundo. Magalhães foi morto nas Filipinas, mas seu lugar-tenente trouxe o navio de volta, através do Cabo da Boa Esperança. As civilizações esparsas pelo mundo iam sendo reunidas, e as novas descobertas estavam destinadas a dar uma nova importância ao pequeno reino situado no Mar do Norte. Ali devia estar o sucessor tanto de Portugal como de Espanha, embora o instante de receber a herança ainda não tivesse chegado. Todavia, as especiarias do Oriente já viajavam por mar até o mercado europeu, em Antuérpia. Todo o curso do comércio fôra revolucionariamente alterado. O comércio terrestre desaparecera; a supremacia das cidades italianas fora eclipsada pelo norte e oeste da Europa; e o futuro não estava no Mediterrâneo, mas no litoral Atlântico, onde as novas potências, Inglaterra, França e Holanda tinham portos e baías que permitiam fácil acesso aos mares.

* * *

A riqueza do Novo Mundo logo abalou a velha ordem européia. Na primeira metade do século XVI Cortez submeteu o império asteca do México e Pizarro conquistou os Incas do Peru. Os vastos tesouros minerais dessas terras começaram, então, a se escoar através do Atlântico. Por canais que se multiplicavam, ouro e prata inundaram a Europa. O mesmo aconteceu com novos gêneros, o tabaco, a batata e o açúcar americano. O próprio Velho Continente, para o qual essas riquezas iam, passou a sofrer uma transformação. Após uma longa pausa, sua população de novo crescia e a produção agrícola e industrial se expandia. Passou a haver uma vasta procura de capital para financiar as novas expedições, novos edifícios, novas empresas e novos métodos de governo. O manejo da finança ainda era pouco compreendido tanto pelos governantes, como pela massa popular, e o primeiro impulso dos nobres empobrecidos era depreciar seu crédito. Conseqüentemente, os preços subiram de repente, mas quando Lutero pregou suas teses em Wittenberg o valor do dinheiro já estava baixando. Sob a influência da prata americana, que agora abundava no continente, ocorreu uma série de surtos inflacionários sem paralelo até o século XX. O velho mundo dos senhores feudais e dos camponeses não tinha forças para continuar, e através da Europa uma nova força, somando a influência e o poderio dos latifundiários, começou a exercer seu poder. Era chegada a hora dos mercadores, comerciantes e banqueiros. Um dos mais famosos foi a Família Fugger, da Alemanha, que granjeou simpática reputação pondo sua imensa riqueza a serviço da arte renascentista. Tanto Papas, como Imperadores, dependiam dos seus recursos financeiros.

Como sempre acontece em épocas de rápida inflação, havia muito trabalho árduo e dificuldades a ajustar. Mas, uma acentuada sensação de prosperidade e bem-estar generalizados fez, por fim, que todas as classes fossem beneficiadas pelo progresso geral. Para um mundo que, cem anos antes, perdera talvez um terço de sua população devido à peste negra, isso representava maravilhoso estímulo à mente e ao corpo. A humanidade caminhava, às apalpadelas, rumo a horizontes mais amplos, com um intercâmbio mais livre e maior de mercadorias e serviços, de que podia participar maior parcela da população. O Novo Mundo abrira seus largos portais, não apenas geograficamente, oferecendo a América do Norte e do Sul aos europeus, mas alargando todo o sistema e a perspectiva da vida, enriquecendo-a.

CAPÍTULO II

A DINASTIA TUDOR

Durante uma geração ou mais a monarquia inglesa esteve atirada às águas turvas de uma disputada luta sucessória. Em 22 de agosto de 1485 Henrique Tudor, Conde de Richmond, alcançou uma decisiva vitória perto da pequena cidade do Midland, Market Bosworth, e seu rival, o usurpador Ricardo III, foi massacrado na batalha. Na pessoa de Henrique VII uma nova dinastia agora subia ao trono. Durante os vinte e quatro anos de governo que teve pela frente, uma nova era começou na História inglesa.

A primeira tarefa de Henrique foi induzir os magnatas, a Igreja e as pessoas abastadas a aceitarem a decisão de Bosworth e estabelecer-se a si próprio no trono. Teve o cuidado de se fazer coroar, antes de enfrentar os representantes da nação, fazendo, assim, seu título repousar primeiro no direito de conquista e depois na aprovação do Parlamento, que teve de aceitar esse procedimento como fato consumado. Em seguida, casou-se com a herdeira da casa rival, Isabel de Iorque, como estava de longa data planejado.

A falta de dinheiro de há muito enfraquecera o trono inglês, mas a vitória militar restaurou para Henrique a maior parte das terras da coroa, alienadas durante o século XV por confisco e pela violência, além de muitas extensas áreas. O rei já possuía um valioso núcleo herdado dos reis Lancastrianos. Os Estados do norte do país, de Ricardo, Duque de Gloucester, eram dele por direito de conquista. Mais tarde a traição e execução de Sir William Stanley, que não se contentara com sua recompensa após a batalha de Bosworth, trouxe para a posse real espaçosas propriedades no Midland. Assim, Henrique se assegurou uma renda fixa palpável.

Mas, isso não bastava. Era necessário regular os títulos de propriedade das terras. Uma rápida sucessão de monarcas rivais produzira entre os proprietários de terras uma sensação de insegurança e confusão perante as leis. Execuções e mortes em batalhas cindiram o poder das grandes casas feudais. Os sobreviventes e a massa dos nobres de menores posses viviam sob ameaça permanente de perderem seus bens por ações nos tribunais, promovidas por inimigos pessoais, com base em direitos passados ou traições. Era difícil encontrar um homem cuja família não tivesse, de um modo ou de outro, apoiado uma facção derrotada durante as guerras civis. Tudo isto era extremamente perigoso a Henrique, pois, se os latifundiários estivessem incertos e inseguros quanto à legalidade da posse de suas terras, poderiam seguir a qualquer usurpador que eventualmente aparecesse. Por isso, o monarca decretou que todos aqueles que imediatamente prestassem sua obediência ao Rei — ou seja, ao Rei que no momento ocupava o trono — teriam garantidas suas propriedades e suas vidas. Essa distinção entre um rei "de fato" e um rei "de jure" era característica do novo mandatário. Seguro de si, Henrique não vacilou em estabelecer seu poder em bases práticas.

* * *

Restava a questão das fronteiras. No período medieval havia uma profunda separação entre norte e sul. Aqui, uma sociedade mais avançada habitava uma terra rica, onde havia cidades progressistas e um próspero comércio de lã com a Itália e Flandres. A Guerra das Duas Rosas fôra uma séria ameaça a essa vida organizada, e foi no sul que Henrique encontrou seu principal apoio. Como disse um cronista, "ele não suportaria ver o comércio em crise". Henrique assegurou uma boa posição aos mercadores ingleses que comerciassem com os Países Baixos. Ao intercâmbio comercial seguiu-se a paz. Restabeleceu a ordem no campo e representantes dos comerciantes passaram a cooperar com o rei no parlamento. A cuidadosa atenção de Henrique a esse setor era motivada por uma real afinidade de interesses, a necessidade de um governo estável. Se isto era despotismo, era um despotismo voluntariamente aceito.

O norte era muito diferente. Grandes famílias feudais, como os Percys, dominavam a cena. A terra montanhosa era árida, a população turbulenta não obedecia às leis. Os meios de comunicação, precários, faziam com que as determinações reais quase sempre ficassem ignoradas ou fossem, às vezes, objeto de escárnio. Ainda imperavam as velhas tradições das lutas de fronteiras contra os escoceses, as figuras lendárias dos salteadores, baladas que falavam de ataques a castelos e incêndios de aldeias. Ricardo, Duque de Gloucester, gozara de popularidade nessa região. Seu temperamento harmonizava-se com o ambiente. À sua moda, fizera um bom governo e a cidade de Iorque permaneceu fiel à sua memória, mesmo depois de Bosworth. Henrique precisava não só manter a ordem e a autoridade nessa região, como também estabelecer uma fronteira segura contra os escoceses. Na qualidade de novo proprietário das áreas do Gloucester, adquirira uma base estratégica no norte. Era impossível governar a Inglaterra morando em Londres, no século XV. A máquina administrativa era muito primitiva, exigindo que se delegassem poderes. Assim, foram criados conselhos para administrar o norte e as fronteiras galesas. Servidores de confiança receberam plenos poderes para administrar. Novos oficiais, que deviam tudo ao seu amo e respeitavam a lei, passaram a tomar parte decisiva no governo. Eles sempre haviam exercido influência na corte e nos tribunais. Agora, pela primeira vez ganhavam ascendência sobre os antigos nobres feudais. Eram homens como Henrique Wyatt, agente de confiança do rei no norte e capitão do castelo-chave de Berwick, e Edmundo Dudley, no sul. Deles descenderam os Sidneys, Herberts, Cecils e Russells.

O perigo de desordens internas dependia das ameaças de além-mar. Henrique auscultava constantemente a possibilidade da invasão de pretendentes ao trono, apoiados pelo estrangeiro. Sua estabilidade no governo dependia de sua própria habilidade política e do seu bom senso, e não de algum direito hereditário. Na corte de Borgonha, centro de conspirações contra ele, estava a Duquesa, irmã de Ricardo III, que por duas vezes mandou à Inglaterra inimigos do regime Tudor. O primeiro foi Lambert Simnel, que acabou ingloriamente como ajudante de cozinha no palácio... O segundo e mais temível foi Perkin Warbeck, filho de um barqueiro e cobrador de impostos em Tournai, tido como o mais jovem dos príncipes assassinados na Torre de Londres. Apoiado por nobres irlandeses, iorquistas descontentes, pelo dinheiro da Borgonha, por tropas austríacas e flamengas, mais a simpatia dos escoceses, Warbeck conspirou abertamente durante sete anos. Por três vezes tentou abocanhar o trono inglês. Mas, as forças que apoiavam o rei, desde Bosworth, eram inabaláveis. A invasão de Kent, feita por Warbeck, foi rechaçada pelos camponeses antes do apoio militar chegar. Seu ataque, vindo da Escócia, não foi além de quatro milhas dentro da fronteira. Um levante, em Cornish, em 1497, a que ele aderiu, deu em nada. Warbeck homiziou-se num santuário, de onde foi levado para Londres e conservado em custódia. Dois anos mais tarde, após duas tentativas de fuga, foi executado, depois de haver confessado sua culpa, no cadafalso de Tyburn. A conspiração acabou em ignomínia e ridículo, embora tivesse representado um perigo à estabilidade do trono.

Henrique tinha razão de sobra para sentir seu trono oscilar um pouco. A Guerra das Duas Rosas enfraquecera a autoridade em Gales, mas na Irlanda é que seus efeitos foram mais acentuados. A contenda dinástica inflamou-se ali. Havia Lancastrianos e Iorquistas entre as grandes famílias anglo-irlandesas. Nas cercanias de Dublin, no distrito inglês, e entre longínquos postos avançados de Limerick e Galway, havia cidades onde permanecia vivo o espírito Lancastriano e Iorquista. Toda essa agitação não passava, porém, de mera continuação das rixas de clãs. A família Butler, sob a chefia hereditária do Conde de Ormonde, era Lancastriana porque sempre fora mais leal ao rei da Inglaterra do que à casa rival de Fitzgerald. Esta, chefiada pelo Conde de Kildare, em Leinster, e pelo Conde de Desmond, em Munster, ambas intimamente ligadas por laços de sangue e casamento aos chefes nativos, simpatizava com os iorquistas, esperando conseguir assim seu próprio engrandecimento.

Em Munster, os Fitzgeralds, chefiados por Desmond, já eram "mais irlandeses do que os irlandeses". No Distrito de Pale, Kildare, que era chamado "Garret More", ou Ilustre Conde, podia cumprir seus deveres feudais e chefiar os ingleses, mas nas suas remotas terras de Shannon prevalecia uma regra diferente. Lordes Deputados da Inglaterra achavam inútil sustentar seus direitos em face de Kildare dominar a política local e manter alianças de âmbito nacional. Com a derrota e a morte de Eduardo Bruce, havia até possibilidade de que essa grande casa se constituísse numa dinastia para toda a Irlanda. Mas, mesmo que Kildare permanecesse leal à Inglaterra, aderiria a um rei iorquista ou lancastriano? Seu parceiro Desmond apoiava Lambert Simnel; havia boas razões para suspeitar que ele próprio apoiava Perkin Warbeck. Sir Eduardo Koynings, designado Lorde Deputado da Irlanda em 1494, tentou cercear sua força perniciosa. Assim, persuadiu o parlamento irlandês em Drogheda a aprovar a célebre Lei Poynings, subordinando a câmara irlandesa à inglesa, medida que não foi revogada durante trezentos anos e constituiu uma afronta à Irlanda até o século XX.

Kildare foi acusado de traidor e mandado para Londres. Mas, Henrique era muito sagaz para se limitar a aplicar a justiça feudal a um inimigo tão poderoso, que tinha atrás de si, nos arredores de Dublin, clãs aguerridos, primos, parentes afins e seguidores em toda a ilha. As acusações contra o Grande Conde eram bastante graves, afora sua suspeita de simpatizar com Perkins Warbeck. Não era culpado do incêndio da Catedral de Cashel? O Conde admitiu a culpa, mas desculpou-se de um modo que tocou ao rei: "Eu incendiei-a, mas fiz isso pensando que o Arcebispo estivesse lá dentro." Henrique VII aceitou o inevitável com uma frase que é famosa, senão autêntica: "Desde que toda a Irlanda não pode governar o Conde de Kildare, deixemos o Conde de Kildare governar toda a Irlanda." Kildare foi perdoado, libertado, casou-se com a prima do rei, Isabel St. John, e mandado de volta à Irlanda, onde sucedeu a Poynings como Lorde Deputado.

O poder político na Irlanda ainda dependia da habilidade em desafiar e comandar um número suficiente de homens armados. Neste ponto o rei inglês exercia uma influência forte e pessoal. Podia contemplar com a insígnia real e o título de deputado qualquer nobre destacado que pudesse controlar as forças rebeldes. Por outro lado, sustentando os Butlers e os Burkes, o rei tornava impossível mesmo a um Kildare manejar os grandes chefes dos clãs. Esse equilíbrio precário foi durante algum tempo o único meio de estabelecer um poder central. Ao rei da Inglaterra o título de Senhor da Irlanda era tão irreal quanto o de Rei da França.

Mas, um aliado poderoso estava ao seu alcance. A artilharia, que colaborara na retirada dos ingleses da França, agora facilitava sua incursão na Irlanda. A linguagem dos canhões era prontamente entendida na Irlanda. Mas, os canhões vinham da Inglaterra. Os irlandeses podiam usá-los, mas não fabricá-los. Aqui estava, por enquanto, a chave de um controle inglês sobre a política irlandesa, que ultrapassava as previsões de Henrique VII ou Sir Eduardo Poynings. Durante gerações os chefes dos Fitzgeralds, de sua corte meio gaulesa, aterrorizaram o distrito de Pale e pareciam aos olhos dos irlandeses um poder mais real do que os deputados da monarquia inglesa, acossados no castelo de Dublin. Doravante, o progresso cultural era regulado pela pólvora dos canhões.

* * *

O comportamento de Henrique com os escoceses é típico do seu temperamento arguto. Seu primeiro passo foi abalar a posição do rei da Escócia, Jaime IV, enviando armamentos através de Berwick aos barões inimigos da coroa e mantendo uma rede de intrigas com as facções opostas. Incursões nas fronteiras, como costumava haver outrora, perturbavam as relações dos dois reinos e uma situação crítica surgiu quando Jaime deu seu apoio ao pretendente Perkin Warbeck. Mas, os objetivos finais de Henrique eram construtivos. Estabeleceu uma trégua com Jaime, mais tarde confirmada por um tratado. Embora não fosse, obviamente, um homem de imaginação, tinha seus sonhos. Talvez até haja entrevisto uma futura cessação da eterna luta entre escoceses e ingleses, o que poria fim, para sempre, à contínua ameaça de uma aliança franco-escocesa, que pairara tantas vezes sobre a Inglaterra medieval. Em todo caso, Henrique deu os primeiros passos no sentido de unir Inglaterra e Escócia, fazendo sua filha Margarida casar-se com Jaime IV, em 1502, o que garantiu a pacificação do norte até o fim dos seus dias.

Sua política com a França foi também muito bem-sucedida. Henrique tinha a convicção de que a ameaça de guerra podia ser-lhe mais vantajosa do que a própria guerra. Assim, convocou o parlamento com a finalidade de votar taxas especiais para uma guerra contra a França, e tratou de formar um pequeno exército, que atravessou o Canal rumo a Calais, em 1492, e sitiou Boulogne. Concomitantemente, entabulou negociações com o rei francês que, incapacitado de enfrentar a Espanha, o Sacro Império Romano e a Inglaterra ao mesmo tempo, foi obrigado a suborná-lo. Henrique obteve uma dupla vitória. Como Eduardo IV, embolsou não só uma considerável importância da França, que foi pontualmente paga, mas também as taxas coletadas na Inglaterra para a guerra...

A mais poderosa monarquia da Europa era a Espanha, há pouco transformada num Estado forte pelos esforços conjugados de Fernando de Aragão e Isabel de Castela e os vitoriosos combates contra os mouros. O casamento de ambos marcou a unificação do país. Desde 1489, quando o filho mais velho de Henrique, Artur, foi compromissado com a Infanta Catarina, Inglaterra e Espanha agiam estreitamente ligadas para se protegerem das pilhagens da França. A Espanha contribuía com o território. Henrique, com um tributo anuam em dinheiro, que alcançou nos primeiros anos cerca de um quinto das rendas ordinárias da coroa.

Henrique VII era um estadista imbuído das novas e inescrupulosas idéias políticas da Europa renascentista. Muito aprendera em sua mocidade, quando se achava exilado em cortes estrangeiras, com a cabeça a prêmio. Testemunhara conchavos matrimoniais, manipulação de tratados, contrato de mercenários para lutar nas batalhas de Luís XI e Carlos de Borgonha, os acordos comerciais, as relações entre as monarquias nacionais da França e a nobreza latifundiária, as intrigas entre a Igreja e o Estado... Discutindo e ponderando os problemas cotidianos, aperfeiçoara sua argúcia gaulesa- observando e analisando, ainda, as práticas políticas que então alcançavam seu ápice entre os povos latinos.

Henrique VII esforçou-se para estabelecer uma forte monarquia na Inglaterra, moldada nas instituições nativas. Como seu contemporâneo, Lourenço de Médicis, em Florença, Henrique dedicava-se mais a adaptar, modificando velhas formas, antes suavemente do que através de inovações violentas. Sem provocar nenhuma alteração constitucional profunda, a administração foi restabelecida sobre bases firmes. O Conselho do Rei foi fortalecido. Ao Parlamento foi dada autoridade para julgar cidadãos, com ou sem juramento e condená-los somente mediante prova documentada, numa prática alheia à Lei Comum. A Court of the Star Chamber reunia-se regularmente em Westminster, com a presença dos dois chefes de Justiça. De início, era um comitê jurídico do Conselho do Rei, examinando casos que demandavam tratamento especial, devido ao excessivo poder de uma das partes, ou ao ineditismo ou enormidade da ofensa. Queixa dos fracos e oprimidos contra os ricos e todo-poderosos, casos de políticos que mantinham verdadeiros exércitos particulares e outros de corrupção de jurados — tudo isto passou para sua esfera de ação.

A principal função do Conselho do Rei, porém, era antes governar que julgar. A escolha dos seus membros era privilégio do monarca. Podiam ser demitidos a qualquer momento. Tinham, porém, poderes para sustar qualquer ação judicial, em qualquer tribunal inglês, ou transferi-la a si próprios. Podiam prender e torturar qualquer cidadão. Os negócios com o estrangeiro eram dirigidos por um pequeno comitê interno. Outro manobrava as finanças, modificando as práticas medievais da Fazenda. Os responsáveis pelo tesouro eram agora escolhidos entre os que mereciam a confiança pessoal do Rei, figura central do governo, de caráter nitidamente personalista, freqüentemente autorizando ou cortando despesas, mesmo as mais insignificantes, com suas iniciais grandes e esparramadas que ainda podem ser vistas no Arquivo de Londres. Henrique VII foi, provavelmente, o melhor comerciante a sentar-se no trono inglês.

Foi, ademais, dono de notável sagacidade na escolha de colaboradores. Poucos dos seus ministros vieram da nobreza hereditária; muitos eram homens da Igreja; quase todos tinham origem obscura. Ricardo Fox, Bispo de Winchester, chefe do gabinete e o homem mais poderoso da Inglaterra, depois do Rei, fora mestre-escola em Hereford, antes de conhecer Henrique, em Paris, onde foi seu companheiro de exílio. Edmundo Dudley era submagistrado da cidade de Londres e tornou-se conhecido do Rei por motivo das negociações visando regulamentar o comércio de lã com a Flandres. João Stile, que inventou o código diplomático e foi nomeado embaixador na Espanha, começou sua carreira como merceeiro ou comerciante de tecidos. Ricardo Empson era filho de um fabricante de peneiras. Henrique, de início, não era bastante forte para sujeitar-se a cometer enganos. Diariamente, nas horas vagas, tomava notas sobre problemas políticos, assuntos que requeriam a atenção, "especialmente pessoas sensíveis", além de nomes de pessoas a empregar, a premiar, a prender, a condenar, a exilar ou a executar.

Como outros príncipes da época, seu interesse principal, fora uma absorvente paixão pela administração, era a política exterior. Foi ele quem introduziu a prática de enviar ao estrangeiro emissários da Inglaterra.

Achava que a diplomacia era um bom sucedâneo para as violências dos seus antecessores, e informações frescas, exatas e regulares eram essenciais à sua administração. Até um sistema de espionagem foi organizado na Inglaterra, e a excelência dessa política foi assim descrita num despacho do enviado do governo milanês ao seu amo, o Duque Ludovico: "O Rei tem uma informação acurada das questões européias, através dos seus próprios representantes, os súditos estrangeiros pagos por ele e mercadores. Se S. A. desejasse mandar-lhe informações, elas teriam de ser muito detalhadas ou antecipadas." E prossegue: "A mudança da situação na Itália o deixou chocado; o mesmo não aconteceu com a disputa com os venezianos, a respeito de Pisa, *sobre o que o Rei recebe cartas diariamente,* ou a liga que ele percebe ter sido feita entre o Papa e o Rei da França."

A exemplo de outros soberanos, Henrique construiu e fez modificações. Sua capela em Westminster e seu palácio em Richmond são soberbos monumentos de seu gosto arquitetônico. Não obstante ser pessoalmente frugal, mantinha uma pompa calculada. Vestia-se magnificamente, usava soberbas jóias, ricos e cintilantes cobres, e movimentava-se em público em um trono sob o pálio, sustentado por nobres. Na corte, cerca de setecentas pessoas se banqueteavam diariamente na Torre, às suas custas, entretidas por bufões, menestréis, caçadores e seus famosos leopardos.

Ainda é controvertido entre os historiadores se Henrique VII foi um inovador consciente, ao voltar as costas para os velhos sistemas. Já durante os últimos anos de Guerra das Duas Rosas, os soberanos da Casa de Iorque prepararam os alicerces de um novo Estado, poderoso e centralizado. Sob Henrique VII essas esperanças contrariadas se concretizaram. Sua perícia e sabedoria em transmudar as instituições medievais em órgãos governamentais modernos, não se discute. Seu empreendimento foi de fato maciço e durável, erguendo o poder sobre as ruínas e as cinzas dos seus predecessores. Hábil e cuidadosamente juntou o que, na época, parecia uma vasta reserva de riquezas esparsas. Constituiu uma eficiente equipe de servidores. Engrandeceu a Coroa, sem perder o apoio dos Comuns, identificando a prosperidade com a monarquia. Entre os soberanos europeus da Renascença, não é ultrapassado em realizações, em glória, nem mesmo por Luís XI, da França, ou D. Fernando, da Espanha.

Geralmente se esquece de que quase todos os retratos existentes de Henrique VII foram feitos baseados numa simples máscara mortuária, certamente fiel quanto aos traços, mas de que resulta uma fisionomia dura e grave, que não se coaduna com nenhuma descrição dos seus contemporâneos. Não obstante, esses retratos parecem estar de acordo com o que se sabe do caráter e da carreira do rei. O quadro da Galeria Nacional de Retratos é, todavia, datado de quatro anos antes de sua morte, e aqui seus olhos cinzentos, vivos e duros, saltam de uma fronte curva. As mãos, delicadas e bem postas, estão em atitude repousante. Os lábios aparecem bem colados, com um ligeiro sorriso amenizando os cantos. O retrato dá uma impressão de desilusão, fadiga, vigilância incessante e, sobretudo, tristeza e senso de responsabilidade. Era assim o construtor da dinastia Tudor, que estava destinado a conduzir a Inglaterra da desordem medieval a tempos de mais força e grandeza.

CAPÍTULO III

Rei Henrique VIII

Vista através da perspectiva dos séculos, a época em que o jovem Rei Henrique VIII se desenvolveu foi o período em que uma velha ordem agonizou. Mas, a quem viveu naquele tempo, tal fenômeno escapava à observação. A transformação mais visível aos políticos era a criação de um moderno sistema estatal europeu. Tal novidade, desafiadora e traiçoeira, não constituía um fenômeno remoto. Do outro lado da Mancha a nova monarquia francesa emergira, muito fortalecida, da Guerra dos Cem Anos. Luís XI e seu filho, Carlos VIII, não eram mais simples chefes de um mal integrado grupo de nobres feudais. Governavam uma França populosa e unida, do Canal da Mancha ao Mediterrâneo. O mais temível dos feudatários franceses, o Rei da Inglaterra, fora afinal expulso do solo onde seus predecessores haviam sido grão-senhores e chegaram a clamar por igualdade de direito com a Casa da França. Ao herdeiro de Guilherme, o Conquistador, e Henrique Plantagenet, só restava Calais.

Entrementes, o ramo mais novo da nobreza francesa, a Casa de Borgonha, que durante quase um século disputara a autoridade dos reis de França, chegara ao fim, com a morte de Carlos, o Bravo, em 1477. Luís XI planejou apossar-se da Borgonha. Todo o restante da herança borgúndia passara, através do casamento de Maria de Borgonha, ao Imperador Maximiliano. Desde então, os Habsburgos controlavam os ducados, condados, latifúndios e cidades que o Duque de Borgonha, com engenho e fortuna, conseguira obter nos Países Baixos e na Bélgica. Agora, Habsburgos e Valois defrontavam-se nas fronteiras a nordeste da França. Era o início de uma longa disputa. Mas, embora o tempo mais tarde comprovasse a instabilidade do prestígio real na França, os reis Valois eram soberanos de uma comunidade que podia ser chamada de Estado Francês. E o chefe desse país emergira, da longa luta contra os ingleses, duplamente fortalecido. Agora podia taxar as classes não-nobres sem precisar apelar para os proprietários, e além disso tinha um exército permanente. Com suas rendas podia assalariar uma infantaria suíça, construir e manter seu grande parque de artilharia e sustentar a soldo a ardente cavalaria de França.

Havia um Estado medieval que parecia desafiar este processo de agregação e concentração: era o Sacro Império Romano, que se dissolvia a olhos vistos. Havia duas gerações, porém, que o Imperador era o chefe da Casa dos Habsburgos e o que a força não pode fazer, a diplomacia e o acaso fizeram. Como Imperador, Maximiliano estava sempre encarnando a diferença entre tomar e abarcar, mas ele se casara com a maior herdeira da Europa. A casa da Áustria, assim, fez do casamento um meio para conseguir suas maiores vitórias. Na geração seguinte, esse método foi continuado com resultados ainda mais brilhantes, pois o Arquiduque Felipe, herdeiro de Maximiliano, e Maria fizeram uma herdeira ainda maior que sua mãe, a Infanta Joana, herdeira de Castela, Aragão, Sicília e Nápoles. Foi sua irmã quem acelerou o erguimento da Casa dos Tudores, casando-se com o Príncipe Artur e, depois dele, com Henrique VIII.

Nesse mundo de poderes crescentes, o Rei da Inglaterra tinha de se mover e agir com muito menos recursos que seus vizinhos. Seus súditos não iam além de 3 milhões. Tinha rendas menores, não possuía exército permanente nem máquina estatal que respondesse só à vontade real. Não obstante, em razão simplesmente da proximidade da França e dos imperiais Países Baixos, a Inglaterra era forçada a participar da política européia. Seu rei era envolvido em guerras e negociações, intrigas, alianças e mudanças na balança do poder que afinal pouco lhe interessava.

Nesse mundo em transformação, onde as batalhas terrestres eram decididas pela invisível infantaria espanhola de Gonsalvo de Cordova, "o

Grande Capitão", ou ocasionalmente pela infantaria suíça e a terrível cavalaria de Gastão de Foix ou outros generais do rei francês, pouco valiam os velhos métodos políticos, baseados nos conceitos já superados de arte militar, que durante tanto tempo haviam mantido os reis ingleses em primeiro plano. Assim, durante um século os soberanos da Inglaterra tiveram de agir cautelosamente, ameaçados pelo desastre e cônscios de sua fraqueza, muito perigosa se por qualquer alteração na política continental o país ficasse isolado diante da França ou Espanha.

* * *

Até a morte de seu irmão mais velho, Príncipe Artur, Henrique estava destinado à Igreja. Por isso foi criado por seu pai num ambiente de estudo. Devotava muitas horas do dia aos estudos sérios — latim, francês, italiano, teologia, música — dedicando-se também a exercícios físicos, ao esporte do combate de lanças sobre montaria, no qual se destacou, além do tênis e caça ao veado. Suas maneiras refinadas de jovem que inspirava confiança, impressionaram uma das mais inteligentes mulheres da época, Margarida da Áustria, regente dos Países Baixos. Graças às preciosas economias de seu pai, tinha ao seu dispor mais dinheiro do que qualquer outro príncipe da Cristandade. Os embaixadores a ele se referiam em termos elogiosos: "Sua Majestade é o mais elegante potentado que já vi; tem um peso acima da média, esplêndidas pernas delgadas; o corpo é bem proporcionado, os cabelos castanhos são curtos e penteados à moda francesa, o rosto redondo é tão bonito que faria dele uma bela mulher; seu pescoço é algo comprido e grosso... Ele fala francês, inglês, latim e um pouco de italiano, toca bem alaúde e cravo, canta olhando em um livro, atira o arco com mais força do que ninguém na Inglaterra e cavalga maravilhosamente. É louco por caçadas e nunca se entrega a essa diversão sem cansar oito ou dez cavalos, que ele manda deixar selados ao longo do caminho que pretende percorrer. É também extremamente aficionado pelo tênis, sendo o mais lindo espetáculo do mundo vê-lo jogar, com a camisa muito fina entreaberta no peito acetinado".[2]

---

[2] F. Pollard, "Henrique VIII" (1919), págs. 39-40.

Em sua maturidade, Henrique era um homem alto e de faces vermelhas, que conservava o vigor dos seus antepassados, acostumados, havia séculos, às contendas dos avanços gauleses. Seu corpo maciço destacava-se na multidão e quem o cercava sentia nele um sentido de contido desespero, de força latente e paixão. Um embaixador francês, após residir muitos meses na Corte, confessou que nunca se aproximava do Rei sem sentir medo de uma violência pessoal. Apesar de Henrique se apresentar aos estranhos, expansivo jovial e inspirando confiança, com um grosseiro bom humor que agradava imediatamente às massas, mesmo aqueles que o conheciam mais intimamente raramente penetravam em seu secreto mundo interior, que fazia com que não confiasse francamente em ninguém. Aos mais íntimos, parecia ter dupla personalidade: uma, a do alegre monarca, amante da caça, dos banquetes, dos cortejos, amigo das crianças, patrono de todas as modalidades de esportes; outra, a do frio e atento observador da câmara consultiva ou do Conselho, vigiando, pesando argumentos, recusando-se a expor seu próprio pensamento exceto quando premido por grandes acontecimentos. Em suas longas expedições de caça, quando o mensageiro chegava com a correspondência, deixava abruptamente seus parceiros e convocava os "conselheiros assistentes" para discutir o que ele costumava chamar de "os negócios de Londres".

Explosões de incansável energia e ferocidade eram combinadas com extraordinária paciência e diligência. Profundamente religioso, Henrique ouvia regularmente sermões que duravam de uma a duas horas, e escreveu algumas dissertações teológicas de alto nível. Costumava assistir a cinco missas nos dias santos e três nos outros dias, servindo ele próprio ao celebrante. Nunca se privava da água-benta e do pão sagrado aos domingos, e sempre fazia penitência na sexta-feira santa. Sua paixão pelos assuntos teológicos lhe valeu o título de "Defensor da Fé", outorgado pelo Papa. Trabalhador infatigável, digeria diariamente, sem auxílio de secretários, uma enorme massa de despachos, memorandos e projetos. Escrevia versos e compunha música. Profundamente reservado nos negócios públicos, escolheu como cavalheiros homens provindos quase todos de famílias humildes: Tomás Wolsey, filho de um pobre e ignóbil açougueiro de Ipswich, conhecido na comunidade como vendedor de carne imprópria para consumo; Tomás Cromwell, pequeno advogado;

Tomás Cranmer, um obscuro pregador. Como o pai, não confiava na nobreza hereditária, preferindo o discreto conselho de homens sem um círculo muito grande de amigos.

No início do seu reinado, declarou: "Não permitirei que ninguém consiga governar-me." Com o correr do tempo, tornou-se mais voluntarioso e seu temperamento piorou. Suas cóleras eram incontroláveis. Não há cabeça nobre neste país — disse certa vez — "mas, a faria voar pelos ares" se sua vontade não fosse obedecida. Muitas cabeças realmente voaram nos seus trinta e oito anos de reinado..

Esse homenzarrão era o pesadelo de seus conselheiros. Quando fixava uma idéia na cabeça, raramente a modificava. A oposição o deixava mais teimoso. E, uma vez metido na empresa, a tendência era chegar aos extremos, a menos que fosse contido. Embora se jactasse de sua tolerância ante as opiniões dos conselheiros era uma temeridade continuar opondo-se ao rei depois de haver ele tomado uma decisão. "Sua Alteza — como disse Sir Tomás More a Wolsey — não acha nada mais perigoso do que alguém teimar em seguir um conselho só porque um dia o deu." O único segredo no trato com o rei, conforme Wolsey e Cromwell revelaram ao cair, era evitar que idéias perigosas o atingissem. Mas, arranjos dessa espécie não podiam ser feitos. Para sondar a opinião pública, Henrique tinha o hábito de se dirigir a todas as classes — barbeiros, caçadores, cozinheiros — e em particular todos aqueles, embora humildes, ligados à vida marítima, além de sair em expedições de caça que, às vezes, duravam semanas. Mostrava-se ao povo em toda a parte. Todo verão excursionava pelo país, aproximando-se da massa dos seus súditos, que ele compreendia tão bem.

Seu primeiro ato, seis meses após a morte do pai, em 1509, foi, praticamente, casar-se com a Princesa Catarina de Aragão, viúva de seu mano Artur. Tinha dezoito anos de idade e a noiva era cinco anos e cinco meses mais velha. Ela se esforçou bastante para cativá-lo, tanto que, enquanto Fernando e Henrique VII planejavam o enlace e obtinham do Papa a dispensa para um casamento dentro dos graus de afinidade proibidos pela Igreja, não há dúvida que Henrique estava ansioso para concretizar o enlace. Catarina esteve ao lado dele durante os primeiros vinte e dois anos de seu reinado, período em que a Inglaterra se tornou uma temida potência européia. Até completar trinta e oito anos de idade, afora três ou quatro breves deslizes, a rainha foi a dona do seu afeto, controlando seus desmandos e de certo modo ajudando-o a orientar os negócios públicos, quando não estava reclusa. Henrique adaptou-se rapidamente à vida conjugal, apesar de uma série de contratempos capaz de abater um caráter menos robusto. O primeiro filho do casal nasceu morto, logo após o décimo nono aniversário do rei. Outro morreu logo depois de nascer, um ano mais tarde. Ao todo houve cinco decepções semelhantes.

* * *

O Rei manteve a aliança com o sogro, Fernando de Aragão, que cobrira a Inglaterra de honrarias e riquezas. Apoiava o Papa, de quem recebeu a Rosa de Ouro, a maior distinção que podia ser conferida a um príncipe cristão. A fim de que a França continuasse a pagar tributo, combinou uma política de isolamento com os graves conselheiros de seu pai: Guilherme Warham, Lorde Chanceler e Arcebispo de Canterbury, Ricardo Fox, Bispo de Winchester, Tomás Ruthal, Bispo de Durham e secretário real, política que seguiu por um certo período, a exemplo de seu antecessor. Mas, Henrique VIII estava no vértice da pirâmide da nova política européia. Devia intrometer-se nela? As mais ricas cidades do continente haviam mudado de domínio muitas vezes, nos últimos anos, pagando cada vez um tributo. Fronteiras alteravam-se quase de mês a mês. Fernando de Aragão, pai de Catarina, conquistara o reino de Nápoles, e as duas províncias na fronteira da França, Cardgne e Roussillon. Outros soberanos faziam quase o mesmo. Mas, os velhos conselheiros de Henrique VIII mantinham-se obstinadamente indiferentes ante as atraentes perspectivas de conquistas que se abriam aos olhos do rei. Henrique VII apenas uma vez mandara tropas mercenárias ao estrangeiro, para lutar ao lado de exércitos de outros países. Henrique VIII agora determinou que essa política fosse aplicada às avessas.

Havia algum tempo vinha obervando o Deão Wolsey, de Lincoln, uma descoberta do Marquês de Dorset, cujos filhos haviam cursado o Colégio Madalena quando Wolsey era seu diretor. Dorset simpatizara com Wolsey o suficiente para convidá-lo a passar ali o Natal, e o cumulou de atenções. O jovem padre obteve, então, o posto de capelão do governador de Calais. Além de uma cultura acadêmica, Wolsey era dotado de excepcionais qualidades de negociante e financista, tendo sido tesoureiro do Colégio Madalena. Henrique VII, percebendo suas habilidades, o arrebatara do Governador, destinando-o a uma pequena missão oficial no exterior. Em novembro de 1509 foi promovido por Henrique VIII à Mesa do Conselho, no posto de distribuidor de esmolas do reino. Tinha, então, 36 anos de idade.

Dois anos mais tarde a crescente influência de Wolsey fez-se notar na adesão à Santa Aliança contra a França, pois foi nessa mesma semana que Wolsey assinou seus primeiros documentos como membro executivo do Conselho. Foi incumbido dos preparativos bélicos e seu ex-discípulo, o jovem Marquês de Dorset, designado comandante em chefe. A França estava preocupada com as aventuras na Itália e Henrique planejava reconquistar Bordéus, perdida havia sessenta anos. Entrementes, o Rei Fernando invadiu Navarra, um reino independente situado nos Pirineus, e o Papa, com a república de Veneza, operava contra as forças francesas na Itália. Corria o ano de 1512 e pela primeira vez, desde a Guerra dos Cem Anos, um exército inglês fazia campanha no continente.

A expedição inglesa à Gasconha fracassou. Fernando se apossou de Navarra e, de acordo com o Dr. Guilherme Knight, decano embaixador inglês na Espanha, demonstrou grande ardor fazendo seus canhões atravessarem os Pirineus e convidando os ingleses para seus aliados na luta contra a França. Mas, os ingleses achavam que a estratégia militar que haviam aprendido na guerra das Duas Rosas, com cavaleiros pesadamente armados de lanças, tornara-se obsoleta no continente. Tanto Fernando como os franceses empregavam infantaria profissional, de suíços e austríacos, que avançava rapidamente em sólidos esquadrões, brandindo em todas as direções lanças de seis metros de comprimento. As primitivas armas de fogo de então, os arcabuzes, eram muito pesados e lentos para infligir danos realmente sérios a esses ligeiros esquadrões. Fernando deu bons conselhos de ordem militar a Henrique e sugeriu que devia utilizar sua riqueza acumulada para constituir uma ultrapoderosa força necessária para si. Antes que Henrique pudesse adotar esse plano, porém, desintegrou-se o exército de Dorset. Estranhando o vinho da Gasconha e as táticas francesas, além de arrasadas pela disenteria, as tropas rebelaram-se e voltaram para casa. Dorset abandonou essa infrutífera campanha e as acompanhou. Após negociações que se prolongaram por todo o inverno de 1512-13, Fernando e os venezianos abandonaram Henrique e o Papa e estabeleceram a paz com a França. Chegaram à conclusão de que a Santa Aliança, embora seu nome altissonante, provara ser apenas fútil combinação política.

Na Inglaterra, a responsabilidade por esses fracassos foi atribuída ao novo conselheiro, Wolsey. Na realidade, foi no árduo período administrativo provocado pela guerra que ele mostrou pela primeira vez sua habilidade e imensa energia. Entretanto, os membros leigos do Conselho desde o princípio eram contra a política da guerra orientada por um padre e manobravam com intrigas para se livrarem dele. Henrique VIII e o Papa, porém, jamais vacilaram. O pontífice Júlio II, que fora sitiado por tropas francesas em Roma, havia excomungado todo o exército francês. Usava uma vasta barba, ornamento então fora de moda, e jurara que somente a rasparia quando se vingasse do Rei da França... Henrique, para não ficar por baixo, também deixou crescer a barba. Era castanha, como os cabelos. Procurou, então, contratar o Imperador Maximiliano, com a artilharia imperial e a maior parte do exército austríaco, para servir sob a bandeira inglesa. O monarca, diz-se, foi convidado a ser o chefe, mas se recusou a tal, dizendo preferir ser, na campanha, mero subordinado do Rei e de S. Jorge.

Esses arranjos, embora onerosos, alcançaram inteiro êxito. Sob o comando inglês de Henrique, mercenários austríacos derrotaram os franceses em agosto de 1513, na "batalha das esporas", assim chamada por causa da rapidez da retirada francesa. Bayard, o mais famoso cavaleiro europeu, foi capturado, juntamente com uma hoste de notáveis franceses. Tournai, a mais rica cidade de todo o nordeste da França, rendeu-se à simples visão da artilharia imperial e foi ocupada por uma guarnição inglesa. Para coroar tais êxitos, a Rainha Catarina, que fora deixada como Regente da Inglaterra, mandava ótimas notícias do norte.

Para auxiliar seus aliados franceses, os escoceses, na ausência do rei, atravessaram o Tweed em setembro e invadiram a Inglaterra com um exército de 50.000 homens. Tomás Howard, conde de Surrey, filho do Duque de Norfolk, Ricardo III, morto em Bosworth, e ainda sob condenação da família, não era de modo algum indigno para o comando. Este hábil veterano, o único general experimentado existente na Inglaterra depois do fracasso de Dorset, conhecendo palmo a palmo o território, não hesitou em marchar contra o exército escocês. Embora numa proporção numérica de dois para um, colocou-se entre o inimigo e Edinburgo. No campo de Flodden travou-se sangrenta batalha, a 9 de setembro de 1513. Ambos os contingentes contemplavam sua terra natal. Todos os soldados da Escócia, alta e baixa, arrastaram seus adversários a um círculo de lanceiros nos moldes tradicionais, ao redor do estandarte do seu rei. Os arqueiros ingleses mais uma vez despejaram uma longa e tremenda tempestade de flechas sobre essa formidável massa. Além do mais, os cacetes e machados nas mãos da infantaria inglesa eram mais eficientes contra as lanças escocesas nos assaltos corpo-a-corpo, enquanto a cavalaria inglesa aguardava a ocasião de penetrar nas fendas abertas pela carnificina. Quando anoiteceu, a flor da cavalaria escocesa jazia nas fileiras onde havia lutado. Entre outros, lá tombara o rei Jaime IV. Esta foi a última grande vitória das lanças de longo alcance. Surrey foi recompensado com a restauração do ducado de Norfolk. Na Escócia, uma criança de 12 meses de idade subiu ao trono, como Jaime V. Sua mãe, a Regente, era Margarida, irmã de Henrique A paz agora imperava durante a maior parte do reinado nas regiões do norte.

Comemorações apropriadas foram arranjadas em Bruxelas pela filha do imperador, Margarida d'Áustria. Henrique, agora com 22 anos de idade, permitiu-se dançar noites inteiras, "em mangas de camisa", com as mais belas cortesãs imperiais. "Nisso — relatou o embaixador milanês — ele portou-se maravilhosamente, saltando como um veado." O Conselho havia proibido a jogatina e a presença de mulheres nas fileiras inglesas, mas "para ele — prosseguiu o embaixador — os austríacos deram tudo. Suas recompensas foram principescas Jamais sentava à mesa sem fazer nababescas oferendas, e as principais personalidades eram gratificadas com riquíssimos presentes.

CAPÍTULO IV

CARDEAL WOLSEY

Durante o outono de 1513 a França foi comprimida por todos os lados. Wolsey, através do Imperador, contratou um exército suíço que invadiu a Borgonha, por Besançon, a capital-fortaleza de Franche-Comté, uma parte da herança borgúndia que passara às mãos dos Habsburgos. Dijon foi capturada. A França não tinha tropas que pudessem resistir aos suíços, e dobrou sua "taille" para conseguir novas tropas mercenárias no estrangeiro. Henrique tinha plena intenção de renovar sua campanha na França em 1514, mas seus sucessos não haviam agradado a Fernando de Espanha, que resolveu fazer a paz em separado com a França, procurando envolver na manobra o Imperador Maximiliano.

Ante a defecção dos seus aliados, Henrique não titubeou em lançar um contra-ataque. Primeiro examinou as defesas do reino e tomou medidas para fortalecer sua marinha. Em seguida aspirou a um tratado de paz favorável com a França, que obteve, assegurando exatamente o dobro da soma do tributo anual que seu pai recebia. O mais importante acontecimento fora do setor bélico foi o casamento da jovem irmã de Henrique, Maria, com Luís XII. Ela contava 17 anos de idade, ele 52. Conta-se que a noiva arrancou do irmão a promessa de que, se casasse naquele momento por interesse diplomático, estaria livre na próxima vez para casar-se por amor. Tenha ou não havido tal promessa, foi isso que ela fez. Foi rainha da França durante três meses. Depois, como rainha viúva, e para desgosto de Henrique, abandonou seu luto para casar-se com Carlos Brandon, Duque de Suffolk. Mas, desta feita, a fúria real cedeu e Henrique VIII participou das festividades do matrimônio. Este acabou produzindo um trágico resultado: uma neta do casal foi Lady Jane Grey, que durante dez dias foi rainha da Inglaterra.

* * *

Entre os membros da comitiva da noiva que foi à França, estava uma jovem chamada Maria Bolena. Era uma das três sobrinhas do Duque de Norfolk, as quais sucessivamente atraíram o perigoso e mortal amor de Henrique VIII. Maria e sua irmã Ana foram educadas numa dispendiosa academia francesa, anexa à corte daquele país. Voltando para a Inglaterra, Maria casou-se com Guilherme Corey, cavalheiro da Câmara Real, e logo mais tornou-se amante do Rei. Em conseqüência, seu pai foi aquinhoado com o título de Lorde Rochford, enquanto Ana Bolena continuava seus estudos na França.

Quanto a Wolsey, foi ricamente recompensado por seus sucessos no exterior. Recebeu o Bispado de Lincoln durante o curso das negociações. Depois que os termos da paz foram acertados pelo Rei, em seu proveito, em setembro de 1515, Wolsey ganhou um chapéu cardinalício. Esse acúmulo de honrarias eclesiásticas não lhe deu, entretanto, suficiente autoridade civil. Por isso, em dezembro de 1515 Henrique fê-lo Lorde Chanceler, no lugar de Warham, a quem forçou pedisse demissão.

Durante catorze anos Wolsey foi, em nome do Rei, o verdadeiro mandatário do reino. Devia sua posição não só à sua grande capacidade para negociar, como ao seu considerável encanto pessoal. Não era "nenhum anjo", escreveu um seu contemporâneo, e enganava e lisonjeava aqueles a quem desejava persuadir. Na companhia do Rei era brilhante, sociável e "um alegre descobridor de novos passatempos". Tudo isso lhe garantia a simpatia do jovem amo. Outros pretensos conselheiros de Henrique viam o caráter do Cardeal sob aspecto diferente. Ressentiam-se por serem superiormente subjugados por ele nos debates. Detestavam sua arrogância e invejavam sua crescente riqueza e poder. No auge de sua influência, Wolsey desfrutava de uma renda equivalente a cerca de 500.000 libras por ano, no padrão do princípio do século XX. Mantinha mil empregados e seus palácios suplantavam em esplendor os do Rei. Distribuía fartos e lucrativos favores a seus amigos, inclusive seu filho ilegítimo, que mantinha onze cargos na Igreja, com as respectivas rendas, quando ainda não passava de rapaz. Esses pontos negativos do seu caráter gradualmente aumentaram no correr dos anos. Mas, por longo tempo, enquanto chefiou o ministério, manteve com êxito, em suas mãos, uma acumulação de poder que provavelmente jamais foi igualada, na Inglaterra.

A popularidade do rei cresceu com as realizações do seu governo. Muita gente, por certo, resmungava contra as taxas de guerra impostas nos dois anos precedentes. Mas, enquanto canalizava dinheiro em obras supérfluas e de luxo, Wolsey procurava abrir novas fontes de renda. Os súditos de Henrique pagavam tanto imposto quanto no tempo de seu pai, sendo um dos povos europeus menos sobrecarregados de tributos. Com efeito, o norte da Inglaterra, que tinha de suportar as lutas fronteiriças e abrigar soldados, estava completamente dispensado de taxação.

As vitórias no estrangeiro permitiram a Wolsey desenvolver os princípios do Rei em torno de um governo centralizado. Durante os doze anos em que foi Lorde Chanceler, o parlamento se reuniu apenas uma vez, para duas sessões que duraram, ao todo, três meses. A corte de Star Chamber tornou-se mais ativa. Aplicou métodos novos e simples, copiados da legislação romana, dispensando a obrigatoriedade de provas nos julgamentos. Acusados que podiam apresentar provas eram levados pura e simplesmente a interrogatórios, um a um, muitas vezes mesmo, sem a formalidade de um juramento. A Justiça era veloz, as multas pesadas, e ninguém na Inglaterra tinha poder suficiente para ridicularizar a Star Chamber. Quando um soldado raso da guarnição de Calais certa vez mandou sua esposa queixar-se do tratamento recebido do Lorde Deputado dessa cidade, a mulher foi plenamente ouvida. A nova geração, posterior à Guerra das Duas Rosas, estava acostumada às leis do reino e à ordem, e determinada a deixar que ela prevalecesse.

Era assim que funcionava esse sistema de governo arbitrário, sem dúvida despótico em teoria e contrário aos princípios que se acredita estejam contidos na Magna Carta. No fundo, tal sistema repousava tacitamente no assentimento real do povo. Henrique VIII, como seu pai, encontrou uma instituição ao seu alcance, que era a gratuita Justiça da Paz do senhor local ou "landlord" e ensinou-o a governar. Leis e regulamentos de notável complexidade foram dados à Justiça para administrar. E, anos mais tarde, manuais de Justiça foram produzidos, publicados em inúmeras edições, abrangendo quase todas as contingências que pudessem surgir na vida do país.

Os Tudores foram realmente os arquitetos de um sistema inglês de governo local, que perdurou quase sem modificação, até os tempos vitorianos. Homens do interior, sem receber salário, destemidos e imparciais, porque podiam confiar no apoio do Rei, lidavam com pequenas questões, indo às vilas e aldeias, freqüentemente em grupos de dois ou três. Problemas mais graves, como os referentes a estradas, pontes e roubos de carneiros, eram levados a julgamentos trimestrais nas cidades apropriadas. A justiça que os senhores rurais aplicavam, por certo, era precária, pois, muitas vezes, amizade e facciosismo antepunham-se aos interesses tanto da nação, como da coroa. Se, de modo geral, eles levaram as determinações da coroa ao povo, os juízes podiam também, por vezes, expressar a resistência popular à vontade real, fazendo ouvidos de mercador às instruções oficiais. O que eles faziam nos condados podiam fazer, às vezes, também na Casa dos Comuns. Mesmo no apogeu do domínio dos Tudores, os fiéis membros do parlamento não tinham receio de expor suas idéias. Wolsey via a perigosa situação e preferia exercer sua política sem oposição parlamentar. Henrique VIII e Tomás Cromwell aprenderam a manejar discretamente os Comuns, embora já se suspeitasse de alguma resistência. Mas, apesar de atritos ocasionais, até choques e rebelião na zona rural, havia um tácito acordo entre ambas as partes. A coroa e a comunidade reconheciam o que esse acordo alcançara e o que ainda tinha a ofertar.

* * *

Alguns anos após sua ascensão, Henrique mergulhou em um programa de expansão naval, enquanto Wolsey tomou a seu cargo as manobras diplomáticas. Henrique já construíra o maior navio de guerra da época, o "Grande Henrique", de 1.500 toneladas, com "sete fileiras sobrepostas e um incrível conjunto de canhões". A esquadra foi construída sob os cuidados pessoais do soberano, que ordenou ao almirante que o informasse detalhadamente "como cada navio navegava" e não ficou satisfeito enquanto a Inglaterra não passou a controlar os mares vizinhos Os arranjos de Wolsey em benefício do Rei não foram menos notáveis. Um sistema de correios e correspondentes foi organizado, cobrindo o ocidente da Europa, através do qual as notícias eram recebidas na Inglaterra com tanta rapidez, quanto no tempo das guerras de Marlborough ou Wellington. O serviço diplomático, que Henrique VII organizara com tanto carinho, era usado como um núcleo, suplementado pelos mais capazes produtos da nova cultura de Oxford, incluindo Ricardo Pace, João Clerk e Ricardo Sampson, os últimos dois posteriormente, tornados bispos. Os arquivos deste período, no auge da Renascença são dos mais bem tecidos e coloridos da História. Todo acontecimento, o tamanho dos exércitos, rebeliões em cidades italianas, movimentos internos do Colégio de Cardeais, impostos na França, tudo era observado e anotado. Durante alguns anos, pelo menos, Wolsey foi na Europa um fator poderoso e o fiel da balança.

O zênite deste brilhante período foi alcançado no Campo da Roupa de Ouro, em junho de 1520, quando Henrique atravessou a Mancha pela primeira vez, para se encontrar com seu rival, Francisco I, da França A maior preocupação do soberano inglês, diz-se, era sua aparência. Não sabia se devia usar a barba crescida ou raspá-la. Primeiro, deixou-se persuadir por Catarina e fez a barba. Mas, logo em seguida deixou-a crescer de novo, arrependido. Felizmente, a barba estava cerrada em tempo de provocar uma bela impressão na França.

No Campo da Roupa de Ouro, perto de Guisnes, as demonstrações dos lanceiros, as festividades coloridas e brilhantes, as barracas e enfeites, deslumbraram a Europa inteira. Foi a derradeira exibição da cavalaria medieval Muitos nobres, ao que se disse, abandonaram seus moinhos, suas florestas e campinas. Mas, Henrique e Francisco não se tornaram amigos pessoais, mesmo porque o soberano inglês já estava negociando com os inimigos do francês, o novo imperador Carlos V, que sucedera a seu avô, Maximiliano. Em Guisnes, Henrique VIII procurou ultrapassar Francisco, tanto pelo esplendor do seu equipamento, como pela habilidade de sua diplomacia. Confiante em sua notável robustez física, ele de repente desafiou Francisco para uma luta. O rei francês aplicou-lhe um golpe e atirou-o ao solo. Henrique ficou branco de raiva, mas recompôs-se. Embora as cerimônias continuassem, o inglês não pode perdoar tal humilhação pessoal. Ele, afinal, ainda estava procurando fazer amigos em toda parte. Um mês depois, foi concluída a aliança com o Imperador, traindo assim o tributo francês. Quando este declarou guerra a Francisco, o dinheiro inglês foi desperdiçado febrilmente numa expedição a Boulogne e em subsídios a contingentes mercenários servindo ao Imperador. Wolsey teve de descobrir o dinheiro. Quando Kent e os Condados de Leste se levantaram contra uma espécie de taxa sobre o capital, imposta por Wolsey no segundo ano da guerra, absurda e erroneamente chamada "Oferta amigável", o Rei fingiu ignorar a medida. O governo teve de bater em retirada, a campanha foi abandonada e Wolsey recebeu o consetimento do Rei para iniciar secretamente negociações de paz com Francisco.

Esses primeiros passos foram o erro de cálculo fatal para Wolsey, pois apenas seis semanas mais tarde os exércitos imperiais conseguiram uma acaçapante vitória sobre os franceses em Pávia, no norte da Itália. Após a batalha, toda a península passou para as mãos do Imperador Carlos V. A Itália estava condenada a ver grande parte do seu território sob domínio dos Habsburgos até as invasões de Napoleão. Apesar de o próprio Francisco ter sido feito prisioneiro e a França submetida a esmagadores termos de paz, a Inglaterra não participou dos espólios da vitória. . Henrique já não era mais o fiel da balança na Europa. A culpa era certamente de Wolsey, e Henrique se convenceu de que lhe dera muita liberdade de ação. O Rei insistiu em visitar o novo e majestoso colégio cardinalício que Wolsey estava construindo em Oxford, destinado a ser a Igreja de Cristo, a maior e mais ricamente decorada da Universidade. Quando ele chegou, espantou-se de ver as vastas somas que estavam sendo gastas na construção. "É estranho — observou ao Cardeal — que vós tenhais achado tanto dinheiro para gastar em vosso próprio colégio, e não tenhais contudo obtido recursos suficientes para terminar minha guerra."

Até então, era inseparável de Wolsey. Em 1521 mandou para a forca o Duque de Buckingham, filho do Buckingham de Ricardo III, e muito próximo na linha de sucessão ao trono. Seu crime fora dirigir a oposição da nobreza deslocada ao Chanceler escolhido pelo Rei. Depois de Pávia, todavia, Henrique começou a pensar em outra coisa. Talvez

Wolsey devesse ser sacrificado para preservar a popularidade do monarca — conjecturava. E havia, ainda, a Rainha Catarina... Em 1525 tinha 40 anos de idade. No Campo da Roupa de Ouro, cinco anos antes, o Rei Francisco caçoara dela nos bastidores de sua corte, dizendo que já estava "velha e deformada". Como típica princesa espanhola, amadurecera depressa e parecia mais velha do que realmente era. Claro que não daria a Henrique um herdeiro masculino. Se o filho ilegítimo do Rei, Duque de Richmond, então com 6 anos de idade, não fosse indicado para sucessor por um Ato do Parlamento, a Inglaterra talvez tivesse de aceitar a filha de Catarina, Maria, no momento com 9 anos de idade, como a primeira rainha inglesa de pleno direito, desde Matilda. Ainda era controvertido na legislação da Inglaterra o direito de uma mulher suceder no trono. Toleraria o país ser governado por uma dama? Como sua mãe espanhola, Maria seria uma soberana de mente estreita e beata, talvez possível de existir na Espanha, França ou Áustria, países cheios de soldados. Mas, tal não seria aceitável na livre Inglaterra, que obedecera a Henrique VII e agora obedecia a Henrique VIII, voluntariamente, e onde não havia um exército central, exceto os arqueiros da Torre. Além disso, seria ela capaz de governar à moda dos Tudores, benevolentemente e não pela força?

Os prolongados embates da Guerra das Duas Rosas foram um pesadelo para a nação, que poderia ser revivido numa disputa sucessória. Para o monarca, essas graves questões de Estado eram também casos de consciência, em que se fundiam seu sensualismo e a preocupação com a estabilidade do reino. Isso preocupou Henrique durante mais dois anos. O primeiro passo, evidentemente, seria livrar-se de Catarina. Em maio de 1527 o Cardeal Wolsey, agindo como delegado do Papa e com a cumplicidade do Rei, reuniu um concílio eclesiástico secreto em sua casa de Westminster. Convocado pelo Cardeal, o soberano compareceu à reunião, onde foi acusado de ter contraído matrimônio com a viúva do seu irmão, violando as leis de impedimento matrimonial da Igreja. Henrique se baseara, para contrair o enlace, numa bula de dispensa obtida por Fernando e Henrique VII, em 1503. Tal documento dizia, com efeito, que, desde que o casamento de Catarina com Artur não se consumara, aquela não era legalmente mulher do falecido irmão de Henrique, o qual podia se casar com Catarina. Embora esta, a conselho de sucessivos embaixadores espanhóis, afirmasse até o dia de sua morte que seu casamento com

Artur não fora consumado, ninguém estava convencido disso, pois eles viveram sob o mesmo teto durante sete meses.

    Após ouvir a argumentação legal durante três dias, o tribunal decidiu que o assunto devia ser submetido a um grupo dos eruditos bispos da Inglaterra. Diversos bispos retrucaram que, conquanto a dispensa papal tivesse sido outorgada, tal casamento era perfeitamente ilegal. Henrique, então, tentou persuadir a própria Catarina de que sua união com ele era ilegal e que estavam vivendo pecaminosamente há dezoito anos. Acrescentou que, como tivesse intenção de se abster de sua companhia no futuro, esperava que ela se retirasse da corte. Catarina explodiu em lágrimas e firmemente se recusou a ir embora.

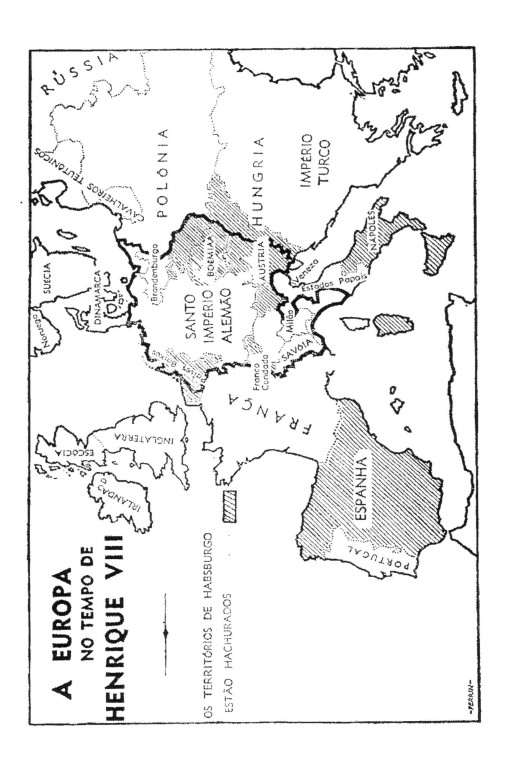

Cerca de uma quinzena mais tarde, Wolsey atravessou a Mancha com o fim de iniciar prolongadas negociações para um tratado de amizade com a França. Enquanto o Cardeal estava ausente, o Rei tornou-se abertamente apaixonado por Ana Bolena. Ela regressara da escola, na França, transformada numa vivaz e espirituosa mulher de 24 anos, muito esguia e frágil, de belos olhos negros, espessa e longa cabeleira negra solta sobre os ombros. "A Sra. Ana — escreveu o embaixador veneziano — não é a mulher mais elegante do mundo. É de estatura mediana, morena, pescoço comprido, boca larga, busto um tanto achatado." Tinha um temperamento ardente, era tagarela e autoritária, e, embora de certo modo involuntariamente, logo reuniu um grupo de admiradores, muito conhecidos por sua simpatia para com a nova doutrina de Lutero. Pela primeira vez ouviu-se falar em Ana Bolena na corte, num despacho do embaixador imperial, datado de 16 de agosto de 1527, quatro meses após Henrique ter iniciado as negociações para anulação do seu casamento. Teria ele primeiro planejado o divórcio e depois pensado em Ana? Ou já planejava casar-se com ela desde o começo? A dúvida permanece, pois o Rei era muito discreto em seus assuntos privados. "Três pessoas podem conservar um segredo, se duas não o souberem" — observou Henrique um ano ou dois mais tarde. E acrescentou: "Se meu chapéu conhecesse meu íntimo, atirá-lo-ia ao fogo." Suas cartas de amor foram guardadas por agentes do Papa e estão atualmente na biblioteca do Vaticano; embora elegantemente redigidas, não tem datas e revelam pouca coisa, exceto que Ana Bolena o fez esperar quase um ano pelo seu amor.

Henrique fora cuidadosamente vigiado por Wolsey e Catarina. Tivera amantes anteriormente, mas nunca de maneira aberta. O aparecimento, na corte, de uma mulher com quem o soberano passava a maior parte do tempo, provocou contínuos murmúrios. Embora houvesse ali um representante do Papa, escolhido por Wolsey, Henrique e Ana em conjunto providenciaram a ida de um emissário especial a Roma, a fim de pleitear do pontífice Clemente VII não só a anulação do casamento do rei, como uma licença para que pudesse se casar de novo, sem demora. O Dr. Guilherme Knight, então com mais de 70 anos de idade, foi trazido do ostracismo para se desincumbir dessa delicada missão. Recebeu duas instruções diferentes: uma, não mencionava a aspiração a um novo casamento, e devia ser mostrada a Wolsey em sua passagem por Compiègne, a caminho de Roma; outra, era a instrução a que Knight devia obedecer. Wolsey viu a falsa instrução e logo percebeu que havia sido redigida por leigos. Correu a Londres para alterar seus termos, quando soube de tudo. Entretanto, embora passasse a dirigir as negociações, nenhuma providência produziu resultado. O delegado papal, Cardeal Campeggio, que foi enviado à Inglaterra para estudar o caso, usou de todos os pretextos possíveis para adiar uma decisão. Com a Itália dominada pelos Habsburgos, o Papa estava à mercê da soldadesca imperial, que em 1527 chocou a Europa, tomando e saqueando Roma. O sumo pontífice era praticamente um prisioneiro de Carlos V, que estava decidido a impedir que Henrique se divorciasse de sua tia.

Isso derrotou Wolsey. Novos conselheiros foram convocados. Um correligionário do Duque de Norfolk, Dr. Estêvão Gardiner, foi indicado para Secretário do Rei. Logo depois, o Dr. Cranmer, jovem teólogo de Cambridge e amigo dos Bolenistas, apresentou uma salvadora sugestão a Gardiner, de que a questão da legalidade do matrimônio do Rei fosse entregue ao julgamento das universidades européias. O Rei imediatamente acatou a idéia, mandando chamar Cranmer para cumprimentá-lo. Mensageiros partiram para todas as universidades do continente. Concomitantemente, o Rei voltou-se para o parlamento, pela primeira vez em seis anos, visando fortalecer-se para a grande reviravolta que planejava. Coube a Norfolk e Gardiner completar a manobra, em lugar de Wolsey, que se retirou em desgraça, para sua diocese de Iorque, a qual jamais visitara. Certa ocasião foi a Grafton para ver o Rei. Mas, quando entrou, viu que Ana Bolena estava lá. Norfolk insultou-o e foi mandado embora sem conseguir a audiência. A 9 de outubro de 1529 a desgraça de Wolsey aumentou em virtude de uma acusação do Tribunal de Justiça do Rei, baseada num dos Estatutos de "Praemunire", aprovados no reinado de Carlos II. Esses atos do parlamento foram elaborados para assegurar a jurisdição dos tribunais do Rei contra os da Igreja, e constituíam um dos instrumentos favoritos de Wolsey para extorquir dinheiro para a coroa, por "ofensas técnicas". Determinavam que perderiam a proteção real e teriam todos seus bens confiscados pelo soberano, aqueles que recebessem do tribunal da Igreja processos, sentenças de excomunhão, bulas, instrumentos ou "qualquer outra coisa que de algum modo ofendesse o Rei, o reino ou a coroa". Enquanto no tribunal o processo avançava, Norfolk e Suffolk procuraram Wolsey com o fim de se apossarem do sinete de Chanceler, para deixar bem claro que ele não era mais Lorde Chanceler. Wolsey, porém, protestou, alegando ser o título vitalício. No dia seguinte, os dois emissários voltaram, trazendo cartas assinadas por Henrique. Quando se retiraram, levando o sinete, o Cardeal perdeu as forças. Mais tarde encontraram-no sentado, chorando e lamentando sua desgraça.

Ana estava decidida, porém, a arruiná-lo totalmente. Voltou-se para o palácio que era a residência londrina dos arcebispos de Iorque, achando-o ideal para ela e Henrique, suficientemente espaçoso para receber seus amigos, mas não tão grande para permitir que a Rainha Catarina também morasse ali. Ana e a mãe levaram o Rei a inspecionar os bens do Cardeal em York Place e Henrique se entusiasmou pela riqueza que encontrou. Imediatamente convocou juízes e conselheiros para consultá-los sobre a maneira legal de se apossar daqueles bens, que eram tidos como propriedade perpétua dos arcebispos de Iorque. Os juízes alvitraram que Wolsey fizesse uma declaração doando a propriedade ao Rei e seus sucessores. Um juiz do Tribunal de Justiça do Rei foi, assim, mandado ao encontro de Wolsey. Um membro da sua casa, Jorge Cavendish, deixou um relato dos últimos dias de vida do Cardeal. De acordo com esse testemunho, Wolsey disse: "Eu sei que o Rei, pela própria natureza, tem uma cólera real. Quem me diz disto, Mestre Shelley? Agirei com justiça e conscienciosamente, privando a mim e meus sucessores do que a rigor não é meu?" O juiz explicou o caso do ponto de vista legal. Ao que retrucou Wolsey: "Não desobedeço, mas alegremente cumpro e executo a vontade e desejos reais em todas as coisas, e, em especial, neste caso. Tanto mais que vós, os pais da lei, afirmais que eu devo legalmente fazê-lo. Entretanto, desejo que S. M. se recorde de que existem Céu e Inferno."

Henrique não deu a mínima importância às ameaças do Cardeal. Tais gestos apenas o incitavam a medidas mais drásticas. À acusação baseada no "Praemunire" foi acrescentada outra, acusando Wolsey de corresponder-se traiçoeiramente com o rei da França. Cinco dias após o Cardeal ter sido considerado culpado, o Conde de Northumberland foi ao castelo do Arcebispo de Iorque, em Cawood, perto de Iorque, e, trêmulo, sussurrou: "Meu senhor, prendo-vos por alta traição." "Onde está vossa ordem?" — perguntou o Cardeal "Deixai-me vê-la." "Não, Senhor, isso vós não podeis." — replicou o Conde. "Bem, então — disse Wolsey — não obedecerei à vossa ordem de prisão." Estavam discutindo o assunto, quando chegou o Conselheiro Walshe O Cardeal, então, afirmou: "Bem, nada mais resta a fazer. Creio, senhor, que sois íntimo do Rei. Chamai-vos, creio, Walshe. Concordo em entregar-me a vós, mas não a Lorde de Northumberland, sem ver a ordem de prisão. Além do mais, tendes autoridade suficiente para isto, ainda mais sendo membro do conselho privado do Rei. Na opinião da mais desprezível pessoa, basta a palavra do Rei para autorizar a prisão do mais nobre par do reino."

Wolsey foi enviado à Torre, cabendo-lhe ocupar a cela usada pelo Duque de Buckingham antes de sua execução, a qual já estava pronta para recebê-lo. Em viagem, porém, adoeceu. Quando se aproximava da Abadia Leicester, à noite, disse aos monges que saíram para saudá-lo "Vim aqui para deixar meus ossos entre vós." Cerca das 8 horas da manhã, dois dias depois, entrou em agonia, murmurando aos que se reuniram à sua cabeceira: "Se tivesse servido a Deus tão diligentemente quanto servi ao Rei, Ele não ter-me-ia desamparado na velhice." Logo depois, expirou. Colado ao seu corpo encontraram um cinto de pêlo áspero, sob a camisa de fino linho holandês. O uso deste cilício era ignorado de todos os íntimos, exceto seu confessor.

As altas funções estatais de Wolsey foram confiadas a uma nova administração: Gardiner ganhou o Bispado de Winchester, o mais rico da Inglaterra; Norfolk tornou-se presidente do Conselho, e Suffolk, o vice-presidente. Durante os poucos dias que se passaram antes de Wolsey ser substituído por Sir Tomás More como Lorde Chanceler, o próprio Rei exerceu essas funções. Com a morte do Cardeal, interesses políticos até então ocultos vieram à tona. A ambição da nobreza rural de participar dos negócios públicos em Londres; a aspiração de um país rico educado à maneira renascentista, no sentido de se livrar da tutela do clero; a sede de poder por parte das facções rivais — tudo isso começou a sacudir e agitar a nação. Henrique VIII tinha, nessa época, 38 anos de idade.

CAPÍTULO V

O ROMPIMENTO COM ROMA

A idéia de Cranmer, de apelar para as universidades na controvertida questão do casamento de Henrique com Catarina, resultou em completo êxito, tendo sido o jovem pregador recompensado com sua nomeação para embaixador junto ao Imperador. Até a Universidade de Bolonha, no Estado Papal, declarou que o Rei tinha razão e que o Papa não podia deixar de cumprir lei tão fundamental. Muitas outras universidades foram da mesma opinião: Paris, Toulouse, Orleans, Pádua, Ferrara, Pávia, Oxford e Cambridge. O Rei estava de há muito convencido de que tinha razão e nesses pareceres parecia estar a prova final. Por isso, resolveu mostrar seu descontentamento com o Papa, tomando qualquer medida aguerrida contra a Igreja da Inglaterra. Por que — perguntava — podia o direito de asilo nas igrejas obstruir a justiça do Rei? Por que se permitia que párocos vivessem longe de suas paróquias e exercessem outros misteres, enquanto substitutos mal remunerados faziam o serviço para eles? Por que italianos eram beneficiados pelas rendas dos bispados ingleses? Por que razão os clérigos cobravam taxas sobre testamentos e legados *post-mortem* de todos os paroquianos? O Rei decidiu pedir aos Comuns que propusessem reformas.

Alguns anos antes, em 1515, um célebre caso abalou a Igreja na Inglaterra. Um alfaiate londrino, Ricardo Hunne, opôs-se às taxas da Igreja e a polêmica tornou-se um atrevido desafio à autoridade eclesiástica. Em conseqüência, Hunne foi preso e trancafiado pelo clero na Torre de Lollard, onde pereceu enforcado. Suicídio ou assassinato? Os protestos no Parlamento e na cidade avolumaram-se, atingindo o próprio Bispo de Londres. Mas, esses prenúncios da Reforma foram abafados pelo então todo-poderoso Wolsey. Um comitê foi constituído, abrangendo todos os legisladores da Câmara e imediatamente as necessárias proposições foram redigidas. A Casa dos Lordes, onde os bispos e abades ainda tinham maioria de votos sobre os pares leigos, concordou com os projetos reformando o direito de asilo nas igrejas e abolindo as taxas sobre óbitos, que apenas atingiam o pequeno clero. Mas, quando o projeto da lei sobre testamentos subiu à Câmara dos Lordes, o Arcebispo de Canterbury, "em particular", e todos os bispos, em geral, protestaram. Fisher, Bispo de Rochester, representante da "velha guarda", alvitrou aos Lordes que as inovações religiosas provocavam a revolução social. Citou como exemplo a revolta nacional checa liderada por João Huss "Senhores — disse ele — vêdes diariamente que projetos chegam aqui, vindos da Câmara dos Comuns, todos visando à destruição da Igreja. Pelo amor de Deus, lembrai-vos como era o reino da Boêmia e vêde como ficou quando a Igreja veio abaixo, levando consigo a glória do reino. Os Comuns só se preocupam atualmente em arrasar a Igreja e isso exclusivamente por falta de fé." Os Comuns logo tomaram conhecimento desse atrevido discurso, e alguns membros compreenderam a insinuação daquelas últimas palavras, ou seja, de que as leis feitas pelos Comuns eram produto de homens pagãos e não mereciam ser consideradas. Assim, decidiram constituir uma comissão de trinta membros dos mais destacados, chefiada pelo presidente da Câmara, a qual foi se queixar ao Rei. O soberano convocou os bispos acusados da ofensa, reclamando de Fisher uma explicação. Este procurou fazer confusão, dizendo que apenas quisera dizer que os boêmios é que não tinham fé, não os membros da Câmara dos Comuns. Os demais bispos concordaram com essa interpretação. "Mas, essa simples desculpa — afirmou alguém — em nada satisfez aos Comuns." O projeto dos testamentos somente subiu à Câmara Alta, depois de ásperos debates. O rancor aumentou. Assim, desde o princípio, tomou forma definida o espírito reformista da Câmara dos Comuns, o qual, por um período de tempo sem precedentes, apoiou toda e qualquer medida que prometesse vingança contra os bispos, por sua atitude dúbia e evasiva na questão da lei testamentária. Com efeito, a hostilidade dos Comuns ao Episcopado perdurou por mais de um século.

O Rei já estava satisfeito com o que provocara, e pôs-se a blasonar a todo mundo, inclusive ao embaixador imperial. "Demos ordem — disse ele — para a reforma do clero em nosso reino. Já aparamos bastante suas garras, impedindo-o de continuar cobrando, de nossos súditos, várias taxas criadas por sua excessiva autoridade. Agora, estamos em vias de nos apossarmos dos annates (a taxa do primeiro ano que os bispos pagavam a Roma pela consagração) e impedir os eclesiásticos de possuírem mais de um benefício." Todavia, Henrique deixava bem claro que continuava inteiramente ortodoxo em matéria de doutrina, pois estava apenas aderindo aos princípios de Colet e outros notáveis teólogos que conhecera em sua juventude, segundo os quais se pode ser católico, embora criticando as instituições do papado. "Se Lutero — declarou — se tivesse limitado a denunciar os vícios, abusos e erros do clero, ao invés de atacar os sacramentos da Igreja e outras instituições divinas, tê-lo-íamos acompanhado e escrito a seu favor." Após esta estúpida, embora razoável declaração, as negociações em Roma visando anular o casamento do Rei encontraram obstáculos ainda maiores. Mas, a oposição sempre servia de estímulo a Henrique e, além do mais, estava decidido a mostrar que não brincava.

Em dezembro de 1530 o Procurador-Geral acusou todo o clero de violar os Estatutos de Confisco de Bens e Provisões, datado do século XIV, que foram criados para limitar os poderes papais. Tal violação o clero teria feito como conivente da atuação de Wolsey quando delegado do Papa. Henrique, após derrotar os bispos na questão testamentária, valendo-se do apoio parlamentar, sabia que a Congregação não o desafiaria. Quando o Núncio Apostólico interveio para acirrá-los contra o Rei, todo o clero ficou surpreendido e escandalizado. Sem permitir que ele sequer abrisse a boca, o clero pediu ao Núncio que o deixasse em paz, pois não tinha autorização do Rei para discutir com ele. Em troca de um perdão pela violação dos Estatutos, o Rei subtraiu da Congregação grandes somas de dinheiro, 100 mil libras da província de Canterbury e 19 mil de Iorque, o que era muito mais do que a princípio eles estavam dispostos a pagar. Após posteriores negociações o Rei obteve também um novo título. A 7 de fevereiro de 1531 o clero reconheceu que o soberano era "seu Protetor especial, único e supremo Senhor, e, tanto quanto a lei de Cristo permite, até o supremo chefe".

O Parlamento, que não se reunia desde os memoráveis acontecimentos de 1529, relacionados com a lei testamentária, foi novamente convocado para ouvir e difundir o ponto de vista real sobre o divórcio. More, Lorde Chanceler Mor do reino, desceu à Câmara dos Comuns e afirmou: "Há gente que diz que o Rei está pleiteando o divórcio, por estar apaixonado por outra mulher, e não por escrúpulo de consciência; mas, isso não é verdade." Em seguida, leu a opinião de doze doutores de outros países, todos acordes em que o casamento do Rei era ilegal. Por fim o Lorde Chanceler concluiu: "Agora, podeis relatar em vossos condados o que acabais de ver e ouvir. Assim, todos saberão claramente que o Rei não provocou esta questão por prazer ou capricho, como alguns estrangeiros afiançam, mas unicamente para aliviar sua consciência e segurança da sucessão em seu reino."

Entrementes, a Rainha Catarina continuava na corte. O Rei, embora andasse e palestrasse publicamente com Ana, incumbiu Catarina de cuidar do seu guarda-roupa pessoal, inclusive supervisionar a lavanderia e a confecção de sua roupa branca. Quando precisava de roupa, continuava reclamando a Catarina, não a Ana. Esta ficou furiosamente enciumada, mas durante muitos meses o Rei se recusou a abandonar sua velha rotina. Nova tentativa foi, então, feita pelos partidários da Bolena para persuadir Catarina a renunciar aos seus direitos. Em 1º de junho de 1531, foi procurada por Norfolk, Suffolk e Gardiner, pai de Ana, agora Conde de Wiltshire, Northumberland e vários outros. Como das vezes anteriores, ela se recusou a renunciar. Finalmente, em meados de julho, Ana levou o Rei a uma longa expedição de caça, distante do castelo de Windsor, a mais longa excursão que já haviam feito juntos. Catarina esperou, dias após dias, até passar um mês sem receber notícia de volta do Rei. Por fim, veio um mensageiro: o soberano estava para voltar. Mas S. M. não desejava rever a Rainha, a quem ordenava se retirasse imediatamente para o antigo palácio de Wolsey, em Noor, no Hertfordshire. Daí em diante ela e sua filha Maria foram banidas da corte.

* * *

O inverno de 1531-1532 foi assinalado pela mais intensa crise do reinado de Henrique VIII. Uma fórmula de excomunhão, ou pelo menos interdição, fora esboçada em Roma, ordenando ao Rei largar de sua concubina Ana dentro de quinze dias, sob a pena das leis da Igreja. A sombra da cólera papal pairava sobre a Inglaterra. Na Corte, o Natal foi celebrado com grande austeridade. "Todos disseram que não houve música neste Natal, porque a Rainha e as damas estavam ausentes" — disse um cronista. Mas, como nos dias negros do começo do reinado, depois do fracasso da expedição de Bordéus, o Rei continuou inflexível em seus planos, ainda mais fortalecido pelo adversário. A lei alterando a taxa anual dos bispos, de que se vangloriava perante o embaixador imperial, foi redigida como contra-ofensiva, no caso de acontecer o pior. Ela armou o Rei para a luta contra o papado, mais acirrada do que a que precedeu a Magna Carta. Se a corte de Roma, dizia seu preâmbulo, tentasse aplicar excomunhão, interdição ou julgamento compulsório na Inglaterra, todas as formas de sacramentos e serviço religioso continuariam a ser administradas e nenhum prelado ou ministro poderia divulgar ou executar a interdição. Se qualquer pessoa designada pelo Rei para um bispado fosse impedida através de bulas de Roma de aceitar o cargo, seria consagrada pelo Arcebispo ou alguém do arcebispo. E as taxas anuais, principal suporte das finanças papais, eram limitadas a 5% do seu valor antigo.

Para Henrique, foi este o projeto de lei mais difícil de fazer aprovar no Parlamento. O soberano foi obrigado a descer à Câmara dos Lordes pessoalmente pelo menos três vezes, e mesmo assim parecia não obter êxito, até que pensou num expediente inteiramente novo: a primeira divisão pública da Câmara. "Ele arquitetou um plano que colocasse de um lado da Câmara os membros que desejassem o bem-estar do Rei e a prosperidade do reino (como eles diziam) e do outro lado ficassem os que se opunham à medida. Temendo a indignação do Rei, inúmeros membros da Câmara cederam", e com consideráveis emendas o projeto foi aprovado.

O passo seguinte era fazer o clero submeter-se à supremacia real. Henrique fez a Câmara dos Comuns preparar um documento denominado

"Súplica contra os Juízes Eclesiásticos", dirigida às autoridades dos tribunais da Igreja. "Juízes eclesiásticos" era sinônimo legal de bispos e seus delegados, que desfrutavam direitos de jurisdição. Embora a Congregação fosse de início truculenta, submetendo-se apenas em termos vagos e ambíguos, Henrique recusou-se a transigir. Na terceira tentativa os clérigos concordaram com artigos de sua própria autoria, que fizeram do Rei o chefe de fato da Igreja na Inglaterra. Na tarde do mesmo dia em que esses artigos foram submetidos à aprovação do Rei, 16 de maio de 1532, Sir Tomás More demitiu-se do cargo de chanceler-mor do reino em sinal de protesto contra a supremacia real em assuntos espirituais. Procurara servir ao soberano em tudo, fielmente. Agora, via que o caminho trilhado pelo soberano inevitavelmente o levaria a chocar-se com suas íntimas crenças.

A Reforma na Inglaterra obedeceu, como vemos, a um processo lento. Um monarca oportunista, marchando cautelosamente, acabou libertando o país totalmente da administração romana. Wolsey fez muito para abrir o caminho. Apoiara o papado durante alguns dos seus anos mais críticos, e em troca pudera exercer amplos e devastadores poderes que habitualmente competiam ao próprio Papa ou alguns dos seus delegados visitantes. A Inglaterra, por isso, estava mais acostumada do que qualquer outra província da cristandade, a ver o poder papal ser exercido por clérigos ingleses, o que tornou mais fácil a transferência desse poder à Coroa. Por outro lado, personificando a autoridade do Papa junto aos seus conterrâneos, não acostumados com tamanha familiaridade, provocou descontentamento. O falecimento, em agosto, do Arcebispo Warham, principal oponente do divórcio do Rei, abriu novas possibilidades e criou problemas. Henrique não teve pressa em indicar um sucessor, pois precisava medir o alcance do seu gesto. Se houvesse luta, poderia confiar que algum bispo esquecesse o juramento que havia prestado ao sumo pontífice, em sua sagração? Haveria uma rebelião? Será que o Imperador, sobrinho da Rainha Catarina, invadiria a Inglaterra pelos Países Baixos? Podia o Rei confiar na neutralidade francesa?

A fim de examinar a situação pessoalmente e conversar com Francisco I, o Rei foi a Boulogne, com pequena comitiva, incluindo Ana Bolena. Voltou tranquilo. Confiante de que poderia fazer a mais espantosa designação para Canterbury, tornou a chamar Cranmer de sua embaixada. Ele havia contraído matrimônio duas vezes, a segunda na Alemanha, após a ordenação, segundo a nova moda do clero germânico, com a sobrinha de um notório luterano. Desde que o casamento de padres ainda era legal na Inglaterra, a esposa de Cranmer viajou na frente, incógnita. Ele próprio despediu-se do Imperador em Mântua, a 1º de novembro de 1532, e partiu no dia seguinte, chegando a Londres em meados de dezembro. Uma semana depois foi-lhe oferecido o arcebispado de Canterbury. Ele aceitou. Desde aí, até a morte de Henrique, a esposa de Cranmer viveu sempre escondida. Se viajava com o esposo, ao que dizia o povo, era obrigada a ir junto com a bagagem, oculta numa vasta caixa feita especialmente para escondê-la...

Um mês mais tarde Henrique casou-se secretamente com Ana Bolena. Os historiadores jamais descobriram ao certo quem celebrou a cerimônia e onde ela se realizou. Cranmer não foi o celebrante. Tanto ele, como o embaixador imperial informaram sucessivamente que o enlace se realizou em janeiro de 1533. Para a Igreja Católica Romana, indubitavelmente Henrique VIII praticou crime de bigamia, pois estava casado há 25 anos com Catarina de Aragão, casamento ainda não anulado por Roma, ou sequer na Inglaterra, por nenhum tribunal ou ato público. O Rei apenas entendeu que não estava legalmente casado, deixando que juristas e clérigos acertassem depois o aspecto legal.

Cranmer foi empossado como arcebispo na maneira tradicional. A pedido do Rei, foram obtidas em Roma as Bulas, sob ameaça a S. S. de uma rigorosa aplicação do Ato das Anuidades. Cranmer jurou obediência ao Papa, como de praxe, embora reservas fossem feitas antes e depois, e foi sagrado com o cerimonial completo. Isso era importante: o homem que iria levar avante a revolução eclesiástica fora, portanto, aceito pelo Papa e recebera plena autoridade. Dois dias depois, porém, um projeto foi apresentado ao Parlamento investindo o Arcebispo de Canterbury do poder, antes privativo do Papa, de ouvir e julgar todas as apelações dos tribunais eclesiásticos na Inglaterra. Futuras tentativas de usar qualquer autoridade estrangeira provocariam as drásticas penalidades da lei de confiscos. As decisões das cortes inglesas não poderiam ser afetadas por nenhuma decisão papal ou pela excomunhão; e todo sacerdote que se recusasse a celebrar atos religiosos ou administrar sacramentos estaria sujeito a prisão. Esta momentosa lei, trabalho de Tomás Cromwell, que aboliu o que ainda restava da autoridade papal no país, foi aprovada pelo Parlamento no tempo devido e se tornou conhecida pelo nome de Ato de Apelação. No mês seguinte o próprio Henrique redigiu uma carta descrevendo sua posição como "Rei e Soberano, não reconhecendo nenhum superior na terra, mas só a Deus, e não sujeito às leis de nenhuma criatura terrestre." Entre a Inglaterra e Roma passou a haver um abismo.

Tendo estabelecido sua supremacia, Henrique tratou de explorá-la ao máximo. Em março de 1533 fez duas indagações à Congregação: 1ª) Era contra a lei de Deus e não dependia de dispensa do Papa, um homem casar-se com a viúva de seu irmão, falecido sem descendentes, mas tendo consumado a união? Resposta dos prelados e clérigos presentes: Sim. Do Bispo Fisher, de Rochester: não. 2ª) Fora consumado o casamento do Príncipe Artur com a Rainha Catarina? Resposta dos clérigos: Sim. Do Bispo: Não. Por isso, o Bispo foi preso e trancafiado na Torre. Cerca de dez dias mais tarde o Duque de Norfolk, com emissários do Rei, esperou a Rainha Catarina em Ampthill. Toda sorte de argumentação foi usada para convencê-la de que devia renunciar voluntariamente ao título. Ela estava bloqueando a sucessão. Sua filha não seria aceita pelo país como soberana e a Inglaterra poderia ser arremessada ao caos se ela persistisse em sua desarrazoada obstrução. Se renunciasse, uma posição de relevo ainda lhe estaria aberta. Ela se recusou a renunciar. Foi, então, informada do que decidira a Congregação. Providências seriam tomadas para privá-la da posição de Rainha, a que não mais tinha direito. Ela persistiu resistindo. Mas os emissários ainda tinham outra comunicação a fazer: Catarina, de qualquer jeito, não era mais rainha, pois o rei já se casara com Ana Bolena.

Assim, o casamento secreto de Henrique tornou-se conhecido. Uma quinzena mais tarde Cranmer instalou um tribunal em Dunstable e enviou um procurador a Ampthill, intimando Catarina a comparecer. Ela se recusou. Em sua ausência o Arcebispo proferiu a decisão. O casamento de Catarina com Henrique existira de fato, mas não legalmente: era nulo desde o princípio. Cinco dias depois o casamento com Ana foi declarado válido. A Rainha Ana Bolena foi coroada a 1º de junho, na abadia de Westminster.

No mês seguinte ficou patente que a nova soberana estava esperando uma criança. Enquanto se aproximava o momento do parto, Henrique ficou junto dela, em Greenwich, cuidando para que não fosse perturbada.

Muitas notícias más vinham de além-mar e das fronteiras, mas em tais ocasiões Henrique ia para o campo e se encontrava com o Conselho ao ar livre, para que a Rainha não suspeitasse da gravidade da situação, ou talvez para não afligi-la. Uma rica e luxuosa cama, que pertencia ao erário público, já que era parte do resgate de um nobre francês, foi trazida, e a 7 de setembro de 1533 nasceu a futura Rainha Isabel.

Apesar dos fogos de artifício, Henrique não sentiu alegria no coração. Seu desejo era ter um descendente varão. Depois de haver desafiado o mundo todo, quiçá tornando-se bígamo, arriscado a ser deposto pelo Papa ou sofrer uma invasão, ali estava apenas uma menina. "V. M. desejava ver sua filhinha?" — perguntou-lhe, ao que se diz, a velha enfermeira. "Minha filha! Minha filha!" — retrucou o Rei, exaltado. "Sua diaba velha, bruxa, não se atreva a falar comigo!" Imediatamente galopou de Greenwich para longe de Ana, e em três dias alcançou Wolf Hall, em Wiltshire, residência de um velho e serviçal cortesão, Sir João Seymour, que tinha um filho, muito ativo, na diplomacia, e uma linda filha, ex-dama de honra da Rainha Catarina. Joana Seymour tinha cerca de 25 anos de idade e, embora de aspecto atraente, ninguém a considerava muito bela. "Sua cútis — informou o embaixador imperial — é tão alva que pode ser considerada algo pálida. Não é muito inteligente, e dizem ser algo arrogante." Joana, porém, era jovial e simpática, e Henrique apaixonou-se por ela.

Após o nascimento de Isabel as críticas ao Rei e suas medidas eclesiásticas não podiam mais ser evitadas. Se a escolha devia ser feita entre duas princesas, dizia-se, então por que não escolher Maria, a filha legítima? Mas, o Rei não acolheu esse argumento. Um Ato foi aprovado garantindo a sucessão a Isabel. Em março de 1534 todo súdito maior de idade, homem ou mulher era obrigado a jurar obediência a esse Ato e a renunciar fidelidade a toda autoridade estrangeira na Inglaterra. O clero foi proibido de pregar, a não ser com licença especial. Uma Oração Ordenada[3] foi posta em uso em todas as igrejas contendo as palavras: "Henrique VIII, colocado junto a Deus, o único e supremo chefe da Igreja Católica da Inglaterra, e Ana, sua esposa, e Isabel, filha e herdeira

---

[3] Oração Ordenada era a determinada às congregações em favor de pessoas ou objetos citados pelo Rei.

de ambos, nossa Princesa." Quem dissesse ou publicasse maliciosamente, que o Rei era tirano ou herético, era acusado de alta traição. Como a brutalidade do soberano aumentava, centenas de pessoas tiveram de ser enforcadas, estripadas e esquartejadas por esse motivo.

Fisher e Sir Tomás More, que se recusaram a prestar o juramento, foram trancafiados na Torre durante muitos meses. Em seu julgamento, More apresentou brilhante defesa, mas a antiga confiança que o Rei depositava nele se transmudou em vingativa antipatia. Premidos pelo Rei, os juízes declararam-no culpado de traição. Enquanto Fisher estava na Torre, o Papa criou sete cardeais, dos quais um era "João, Bispo de Rochester, prisioneiro do Rei da Inglaterra". Ao saber da notícia Henrique esbravejou várias vezes, dizendo que mandaria a Roma a cabeça de Fisher para receber o chapéu cardinalício. Fisher foi executado em junho de 1535 e More em julho. O Rei foi o principal culpado por esse desfecho. É uma mancha negra em seu reinado. Logo depois, Henrique foi excomungado e teoricamente destronado pelo Papa.

A resistência de More e Fisher à supremacia da coroa sobre os negócios da Igreja foi uma oposição nobre e heróica. Eles reconheciam os defeitos do sistema católico imperante, mas odiavam e temiam o agressivo nacionalismo que estava destruindo a unidade do mundo cristão. Viam que o rompimento com Roma implicava nova ameaça de um despotismo sem peias. More colocou-se em primeiro plano como defensor do que o pensamento medieval tinha de melhor. Representa para a História o universalismo, a crença em valores espirituais e seu instintivo senso de transcendentalismo. Henrique VIII matou de uma cajadada não só um sábio e inspirado cavalheiro, mas também um sistema que, embora na prática tivesse falhado em alcançar seu alto objetivo, durante muito tempo alimentou os mais brilhantes ideais da humanidade.

* * *

Henrique ainda cortejava Joana Seymour quando se soube que Ana estava esperando outro filho. Desta feita, porém, Henrique se recusou a cuidar dela. Ana perdera o frescor, estava transformada numa mulher macilenta e doentia. Na corte corriam rumores de que ele lhe dirigira a palavra apenas dez vezes em três meses, enquanto outrora não suportava ficar separado dela mais de uma hora. Ana tornou-se quase louca de ansiedade e ficou obcecada de medo de um complô contra ela e a infanta Isabel, para beneficiar Catarina e Maria. Sem consultar o Rei ou seu conselho, enviou, pela governanta, mensagem a Maria, fazendo toda a sorte de promessas se ela jurasse obediência ao Ato de Sucessão e renunciasse a aspirar ao trono. Às promessas seguiam-se ameaças. Maria, porém, recusava-se a ceder. Certo dia, depois de um recado desfavorável, trazido pela governanta, Ana caiu em prantos. Momentos depois seu tio, Duque de Norfolk, entrou subitamente no quarto e lhe contou que Henrique sofrera sério acidente numa caçada. Ela desmaiou com o choque. Cinco dias depois teve um aborto.

O Rei, em vez de se compadecer, entregou-se a um acesso de fúria. Foi visitá-la, exclamando sem cessar: "Percebo que Deus não me permite ter um filho homem." Ao deixá-la, avisou, irritado, que voltaria a conversar quando ela estivesse melhor. Ana replicou que não era culpada do mau sucesso. Assustara-se quando soubera do acidente com o rei. Além do mais, amava-o tão apaixonadamente, com fervor muito maior do que Catarina, que tivera o coração partido ao saber que ele dava seu amor a outras. A esta alusão a Joana o Rei afastou-se sumamente zangado e passou muitos dias sem revê-la. Joana Seymour foi instalada em Greenwich. Através do seu criado, que era subornado pelo embaixador imperial, temos um relato dos galanteios do Rei.

Um dia Henrique mandou-lhe, de Londres, por um pajem, uma bolsa cheia de ouro e uma carta do próprio punho. Joana beijou a missiva, mas devolveu-a ao portador, sem abri-la. Depois, pondo-se de joelhos, exclamou: "Rogo-vos façais o Rei compreender por minha prudência, que eu sou uma dama de família distinta e honrada, sem mácula. Não tenho maior tesouro no mundo que minha honra, que eu não macularia nem que morresse mil vezes. Se o Rei deseja presentear-me com dinheiro, rogo a S. M. que o faça quando Deus me enviar um esposo." O Rei ficou muito satisfeito. Em sua opinião ela demonstrara ser muito virtuosa, e para provar que suas intenções eram completamente dignas de Joana, prometeu não mais lhe dirigir a palavra, exceto quando perto de pessoas de suas relações.

Em janeiro de 1536 a Rainha Catarina expirou. Se o Rei desejasse casar-se novamente, poderia repudiar a Rainha Ana sem provocar discussões desagradáveis sobre sua antiga união. Já se comentava nas rodas dos Seymour que, pelo seu intenso desejo de conseguir um herdeiro, a Rainha Ana traíra o Rei com vários amantes, logo após o nascimento de Isabel. Se isso fosse provado, o castigo seria a pena capital. A Rainha era convenientemente vigiada e num certo domingo dois jovens cortesãos, Henrique Norris e Sir Francisco Weston foram vistos quando entravam nos aposentos da Rainha. Diz-se que ouvidos atentos escutaram logo mais sussurros de amor... No dia seguinte um pergaminho foi levado ao Rei dando plenos poderes a um grupo de conselheiros e juízes, chefiados pelo Lorde Chanceler ou qualquer um deles, para investigar e julgar qualquer espécie de traição. O Rei assinou o documento. Na terça-feira o Conselho ficou reunido até altas horas da noite, mas não conseguiu coligir provas suficientes. No domingo seguinte um certo Smeaton, cavalheiro da Câmara Real, exímio tocador de alaúde, foi detido como amante da Rainha. Sob tortura, confessou ser verdade. Na segunda-feira Norris participava dos torneios de 1º de maio em Greenwich, e como o Rei fora a Londres para assisti-los, chamou Norris de lado e lhe contou sua suspeita. Apesar de ele negar qualquer culpa, foi também preso e levado à Torre.

Ana soube, à noite, do ocorrido com Norris e Smeaton e já na manhã seguinte era chamada ao Conselho. Embora seu tio, o Duque de Norfolk, presidisse à inquirição, nenhuma Rainha da Inglaterra jamais foi tratada com tanta brutalidade, como ela mais tarde se queixou. Concluído o processo, foi detida e conservada sob guarda, até que o curso dos acontecimentos a levou à Torre. A notícia espalhou-se com tal rapidez que uma grande multidão se colocou às margens do rio a tempo de observá-la passar na veloz embarcação, cercada pelos guardas, seu tio Norfolk e os dois camareiros-mores, Lorde Oxford e Lorde Sandys. No Portal do Traidor ela foi entregue ao Governador da Torre de Londres, Sir Guilherme Kingston.

Nesse mesmo dia, em York Place, quando o Duque de Richmond, filho bastardo do Rei, foi como de costume dar-lhe boa noite, Henrique pôs-se a gritar: "Graças a Deus — exclamou — vós e Maria vossa irmã, escapastes das mãos venenosas dessa maldita meretriz. Ela planejava envenenar a ambos." O Rei procurou esquecer sua culpa e desgraça promovendo uma infinidade de festas. "S. Majestade — escreveu o embaixador imperial, que, todavia, deve ser considerado suspeito de certa malícia — nunca se mostrou tão alegre como depois da prisão. Vai banquetear-se aqui, ali, acolá e em toda parte, com mulheres. Às vezes ele volta de madrugada, pelo rio, ao som de orquestras ou cantorias dos seus camareiros, que se esforçam ao máximo para interpretar a satisfação do Rei por haver-se livrado daquela velha magricela." (Na realidade, Ana tinha 29 anos de idade). "Ele foi jantar recentemente com o Bispo de Carlisle e algumas mulheres, e no dia seguinte o Bispo me disse que o Rei demonstrara uma alegria quase furiosa."

Na manhã de sexta-feira a comissão especial constituída na semana anterior, inclusive o pai de Ana Bolena, Conde de Wiltshire e todo o corpo de juízes, menos um, constituiu o tribunal para julgamento dos amantes de Ana. Foi convocado um júri especial composto de doze nobres. Os réus foram condenados e sentenciados a morrer na forca, devendo ser depois arrastados e esquartejados, mas a execução foi suspensa até realizar-se o julgamento da Rainha, que começou na segunda-feira seguinte, no Grande Salão da Torre. A metade dos pares do reino — vinte e seis — sentou-se numa plataforma elevada, sob a presidência do Duque de Norfolk, designado Lord High Steward da Inglaterra especialmente para a ocasião. O chanceler-mor, Sir Tomás Audley, que como membro nato dos Comuns não podia julgar a soberana, sentou-se perto do Duque para dar-lhe orientação sob aspectos legais. O Lorde Prefeito e uma delegação de vereadores vitalícios compareceram, por ordem do Rei, ficando entre o público, na parte baixa do salão. A Rainha foi introduzida por Sir Edmundo Walsingham, vice-governador da Torre, para ouvir a acusação feita pelo procurador da coroa. Ela era acusada de ter sido infiel ao Rei; de haver prometido casar-se com Norris depois da morte de Henrique; de dar a Norris o veneno destinado a matar Catarina e Maria; e de outras ofensas, inclusive incesto com seu irmão. A Rainha negou vigorosamente as acusações e retrucou detalhadamente uma a uma. Os pares retiraram-se e logo voltaram com o veredito de condenação. Norfolk proferiu a sentença: a Rainha devia ser queimada ou degolada, à escolha do Rei.

Ana recebeu a sentença com calma e coragem. Declarou que, se o Rei permitisse, preferia ser degolada como os nobres franceses, com uma espada, e não como os nobres ingleses, com um machado. Seu desejo foi atendido. Mas não se conseguiu encontrar nos domínios do Rei um carrasco disposto a executar a sentença com uma espada, sendo necessário adiar a execução de quinta para sexta-feira, enquanto se tomava de empréstimo um "especialista" de St. Omer, nos domínios do imperador. Ana passou a noite de quinta-feira praticamente em claro. Do pátio da Torre ouvia-se um longínquo martelar, enquanto se erguia um cadafalso de menos de dois metros de altura. Pela manhã o público pode entrar no pátio, logo seguido pelo chanceler-mor do reino, acompanhado do filho de Henrique, o Duque de Richmond, Cromwell, e o Lorde Prefeito e vereadores vitalícios.

A 19 de maio de 1536 o carrasco já estava esperando, arcado sobre a pesada espada, quando o Governador da Torre apareceu, seguido por Ana, que trajava uma bela camisola de pesado damasco cinzento, adornada de pele, deixando entrever uma anágua encarnada. Ela escolhera esse traje para deixar descoberto o pescoço. Foi-lhe dada uma grande soma de dinheiro para ser distribuído como esmola à multidão. "Não estou aqui — disse ela, simplesmente, ao público — para pregar a vocês, mas para morrer. Orem pelo Rei, pois ele é um bom homem e me tratou como pôde. Não culpo ninguém por minha morte, nem os juízes, nem outra pessoa qualquer, pois fui condenada pela lei do país e morro com muito prazer." Em seguida, retirou a touca coberta de pérolas, deixando ver os cabelos cuidadosamente penteados para cima a fim de facilitar a tarefa do carrasco.

"Orem por mim" — exclamou ela, ajoelhando-se, enquanto as mulheres que a acompanhavam lhe vendavam os olhos. Antes de rezar um *Pai Nosso* ela curvou a cabeça, murmurando baixinho: "Deus tenha piedade de minha alma." Quando o carrasco avançou e lentamente ergueu a espada, ela tornou a murmurar: "Deus tenha misericórdia de minha alma." Em seguida, a enorme lâmina zumbiu no ar e de um golpe o trabalho estava feito.

Apenas se consumou a execução, Henrique apareceu vestido de amarelo, com uma pena no chapéu. Dez dias depois, casou-se na intimidade com Joana Seymour, em York Place. Joana revelou-se a esposa submissa por que Henrique sempre ansiara. Ana fora muito autoritária e impulsiva. "Quando essa mulher deseja alguma coisa — escreveu um embaixador dois anos antes da execução de Ana — ninguém se atreve a se lhe opor, nem mesmo o Rei. Dizem que ele é incrivelmente obediente a ela, de tal modo que quando S. M. se opõe a seus desejos, Ana faz o que bem entende e finge ficar terrivelmente encolerizada. Joana era o contrário: meiga, embora orgulhosa, e com ela Henrique viveu feliz durante dezoito meses. Ela faleceu ao dar à luz seu primeiro filho, o futuro Eduardo VI, quando contava apenas 27 anos de idade. Foi a única rainha cuja morte o Rei sentiu e lastimou, sepultando-a com honras de Majestade, na capela de S. Jorge, em Windsor. O próprio Rei repousa a seu lado.

CAPÍTULO VI

O FIM DOS MOSTEIROS

Não obstante tudo corresse às mil maravilhas na corte, enquanto Joana era rainha, na zona rural da Inglaterra lavrava o descontentamento. As rendas do rei diminuíam progressivamente e as propriedades da Igreja eram um fruto tentador. Pouco antes do julgamento de Ana o soberano desceu à Câmara dos Lordes, pessoalmente, para recomendar a aprovação de uma lei suprimindo os mosteiros menores, que abrigassem menos de doze monges. Havia quase quatrocentos desses mosteiros, e o total da renda de suas terras representava considerável soma. As ordens religiosas estavam havia tempo em declínio e os pais se mostravam cada vez mais avessos a mandar seus filhos para os claustros. Por isso, os monges voltaram-se para a zona rural em busca de recrutas e quebraram muitas vezes os velhos preconceitos sociais, aceitando em suas hostes os filhos de pobres camponeses. Não obstante, o número de noviços ainda era insuficiente. Alguns conventos eram entregues ao abandono pelos monges desanimados, que liquidavam seus bens, penhoravam a prataria e deixavam os edifícios cair em ruínas. Graves irregularidades foram descobertas pelos visitadores eclesiásticos durante muitos anos. De resto, a idéia da supressão dos mosteiros não era inteiramente nova: Wolsey suprimira vários conventos pequenos, a fim de financiar seu colégio em Oxford, e o Rei já suprimira mais de vinte conventos em benefício próprio. O Parlamento quase não se opunha a isso, desde que se garantisse aos monges a transferência para conventos maiores ou uma pensão vitalícia. No verão de 1536 emissários do Rei percorreram o país, completando a dissolução o mais rapidamente possível

O Rei tinha agora um novo conselheiro-chefe. Tomás Cromwell, ex-soldado na Itália, vendedor de roupas e agiota, fizera sua aprendizagem em negócios de Estado com Wolsey, mas aprendera também as lições da queda do mestre. Implacável, cínico, maquiavélico, Cromwell era um homem da Nova Era. Sua ambição era igualada por sua energia e beneficiada por uma penetrante inteligência. Quando sucedeu a Wolsey como principal Ministro do Rei, herdou automaticamente a glória e as pompas que cercavam o Cardeal caído em desgraça. Não obstante, ele fez realizações mais sólidas na Igreja e imaginou novos métodos para substituir as instituições que encontrou ao seu dispor. Antes dele, a política governamental era, desde séculos, não só feita, como dirigida pela corte. Embora Henrique VII tivesse melhorado o sistema, ele foi de certo modo um rei medieval. Tomás Cromwell reformou inteiramente esses métodos durante os dez anos em que esteve no poder. Quando caiu, em 1540, a política já passara da corte para a esfera dos departamentos govenamentais. Sua maior realização, quiçá, embora não tão dramática quanto sua outra obra, foi a de ser o precursor do sistema de governo da moderna Inglaterra. Cromwell é o olvidado arquiteto de nossos grandes departamentos de Estado.

Como primeiro ministro, Cromwell cuidou da dissolução dos mosteiros com uma eficiência conspícua e calculada. Era uma medida que exigia habilidade. A alta nobreza e a classe abastada do campo adquiriram em condições favoráveis toda espécie de bens penhorados. Às vezes um comerciante da vizinhança, ou um sindicato de especuladores da City ou cortesãos, compravam ou arrendavam as terras confiscadas. Muitos proprietários locais haviam sido administradores de terras dos mosteiros, antes de adquiri-las. Entre a classe média havia grande irritação contra os privilégios e fortuna da Igreja. Eles não concordavam com a desproporção da renda nacional monopolizada por aqueles que não produziam economicamente. O Rei estava certo do apoio do Parlamento e das classes mais prósperas. Muitos dos monges deslocados, perto de dez mil ao todo, encaravam o futuro tranqüilos e encorajados, sob o amparo de substanciosas pensões. Alguns chegaram a casar-se com freiras e muitos tornaram-se respeitáveis párocos. A dissolução permitiu à Coroa a posse de terras cuja renda era avaliada na época em mais de cem mil libras por ano e com a venda ou arrendamento do restante das propriedades monásticas o reino ganhou um milhão e meio — soma enorme para a época, embora inferior ao verdadeiro valor das propriedades. A conseqüência principal desta transação, talvez premeditada, foi submeter as classes agrárias e os comerciantes aos reformadores e à dinastia Tudor.

A conseqüência imediata sobre as massas é mais difícil de avaliar. Parece que não houve nenhuma onda de desemprego ou miséria entre o alto proletariado, mas muita gente pobre e humilde, especialmente no norte, que obtinha seu sustento nos trabalhos junto aos mosteiros, foi deixada por muito tempo ao abandono.

Aliás, na região norte, acentuadamente tradicionalista, a nova ordem provocou maior resistência do que no sul, e os novos proprietários por vezes foram mais rigorosos do que seus predecessores clericais. Mas, não apenas leigos eram os novos donos das terras, pois alguns abades da época pré-reformista procuraram, de um modo ou de outro, fazer melhorar a agricultura e a indústria agrícola através de prepostos. A agricultura inglesa, para fazer face às exigências da crescente população e da progressista indústria de tecidos, passava do amanho da terra para o pastoreio. Doravante as grandes áreas das antigas propriedades eclesiásticas eram fertilizadas pelas iniciativas e capitais dos novos donos, os cavalheiros da zona rural e os comerciantes. A Reforma é, por vezes, acusada de ser culpada de todos os males atribuídos ao moderno sistema econômico. Todavia, esses males, se existem, já haviam muito antes de Henrique VIII começar a pôr em dúvida a validade de seu casamento com Catarina de Aragão. Tomás More, que não viveu o suficiente para assistir ao desenrolar dos acontecimentos, já previa na sua "Utopia" os ásperos contornos da nova economia.

No setor da crença religiosa a Reforma provocou radical alteração. A Bíblia agora adquirira nova e profunda autoridade. A geração mais velha achava que a Sagrada Escritura era perigosa nas mãos dos leigos e devia ser lida somente pelos padres "Eu nunca li a Sagrada Escritura —

disse o Duque de Norfolk — e jamais a lerei. Vivia-se melhor na Inglaterra antes de o livre exame da Bíblia ser permitido. Na verdade, as coisas deviam continuar como antes." Entretanto, a Bíblia completa, traduzida para o inglês por Tyndal e Coverdale, aparecida pela primeira vez em fins de outono de 1535, era agora publicada em sucessivas edições. O governo intimara o clero a encorajar a leitura da Bíblia havendo bem fundamentados rumores de que Tomás Cromwell, porta-voz do Rei em assuntos espirituais, ajudara a fazer a tradução. A pregação, inclusive por pregadores licenciados, foi totalmente suspensa até o Dia de S. Miguel, exceto se feita na presença de um bispo. Em agosto de 1536, Cromwell ordenou que o Pai Nosso e os Mandamentos fossem ensinados na língua materna, em vez de em latim. No ano seguinte, "A Instrução de um Homem Cristão", preparada por Cranmer para divulgação popular, dedicou um parágrafo especial à Nova Opinião. Aqui houve, realmente, uma alteração e uma revelação. Na região norte, obstinadamente católica e economicamente atrasada, a população ficou profundamente chocada.

* * *

No outono, quando, passado o Dia de S. Miguel, começaram a ser cobradas as novas taxas, fazendeiros e rústicos camponeses, reunidos em grande número por todo o norte da Inglaterra e em Lincolnshire, juraram resistir às taxas e manter a velha ordem da Igreja. A revolta, que tomou o nome de "Peregrinação da Graça", foi espontânea. Um advogado, chamado Roberto Aske, foi praticamente obrigado a chefiá-la. Os nobres e altos membros do clero não tomaram parte na rebelião. Embora os rebeldes fossem muito mais numerosos do que as levas legalistas, e o Rei não dispusesse de tropas regulares, com exceção dos cem homens da Guarda de Camponeses, Henrique imediatamente mostrou o que Wolsey denominara "sua cólera real". Recusou-se a contemporizar com a rebelião. Quando os encarregados de coletar as taxas foram feitos prisioneiros pelos rebeldes em Lincolnshire, enviou uma terrível mensagem, dizendo: "esse movimento é tão odioso que, a menos que possais persuadi-los a se dispersarem e mandarem cem dos seus bandoleiros à autoridade, com o laço de forca no pescoço, para que se faça deles o que entender... não vemos jeito de salvá-los. Pois, já mandamos... o Duque de

Norfolk, nosso lugar-tenente... com cem mil homens, a cavalo e a pé, equipados com munição e artilharia... Também já escolhemos outro grande exército para invadir seus territórios logo que eles forem expulsos, a fim de queimar, saquear e destroçar suas benfeitorias, seus bens, suas esposas e filhos, com a maior fúria."

Depois disso, os coletores de taxa informaram que o povo, de modo geral, estava disposto a reconhecer o Rei como chefe supremo da Igreja e a permitir que S. M. recebesse os dízimos e as taxas anuais, juntamente com o subsídio que o Rei exigia. "Mas — disseram — ele não extorquirá mais dinheiro do povo, enquanto viver, e não fechará mais abadias." Ainda protestaram contra a escolha de conselheiros que o Rei fazia, exigindo a rendição de Cromwell, Cranmer e quatro bispos suspeitos de heresia.

O Rei replicou energicamente. "No que concerne à escolha de conselheiros e prelados, jamais li, ouvi ou soube que devessem ser escolhidos por camponeses rudes e ignorantes. Que presunção dessa rude e ignorante populaça, do mais atrasado e bestial condado de todo o reino, em apontar defeitos no soberano... Quanto à supressão das casas religiosas, saiba-se que esse privilégio é-nos assegurado por todos os nobres deste reino, do poder temporal e espiritual, por Ato do Parlamento, e não praticado por qualquer conselheiro a seu bel-prazer, como erroneamente pensam." Se eles não se submetessem, acrescentou o Rei, seriam destruídos pela espada, com as esposas e filhos. Os rebeldes de Yorkshire tinham quase as mesmas aspirações, como seu juramento comprovava: "Pelo amor que tenho a Deus Todo Poderoso eu juro e prometo... expulsar os elementos perniciosos do Conselho; conservar diante de mim a cruz de Cristo e em meu coração, sua fé; forçar a restauração da Igreja, a supressão desses heréticos e de suas opiniões."

Em princípio de 1537 a rebelião desapareceu, tão rapidamente como surgira, mas Henrique determinou tomar seus cabeças como exemplo. Setenta foram enforcados como traidores somente em Carlisle Assizes, e quando Norfolk, o vitorioso general, parecia inclinado à clemência, o Rei mandou dizer que desejava um número maior de execuções. Ao todo cerca de duzentos e cinqüenta insurretos foram condenados à morte.

Os rebeldes opuseram-se às taxas e à supressão dos mosteiros. Henrique, então, respondeu, incrementando a cobrança de taxas e mal terminou a revolta, começou a suprimir os maiores mosteiros. Como acinte à velha escola, encomendou em Paris a impressão de Bíblias em inglês, numa edição monumental, e em setembro de 1538 ordenou que toda paróquia do país comprasse uma, do tamanho maior, para ser colocada na igreja, onde os párocos deviam promover reuniões para sua leitura. Seis volumes do livro sagrado foram enviados para a Catedral de S. Paulo, em plena City de Londres, onde multidões enchiam o templo o dia todo para lê-las ou ouvir a leitura, especialmente — dizem — quando aparecia alguém com boa dicção para ler em voz alta. Essa edição da Bíblia ficou sendo a base de todas as edições posteriores, inclusive a "versão autorizada" preparada no reinado de Jaime I.

* * *

Até aqui, Tomás Cromwell agira com inteiro êxito. Começava, porém, a enfrentar o espírito conservador da nobreza mais antiga. Esta vivia mais do que satisfeita com a revolução política, mas queria que a Reforma parasse, com aprovação da supremacia real, e se opunha às modificações doutrinárias de Cranmer e seus partidários. O Duque de Norfolk chefiava a reação, e o Rei, que era rigidamente ortodoxo, exceto quando via excitados seus interesses pessoais, concordava com tal reação. Estêvão Gardiner, Bispo de Westminster e mais tarde conselheiro da Rainha Maria, era o cérebro pensante atrás do partido de Norfolk. Seus chefes insistiam no argumento de que a França e o Imperador poderiam invadir a Inglaterra e executar a sentença de deposição do Rei, que o Papa proferira. O próprio Rei estava ansioso por evitar um rompimento total, por motivos religiosos, com as potências européias. A frente católica parecia muito poderosa e os únicos aliados que Cromwell poderia encontrar no estrangeiro seriam pequenos principados germânicos. Com essa grande responsabilidade nas mãos, a facção de Norfolk vigilantemente esperava sua oportunidade. Ela veio, como eventos desse reinado, em conseqüência de problemas conjugais do Rei.

Desde que Henrique se recusara a parlamentar com os luteranos do continente sobre assuntos doutrinários ou que envolvessem em modificações das cerimônias da Igreja, a Cromwell nada mais restava senão procurar aliar-se aos príncipes luteranos do norte da Alemanha, conquistar cultos pregadores das idéias de Lutero e negociar um casamento alemão com alguma das princesas inglesas, ou até o próprio Rei, que era viúvo. Uma casa de nobres do continente em que se antevia a possibilidade de encontrar uma noiva, era o Ducado de Cleves, que de certo modo mantinha a mesma atitude religiosa: odiava o papado, embora fizesse restrições ao luteranismo. Logo chegou a notícia de uma assustadora manobra diplomática. Os embaixadores da França e do Império procuraram juntos o Rei, para informá-lo de que Francisco I convidara o imperador Carlos V, que se achava em seus domínios espanhóis, a passar por Paris em sua viagem, com o fim de abafar uma revolta em Ghent. E o Imperador aceitara o convite. Ambos os soberanos haviam resolvido esquecer os velhos rancores e fazer causa comum.

Uma aliança com os príncipes da Alemanha do norte contra os dois monarcas católicos, parecia agora imperativa, e negociações apressadas tiveram início visando um casamento de Henrique com Ana, a mais velha princesa de Cleves. Os encantos de Ana, contou Cromwell, eram sempre comentados. "Todos elogiam a beleza de suas faces e do seu porte — afirmou. Diz-se que excede a Duquesa de Milão, tal como o sol dourado brilha mais do que a lua prateada." Holbein, pintor da corte e magistral pintor de retratos da época, já fora enviado para fazer o "portrait" que hoje pode ser visto no Museu do Louvre. Ele não favorece a princesa. "Este retrato — disse ao rei o embaixador inglês em Cleves — é uma imagem muito real." Ana, acrescentou ele, falava somente alemão, passava o tempo principalmente em trabalhos de agulha, não sabia cantar, nem tocar instrumento algum. Tinha trinta anos de idade, era muito alta e magra, com um ar confiante e resoluto, faces ligeiramente espinhudas, mas ao que se dizia era espirituosa e animada e não se excedia em cerveja.

Ana passava o Natal em Calais, na expectativa de tempestades políticas, e no último dia do ano de 1539 chegou a Rochester. Henrique havia partido em sua embarcação particular, disfarçado, levando entre os presentes um fino abrigo de pele. No dia de Ano-Bom correu a visitá-la. Ao vê-la, porém, foi tomado de espanto e vergonha. Esqueceu tudo que cuidadosamente preparara em viagem: abraços, presentes, cumprimentos. Resmungou algumas palavras e voltou à embarcação, onde permaneceu algum tempo em silêncio. Finalmente exclamou, muito tristonho e perplexo: "Nada vi nesta mulher de parecido com o que me contaram. Estranho que homens tão inteligentes me tenham feito tais relatos. Digam o que disserem — confidenciou a Cromwell em seu regresso — ela não é nada bonita. É uma criatura boa e graciosa, nada mais... Se soubesse antes disso, ela não teria entrado neste reino." Particularmente ele a tachou com o epíteto de "a jumenta de Flandres".

A ameaça do exterior obrigou o Rei a cumprir seu trato. "Vós me empurrastes a um beco-sem-saída — disse S. M. mais tarde ao embaixador francês — mas, graças a Deus, ainda estou vivo e não sou um Rei tão insignificante quanto julgavam." Desde que ele conhecia melhor do que ninguém na Europa a lei canônica sobre casamento, fez-se tornar o protótipo do homem cujo matrimônio poderia ser legalmente anulado. A união jamais se consumou. Henrique confessou aos conselheiros íntimos que assim agira por necessidade política, contra seu próprio desejo, receando provocar agitação internacional e atirar o irmão de Ana, o Duque, às garras do Imperador e do rei da França. Havia um compromisso anterior, não suficientemente esclarecido, segundo o qual ela havia sido prometida ao filho do Duque de Lorraine, e não fora entregue. De fato, Henrique estava apenas contemporizando, observando a situação européia, até chegar o momento seguro para agir.

Norfolk e Gardiner viram então, a oportunidade de derrotar Cromwell, tal como Wolsey fizera, com o auxílio de uma nova mulher. Com efeito, outra sobrinha de Norfolk, Catarina Howard, foi apresentada ao Rei na residência de Gardiner, e conquistou seu afeto à primeira vista. A facção de Norfolk logo se sentiu fortalecida o bastante para desafiar o poderio de Cromwell. Em junho de 1540 o Rei foi persuadido a se livrar dele e de Ana também. Cromwell foi condenado por uma lei de cassação de direitos civis, acusado principalmente de praticar heresia e distribuir livros condenados, o que implicava traição. Ana concordou com a anulação do seu casamento e a Congregação declarou-o não válido. Viveu, ainda, na Inglaterra, no ostracismo, recebendo uma pensão, durante dezessete anos. Poucos dias depois de Cromwelll haver sido executado, a 28 de julho, Henrique casou-se em oratório particular com Catarina Howard, sua quinta esposa.

Contando cerca de 22 anos, cabelos castanhos e olhos enevoados, foi a mais linda consorte de Henrique VIII. O entusiasmo de S. M. reviveu, a saúde voltou e foi para Windsor com o fim de fazer regime para emagrecer. Como disse o embaixador francês, em dezembro, "o Rei adotou um novo regime de vida: levanta-se entre 5 e 6 horas, assiste à missa às 7, depois cavalga até a hora da refeição, que é às 10 da manhã. Ele diz que se sente muito melhor no campo, do que quando passava o inverno todo em seus palácios às portas de Londres".

Mas, a impetuosa e fogosa Catarina não ficou muito tempo satisfeita com o marido, quase 30 anos mais velho do que ela. Seu mal velado amor pelo primo, Tomás Culpeper, foi descoberto e ela foi executada na Torre, em fevereiro de 1542, nas mesmas circunstâncias de Ana Bolena. Na noite anterior à execução, pediu que lhe trouxessem o cepo, a fim de treinar o modo de deitar a cabeça nele. Ao subir ao cadafalso, disse: "Morro como Rainha, mas seria mais certo que fosse como esposa de Culpeper. Deus tenha misericórdia de minha alma. Bom povo, rogo-vos que oreis por mim."

A sexta esposa de Henrique, Catarina Parr, era uma sisuda viuvinha de Lake District, tinha 31 anos, era culta e interessava-se por questões teológicas. Antes do Rei, tivera dois maridos. Casou-se com Henrique na Corte de Hampton, a 12 de julho de 1543. Até a morte do soberano, três anos mais tarde, foi admirável esposa, cuidando de sua perna ulcerada, que piorava dia a dia e que por fim o matou. Conseguiu fazer com que Henrique se reconciliasse com a futura Rainha Isabel que, como Maria, era muito amiga de Catarina Parr, que teve a sorte de sobreviver ao esposo.

* * *

O jovem e brilhante príncipe da Renascença tornara-se velho e furioso. A perna permanentemente dolorida deixava Henrique sempre neurastênico. Tratava a todos que dele se aproximavam, com impaciência. Dominado por mania de perseguição, tornara-se implacável. Por ocasião do seu enlace com Catarina Parr estava ocupado em preparar a sua última guerra. As raízes do conflito estavam na Escócia. A hostilidade entre os dois povos apenas adormecera e de vez em quando tornava a explodir ao longo da fronteira. Revivendo a obsoleta campanha pró-soberania, Henrique denunciou os escoceses como rebeldes e fez pressão para que rompessem a aliança com a França. Os escoceses rechaçaram uma investida inglesa em Halidon Rig. Depois, no outono de 1542, uma expedição, comandada por Norfolk, teve de retirar-se em Kelso, principalmente devido ao fracasso do comissariado, que, além de suas outras deficiências, deixou o exército inglês sem cerveja. Assim, os escoceses levaram a guerra a território inimigo. Tal decisão foi desastrosa. Mal comandados e precariamente organizados, perderam em Solway Moss mais de metade do seu exército de cinco mil homens e foram completamente derrotados. A ocorrência desse segundo Flodden matou Jaime V, que deixou a coroa para uma menina de sete dias de idade, Maria, a famosa rainha da Escócia.

Imediatamente a criança tornou-se o centro nevrálgico da luta pelo país. Henrique reclamava-a para noiva do seu próprio filho e herdeiro. Mas, a rainha-mãe dos escoceses era uma princesa francesa, Maria de Guise. Os católicos pró-França, chefiados pelo Cardeal Beaton, resistiram, repudiando a proposta de Henrique VIII e iniciaram negociações visando contratar o casamento de Maria com um príncipe francês. Tal matrimônio jamais seria aceito na Inglaterra. O embaixador imperial, que antevia o apoio de Henrique à campanha do Imperador contra a França, foi recebido na corte como um enviado da Providência. Mais uma vez a Inglaterra e o Império faziam causa comum contra a França. Em maio de 1543 um tratado secreto de aliança foi ratificado entre Henrique VIII e Carlos V. Os preparativos continuaram pelo ano todo, até a primavera de 1544. Enquanto a Escócia seria entregue a Eduardo Seymour, irmão da Rainha Joana, agora Conde de Hertford, o Rei atravessaria o Canal e chefiaria pessoalmente um exército contra Francisco, em cooperação com as forças imperiais vindas do nordeste.

O plano era excelente, mas na prática falhou. Henrique e Carlos não se confiavam mutuamente, temendo uma paz em separado. Acautelando-se para não fazer o jogo do Imperador, Henrique resolveu sitiar Boulogne. A cidade caiu em 14 de setembro e Henrique pode congratular-se pelo menos por um resultado tangível de sua campanha. Cinco dias mais tarde o Imperador fez as pazes com Francisco e recusou-se a ouvir queixas e exortações de Henrique. Entrementes, os ingleses na Escócia, após incendiarem Edinburgo e devastarem grandes áreas, estacionaram, e em fevereiro de 1545 foram derrotados em Acrum Moor.

A situação, para Henrique, era gravíssima. Sem um aliado sequer, a nação enfrentava a possibilidade de invasão pela França e Escócia. A crise exigiu sacrifícios sem precedentes do povo inglês: jamais havia pago tantos empréstimos, subsídios e taxas compulsórias. Como exemplo, Henrique mandou fundir sua prataria e hipotecou as propriedades. Foi para Portsmouth disposto a enfrentar pessoalmente a ameaça de invasão. Uma esquadra francesa penetrou pelo Solent e desembarcou tropas na Ilha de Wight, de onde, porém, foram logo expulsas. Assim, a crise paulatinamente passou. No ano seguinte foi assinado um tratado de paz, que deixou Boulogne sob domínio inglês durante oito anos, após o que a França teve de comprar essa região por elevada soma. A Escócia não foi incluída no acordo. A guerra no norte amainou, revivendo por algum tempo, quando do assassínio do Cardeal Beaton, mas sem maiores conseqüências. Henrique fracassou completamente na Escócia. Certamente, não faria um acordo generoso com seus vizinhos, mas faltou-lhe força para impor-se. Durante meio século a Escócia seria uma preocupação para seus sucessores

Em 1546 Henrique tinha apenas 55 anos de idade. No outono fez sua habitual viagem através de Surrey e Berkshire até Windsor e no princípio de novembro foi a Londres. Estava destinado a não sair vivo da capital. Havia alguns meses uma dúvida dominava a todos: o herdeiro do trono era conhecido, uma criança de 9 anos, mas, atrás do trono, quem teria nas mãos o poder? Norfolk ou Hertford? O partido da reação ou da Reforma?

Um fato inesperado e repentino resolveu a incógnita. A 12 de dezembro de 1546, Norfolk e seu filho Surrey, o poeta, foram presos como traidores e trancafiados na Torre. A imprudente conduta de Surrey tornara a desgraça inevitável. Ele costumava comentar abertamente o que aconteceria quando o Rei morresse e, inconvenientemente, lembrando sua descendência de Eduardo I, incluíra o escudo real em seu próprio, apesar das proibições heráldicas. O rei lembrava-se que, anos antes, Norfolk fora lançado como um possível herdeiro do trono, e Surrey lembrado para consorte da Princesa Maria. Suas suspeitas aumentaram e ele agiu depressa: em meados de janeiro Surrey foi executado.

O parlamento reuniu-se para aprovar a cassação dos direitos civis de Norfolk. Na quinta-feira, dia 27, o assentimento real foi dado e Norfolk condenado à morte. Mas, nessa mesma tarde, o rei agonizava. Os médicos não se atreviam a dizer-lhe a verdade, pois profetizar a morte do rei era considerado, legalmente, ato de traição. Horas mais tarde, Sir Anthony

Denny "destemidamente procurou o Rei e lhe revelou seu verdadeiro estado, desenganado pela medicina e por isso exortou-o a que se preparasse para a morte". O Rei recebeu a terrível notícia serenamente. Instado a convocar o Arcebispo, retrucou que primeiro "tiraria uma soneca; depois, conforme me sentir, pensarei no assunto". Enquanto S. M. dormia, Hertford e Paget andavam pelas galerias do palácio, planejando a melhor maneira de garantir seu poder. Pouco antes de meia-noite o Rei despertou. Mandou chamar Cranmer. Quando se aproximou do soberano, este estava muito fraco para falar. Conseguiu apenas apontá-lo com a mão. Em poucos minutos o Chefe Supremo deixou de respirar.

* * *

O reinado de Henrique VIII fez a Inglaterra progredir muito, mas ficou manchado pelas hediondas execuções. Duas Rainhas, dois primeiro-ministros do Rei, um santo bispo, inúmeros abades, monges e muitos cidadãos comuns que se atreveram a resistir à vontade real foram levados à morte. Quase todos os membros da nobreza, em quem corria o sangue do Rei, pereceram no cadafalso por ordem dele. Católicos romanos e calvinistas foram queimados, sob acusação de heresia e traição religiosa. Essas perseguições, inflingidas solenemente por representantes da lei, quiçá em presença do Conselho ou do próprio Rei, constituíram um quadro brutal no promissor cenário da Renascença. Os sofrimentos de homens e mulheres devotos por instrumentos de tortura e as selvagens penalidades impostas mesmo por crimes primários, são gritantes atentados aos princípios humanísticos. Não obstante, os súditos não rejeitaram, repugnados, tal Rei. Ele conseguiu manter a ordem numa Europa turbulenta, sem exército ou polícia, e implantou na Inglaterra um regime de disciplina que outros países não conseguiram alcançar. Um século de guerras religiosas transcorreu sem que houvesse lutas armadas entre ingleses, por questões de fé. Devemos reconhecer os méritos de Henrique VIII em estabelecer as bases do poder marítimo, reavivar as instituições parlamentares, dar ao povo a Bíblia em inglês, e sobretudo fortalecer uma monarquia popular, sob a qual gerações sucessivas trabalharam juntas para a grandeza da Inglaterra, enquanto a França e a Alemanha eram atormentadas por disputas internas.

CAPÍTULO VII

A LUTA DOS PROTESTANTES

O Movimento reformista inglês, no reinado de Henrique VIII, era impulsionado pelas paixões do Rei e sua ânsia pelo poder. Ele ainda se considerava um bom católico. Entretanto, nenhuma de suas esposas católicas lhe dera um filho. Catarina de Aragão foi a mãe da futura Rainha Maria; Ana Bolena gerara a futura Rainha Isabel, mas foi Joana, filha da família protestante dos Seymour, que deu à luz o futuro Eduardo VI. Tanto Henrique VIII como seu povo temiam muito uma luta pró-sucessão, e foi principalmente o desejo e o dever de salvaguardar o trono da Inglaterra para seu único filho legítimo, que impeliu o Rei, nos seus últimos anos de vida, a romper não só com Roma, mas com suas íntimas convicções religiosas. Não obstante, o grupo católico de Norfolk conservou ainda muito poder e influência. Sua parenta Catarina Howard podia ter sido executada. Seu filho, o poeta Surrey, podia tê-la seguido ao cadafalso. Terras dos mosteiros podiam ter sido confiscadas e a Bíblia impressa em inglês. Mas, enquanto Henrique vivia, eles constituíam um freio e uma barreira ao partido de Reforma. Henrique restringira as invocações doutrinárias de Cranmer, assim protegendo os interesses dos Norfolks, representados no setor religioso por Sthewpen Gardiner, Bispo de Winchester. Assim, havia um compromisso tácito. Henrique queria agir à sua moda no trono e na escolha das esposas, mas não via necessidade de mudar a crença ou sequer o ritual a que seus súditos estavam acostumados, desde o nascimento.

Com o novo reinado uma força mais profunda e poderosa começou a atuar. O guardião e conselheiro-chefe do rei-menino era seu tio, Eduardo Seymour, agora Duque de Somerset. Ele e Cranmer agiam de molde a transformar a reforma política de Henrique VIII em uma revolução religiosa. Professores estrangeiros, da Alemanha e Suíça, até da distante Polônia, foram designados para, nas universidades de Oxford e Cambridge, educar as novas gerações de clérigos de acordo com os princípios reformistas. O Livro da-Oração Popular, em inglês escorreito, foi redigido por Cranmer e aceito pelo parlamento em 1549. Após a queda de Somerset seguiram-se os 42 Artigos de Religião e um segundo Livro de Orações, o que fez da Inglaterra, pelo menos teoricamente, um país protestante. Somerset e Cranmer eram homens sinceros, acreditando piamente nas idéias religiosas que desejavam seus patrícios aceitassem. Mas, a massa do povo nada entendia, nem se interessava por entender algo em matéria de assuntos teológicos, e houve muitos que se opuseram abertamente aos credos estrangeiros importados. O próprio Somerset era meramente um dos regentes nomeados pela vontade de Henrique, e sua posição como Protetor, ao mesmo tempo deslumbrante e perigosa, tinha poucos fundamentos nas leis-ou em precedentes. Vivia cercado por invejosos rivais. Seu irmão, Tomás Seymour, Lorde do Alto Almirantado, tinha suas ambições. Eduardo VI, criança pálida, predisposta à consumação, não viveria muito. A herdeira seria a protestante Princesa Isabel. Ela morava com Lady Catarina Parr, a última e mais feliz esposa de Henrique, agora casada com o Almirante. Ele cortejou a jovem princesa antes mesmo da morte de sua esposa, e acontecimentos galantes na alcova de Isabel provocaram escândalo. Descobriram-se provas da conspiração de Tomás Seymour contra seu irmão, e em janeiro de 1549 o Protetor foi forçado a se livrar dele pela sentença de morte. Assim, Somerset venceu a primeira crise do novo reinado.

* * *

Muito mais grave do que essas ameaças pessoais eram o descontentamento e a miséria reinantes na zona rural. A estrutura social e econômica da Inglaterra medieval dissolvia-se rapidamente. Os latifundiários viam que vastas fortunas podiam ser feitas com a lã, e a população andrajosa barrava seus lucros. Durante decênios reinou mútua animosidade entre os proprietários de terras e os camponeses. Aos poucos os direitos e privilégios das comunidades citadinas foram sendo infringidos e extintos. As terras foram tomadas, cercadas e transformadas em pastos para rebanhos. A dissolução dos mosteiros removeu o mais poderoso elemento conservador do velho sistema, e durante algum tempo deu novo alento a um processo já em evolução. O aumento do número desses pastos fechados espalhou a miséria pelo país. Em alguns condados um terço das terras aráveis foram transformados em pastagem, fazendo com que o povo olhasse com ódio a nova nobreza enriquecida graças a esse voraz e sacrílego confisco.

Em conseqüência, Somerset teve de enfrentar uma das piores crises econômicas da Inglaterra. Não só havia uma onda de desemprego, como depressão econômica causada pela desvalorização da moeda provocada por Henrique. Os pregadores populares clamavam em altas vozes. O sermão da Agricultura, pregado por Henrique Latimer, na propriedade eclesiástica de S. Paulo, em 1548, é uma peça notável e típica da agressividade dos Tudores: "Nos tempos passados os homens eram cheios de piedade e compaixão. Agora, porém, não há piedade, pois em Londres seu irmão pode morrer de frio nas ruas, cair doente nas soleiras das portas e aí morrer de fome. Nos tempos passados, quando algum homem rico morria, em Londres, era costume deixar um donativo às universidades. Quando qualquer pessoa morria, legava grandes somas de dinheiro, para alívio da pobreza... A caridade está esquecida. Ninguém mais auxilia o sábio nem o pobre. Agora, que a Palavra de Deus foi trazida à luz do conhecimento e antevemos a necessidade de um sério estudo e labor, quase ninguém se dispõe a auxiliar." Na primavera de 1549 Latimer proferiu uma série de sermões sobre os males da época, "monstruosa e formidável penúria criada pelo homem". Esses donos das terras, usurários, usurpadores, obtêm lucros demasiados... Eu lhes digo, meus amos e senhores, isso não honra ao Rei. Honra-o que seus súditos vivam na religião verdadeira. Honra-o que a comunidade progrida, que a penúria seja socorrida e que a riqueza do seu reino seja empregada de tal maneira, que mantenha os súditos no trabalho, livre da ociosidade. Se a honra do rei, como alguns dizem, apoia-se na massa popular, então esses usurários criadores de rebanhos em pastos fechados estão trabalhando contra o soberano. Pois, onde outrora havia muitos habitantes radicados, agora há apenas um pastor e seu cão. Meus amos e senhores, tal procedimento visa claramente transformar o lavrador em escravo. Os lucros vão todos para os seus cofres. Já tínheis muito, agora tendes demais. Mas, deixai que o pregador clame até gastar sua língua, embora nada seja corrigido."

Somerset vivia rodeado de homens enriquecidos pelos métodos que Latimer condenava. Ele, particularmente, simpatizava com os lavradores e camponeses, e ordenou um inquérito sobre o fechamento das propriedades. Essa medida, porém, aumentou o descontentamento e encorajou os oprimidos a tentarem resolver o assunto à sua moda. Duas rebeliões eclodiram. Os camponeses católicos da região sudoeste levantaram-se contra o Livro das Orações, enquanto nos condados de leste se revoltaram contra os proprietários de terras. Isso deu aos inimigos de Somerset um ótimo pretexto. Na Alemanha, em 1524-1526, à Reforma seguira-se a sangrenta Guerra dos Camponeses, na qual as classes mais pobres da zona rural e das pequenas cidades, se ergueram, com as bênçãos do reformador Zwinglio, contra seus nobres agressores. Coisa semelhante parecia estar prestes a acontecer na Inglaterra, em 1549. Soldados mercenários estrangeiros abafaram a rebelião na zona oeste. Mas, em Norfolk a situação era mais delicada. Um proprietário de curtume chamado Roberto Ket chefiava a rebelião, estabelecendo seu quartel-general perto de Norwich, em Mousehold Hill, onde dezesseis mil camponeses acamparam em barracas camufladas. Sob um frondoso carvalho, Ket, dia após dia, julgava os senhores rurais acusados de roubar aos pobres. Não havia derramamento de sangue, mas as terras abocanhadas pela política de cercar as propriedades eram restituídas ao público usufruto, e os rebeldes viviam dos rebanhos dos latifundiários. As autoridades locais eram impotentes e Somerset sabidamente reconhecia a justiça de sua causa. A rebelião estendeu-se a Yorkshire e repercutiu no Midlands.

João Dudley, Conde de Warwick, filho do antigo parente de Henrique VII, viu, então, chegar sua vez. Revelara-se valente soldado nas campanhas de Henrique VIII na França, tomando a preocupação de ocultar seu verdadeiro intuito. Ele era um homem vigoroso e egocentrista, elemento de confiança das classes dominantes. Por isso, foi-lhe entregue o comando das tropas repressoras da rebelião. O governo sentia-se militarmente tão fraco que acenava com a anistia para os rebeldes. Ket não estava impassível. Um mensageiro foi ao seu acampamento, mas um pequeno incidente provocou o desastre. Enquanto Ket estava à sombra do carvalho, mediando sobre a entrevista em Warwick, um indivíduo chamou a atenção do mensageiro, "proferindo palavras tão impróprias quanto a obscenidade de seus gestos". Foi imediatamente morto por um arcabuz. O assassinato enfureceu os partidários de Ket. A luta começou. As melhores tropas de Warwick eram mercenários alemães, cujas lanças incendiárias, atiradas com precisão, devastaram as hostes camponesas. Houve 3.500 mortes e nenhum ferido. Alguns se esconderam atrás duma barricada improvisada com carroças e se entregaram. Ket foi aprisionado e enforcado no castelo de Norwich. Warwick consolidou-se, por acaso, como "homem forte".

Os inimigos de Somerset puseram-se, então, a disputar a glória da restauração da ordem. Apontavam sua política de fechamento das propriedades e sua simpatia para com os camponeses como causa do levante na região leste, enquanto a rebelião na zona oeste fora motivada por sua reforma religiosa. Sua política exterior fizera a Escócia aliar-se com a França, perdendo ele a única conquista de Henrique VIII, Boulogne. Warwick tornou-se o chefe da oposição. "Os Lordes de Londres", como era chamado o seu partido, reuniram-se para tomar medidas contra o Protetor. Ninguém deu um passo para apoiá-lo. A oposição, assim, tomou calmamente o governo. Após um estágio na Torre, Somerset, agora impotente, obteve autorização para, durante alguns meses, comparecer ao Conselho. Mas, como a situação piorava, temia-se uma viravolta a seu favor. Em janeiro de 1552, esplendidamente trajado, como se fosse a um banquete oficial, ele foi executado em Tower Hill. Esse homem elegante e bem intencionado fracassara completamente em pacificar o reino agitado que Henrique VIII deixara, tombando vítima dos ferozes interesses por ele contrariados. Não obstante, o povo inglês o lembrou durante muitos anos como "o bom Duque".

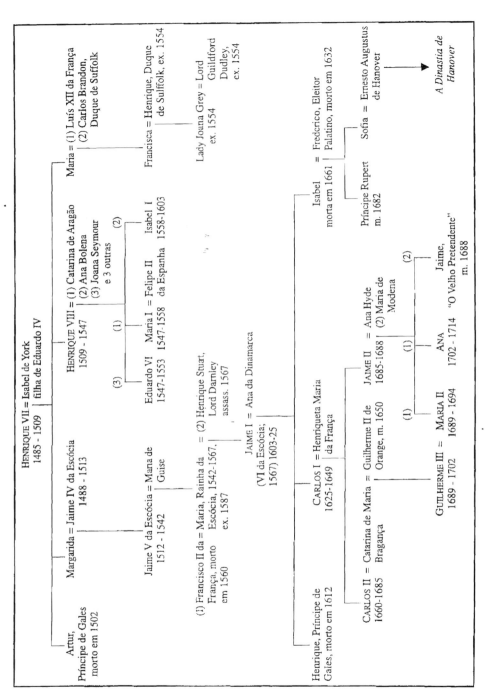

Dinastias Tudor e Stuart

Seus sucessores foram menos escrupulosos e menos bem-sucedidos. "Entre as ruínas das velhas instituições — diz Fronde — a miséria do povo e a anarquia moral e social que desintegrou a nação, não é de estranhar que pessoas cultas estivessem então perguntando a si próprias para que servia a Reforma... O governo era corrupto e as cortes, venais. As classes produtoras só se preocupavam com o próprio enriquecimento. A massa vivia irrequieta e oprimida. Entre os bons que permaneceram impolutos, os melhores ainda eram partidários da Reforma". O Rei nominal da Inglaterra, Eduardo VI, era um jovem de 15 anos, apático, apalermado e doentio. No seu diário registrou a morte do tio, sem um comentário.

* * *

O governo de Warwick, agora tornado Conde de Northumberland, foi constituído pela resistência da classe à inquietação social. Seus três anos de poder demonstraram bem a capacidade das classes dominantes. A reforma doutrinária era pretexto para confiscar ainda mais terras da Igreja, obrigando os novos bispos a pagarem por sua sagração, com lotes das propriedades episcopais. As chamadas escolas de gramática, de Eduardo VI, nada mais foram do que o começo de extensos planos desenvolvidos no reinado de Isabel, no sentido de fornecer estabelecimentos de ensino em troca das terras confiscadas dos mosteiros. A definição de governo feita por Tomás More, como sendo "uma conspiração de homens ricos procurando seu próprio bem-estar econômico sob nome da comunidade", adapatava-se perfeitamente à Inglaterra dessa época.

Um surto de novos empreendimentos distingue esse período. Nele verificou-se a abertura de relações entre a Inglaterra e uma próspera potência da Europa oriental, antes conhecida pelo nome de Moscóvia, e que breve seria chamada de Rússia. Um pequeno grupo de ingleses ideou procurar uma passagem para a Ásia, no nordeste, através das águas do Ártico. Nas costas asiáticas certo haveria povos que comprariam tecidos e outros produtos ingleses. Já em 1527 um livrinho aparecera, profetizando tal descoberta. Uma frase destacava-se: "Não há terra inabitada nem mar não navegável." Em 1553 uma expedição foi financiada pela Companhia Moscovita de Mercadores Aventureiros, com o apoio do governo. Sebastião Cabot, experiente navegante, que perto de 50 anos antes acompanhara seu pai na viagem à Terra Nova, foi feito presidente da companhia. Em maio, três navios partiram, capitaneados por Hugo Willoughby e Ricardo Chancellor. O primeiro pereceu juntamente com a tripulação, ao largo de Lapland, mas Chancellor passou o inverno em Archangel e na primavera alcançou por terra a corte de Ivã, o Terrível, em Moscou. O monopólio das cidades "german hansa", que durante muito tempo bloqueou aos mercadores ingleses a Europa oriental, foi assim flanqueado e o comércio com a Rússia teve início. Na segunda viagem que empreendeu Chancellor naufragou devido a uma tempestade, ao largo da Escócia. Um outro seu associado, Antônio Jenkinson, continuou sua obra. Durante o reinado de Isabel, Jenkinson fez três visitas à Rússia, tornando-se amigo íntimo do Czar. Em suas viagens para alcançar Kockhara, no Turquestão, seguindo a velha "trilha da seda", de Marco Polo, cruzou a Pérsia e foi o primeiro homem a hastear a bandeira inglesa no Mar Cáspio. Mas, essas aventuras pertencem a uma época mais grandiosa do que a de Eduardo VI e seu sucessor.

De acordo com a lei sucessória de 1543, o herdeiro do trono era a Princesa Maria, a filha católica de Catarina de Aragão. Northumberland tinha motivos para temer o futuro. De início, pensou em substituir Isabel por sua meio-irmã, mas Isabel, então com 19 anos de idade e muito inteligente, não tinha intenção de se submeter a tal arranjo. Um plano arrojado apareceu. A filha mais nova de Henrique VII casara-se com o Duque de Suffolk, e seus descendentes foram colocados na linha sucessória, por imposição de Henrique VIII, logo em seguida aos seus próprios rebentos. A neta mais velha nessa linha sucessória de Norfolk era uma moça de 16 anos, Joana Grey. Northumberland fez casar-se seu filho, Guidford Dudley, com ela. Quando o jovem rei morresse, bastava dar um golpe militar. Mas, a Princesa Maria, então com 36 anos de idade, tomou precauções para deter o avanço de Northumberland. Quando o estado de saúde de Eduardo VI se agravou, ela homizou-se nas propriedades do Duque de Norfolk, recusando-se a atender o apelo para comparecer perante o leito de morte do irmão. A 6 de julho de 1553, Eduardo VI expirou e Lady Joana Grey foi, em Londres, proclamada Rainha. A conseqüência imediata a essa proclamação foi acirrar-se a resistência: Northumberland era odiado em todo o país. O povo apoiou Maria. Os

Conselheiros Privados e as autoridades da City acompanharam a maré, deixando Northumberland sem nenhum aliado. Em agosto Maria entrou em Londres, com Isabel ao lado. Lady Joana e seu esposo foram presos na Torre. Northumberland humilhou-se, em vão, assegurando que sempre fora católico, o que provocou mal-estar entre os protestantes. Nada mais o salvaria, porém, de uma morte ignominiosa. Escrevendo a um ex-companheiro, afirmou: "Há um velho provérbio que diz uma grande verdade: mais vale ser um cachorro vivo, do que um leão morto. Oxalá aprouvesse a S. Alteza permitir-me viver, mesmo como um cão"... Esta frase pode servir-lhe de epitáfio.

* * *

A mulher que então se tornou Rainha foi, talvez, a mais infeliz e malsucedida dos soberanos ingleses. Maria Tudor, única filha sobrevivente de Catarina de Aragão e Henrique VIII, fora apresentada à Corte nos primeiros anos do reinado de seu pai, com toda a cerimônia devida à herdeira do trono. Foi prometida em matrimônio, em ocasiões diferentes, aos herdeiros do trono da França e do Império. Como acontecia com sua mãe, o fervor religioso a dominava. O divórcio de Catarina e o rompimento com Roma provocaram nela trágica e catastrófica mudança. Maria havia sido declarada filha ilegítima, por ato do parlamento. Foi forçada a abandonar sua religião e enfrentar amargos conflitos entre a consciência e o sentimento do dever com o pai. Seu meio-irmão e sua meio-irmã a suplantavam na Corte. Apegara-se a seus confessores e à capela durante o reinado de Eduardo VI, e era naturalmente temida pelo grupo dominante de políticos protestantes, em Londres. Fervia-lhe nas veias o sangue espanhol. Entrou em relações íntimas e confidenciais com Renard, embaixador imperial. Sua ascensão ao trono pressagiava uma renovação das relações com Roma e uma aliança política com o Império.

Temos certeza de que, exceto por questões de religião, Maria era de natureza misericordiosa. Aceitou sem pestanejar a obediência dos conselheiros e oficiais que, quase humildemente, foram procurá-la. O mais hábil desses servidores, Guilherme Cecil, estava destinado a manter-se ligado aos círculos governamentais durante o reinado e desempenharia grandioso papel no governo seguinte. A Princesa Isabel ordenou, sem alardes, que a missa fosse celebrada na residência real e passou a evitar contatos com homens sob suspeição.

Sentindo-se firme no trono, Maria começou a realizar o desejo máximo de sua vida: a restauração das relações com Roma. Encontrou, para essa tarefa, um servidor eficiente e entusiasta na pessoa de Estêvão Gardiner, Bispo de Winchester, um dos elementos de Norfolk nos últimos anos do reinado de Henrique VIII. As leis reformistas do parlamento foram revogadas. Mas, uma coisa a rainha não podia fazer: restaurar a posse da Igreja sobre as terras retalhadas entre os nobres. Os magnatas Tudores concordavam em ir à missa, mas não em perder suas novas propriedades. Mesmo nisso houve dificuldades. Maria nunca avaliara devidamente o quanto o povo, principalmente em Londres, ligava a idéia do catolicismo à influência estrangeira. Na verdade, Henrique VIII o ensinara a agir assim, mas o sentimento era mais antigo do que isso. Tinha nas mãos a Bíblia em inglês e o Livro de Orações, havendo uma generalizada, embora superficial obediência à crença reformista. Chefes protestantes transferiram-se para Genebra e as cidades alemãs às margens do Reno. Houve conflitos na capital, ameaçando inclusive a vida de Gardiner, que passou a usar, durante o dia, um colete de ferro, sendo à noite guardado por cem homens. Arremessaram à alcova real, através da vidraça, um cachorro morto, com uma corda no pescoço, as orelhas cortadas e uma nota junto, dizendo que todos os padres da Inglaterra deviam ser enforcados.

A questão mais urgente era decidir com quem Maria devia casar-se. Os Comuns apoiavam um candidato inglês, Eduardo Courtenay, Conde de Devon, descendente da casa de York. Mas, a Rainha tinha em mira o estrangeiro. Renard, enviado do imperador Carlos V, agiu rapidamente, e ela prometeu casar-se com o filho do Imperador, o futuro Filipe II, da Espanha. Sir Tomás Wyatt, filho do poeta do reinado de Henrique VIII, planejou um golpe para impedir, à força, o casamento. Courtenay reuniu conspiradores contra ela no oeste. A notícia do casamento com um espanhol espalhou-se na corte e tornou-se pública. Começaram a correr boatos a respeito da Inquisição e da vinda de tropas espanholas. Os Comuns foram, então, incorporados até a presença da Rainha, rogando-lhe que não violasse os sentimentos da nação. Mas, Maria tinha o caráter obstinado dos Tudores, embora não possuísse o seu senso político. Estava agora em vésperas de realizar seu sonho: uma Inglaterra católica inteiramente aliada ao Imperador católico dos Habsburgos.

Todos voltaram as vistas para a Princesa Isabel, que no retiro de Hatfield observava os acontecimentos. A sucessão inglesa era vital para as cortes européias. O embaixador francês, Noailles, pôs-se em atividade. A empresa era dura. O apoio inglês a um dos lados, na rivalidade entre Valois e Habsburgos, que atormentava a Europa, seria decisivo. Suspeitava-se que Isabel pedira conselhos ao francês: Fora sugerido que ela se casasse com Courtenay. Os acontecimentos, todavia, precipitaram-se: Courtenay provocou um levante no oeste. Mal o casamento espanhol foi anunciado, nova rebelião estourou no sudeste da Inglaterra. Sir Tomás Wyatt levantou sua bandeira em Kent e pôs-se a marchar vagarosamente sobre Londres, arregimentando gente à medida que avançava. A capital estava em pânico, temendo um saque geral. Maria, porém, amargurada e desapontada com o povo, reconhecendo seu fracasso em conquistar sua afeição, mostrou que não tinha medo. Se Wyatt entrasse na capital, suas ambições como Rainha Católica estariam liquidadas. Num discurso em Guildhall, ela instigou o povo londrino à defensiva. Os rebeldes não estavam coesos. Wyatt ficara decepcionado com Courtenay, cujo levante fora um lamentável fracasso. Os rebeldes de Kent não queriam depor a Rainha, mas apenas impor-lhe condições. Distúrbios isolados ocorreram nas ruas e os soldados da rainha prenderam os desordeiros. Wyatt foi executado, o que selou a sorte de Lady Joana Grey e seu esposo. Em fevereiro de 1554 ambos marcharam calmamente para a morte, em Tower Green.

A vida de Isabel estava, agora, seriamente ameaçada. Apesar de Wyatt a haver exonerado de culpa, era a única rival aspirante ao trono e os espanhóis exigiram sua execução antes que o Príncipe fosse autorizado a se casar com a Rainha. Maria, porém, já derramara muito sangue e Renard não conseguiu convencê-la a mandar matar sua meio-irmã, embora utilizando-se de todos os argumentos. Ele escreveu a seu amo e senhor: "Mme. Isabel vai hoje para a Torre, grávida, ao que se diz, porque é uma mulher leviana, tal como sua mãe. Com a morte sua e de Courtenay, não sobrará ninguém neste reino para disputar a coroa ou perturbar a Rainha." Isabel, realmente, tinha muito pouca esperança, resolvera, como sua mãe, pedir que fosse degolada com uma espada.

Mas, medrosa e emocionada, acabou negando qualquer cumplicidade com Courtenay e Wyatt. Talvez Maria tenha acreditado nela. O certo é que, após alguns meses, ela foi posta em liberdade e enviada para Woodstock, onde, em pacífica e piedosa reclusão, ficou à espera de melhores dias.

Ao chegar o verão, Filipe saiu pelo mar, rumo ao norte. Maria foi a Winchester para receber o noivo. Com toda a pompa da realeza do século XVI, o enlace foi solenemente celebrado em julho de 1554, obedecendo aos ritos da Igreja Católica. Gardiner estava morto; mas, um sucessor foi encontrado no cardeal inglês Reginaldo Pole, que estivera no exílio durante o reinado de Henrique VIII, quando sua família foi massacrada por Henrique. Esse representante do Papa não era apenas um Príncipe da Igreja, mas praticamente um nobre de sangue azul, primo segundo da Rainha e neto da "falsa, leviana e perjura Clarence". Ele era um católico zeloso e austero, e aparecia agora como Delegado, para tomar seu lugar ao lado de Renard no conselho privado da Rainha e para forçar a conversão de todo o país.

Maria tem sido sempre odiosamente lembrada, em um país protestante, como a Rainha·sangüinolenta, que martirizou seus mais nobres súditos. Gerações de ingleses aprenderam em criança, nas páginas horripilantes ilustradas do "Livro dos Mártires", de Foxe, a história de seus sacrifícios. Essas narrativas incrustaram-se na memória do povo, tais como: as famosas cenas em Oxford, no ano de 1555; a queima dos bispos protestantes, Latimer e Ridley; a lamentável retratação e o fim heróico, em março de 1556, do frágil e decrépito Arcebispo Cranmer. Esses martírios arrastaram para as hostes protestantes inúmeros até então indiferentes.

Tais mártires anteviram que sua morte não seria vã, e junto ao patíbulo pronunciaram palavras imortais. "Fique sossegado, Mestre Ridley" — exclamou Latimer, ao crepitar das chamas. — "Alegre-se. Acenderemos neste dia um facho, pela graça de Deus, que na Inglaterra, estou certo, jamais se deixará apagar-se."

A Rainha procurou, em vão, ligar os interesses ingleses aos do Estado espanhol. Casara-se para entregar a Inglaterra ao Catolicismo, sacrificando a pouca felicidade pessoal a que podia aspirar, por esse sonho. Como esposa do rei da Espanha, contra os interesses do seu reino e contra os conselhos mais prudentes, inclusive do Cardeal Pole, deixou-se envolver na guerra com a França, e Calais, a última possessão inglesa no continente, caiu sem resistência. Essa desgraça nacional, que foi a perda do símbolo do poder e da glória da Inglaterra medieval, foi um impacto emocional para o povo e a consciência da Rainha. A esperança de que nascesse um herdeiro para garantir a sucessão católica se desvanecia. Sua infelicidade era mal compensada por algumas realizações. Com efeito, seu reinado muito pouco fez, raramente merecendo a atenção dos historiadores. Os ministros de Maria, durante seu breve governo, preocuparam-se mais em economizar e reformar. Quando a Rainha morreu, eles já haviam feito muito para purgar o governo das corrupções e extravagâncias do regime de Northumberland.

Filipe retirou-se para os Países Baixos e depois para a Espanha, decepcionado com a esterilidade da política. Cercada de gente desleal e descontente, a Rainha adoeceu. Em novembro de 1558 ela expirou e, poucas horas mais tarde, no palácio de Lambeth, seu coadjutor, Cardeal Pole, também faleceu. Terminou assim o trágico interlúdio do seu reinado, que selou a conversão do povo inglês à crença reformista.

* * *

De início a Reforma Protestante na Europa fora uma revolta local contra os abusos de uma organização. Mas, esse motivo desapareceu quando, anos após, a Igreja Católica pôs sua casa em ordem. O que restou foi a insurgência das raças nórdicas contra toda a organização da Igreja Romana, que parecia entrar em conflito com o movimento progressista do espírito humano. O Cristianismo podia agora ser difundido em moldes diferentes dos usados para converter os bárbaros após o colapso do Império Romano. Até o reinado de Henrique VIII havia, atrás das lutas da nobreza, os conflitos entre o Rei e a Igreja, entre as classes dominantes e o povo, certos pontos geralmente aceitos. Os males e aflições dos tempos medievais haviam perdurado tanto tempo, que representavam o normal num mundo de desgraças. Ninguém tinha um remédio novo ou um consolo diferente para apresentar. A Reforma abalou a vida inglesa desde as raízes, incitando todas as classes sociais à ação ou à resistência, levando bandeiras porque pequenos e grandes estavam dispostos a lutar, a favor ou contra. A velha estrutura que, apesar de falha, se mantinha havia séculos intata, era agora abalada pela nova ordem, que forçava uma revisão de valores. Antes, não obstante as lutas e atribulações, havia um povo e um sistema. Doravante, durante muitas gerações futuras, não apenas a Inglaterra, mas todos os países europeus, teriam de se definir pró ou contra a Reforma Protestante.

A violência dessa convulsão mal pode ser avaliada por nós, hoje em dia, mas foi menos destruidora na Inglaterra do que na Alemanha ou França. Isso porque o movimento foi relativamente rápido e ocorreu sob o governo forte dos Tudores. Não obstante, a revolução doutrinária provocada por Cranmer no reinado de Eduardo VI, e a contra-revolução de Gardiner, Pole e seus assistentes, no governo da Rainha Maria, puseram em polvorosa o povo da ilha durante uma década. Eduardo VI conduziu toda a nação, o povo das cidades e do campo, em determinado caminho, rumo à salvação. Veio a Rainha Maria e ordenou a contramarcha. Quem não obedecesse, no primeiro ou no segundo caso, tinha de provar suas convicções religiosas, se necessário, no cadafalso ou no pelourinho. Assim, a Nova Inglaterra se impôs à Velha, a qual contra-atacou, obtendo efêmera vitória. No reinado de Isabel, estabelecer-se-ia um acordo entre as duas correntes que, se não foram completamente pacificadas, pelo menos limitaram suas divergências, de modo a não comprometer a unidade e a continuidade do país.

CAPÍTULO VIII

A BONDOSA RAINHA BESS

Isabel estava com 25 anos de idade quando, destreinada de assuntos políticos, sucedeu à sua meio-irmã, no dia 17 de novembro de 1558. A sorte da Inglaterra foi a nova Rainha possuir qualidades inatas e haver sido cuidadosamente educada. Sua aparência lembrava a do pai, Henrique VIII: porte autoritário, cabelos castanhos, palavra eloqüente e uma dignidade natural. Outras semelhanças logo foram notadas: grande coragem em momentos de crise; feroz e impetuosa determinação, quando desafiada e um lastro quase inexaurível de energia física. Gostava dos mesmos passatempos e atividades prediletas do pai: paixão pela caça, perícia em manejar o arco e o "hawking", gosto pela dança e pela música. Falava seis línguas e lia o latim e o grego. Tal como o pai e o avô, uma incansável vitalidade levava-a de um canto a outro, de modo que muitas vezes ninguém sabia em que mansão ela estava passando a semana. Isabel tivera uma infância difícil e uma adolescência acidentada. Em certa época do reinado do pai, fora declarada filha ilegítima e expulsa da corte. No reinado de Maria, quando sua vida andou por um triz, provara a importância da precaução e da dissimulação. Quando conservar-se em silêncio, como contemporizar e administrar seus recursos, foram as lições que aprendeu na mocidade. Muitos historiadores a acusaram de ser vacilante e excessivamente parcimoniosa. Certamente, esses traços do seu caráter punham em desespero seus conselheiros. O erário do reino, porém, jamais foi suficientemente rico para financiar todos os projetos de aventura que lhe foram apresentados. Naquela época turbulenta, não era de todo errado deixar de tomar decisões irrevogáveis. A situação exigia do chefe de Estado uma política calculada e uma posição mais ou menos neutra. Isso Isabel fazia. Tinha, ademais, um dom especial em escolher homens capazes para trabalhar para o país. Muito candidamente, culpava-os de tudo que saísse errado. Quanto aos seus êxitos, tomava-os para si... Em agilidade mental a Rainha era ultrapassada por muito pouca gente de sua época, de modo que muitos embaixadores junto à Corte tinham boas razões em reconhecer a vivacidade de suas réplicas. Quanto ao temperamento, ela era sujeita a crises de melancolia, alternadas com expansões de alegria e convulsões de fúria. Inteligência sutil, muitas vezes usava de expressões e maneiras descaradas e até grosseiras. Quando enfurecida, era capaz de puxar as orelhas do ministro do Tesouro e atirar as chinelas ao rosto do seu Secretário. Era aparentemente muito livre em suas relações sentimentais com o sexo oposto, de modo que, como disse um ilustre conselheiro, "um dia ela era maior do que um homem, e no seguinte menos do que uma mulher". Não obstante, era capaz de inspirar uma devoção talvez sem paralelo entre os soberanos ingleses. Podem parecer-nos, hoje em dia, um tanto grotesca as lisonjas que a corte lhe devotava, mas com seu povo ela nunca cometeu erros. Sabia instintivamente como conquistar a simpatia popular. De certo modo suas relações com os súditos pareciam um interminável namoro. Dedicou ao país o amor que jamais ofereceu a homem algum, e o povo respondeu com uma lealdade quase piegas. Não foi à toa que passou à História com o carinhoso cognome de "Boa Rainha Bess".

Poucos soberanos herdaram uma situação tão caótica quanto Isabel. A aliança da Inglaterra com a Espanha provocara a hostilidade da França e a perda de Calais. A política dos Tudores na Escócia fracassara. O velho perigo militar da Idade Média, uma aliança franco-escocesa, pairava de novo no ar. Na opinião da Europa católica, Maria, rainha dos escoceses, esposa do Delfim da França, que se tornou o rei Francisco II em 1559, tinha mais direito ao trono inglês do que Isabel, e com o apoio francês na retaguarda, Maria tinha boas possibilidades de galgar o poder. Maria de Guise, regente e rainha-mãe da Escócia, seguia uma política favorável à França e à Igreja católica e, em Edinburgo e Paris, os Guises tinham a chave do poder. Mesmo antes da morte de Henrique VIII as finanças da Inglaterra estavam abaladas. O crédito inglês em Antuérpia, o centro do mercado europeu, era tão fraco que o governo tinha de pagar juros de 14% nos empréstimos. A moeda, que fora ainda mais abalada no tempo de Eduardo VI, estava agora em situação caótica. O único aliado oficial da Inglaterra, a Espanha, encarava o novo regime com reservas, por motivos religiosos. Um ex-escriba do Conselho, do tempo de Eduardo VI, assim descreveu a situação quando Isabel subiu ao trono: "A Rainha é pobre, o reino está exausto, a nobreza depauperada e em decadência. Há falta de bons capitães e soldados. O povo está indisciplinado. A Justiça não é aplicada. Tudo custa caro, principalmente a carne, a bebida e o vestuário. Não há união entre nós. Guerras com a França e a Escócia: o rei francês domina o reino, com um pé em Calais e outro na Escócia. No exterior só temos inimigos."

Isabel fora educada sob princípios protestantes. Era o paradigma da nova religião, reunindo em torno de si alguns dos mais brilhantes personagens protestantes: Mateus Parker, que mais tarde seria seu arcebispo de Canterbury; Nicolau Bacon, que ela nomeou Lorde Guardião do Grande Selo; Rogério Ascham, o mais notável estudioso da época; e, o mais importante de todos, Guilherme Cecil, o adaptável servidor civil que já fora secretário sob as ordens de Somerset e Northumberland. Este foi, sem dúvida, o maior estadista inglês do século XVI. Dominava-o uma sede permanente de informações em torno dos assuntos de Estado, a que se aliava imensa habilidade nos negócios de gabinete. Precaução e sensatez caracterizavam seus gestos. Isabel, instintiva e acertadamente o convocou para servi-la. "O juízo que faço de vós — disse ela — é de que não vos deixareis corromper por nenhuma espécie de suborno, sereis fiel ao Estado e, independente de qualquer vontade pessoal, dar-me-eis o conselho que achardes melhor." Era um tremendo fardo que a jovem soberana punha às costas do seu primeiro-ministro, então com 38 anos de idade. A colaboração íntima e diária entre ambos, apesar de choques e rixas, perdurou até a morte de Cecil, 40 anos mais tarde.

A paz religiosa no país e a segurança contra um possível ataque da Escócia eram os mais graves problemas do momento na Inglaterra. A nação tornara-se protestante por Lei, a legislação católica da Rainha Maria fora revogada e o soberano fora declarado supremo chefe da Igreja inglesa. Mas, as dificuldades, para Isabel, não terminavam aí. Novas idéias eram debatidas, não somente sobre doutrina religiosa e administração da Igreja, mas sobre a própria natureza e fundamentos do poder político. Desde os tempos de Wyclif, em 1380, havia na sociedade inglesa um movimento subterrâneo de resistência à Igreja. Com a Reforma, a noção de que era um dever negar obediência à ordem estabelecida, alegando convicção íntima, generalizou-se entre o povo, num fenômeno sem precedentes desde a conversão do Império Romano ao Cristianismo. Mas tão intimamente estavam ligados a Igreja e o Estado, que desobedecer a um era desafiar a outro. A idéia de que o cidadão podia escolher a doutrina que quisesse era tão estranha à mentalidade da época quanto seria permitir ao povo escolher as leis e os magistrados a que desejasse obedecer. O máximo que se permitia era que o cidadão mantivesse um conformismo exterior, conservando em sigilo as próprias idéias. Mas, na Europa agitada desses dias, tal sigilo era impraticável. Os comentários passavam de ouvido a ouvido, eram impressos abertamente, em milhares de panfletos, espalhando excitação e curiosidade. Embora estivesse assentado que assuntos de Estado somente podiam ser legalmente debatidos por pessoas devidamente credenciadas, ao homem do povo não se podia impedir que pesquisasse a sagrada escritura e examinasse as doutrinas da Igreja, sua administração, ritos, cerimônias e as palavras dos Evangelistas e Apóstolos.

É nesta conjuntura que surge o partido conhecido como dos Puritanos, que durante um século desempenharia tão importante papel na História inglesa. Democráticos em teoria e organização, intolerantes na prática para qualquer pessoa que discordasse de seus pontos de vista, os Puritanos desafiaram a autoridade política e religiosa da Rainha. Embora ela prezasse a liberdade de consciência e afirmasse com sinceridade que "não abria janelas nas mentes dos outros", não permitiu que eles organizassem células no corpo religioso ou político. Uma minoria discordante e vigorosa poderia romper a delicada harmonia que ela pacientemente tecia. O protestantismo precisava ser salvo dos seus amigos. Enxergava a Rainha, em termos políticos, o que seu sucessor, Jaime I, expôs teoricamente: "Se não for Bispo, não serei Rei." Isabel constatou que a menos que o governo controlasse a Igreja ele não teria forças para sobreviver à contra-Reforma que então se arregimentava na Europa católica. Teve, assim, a soberana, de enfrentar, logo mais, não só o perigo católico no exterior, como também o ataque interno dos puritanos chefiados por fanáticos exilados do reinado de Maria, que agora voltavam de Genebra e das cidades da Renânia.

A Reforma na Europa, todavia, tomou um novo aspecto quando alcançou a Inglaterra. As novas questões que agitavam o mundo, tais como a relação da Igreja Nacional em Roma, de um lado, e com o soberano, de outro; sua futura organização; seus artigos de fé; as posses de suas propriedades e das propriedades dos mosteiros, somente poderiam ser resolvidos no Parlamento, onde os Puritanos logo constituíram uma crescente e aguerrida oposição. Os membros abastados do Parlamento estavam, por sua vez, divididos. Em dois pontos, apenas, talvez concordassem plenamente: uma vez que tinham recebido seu quinhão na partilha das terras dos mosteiros, não desejavam reparti-las e nada seria melhor do que uma nova guerra das Duas Rosas. Dividiram-se, depois, em dois grandes grupos: o dos que achavam que as coisas já haviam avançado o suficiente, e o dos que desejavam ainda avançar. Foi a semente da futura distinção entre Realistas e Puritanos, Sacerdotes e Disidentes, Conservadores (Tories) e Liberais (Whigs). Mas, durante muito tempo, foram subjugados pelo horror comum a uma disputa sucessória que pudesse provocar uma guerra civil, e pelo princípio aceito de que somente à Casa cabia a iniciativa de fazer política e a legislação pública.

A ameaça imediata estava na fronteira do norte. Tropas da França apoiavam a rainha-mãe francesa, na Escócia. Um poderoso partido Puritano entre a nobreza escocesa, instigada por pregadores perseguidos, pegava em armas contra eles, enquanto João Knox erguia a voz austera contra o domínio estrangeiro e do exílio em Genebra lançava sua denúncia contra "o monstruoso regimento de mulheres". Queria dizer, naturalmente, que ser dirigido por mulher era coisa contra a natureza masculina. Isabel observava o desenrolar desses fatos, com interesse e ansiedade. Se o partido francês assumisse o controle da Escócia, seu primeiro passo seria contra seu trono. A precariedade financeira impedia um esforço militar maior, mas a esquadra bloqueou os portos escoceses, impedindo que chegassem reforços da França. Armas e suprimentos foram contrabandeados para os partidos do protestantismo, através da fronteira. Permitiu-se a volta de Knox a sua terra natal, via-Leith, e sua pregação teve um poderoso efeito. Um pequeno exército inglês interveio ao lado dos protestantes escoceses, justamente quando morreu Maria de Guise. Os esforços de Isabel foram modestos, mas deram bom resultado. Pelo tratado de Leith, em 1560, a causa protestante na Escócia ficou assegurada para sempre. A própria França foi mergulhada na luta religiosa, ao mesmo tempo em que era obrigada a concentrar suas forças contra o Império Habsburgo. Isabel tornou-se respeitada e pode enfrentar confiantemente o futuro.

Uma coisa parecia certa aos seus coevos: a segurança do Estado inglês dependia, em última analise, de garantir a sucessão ao trono. A delicada questão do casamento da Rainha começou a projetar-se no cenário político, revelando-se nessa emergência a força e a sutilidade do caráter de Isabel. O país estava cônscio da responsabilidade que lhe pesava aos ombros. Se se casasse com um inglês sua autoridade poderia ser enfraquecida e provocaria luta entre os pretendentes. Ela pressentiu esse perigo ao observar as reações da corte quando de sua profunda afeição pelo elegante e ambicioso Roberto Dudley, filho mais novo de Northumberland, que a soberana fez Conde de Leicester. Isso não era a solução. Nos primeiros meses do seu reinado ela também tivera de considerar as pretensões de seu cunhado, Filipe II, de Espanha. O casamento com um espanhol desgraçara sua irmã, mas o enlace com Filipe podia ser a aquisição de um poderoso amigo — e a recusa poderia fazer aflorar sua animosidade religiosa. Mas, por volta de 1560 ela alcançara uma segurança temporária e podia esperar sua vez. Casar-se com alguém de uma das casas reinantes na Europa significaria envolver-se na política continental e conseqüentemente ter de enfrentar a hostilidade dos adversários de seu esposo. O Parlamento implorou em vão à Rainha Virgem que se casasse e tivesse um herdeiro. Isabel acabou zangando-se. Não admitiria discussão. Sua política era dedicar sua vida a salvar o país de tais alianças, utilizando seu próprio valor potencial para dividir a Europa numa eventual combinação contra ela.

* * *

Entrementes, havia Maria Stuart, Rainha da Escócia. Seu jovem esposo, Rei Francisco II, falecera logo após sua ascensão ao trono, e em dezembro de 1560 ela voltou ao seu país. Os tios de sua mãe, os Guise, logo perderam a influência que tinham na corte francesa, e sua sogra, Catarina de Médicis, substituiu-os como regente do rei Carlos IX. Assim, na segunda metade do século XVI, durante algum tempo, três países foram controlados por mulheres: França, Inglaterra e Escócia. Desses, porém, somente o governo de Isabel tinha estabilidade.

Maria Stuart era uma personalidade diferente de Isabel, embora de certo modo a situação de ambas fosse semelhante. Ela era descendente de Henrique VII; possuía um trono; vivia numa época em que era novidade uma mulher ser chefe de Estado; e no momento, não era casada. Sua presença na Escócia abalou o delicado equilíbrio que Isabel alcançara através do Tratado de Leith. A nobreza católica inglesa, particularmente no norte, não era indiferente aos clamores de Maria. Alguns alimentavam o sonho de desposá-la. Mas, Isabel conhecia sua rival. Sabia que Maria era incapaz de separar suas emoções da política. A Rainha dos Escoceses não tinha o vigilante autodomínio que Isabel adquirira nos anos amargos de sua infância. O casamento de Maria mostra o contraste entre as duas soberanas. Isabel antevira e evitara o perigo de escolher um marido em sua corte. Maria, poucos anos após chegar à Escócia, casou-se com um primo, Henrique Stuart, Lord Darnley, um jovem fraco e pretensioso que tinha nas veias sangue dos Tudores e dos Stuarts. O resultado foi desastroso. As velhas facções feudais, agora irritadas por conflitos religiosos, puseram o país sob seu controle, fazendo o poder da rainha diluir-se aos poucos. Cortesãos trazidos da refinada corte francesa para consolá-la nessa cruel terra, eram impopulares e um deles, David Riccio, foi apanhado em sua alcova e morto a punhaladas. Seu marido tornou-se instrumento da oposição. Desesperada, ela foi conivente no seu assassinato e, em 1567, casou-se com o assassino, um guerrilheiro de fronteira, James Hepburn, Conde de Bothwell, cuja espada indomável ainda poderia salvar-lhe o trono e a felicidade. Mas, o que veio foi a derrota e a prisão. Em 1568 ela escapou para a Inglaterra e pô-se aos pés de Isabel, pedindo clemência.

Na Inglaterra, Maria mostrou-se mais perigosa do que quando estava na Escócia. Tornou-se o foco de conspiração e tramas contra a vida de

Isabel. A sobrevivência do protestantismo na Inglaterra era ameaçada por sua presença. Emissários secretos da Espanha penetraram no país para fomentar a rebelião e coordenar os súditos católicos de Isabel. Toda a força da contra-Reforma voltou-se para o único país protestante unido da Europa. Se a Inglaterra fosse destruída, o Protestantismo provavelmente seria banido em toda a parte. O primeiro passo devia ser o assassínio. Mas, Isabel estava bem servida. Francisco Walsingham, assistente de Cecil e mais tarde seu rival no governo, localizou e prendeu agentes espanhóis e traidores ingleses. Este ardente protestante, de inteligência sutil, cujo conhecimento da política européia suplantava o de qualquer membro do conselho da Rainha, criou o melhor serviço secreto oficial da época. Havia, porém, sempre "uma "chance", de que alguém escapasse sorrateiramente. Enquanto Maria vivesse sempre haveria perigo de que alguma pessoa, por ambição pessoal ou arruinada pelo descontentamento popular, se utilizasse dela e de suas pretensões para destruir Isabel. Em 1569 a ameaça concretizou-se.

Ao norte da Inglaterra o meio social era muito mais primitivo do que nas férteis regiões sulistas. Nobres semifeudais, orgulhosos e independentes, sentiam-se agora ameaçados não só pela autoridade de Isabel, mas pelas hostes de novos potentados, como os Cecils e os Bacons, enriquecidos à custa da dissolução dos mosteiros e famintos de poder político. Além do mais, havia profunda separação religiosa entre norte e sul. Este era francamente protestante. O norte permanecia predominantemente católico. Outrora, os mosteiros eram o centro da vida em comum e da caridade. Sua destruição provocou a Peregrinação da Graça contra Henrique VIII, e ainda provocava uma teimosa resistência passiva contra as reformas religiosas de Isabel. Defendia-se, agora, a idéia do casamento de Maria com o Duque de Norfolk, decano da nobreza pré-Tudores, o qual passou a encarar a possibilidade de disputar com a sorte a posse do trono. Arrependeu-se em tempo. Mas, em 1569, os Condes de Northumberland e Westmorland encabeçaram uma rebelião no norte. Maria ficou abrigada em Tutbury, aos cuidados de Lorde Hunsdon, soldado de Isabel e seu primo por parte dos Bolena, além de seu servidor de confiança durante todo o reinado e uma das poucas pessoas de suas relações. Antes que os rebeldes pudessem dominá-la ela foi levada às pressas para o sul. Isabel demorou a avaliar o perigo em toda sua extensão.

"Os Condes — disse ela — são ricos de sangue azul, mas pobres de força." Os rebeldes planejavam dominar o norte do país, onde aguardariam um ataque. Mas, não se confiavam mutuamente. Ao sul os lordes católicos não se moveram. Parece que não houve um planejamento de ação e as forças rebeldes do norte se espalharam pelas montanhas, em pequenos grupos. Covardemente infiltraram-se através da fronteira para salvar a pele, e assim, terminou o primeiro ato da vasta conspiração católica contra Isabel. Após reinar, muito pacientemente, doze anos, ela ficou sendo inquestionavelmente a Rainha de toda a Inglaterra

* * *

Roma estava pronta para reagir. Em fevereiro de 1570 o Papa Pio V, ex-chefe da Inquisição, expediu uma bula de excomunhão contra Isabel A partir desse momento a Espanha, como maior potência católica da Europa, passou a contar com uma arma espiritual para ser usada em caso de precisar atacar. A posição de Isabel ficou enfraquecida. O Parlamento agitava-se cada vez mais por motivo de continuar solteira a Rainha, e seus constantes apelos levaram-na a agir. Entrou em negociações com Catarina de Médicis e uma aliança política foi firmada em Blois, no mês de abril de 1572. Ambas as rainhas não confiavam no poder espanhol, uma vez que Catarina se convencera de que a França católica tinha tanto a temer da Espanha quanto a Inglaterra protestante. Durante um curto período os acontecimentos colaboraram com Isabel. O ponto fraco da Espanha estava nos Países Baixos, onde uma densa população com imensos recursos taxáveis há muito caíra sob a influência de Filipe. Toda essa região estava às portas da revolta, e mal o tratado fora assinado quando a famosa resistência holandesa à tirania, integrada pelos chamados "Mendingos do mar", tomou a cidade de Brill, e a revolta eclodiu nos Países Baixos. Isabel passou a ter, então, um novo aliado potencial no continente. Chegou até a pensar em contrair matrimônio com um dos filhos mais moços de Catarina, sob a condição de a França não tirar vantagem da confusão para se expandir pelos Países Baixos. Um terrível evento em Paris, porém, fez malograr tal projeto. Pelo súbito massacre dos Huguenotes na véspera do dia de S. Bartolomeu, a 23 de agosto de 1572, os Guises, favoráveis à Espanha e ultracatólicos, readquiriram poder político que haviam perdido dez anos antes. A repercussão em Londres foi grande. O embaixador inglês, Francisco Walsingham, foi chamado. Quando o embaixador francês foi explicar os acontecimentos, Isabel e toda a corte receberam-no em silêncio, trajando luto. Tendo assim cumprido seu dever como rainha protestante, Isabel manteve-se madrinha do filho do rei francês e continuou suas negociações matrimoniais com seu irmão.

Sua aliança com a corte francesa evidentemente falhara e Isabel foi levada a apoiar secretamente, inclusive com dinheiro, os huguenotes franceses e os holandeses. O sucesso dependia do fator tempo, desde que os recursos financeiros eram muito limitados e ela somente podia manter esse auxílio enquanto os rebeldes estivessem na iminência do desastre. Walsingham, agora secretário de Estado, logo abaixo de Cecil, no Conselho da Rainha, estava descontente. O exílio no reinado de Maria e sua atuação como embaixador em Paris convenceram-no de que o protestantismo somente sobreviveria na Europa com um ilimitado auxílio e encorajamento da Inglaterra. Afinal, não podia haver um acordo com os católicos. Mais cedo ou mais tarde a guerra rebentaria e era imprescindível que tudo fosse feito para preservar e assegurar aliados potenciais antes do conflito final.

Cecil, agora Lord Burghley, era contrário a tudo isto. A amizade com a Espanha, simbolizada no casamento de Catarina de Aragão e alimentada por interesses comerciais, era uma tradição dos Tudores, desde os tempos de Henrique VIII e boas relações com a potência que ainda controlava grande parte dos Países Baixos seria o único meio de preservar o grande mercado por onde se escoavam a lã e os tecidos ingleses. O casamento de Filipe com Maria fora muito malvisto na Inglaterra. Mas, na opinião de Burghley, não era o momento apropriado para cair no extremo oposto e intervir nos Países Baixos ao lado dos rebeldes de Filipe. Tal gesto inflamaria os extremistas puritanos e injetaria um perigoso fanatismo na política exterior. Quando Burghley se tornou Lorde do Tesouro, em 1572, tomou atitude mais rija. Cônscio dos débeis recursos do Estado, profundamente atingidos pela perda do comércio com a Espanha e os Países Baixos, tinha convicção de que a política de Walsingham levaria à bancarrota e à ruína.

Isabel estava inclinada a concordar com ele. Não lhe agradava assistir a rebeliões de outros povos, "esses seus irmãos em Cristo", como certa vez disse a Walsingham, sarcasticamente. Ela não simpatizava com o puritanismo irreconciliável. A tese de Walsingham fora violentamente fortalecida pelo massacre de São Bartolomeu, que obrigou a Rainha a entrar numa guerra fria nos Países Baixos e numa guerra não declarada no mar, até ser obrigada a enfrentar um ataque maciço de uma Armada

* * *

Esses acontecimentos repercutiram na política inglesa. Muitos puritanos de início desejaram tolerar a Reforma elisabetiana, na esperança de transformá-la de dentro para fora. Agora, eles procuravam levar o governo a uma agressiva política exterior de inspiração protestante e, ao mesmo tempo, garantir sua própria liberdade de organização religiosa. Estavam fortalecidos no país. Tinham aliados na corte e no Conselho, como Walsingham, com quem o favorito da Rainha, Leicester, estava agora intimamente associado. Nas vilas e condados da região sudeste da Inglaterra eles estavam ativos. Como desafio ao acordo da Igreja, formaram suas próprias comunidades religiosas, com ministros e cultos próprios. Almejavam nada mais do que o estabelecimento de um despotismo teocrático. Como os católicos, achavam que a Igreja e o Estado deviam ser independentes e separados. Ao contrário deles, porém, acreditavam que a autoridade da Igreja era o conselho de anciões, o presbitério, livremente escolhido pelos fiéis, mas, uma vez escolhido, dotado de plena liberdade de ação e suplantando o poder secular em inúmeros setores da sociedade.

Esses homens eram contrários ao "status quo" religioso estabelecido por Isabel, bem como à Igreja anglicana, com seu histórico cerimonial litúrgico e seus princípios bem compreensíveis. Eram contrários, ainda, ao seu governo episcopal, porque julgavam tudo isso contra a Sagrada Escritura, tal como Calvino a interpretava. Esta situação de certo modo já revelava fraqueza ante o movimento reformista. Além do mais, fora de Londres, nas universidades e algumas cidades importantes, os párocos dos primeiros tempos da era elisabetiana não eram, geralmente, personagens de elite. Muitas vezes, mantinham-se no cargo porque se haviam submetido a Eduardo VI, depois mudado de crença sob os domínios de Maria e finalmente aceito "a religião praticada por S. M.", como se expressou certa vez um tribunal ritual de justiça, apenas para garantir seu ganha-pão. Conhecendo o latim apenas o suficiente para ler os velhos livros de orações, e quase incapazes de proferir um sermão decente, os controversistas, eloqüentes e entusiastas pregadores e inescrupulosos planfetistas, estavam, porém, aliciando adeptos nas hostes de Isabel, incutindo neles novos e alarmantes conceitos sobre o direito das congregações de se organizarem a si próprias, de trabalharem à sua moda, criando, afinal, sua própria Igreja. E por que não, no futuro, sua própria política, se não na Inglaterra, quiçá em outra parte? Uma fenda foi aberta na sociedade inglesa, capaz de se transformar num abismo. A Igreja luterana adaptava-se bem à monarquia, até ao absolutismo. O calvinismo, porém, tal como se difundia na Europa, era uma força dissolvente, uma solução de continuidade na evolução social. Com a volta à atividade dos exilados do tempo de Maria Tudor, uma verdadeira bomba foi colocada junto aos alicerces da Igreja e do Estado inglês, pondo-os em perigo. Isabel sabia que os puritanos eram talvez os seus súditos mais leais, porém temia que sua atuação violenta pudesse não só provocar o temível conflito europeu, como pôr em perigo a unidade do próprio reino. Nem a soberana, nem seu governo, atreviam-se a ceder um milímetro de sua autoridade. O momento não era oportuno para uma guerra ou um levante religioso interno.

O Conselho da Rainha, porém, contra-atacou. A censura à imprensa foi confiada a um corpo eclesiástico, conhecido como a Corte da Solene Comissão, que fora estabelecida em 1559 para julgar as ofensas contra a Igreja. Essa medida enfureceu os puritanos, os quais criaram uma imprensa secreta e ambulante, que durante anos distribuiu virulentos panfletos anônimos, culminando em 1588 com a publicação de "Mártir Marprelate", atacando as pessoas e a atuação dos "bispos fantoches". Suas invectivas impetuosas representam um aspecto curioso da prosa inglesa, de tal modo eram os panfletos carregados de adjetivos grosseiros, de grande efeito, embora num estilo desordenado e maçante. Durante meses os membros da Alta Comissão procuraram descobrir os autores dessa propaganda anônima. Por fim, um acidente fez com que a máquina de imprimir, que funcionava numa carroça em constante movimento, caísse ao solo numa rua da cidade. Os impressores foram presos. Mas, os autores dos panfletos jamais foram descobertos.

* * *

Os ataques dos católicos também aumentaram. Durante a década de 1570, inúmeros padres chegaram à Inglaterra, provenientes dos seminários ingleses de Douai e St. Omer, dispostos a manter a crença católica e as ligações entre os católicos ingleses e Roma. De início sua presença provocou pouca apreensão nos círculos governamentais. Isabel a custo acreditou que pudesse haver traidores entre seus súditos católicos, e o fracasso do levante de 1569 fortaleceu sua confiança na lealdade deles. Mas, ao redor do anos de 1579, missionários de um novo e formidável tipo começaram a penetrar no país. Eram os jesuítas, arautos e missionários da Contra-Reforma, que haviam dedicado a vida à luta pelo restabelecimento da religião católica em toda a Cristandade. Fanáticos, eram indiferentes ao perigo pessoal e escolhidos a dedo para a missão. Seus inimigos os acusavam de usarem de assassínio para alcançarem seus objetivos. Os mais destacados desses jesuítas eram Edmundo Campion e Roberto Parsons. Sua atividade era cuidadosamente observada pelos espiões de Walsingham, que descobriram vários atentados planejados contra a Rainha, o que forçou o governo a tomar medidas mais drásticas. A Rainha Maria mandara à fogueira perto de trezentos mártires protestantes nos últimos três anos do seu reinado. Nos últimos trinta anos do reinado d Isabel o mesmo número de católicos foi executado por traição.

As conspirações naturalmente giravam em torno de Maria da Escócia, que havia longo tempo estava no cativeiro. Ela era a herdeira do trono inglês no caso do desaparecimento de Isabel. Esta relutava em reconhecer que sua vida estava em perigo, mas os complôs levantaram a questão de saber quem sucederia no trono na hipótese da morte da soberana. Se Maria morresse, o herdeiro seria seu filho Jaime, que se achava seguro na Escócia, em mãos dos calvinistas. Para evitar que surgisse outra rainha católica, bastava livrar-se de Maria, antes que os jesuítas ou seus aliados se livrassem de Isabel. Walsingham e seus partidários no Conselho concentraram, então, seus esforços em persuadir a Rainha de que Maria devia morrer. Argumentando insistentemente que era evidente a cumplicidade de Maria nas inúmeras conspirações, premiram fortemente a consciência de Isabel, que tremia à simples idéia de derramar sangue azul.

Havia indícios de que os jesuítas não estavam propriamente fracassando em sua missão. Mas, Isabel não se apressava. Preferia aguardar o desenrolar dos acontecimentos, que logo atingiram um ponto cruciante. No solstício de verão de 1584, Guilherme, o Silencioso, líder da revolta dos protestantes holandeses contra a Espanha, foi em sua casa de Delft mortalmente ferido por um agente espanhol. Esse assassínio deu uma força enorme à argumentação de Walsingham contra Maria, e a opinião pública inglesa reagiu com veemência. Ao mesmo tempo os sentimentos da Espanha, com relação à Inglaterra, já azedados pelas incursões dos corsários ingleses, sob a conivência de Isabel, transformaram-se em franca hostilidade. Os Países Baixos, uma vez restaurada a hegemonia espanhola, seriam a base para um ataque final à ilha, e assim Isabel foi compelida a enviar Leicester, com um exército inglês, para a Holanda, a fim de evitar a destruição completa desse país.

* * *

Uma liga da elite protestante foi voluntariamente formada, em 1585, para defender a vida de Isabel. No ano seguinte foram levadas por Walsingham, ao Conselho, provas de uma conspiração engendrada por um certo Antônio Babington, católico inglês. Isso aconteceu graças a um espião que se infiltrou entre os conspiradores e com eles viveu durante mais de um ano. A conivência de Maria era inegável. Isabel foi, assim, finalmente persuadida de que a morte dela era uma necessidade política. Após um julgamento pró-forma, Maria foi condenada por traição. O Parlamento solicitou sua execução e Isabel por fim assinou a sentença de morte. Vinte e quatro horas depois arrependeu-se e tentou, em vão, impedir a execução. Tinha horror em ser a responsável pela morte de uma companheira de nobreza. Embora compreendesse que isso era essencial para a segurança do seu país, desejava que a decisão suprema e final não caísse sobre seus ombros.

A cena da morte de Maria inflama a imaginação dos historiadores. Na madrugada de 8 de fevereiro de 1587 foi ela conduzida ao grande saguão do Castelo de Fotheringay. Acompanhada por seis dos seus servidores, ficou esperando os servidores da Rainha inglesa. Da vizinhança vieram muitas pessoas para assistir à execução. Maria surgiu na hora marcada, sobriamente envolta em cetim preto. Atravessou o silencioso saguão, em passadas majestosas, rumo ao cadafalso coberto de panos, erigido junto à lareira. As solenes formalidades foram calmamente cumpridas. O zeloso Deão de Keterborough, porém, tentou, em altas vozes, forçar a Rainha a uma conversão de última hora. Com esplêndida dignidade ela cortou sua exortação, exclamando: "Senhor Deão: sou católica e morrerei católica. É inútil tentar demover-me e suas preces muito pouco me ajudarão."

Maria preparara-se soberbamente para a cena final. Ao despir a túnica de cetim negro, retirada por chorosa criadagem, exibiu o espartilho e a saia em veludo avermelhado. Uma das pajens lhe passou um par de luvas da mesma cor, as quais ela calçou. Assim, a infeliz Rainha estacou, por um último instante, projetando seu vulto ereto, vermelho como sangue, da cabeça aos pés, contra o fundo preto do cadafalso. Um silêncio tumular pairava no ar. Ela ajoelhou-se e ao segundo impulso o golpe fatal foi desferido. A assistência emocionada cumpriu sua obrigação. A morte desfez a majestosa ilusão, quando o carrasco ergueu a cabeça de uma mulher idosa, com cabeleira postiça. Um cachorrinho de estimação saiu sorrateiramente de sob a roupagem do tronco ensanguentado...

Quando a notícia chegou a Londres, foram acesas festivas fogueiras nas ruas. Isabel, sentada na solidão dos seus aposentos, chorava mais pela sorte da Rainha do que da mulher. Acabou lançando a responsabilidade desse gesto aos seus conselheiros masculinos.

CAPÍTULO IX

A ARMADA ESPANHOLA

A Guerra, agora, era coisa certa. A sorte pendia francamente a favor da Espanha. Das minas do México e do Peru vinha uma corrente de prata e ouro, que fortificava o poder material do Império Espanhol, possibilitando ao Rei Filipe equipar suas forças em escala jamais vista. Os círculos governamentais da Inglaterra compreendiam bem a situação. Enquanto a Espanha dominasse as riquezas do Novo Mundo, poderia lançar e equipar uma infinidade de Armadas. Urgia, pois, que essa riqueza não saísse de sua fonte ou que os navios que a transportavam fossem aprisionados em alto-mar. Na esperança de fortalecer suas próprias finanças e destruir os preparativos do inimigo contra os Países Baixos e a Inglaterra, Isabel concordou em apoiar algumas expedições não oficiais contra a costa espanhola e suas colônias na América do Sul. Isso aconteceu durante certo tempo, num estado de guerra não declarada, mas logo a Rainha se convenceu de que tais investidas esparsas, das quais não tomava conhecimento prévio, não abalariam o Império Espanhol de ultramar, nem seu poderio na Europa. Gradualmente, portanto, essas expedições assumiram caráter oficial. A Marinha Real, no que restava dos tempos de Henrique VIII, foi reconstruída e reorganizada por João

Hawkins, filho de um mercador de Plymouth, que outrora negociara com o Brasil, possessão portuguesa. Hawkins aperfeiçoara seus conhecimentos náuticos no tráfico de escravos na costa oriental da África e no transporte de negros para as colônias espanholas. Em 1573 ele foi nomeado tesoureiro e superintendente da Marinha. Além do mais, formou um competente discípulo, o jovem aventureiro de Devon, Francisco Drake.

O "chefe dos ladrões do mundo desconhecido", como os espanhóis desse tempo chamavam a Drake, tornou-se o terror dos seus portos e dos seus navegantes. Seu intuito declarado era forçar a Inglaterra a uma luta aberta contra a Espanha. Seus ataques aos navios espanhóis que transportavam ricas cargas, as pilhagens às possessões ibéricas na costa ocidental da América do Sul em sua viagem ao redor do mundo, em 1577, bem com suas investidas em portos espanhóis na Europa, visavam levar a Espanha à guerra. Com a experiência adquirida nos domínios da Espanha, os marujos ingleses sabiam ser capazes de enfrentar a ameaça, desde que houvesse razoável igualdade de forças. Com os navios que Hawkins construíra poderiam combater e pôr ao fundo qualquer força que os espanhóis mandassem contra eles.

Entrementes, os marujos de Isabel ganhavam experiência em águas inexploradas. A Esapanha estava deliberadamente bloqueando o comércio de outras nações no Novo Mundo. Um cavalheiro de Devon, Humphrey Gilbert, começou a imaginar outra rota e foi o primeiro a interessar a Rainha na abertura de um caminho para a China, ou Cataí, como era chamada, através do noroeste. Ele era um homem muito lido, que estudara a obra dos exploradores contemporâneos. Sabia existirem na França e nos Países Baixos muitos aventureiros treinados na luta individual, cujos serviços podiam ser úteis. Em 1576 escreveu uma "Dissertação para provar uma passagem pelo noroeste até a China e as Índias Orientais". Terminava seu livro com um notável desafio: "Não vale absolutamente a pena viver se, por medo da morte ou do perigo, recusamos em servir à pátria e à nossa própria honra. A morte é inevitável, mas a glória da virtude é imortal." Suas idéias inspiraram as viagens de Martinho Frobisher, a quem a Rainha concedeu uma licença especial de explorador. A Corte e a City financiaram a expedição de dois pequenos navios de 25 toneladas, que partiu imediatamente em busca de ouro. Levantando mapas do gélido litoral ao redor do estreito de Hudson, Frobisher retornou, trazendo consigo exemplares de um minério preto e muita esperança de que ele contivesse ouro... Para desaponto geral essas amostras, examinadas, revelaram-se de nenhum valor. Ficou provado que aventuras nos mares dos noroeste não enriqueceriam ninguém de repente.

Gilbert, porém, não se deu por achado. Foi o primeiro inglês que avaliou que o valor dessas viagens não se resumia em procurar metais preciosos. Havia gente demais na Inglaterra. Talvez esse excesso de população pudesse ser canalizado para novas terras. A idéia de fundar colônias na América começou, então, a empolgar a imaginação de todos. Alguns espíritos mais avançados já anteviam, em sonho, Novas Inglaterras surgindo no além-mar. De início, os objetivos em mente eram estritamente práticos. Na esperança de transportar para o Novo Mundo os desempregados e necessitados, e de encontrar novos mercados para o tecido inglês, entre os nativos, Gilbert obteve de Isabel, em 1578, privilégio "para descobrir... tais longínquas terras pagãs e bárbaras, ainda não efetivamente de posse de nenhuma autoridade cristã ou alguém em seu nome... desde que pareçam boas e dignas de serem ocupadas e habitadas". Com seis navios tripulados por inúmeros aventureiros, incluindo seu próprio irmão torto, Walter Raleigh, realizou várias viagens com muita esperança, mas sem sucesso algum.

Em 1583 Gilbert apossou-se da Terra Nova em nome da Rainha, mas não se cuidou de colonização. Resolvido a tentar de novo no ano seguinte, levantou ferros de volta à pátria. O pequeno comboio encontrou mar agitado. Uma narrativa feita por um certo Eduardo Hoys ainda sobrevive: "Na tarde de segunda-feira, 9 de setembro, a fragata quase foi destruída por ondas violentíssimas, mas conseguiu manter-se à tona. O Capitão, sentado à popa, com uma Bíblia nas mãos, deu vazão à sua alegria, gritando do "Hind" para nossa nau que se aproximava: "Estamos tão perto do céu, no mar, quanto em terra!" À meia-noite desse mesmo dia as luzes do navio de Gilbert, o "Squirrel", apagaram-se de súbito. Morrendo o primeiro grande pioneiro inglês no Ocidente, Walter Raleigh procurou continuar sua obra. Em 1585 uma pequena colônia foi estabelecida na Ilha de Roanoke, junto ao continente americano, e batizada de Virgínia, em homenagem à Rainha. Era um território sem limites bem fixados, de que resultaram os Estados atuais da Virgínia e Carolina do Norte. Essa aventura também fracassou, como fracassou outra tentativa semelhante, dois anos mais tarde. Mas, por essa época, a ameaça espanhola aumentava, levando a que se concentrasse na Inglaterra todo o esforço. A guerra com a Espanha acabou adiando por vinte anos qualquer atividade colonial. A luta que se estabeleceu era desesperadamente desigual, quanto aos recursos do país. Mas, os marujos da Rainha haviam recebido um treinamento sem igual, que seria a salvação da Inglaterra.

* * *

Os espanhóis havia tempo que anteviam uma campanha contra a Inglaterra. Sabiam que a intervenção inglesa ameaçava seus planos de reconquistar os Países Baixos, e que, a menos que a Inglaterra fosse dominada, a agitação continuaria indefinidamente. Desde 1585 os espanhóis coligiam informes de várias fontes. Exilados ingleses mandavam para Madri longos relatórios. Numerosos agentes forneciam a Filipe mapas e estatísticas. Os arquivos espanhóis continham vários planos esboçados para a invasão da Inglaterra.

Tropas não constituíam problemas. Se a ordem fosse mantida por algum tempo nos Países Baixos, uma força expedicionária poderia ser retirada do exército espanhol. Um corpo de tropa seria o suficiente. Tarefa mais pesada seria a construção e o treinamento de uma frota. A maior parte dos navios do rei de Espanha provinha de suas possessões italianas e eram embarcações construídas para navegar no Mediterrâneo. Não se prestavam, pois, para uma viagem ao largo das costas ocidentais da Europa e pelo Canal da Mancha. Os galeões construídos para as rotas comerciais das colônias ibero-americanas eram também impraticáveis. Em 1580, porém, Filipe II anexara Portugal, e os construtores navais portugueses não haviam sido dominados pelo Mediterrâneo. Tinham experiência com navios próprios para a ação no Atlântico Sul, e assim os galeões lusitanos constituíam a base da frota então concentrada ao largo de Lisboa. Toda embarcação aproveitável foi reunida em águas espanholas, a ocidente, incluindo até os galeões particulares das escoltas de comboio, a chamada Guarda Indiana. A célebre incursão de Drake em Cádiz, em 1587, fez com que os preparativos se prolongassem por mais um ano. Nesse "chamuscamento da barba do Rei de Espanha" foi destruída grande quantidade de munição e navios. Não obstante, em maio de 1588, a Armada estava pronta. Foram reunidos 130 navios, carregando 2.500 canhões e mais de 30.000 homens, dois terços dos quais, soldados. Das embarcações, 20 eram galeões, 44 navios mercantes armados e 8 galeras do Mediterrâneo. O resto compunha-se de pequenos barcos ou transportes desarmados. Seu plano era subir a Mancha, recolher a bordo uma força expedicionária de 16.000 veteranos dos Países Baixos, comandados por Alexandre de Parma, e desembaraçá-la na costa sul da Inglaterra.

O renomado almirante espanhol Sta. Cruz não mais vivia, e o comando foi confiado ao Duque de Medina-Sidônia, que alimentava muita reserva quanto ao êxito da empresa. Sua tática seguia o estilo mediterrâneo de interceptar os navios inimigos e obter a vitória por abordagem. Sua frota estava muito bem equipada para transportar grande número de homens. Era forte na artilharia pesada, de pequeno alcance, mas fraca num ataque a longa distância, razão pela qual a Inglaterra se conservou inatingível até a última batalha. Os marujos eram poucos, em comparação com os soldados. Estes haviam sido recrutados entre a ralé da população espanhola e eram comandados por oficiais do exército de famílias nobres, inexperientes em combates navais. Muitas embarcações se achavam em mau estado. As provisões, entregues a um corrupto sistema de contrato particular, eram insuficientes e de má qualidade. Água potável era guardada em pipas de madeira verde. O comandante da esquadra não tinha experiência em guerra naval e implorara ao Rei que o poupasse dessa inédita aventura.

O plano inglês era reunir uma frota em um dos portos a sudoeste, interceptar o inimigo na entrada do Canal e concentrar tropas a sudeste para enfrentar o exército de Parma, vindo das praias flamengas. Não se sabia ao certo onde ocorreria o ataque, mas a predominância do vento oeste indicava que a Armada subiria a Mancha, juntar-se-ia a Parma e tentaria um desembarque na costa de Essex.

A nação estava coesa ante os preparativos da Espanha. Chefes católicos foram internados na Ilha de Ely, mas como um todo sua lealdade para com a Coroa mantinha-se imperturbável. Em Tilbury foi concentrado um exército de perto de 20.000 homens, sob o comando de Lord Leicester, o qual, somado às tropas esparsas dos condados, constituía uma força que não podia ser subestimada. Enquanto a Armada ainda estava longe do litoral inglês, a Rainha Isabel passou revista ao exército, em Tilbury, e dirigiu-lhe estas palavras de incitamento: "Meu povo amado! Houve quem, receando uma traição e preocupado com nossa segurança, tentasse persuadir a nos acutelarmos em nos expormos pessoalmente a uma multidão armada. Mas, eu vos asseguro que não desejo viver desconfiado de meu povo amado e fiel. Os tiranos que temam Sempre me portei de tal maneira que, com a graça de Deus, tenho depositadas minha maior força e segurança nos corações leais e na boa vontade de meus súditos Eis por que vim para junto de vós, como vêdes, resolvida, no calor da batalha, a viver ou perecer convosco, a tombar por meu Deus e pelo meu reino, por meu povo, minha honra e meu sangue. Sei que tenho o corpo de uma mulher fraca e franzina, mas tenho o coração e a fibra de um rei, sobretudo de um rei da Inglaterra, e não acredito que Parma, a Espanha ou qualquer príncipe do continente se atreva a invadir as fronteiras de meu reino. Se isso acontecer, antes que a desonra me alcance, eu própria pegarei em armas e serei pessoalmente vosso general, juiz e recompensadora de cada uma de vossas bravuras em combate Por vossa presteza em acorrer ao combate já sei que merecereis recompensas e medalhas Eu vos asseguro, pela palavra de uma Rainha, que vosso esforço será merecidamente recompensado."

* * *

A obra de Hawkins em prol da marinha seria agora submetida a uma prova. Havia alguns anos ele vinha alterando a forma dos navios ingleses, com base nas experiências obtidas nas expedições de corsários em águas coloniais. As torres que se erguiam no convés dos galeões foram retiradas. As quilhas, aprofundadas, procurando-se moldar os barcos para maior velocidade e rendimento. Mais importante do que isso, foi a colocação de canhões mais pesados e de longo alcance. O canhão era tradicionalmente tido como "uma arma ignóbil", própria apenas para uma salva de abertura nas batalhas. Hawkins, porém, com navios construídos para enfrentar quaisquer mares, era contrário à luta corpo-a-corpo e favorável a um ataque de longa distância, com os novos canhões. Os capitães da marinha inglesa estavam ansiosos por experimentar essas novas táticas contra os enormes galeões, de mastros altos, fundo chato e com tendência a se desviarem da rota com a ventania. Apesar dos esforços de Hawkins somente trinta e quatro navios da Rainha, transportando 6.000 homens, fizeram-se ao mar, em 1588. Como era praxe, porém, toda embarcação particular aproveitável foi às pressas reunida e armada para servir ao governo, perfazendo um total de 197 naus, metade das quais para pouco servia, em virtude do porte muito pequeno.

A Rainha incitara seus marujos a "ficarem de olho em Parma", e estava ansiosa por mandar a frota principal até Plymouth, a oeste Drake era favorável a medidas mais arrojadas. Em um despacho datado de 30 de março de 1588, propôs que o corpo principal da esquadra atacasse um porto espanhol, não Lisboa, que era bem fortificada, mas algum lugar próximo, de modo a forçar a Armada a sair ao largo para defender a costa Assim, argumentava, os ingleses terão certeza de atacar a frota espanhola e não haveria perigo de ela atravessar sorrateiramente o Canal, com vento favorável.

O governo preferia a idéia mais perigosa de estacionar esquadrões isolados, ao longo do litoral sul, para enfrentar qualquer eventual linha de ataque. Insistia em concentrar um pequeno esquadrão dos navios da Rainha na ponta ocidental da Mancha, para continuar vigiando Parma. Drake e seu superior, Lord Howard de Effingham, comandante da esquadra inglesa, viviam alarmados e impacientes e a custo impediam uma dispersão de suas forças. Um vento sul impediu-os de atacar a costa espanhola, forçando-os a entrar em Plymouth, com os suprimentos esgotados e o escorbuto grassando entre a tripulação.

Com isso, os espanhóis tiveram tempo suficiente para traçar seus planos estratégicos. A Armada partiu do Tejo a 20 de maio, mas foi atingida pelas mesmas tempestades que fizeram Howard e Drake voltar. Dois dos seus navios de 1.000 toneladas foram desmastreados. Aportaram em Corunna para reparos, somente partindo novamente a 12 de julho. A notícia dessa aproximação das cercanias de Lizard chegou à baía de Plymouth na tarde de 19 de julho. A esquadra inglesa teve de deixar o estreito nessa mesma noite, navegando contra um vento suave que refrescou o dia seguinte Um sóbrio relato náutico dessa operação foi feito por Howard em carta a Walsingham, datada de 21 de julho: "Embora o vento fosse muito contrário, deixamos a baía nessa noite. No sábado a situação piorou, com o vento em direção sul-oeste. Cerca das 3 horas da tarde avistamos a esquadra espanhola. Fizemos o possível para aproveitar o vento que nessa manhã estava a nosso favor. Vimos que a Armada Espanhola se compunha de 120 veleiros, entre os quais 4 galeões e muitos navios de grande calado. Às 9 horas demos-lhe combate, prolongando-se a batalha até à 1 hora."[4] Posteriormente, houve outro encontro no dia 25, junto à ilha de Wight, que, aparentemente, os espanhóis planejavam tomar como base. Mas, como o vento oeste soprasse mais forte, os ingleses permaneceram retidos, forçando o inimigo a navegar em direção de Calais, onde Medina, ignorando as manobras de Parma, esperava por notícias. A travesssia do Canal foi um tormento para os espanhóis. Os canhões dos navios ingleses raspavam o convés dos galeões, matando tripulantes e abatendo o moral dos soldados. Os ingleses praticamente não sofreram baixas.

Foi quando Medina cometeu um erro fatal, ancorando na enseada de Calais. Os navios da Rainha, que haviam estado estacionados na ponta oriental da Mancha, juntaram-se à frota principal no estreito, de que resultou a união de toda a força marítima da Inglaterra. Um conselho de guerra instalado na nau-capitânia inglesa, na tarde de 28 de julho, resolveu ordenar o ataque. A batalha decisiva começou. Após o anoitecer, oito navios do esquadrão oriental, carregados de explosivos e preparados como brulotes (os torpedos daqueles tempos), foram ao encontro da esquadra espanhola amontoada na enseada. Deitados no convés, os tripulantes espanhóis de certo viram luzes estranhas cintilando em barcos fantasmagóricos movendo-se ao seu encontro. De repente, uma série de explosões sacudiu o ar e pedaços flamejantes de cascos de navios voaram sobre a Armada imóvel. Os capitães espanhóis cortaram as amarras e saíram ao largo, provocando inúmeras colisões. Uma das maiores galeras, a "San Lorenzo", perdeu o leme e encalhou na baía de Calais, onde o Governador internou a tripulação. O resto da Armada, com vento sul-sudoeste pela pôpa, foi rumo de leste, para Gravelines.

Medina, então, mandou mensageiros anunciar a Parma sua chegada. Na madrugada de 29 de julho ele estava junto aos bancos de areia de Gravelines, na esperança de encontrar tropas de Parma prontas a

---

[4] Laughton, "Derrota da Armada Espanhola" (Navy Records Society, 1894), vol. I, pág. 273.

embarcarem em seus transportes. Todavia, não viu embarcação alguma. Na baía de Dunquerque a maré estava baixa. A única possibilidade seria partir com vento favorável, aproveitando a maré crescente. Mas, nada disso acontecia. O exército e os transportes não estavam no lugar do encontro marcado. Os espanhóis resolveram enfrentar seus perseguidores. Um combate longo e desesperado de oito horas ocorreu, confundindo-se uns navios com os outros. O relatório oficial enviado ao governo inglês foi breve. "Howard, em combate, inutilizou um grande número de navios espanhóis, afundou três e fez encalhar quatro ou cinco." Os ingleses esgotaram totalmente suas munições e graças a isso alguns poucos navios inimigos conseguiram escapar. Não obstante, o próprio Howard mal calculou o alcance de sua vitória. "A armada é maravilhosamente forte — escreveu ele, logo após a batalha — mas, nós a depenamos pouco a pouco."

A desastrada Armada seguiu, então, rumo de norte, fugindo ao combate, com o único objetivo de poder voltar à pátria. Começaram, porém, os horrores da longa jornada no norte da Escócia. Nem uma vez, sequer, voltaram-se contra os navios, pequenos e silenciosos, que os seguiram em seu roteiro. Nenhum dos lados tinha munição suficiente.

Essa volta à pátria da Invencível Armada demonstrou as qualidades dos marinheiros espanhóis. Enfrentando mares bravios e correntezas, escaparam dos seus perseguidores. Os navios ingleses, sem munição e alimento para os tripulantes, que viviam pelos arruinados conveses, a reclamar, foram obrigados a rumar para o sul, em direção aos portos da Mancha. O tempo ajudou os espanhóis. O vento oeste levou dois galeões a naufragarem na costa noruega. Mas, depois a situação mudou, como anotou Medina: "Passamos pelas ilhas ao norte da Escócia, e agora estamos navegando rumo à Espanha, com vento nordeste." Navegando para o sul, eles foram forçados a alcançar a costa oeste da Irlanda, para se reabastecerem de água potável. Já haviam atirado ao mar seus cavalos e mulas. A decisão de aportar na Irlanda foi desastrosa. Seus navios haviam sido avariados pelo canhoneio inglês e agora eram atacados pelo vento de outono. Dezessete embarcações encalharam. A busca de água custou mais de 5.000 vidas aos espanhóis. Apesar de tudo, mais de 65 navios, ou seja, perto da metade da frota que se pusera ao mar, alcançou portos espanhóis, no mês de outubro.

Os ingleses não perderam um navio, sequer, e talvez apenas uns cem homens. Mas, seus capitães estavam desapontados. Havia trinta anos que se acreditavam superiores a seus oponentes. No entanto, haviam acabado de enfrentar uma esquadra muito maior do que podiam imaginar que os espanhóis pusessem ao mar. Os navios ingleses tinham recebido um pobre equipamento. A munição quase se esgotou, num momento crucial. A artilharia dos navios mercantes mostrou-se pobre e a metade da frota inimiga escapou. Assim, ao invés de se jactarem da vitória, assinalaram sua insatisfação.

Para a opinião pública inglesa, porém, a derrota da Invencível Armada foi recebida como um milagre. Havia decênios que a sombra do poderio espanhol pairava sobre o cenário político. Um impulso de religiosa emoção tomou conta de todos. Uma das medalhas cunhadas para comemorar a vitória trazia a inscrição: "Afflavit Deus et dissipantur" (Deus soprou e eles foram para longe).

Isabel e seus marujos sabiam quanto isso era exato. A Armada fora realmente ferida em combate, mas foi o tempo que lhe abateu o moral e a pôs em fuga. Não obstante, o acontecimento foi decisivo. Os marinheiros ingleses podiam muito bem ter triunfado. Embora houvesse falhas no suprimento e nos próprios navios, a nova estratégia de Hawkins trouxera o exito. A nação foi empolgada pelo orgulho e por um sentimento de alívio. Shakespeare escreveu "Rei João", alguns anos depois. Suas palavras foram diretas ao coração do público: "Venham os três cantos do mundo em armas, e nós os enfrentaremos. Nada nos fará lastimar se a Inglaterra se revigora, altaneira."[5]

---

[5] "Come the three corners of the world in arrns, — And we shall shock them. Nought shall make us rue — If England to itself do rest but true".

CAPÍTULO X

GLORIANA

Em 1588 a crise do reino era coisa do passado. A Inglaterra emergira do episódio da Armada como potência de primeira classe. Resistira ao impacto do império mais poderoso que a Europa conhecera, depois do Império Romano. O povo passou a ter consciência de sua grandeza, e nos últimos anos do reinado de Isabel houve um influxo geral de energia e entusiasmo, tendo a Rainha como ponto central. Um ano após a derrota da Armada foram publicados os três primeiros volumes da "Rainha Fada", de Spencer, nos quais Isabel é exaltada como a Rainha Gloriosa. Poetas e cortesãos também prestaram homenagem à soberana, que simbolizava o grande feito. Isabel imortalizara uma geração de ingleses.

O sucesso dos marinheiros oferecia maiores oportunidades para conquistar riquezas e glórias através de arrojadas expedições. Em 1589 Ricardo Hakluyt publicou seu magnífico livro "Principais navegações, tráficos e descobertas da nação inglesa". Em suas páginas, os audaciosos navegantes contam sua própria história. Hakluyt interpreta o espírito progressista de sua época, quando diz que a Inglaterra "ultrapassou todos os povos e países do mundo na procura dos mais longínquos recantos do globo e, para ser franco, em circunavegar a Terra mais de uma vez". Antes de terminar o reinado de Isabel iniciou-se outra importante empresa. Havia muitos anos os ingleses vinham estudando a rota para Leste, através do Cabo da Boa Esperança e por terra, pela imensidão do Oriente Médio. Essas aventuras levaram à fundação da Companhia das Índias Orientais, que começou como um modesto e trabalhoso empreendimento com 72 mil libras apenas, de capital. Tal investimento, todavia, produziria mais tarde gigantescos dividendos. O Império Britânico da Índia, que seria penosamente construído nos três séculos seguintes, deve sua origem ao privilégio de exploração concedido por Isabel, em 1600, a um grupo de financistas e mercadores londrinos.

Os jovens que então ocupavam postos proeminentes na corte da velha Rainha solicitaram da soberana que lhes permitisse tentar sua sorte em inúmeras empresas. Os anos seguintes foram férteis em ataques a forças da Espanha e aliados no mundo todo: expedições a Cadiz, aos Açores, mar das Caraíbas, Países Baixos e, para apoiar os huguenotes, ao litoral norte da França. Foram confusas lutas consecutivas, dirigidas por escassos recursos e sem muitos lances gloriosos. A guerra contra a Espanha, que jamais foi oficialmente declarada, estendeu-se até o primeiro ano de reinado do sucessor de Isabel. A estratégia do governo inglês consistia em atrair o inimigo nos quatro cantos do mundo, e apoiar os elementos protestantes nos Países Baixos e na França, para evitar qualquer concentração de força contra eles próprios. Concomitantemente, a Inglaterra agia de modo a evitar que os espanhóis dominassem portos na costa da Normandia e Bretanha, utilizando-os como bases para outra tentativa de invasão. Como conseqüência desses esforços continuados, embora algo débeis, a lenta vitória dos reformistas na Holanda e dos huguenotes na França produziu seus frutos. O eventual triunfo de Henrique de Navarra, campeão protestante e herdeiro do trono francês, foi devido mais à sua conversão ao Catolicismo do que a vitórias militares. Paris — como se afirma haver ele dito — vale uma missa. Sua decisão pôs um ponto final nas guerras religiosas em França e afastou para a Inglaterra o perigo de um monarca apoiado pela Espanha, em Paris. Os holandeses também começavam a tomar conta de si próprios. A Inglaterra estava, enfim, segura.

Mas, não havia jeito de fazer um ataque decisivo contra a Espanha. O governo inglês não tinha recursos financeiros para um esforço mais prolongado. A receita total da coroa não ia muito além de 300.000 libras anuais, incluindo a parte das taxas lançadas pelo Parlamento. Todas as despesas da corte e do governo tinham de se equilibrar com essa renda. O custo da derrota da Armada é calculado em 160.000 libras, e a força expedicionária para os Países Baixos exigia uma despesa de 126.000 libras por ano. Assim, a chama do entusiasmo logo se apagou. Em 1595 Raleigh aventurou-se novamente, desta feita em busca do Eldorado, na Guiana. Mas sua expedição não trouxe lucros para a pátria. Ao mesmo tempo, Drake e o veterano Hawkins, agora sexagenário, partiram para a última viagem. Hawkins adoeceu e faleceu em seu camarote, quando sua frota ancorava em Porto Rico. Drake, abatido com a morte do seu velho chefe, partiu para atacar a rica cidade do Panamá. Com o que restava de seu antigo vigor, enveredou pela baía de Nome-de-Deus. Mas, a situação agora era muito diferente. A velha época se fora para sempre. O governo espanhol no Novo Mundo estava bem equipado e melhor armado. O ataque foi repelido. A frota inglesa pôs-se ao largo, e em janeiro de 1596 Francisco Drake, envergando a armadura para morrer como soldado, expirou em seu navio. João Stow, cronista inglês da época, escreveu dele. "Foi tão famoso na Europa e na América como Tamburlaine na Ásia e na África."

Como o conflito com a Espanha continuasse indefinidamente, cada país atacando o outro numa fúria crescente, até a exaustão, a era heróica dos combates navais passou. Um momento épico apenas se registrou nos anais das História inglesa: a última batalha do "Revenge", em Flores, nos Açores: "No ano de 1591 — disse Bacon — aconteceu esse memorável ataque por um navio inglês, chamado Revenge, sob o comando de Sir Ricardo Grenville. Foi um feito incrivelmente memorável, como uma fábula heróica. E, apesar de ter sido uma derrota, valeu mais do que uma vitória. Assemelhou-se à façanha de Sansão, que ao morrer provocou mais mortes do que em toda sua existência. Esse navio, por quinze horas seguidas, lutou, na baía, como um veado entre cães. Foi cercado e atacado por quinze grandes navios da Espanha, parte de uma esquadra de cinqüenta e cinco embarcações que, medrosas, ficaram ao largo, observando. Entre os quinze navios atacantes, havia o San Philippo, barco de 1.500 toneladas, nau-capitânia das doze embarcações chamadas "Apóstolos do Mar", e que se alegrou quando se livrou do Revenge. Este bravo navio inglês, tripulado apenas por duzentos soldados e marujos, dos quais oitenta enfermos, não obstante, após uma luta de quinze horas, durante a qual afundou duas naus inimigas, pôs muitas outras fora de combate e matou muitos homens, jamais foi tomado por abordagem, mas apenas por um cerco. Os próprios inimigos demonstraram sua admiração pelo valor do comandante e pela maneira com que o Revenge se portou na tragédia."

Nunca é demais relembrar a bravura desses marinheiros que navegavam em pequenos navios, às vezes de vinte toneladas, pela vastidão do Atlântico norte e sul, subnutridos e mal pagos, em perigosas expedições de escassos recursos financeiros. A morte ameaçava esses homens de muitas formas: por doença, por afogamento, pelas lanças ou canhões dos espanhóis, pela fome e frio, nas praias desertas, ou na melhor das hipóteses, a morte numa prisão espanhola. O almirante da frota inglesa, Lord Howard de Effingham, lançou o epitáfio desses heróis: "Deus, mande-nos de novo para o mar, em tal companhia, quando for preciso."

* * *

A vitória contra a Espanha foi o mais brilhante feito do reinado de Isabel, porém, de maneira alguma, o único. O combate à Armada abafou as dissensões domésticas sobre religião. Circunstâncias que levaram a Inglaterra para o puritanismo, enquanto o perigo católico era iminente, impeliram o país de novo ao anglicanismo, quando a ameaça de invasão se desvaneceu na fumaça da Armada em chamas em Gravelines. Alguns meses mais tarde, em um sermão na propriedade eclesiástica de S. Paulo Ricardo Bancroft, depois Arcebispo de Canterbury, abordou o tema do puritanismo com a firmeza de alguém que estivesse convencido de que a Igreja Anglicana não era uma invenção política, mas uma instituição divina. Usou o único argumento pelo qual a defesa da Igreja podia ser mantida com entusiasmo igual ao dos seus opositores: ela não era a "religião professada por S. M.", mas a Igreja dos Apóstolos ainda subsistindo em virtude da sucessão episcopal. Mas, Bancroft também sabia que, para manter a causa, era necessário um tipo melhor de clero, homens de "sólida cultura", e tal coisa ele se propôs a conseguir. "Se ele ainda vivesse — escreveu Clarendon, um século depois — teria extinguido imediatamente na Inglaterra o incêndio ateado em Genebra." Mas, as brasas estavam apenas encobertas, quando Isabel morreu.

Apesar disso, a Igreja que ele cuidara fortalecer era um organismo completamente diferente da instituição dividida de seus primeiros tempos: era mais digna de confiança; mais culta; muito menos inclinada a tolerar dissidentes ou separatistas; forte em atrair milhares de adeptos a quem sua liturgia se tornara um hábito e que a encaravam como o credo em que tinham sido batizados. Sua crença na Igreja da Inglaterra como instituição sagrada era tão profunda e sincera quanto o apego dos calvinistas ao seu presbitério ou dos Independentes à sua congregação. E, não obstante as futuras dissensões, a Inglaterra estava unida em louvar o serviço de Isabel em benefício do povo e da religião. "Rainha Isabel, de gloriosa memória" — cognominou-a Oliverio Cromwell, acrescentando: "Não precisamos ter vergonha de assim cognominá-la." Aqueles que se lembravam dos anos negros da desgraça e perseguição, que haviam visto o perigo espanhol crescer e depois ser debelado, certamente não deixariam de concordar com o majestoso pronunciamento de Ricardo Hooker, autor da clássica justificação da Igreja Elisabetiana, intitulada "Das leis da política eclesiástica": Assim como o povo de Israel às vezes usa a invocação *"pela espada de Deus e Gedeão"* — escreveu ele — assim, devíamos hoje exclamar e inscrever em todas as igrejas do reino esta frase: *"pela bondade de Deus Todo-Poderoso e sua serva Isabel, nós somos."*

* * *

Nessa época os homens que haviam governado a Inglaterra desde a década de 1550, trocavam o poder e o sucesso pelo túmulo. Leicester morrera em fins de 1588; Walsingham, em 1590 e Burghley, em 1598. Nos quinze anos que se seguiram à derrota da Armada, foram outras as figuras salientes da política. A guerra contra a Espanha valorizara os dotes militares. Jovens ambiciosos, como Walter Raleigh e Roberto Devereux, Conde de Essex, disputavam o privilégio de chefiar empresas contra os espanhóis. A Rainha hesitava, pois sabia que a segurança pela qual se batera a vida toda, era muito frágil. Conhecia o perigo de provocar o poderio da Espanha, apoiada na retaguarda por toda a riqueza das

Índias. A soberana envelhecia e não tinha mais um contato íntimo com a nova geração, e sua rixa com Essex demonstrou de maneira acentuada seu temperamento mutável.

Essex era enteado de Leicester, que o trouxera para os círculos da Corte. Encontrou o governo nas mãos dos Cecils, Guilherme, Lord Burghley e seu filho Roberto. Os favores da Rainha pendiam para o violento, elegante e ambicioso Capitão da Guarda, Sir Walter Raleigh. Essex era mais jovem e mais ativo, de modo que logo substituiu o Capitão na simpatia da Rainha. Ele também era ambicioso e pôs-se a criar seu próprio partido na Corte e no Conselho, suplantando a influência dos Cecils. Encontrou apoio nos irmãos Bacon, Antônio e Francisco, filhos do Lorde Guardião, Nicolau Bacon, que, nos primeiros tempos do reinado fora correligionário e cunhado de Burghley. Havia perigosos inimigos e Essex prestava-se otimamente para encabeçar um movimento visando levar a rainha a praticar uma política mais avançada. Ambos haviam servido na embaixada de Paris, e, como Walsingham, criaram uma admirável polícia secreta. Foi com seu auxílio que Essex se tornou perito em assuntos estrangeiros e mostrou à Rainha que, além de simpatia, possuía habilidade. Em 1593 foi feito Conselheiro Privado. As relações com a Espanha estavam tornando-se novamente tensas. Essex logo encabeçou, no Conselho, a corrente favorável à Guerra, onde, certa vez, o velho Lorde Tesoureiro tirou do bolso um livro de orações e, apontando com o dedo trêmulo seu oponente, leu em voz alta este versículo: "Que os homens hipócritas e sedentos de sangue não vivam a metade dos seus dias." Em 1596 uma expedição foi enviada contra Cadiz sob o comando de Essex e Raleigh. Este foi o líder ostensivo na luta naval pela posse desse porto. A esquadra espanhola foi incendiada e o litoral atacado. Foi uma brilhante operação em conjunto, que permitiu que os ingleses dominassem quinze dias a cidade. A frota voltou triunfante para a Inglaterra, mas, para desgosto de Isabel, pouco enriquecida. Durante a ausência de ambos, Roberto Cecil tornara-se Secretário de Estado.

A vitória em Cadiz aumentou a popularidade de Essex entre os membros mais jovens da Corte e em todo o país. A Rainha recepcionou-o alegremente, mas com um secreto receio. Seria ele a encarnação da mentalidade daquela nova geração, cujos ímpetos atrevidos ela temia? Será que os cidadãos mais jovens não o tomariam como novo líder, ao invés dela? Por algum tempo tudo correu bem. Essex foi feito Diretor Geral da Artilharia e incumbido do comando de uma expedição destinada a interceptar uma nova Armada, que então se arregimentava nos portos, a oeste da Espanha. No verão de 1597, tudo indicava a iminência de uma nova "Campanha da Inglaterra". Os navios ingleses dirigiram-se para sudoeste e rumaram para os Açores. Não havia sinal da grande esquadra cuja passagem deviam barrar, de modo que se utilizaram das ilhas como base, ficando à espera dos navios carregados de tesouros provindos do Novo Mundo. Raleigh também fazia parte da expedição, mas os ingleses não conseguiram tomar nenhum dos portos da ilha. A esquadra espanhola carregada de riquezas os iludiu. A Armada foi para a baía de Biscaia, rumo ao norte, e com o mar livre da patrulha naval. Mais uma vez o vento salvou a Inglaterra fazendo com que os galeões, desgovernados, batidos pela ventania, se dispersassem e afundassem. O resto da desorganizada esquadra voltou a custo para seus portos. O Rei Filipe estava ajoelhado em sua capela, no Escorial, orando pela sorte dos seus navios. Antes que a notícia do seu regresso o alcançasse, foi vítima de um ataque que o tornou paralítico, de modo que a narrativa de sua derrota lhe foi feita no leito de morte.

Essex, de volta à pátria, encontrou uma soberana ainda vigorosa e dominadora. As intrigas e rixas que prejudicaram a expedição aos Açores enraiveceram a Rainha. Declarou que jamais tornaria a mandar a esquadra para fora da Mancha, e desta vez ela cumpriu a palavra. Essex retirou-se da Corte, seguindo-se dias tempestuosos. Ele tinha certeza de que fora mal compreendido e ficou magoado. Logo um grupo de correligionários se reuniu em torno dele, para projetá-lo de novo junto à Rainha.

O agravamento da situação política na Irlanda parecia oferecer-lhe a oportunidade de recuperar, não só a simpatia de Isabel, como seu antigo prestígio. Durante todo esse reinado a Irlanda representara um problema insolúvel. Henrique VIII assumira o título de Rei da Irlanda, mas apenas nominalmente. Apesar da concessão de títulos nobiliárquicos ingleses a chefes irlandeses, na esperança de convertê-los em magnatas no estilo inglês, eles ainda se apegavam aos clãs e ao velho sistema feudal, não tomando conhecimento da autoridade do representante da realeza em Dublin. A contra-Reforma revivia, dando novo impulso à oposição à Inglaterrra protestante. Para a Coroa, em Londres, isso representava uma permanente preocupação de ordem estratégica, pois qualquer potência hostil à Inglaterrra poderia rapidamente tirar vantagem da rebeldia da Irlanda. Vice-reis, comandando pequenos contingentes, tentavam impor, à força, ordem e respeito às leis inglesas, enquanto se procurava enviar para a região colonos de confiança. Tais medidas, porém, não obtinham grande sucesso: nos primeiros trinta anos do reinado de Isabel a Irlanda foi abalada por três grandes rebeliões, e, por volta de 1590, um quarto levante irrompeu, transformando-se numa guerra dispendiosa e desgastadora.

Com apoio da Espanha, Hugo O'Neill, Conde de Tyrone, punha em xeque o domínio inglês sobre a Irlanda. Se Essex fosse nomeado vice-rei e destruísse a rebelião, ele recuperaria seu poder na Inglaterra. A cartada era perigosa. Em abril de 1599, Essex obteve permissão para ir à Irlanda, comandando o maior exército que a Inglaterra já havia mandado para lá. Nada conseguiu, porém, ficando à beira da ruína. Planejou, então, um lance dramático. Desobedecendo às ordens expressas da Rainha, desertou do comando e correu a Londres, sem se fazer anunciar. Roberto Cecil calmamente esperava que seu rival explodisse. Houve cenas de cólera entre Essex e a Rainha, que levaram o conde a ser detido em seu domicílio. Semanas após, juntamente com seus companheiros mais jovens, entre os quais o patrono de Shakespeare, Conde de Southampton, Essex tentou um golpe desesperado: provocaria um levante na cidade, seguindo-se uma concentração junto a Whitehall e o rapto da própria Rainha. Para criar ambiente seria encenada em Southwark uma nova peça de Shakespeare, cujo clímax seria o destronamento de um rei: o drama "Ricardo II".

O plano fracassou, e o fim veio em fevereiro de 1601, com a morte de Essex na Torre de Londres. Entre as testemunhas da execução estava Walter Raleigh, que silenciosamente caminhou através da porta da Torre Branca e subiu a escadaria, atravessando o arsenal, para lá do alto melhor divisar o cadafalso onde mais tarde ele também, último dos elisabetianos, encontraria o mesmo fim. O jovem Conde de Southampton foi poupado.

Isabel compreendia bem a situação. Essex não era simples cortesão que vivia solicitando afeição da Rainha, até lutando para obtê-la. Ele era o líder de uma facção da Corte que ambicionava o poder. Convicto da senectude da Rainha, ansiava por controlar a sucessão e dominar o próximo soberano. Convém lembrar que a Inglaterrra ainda não vivia a época dos partidos políticos, mas do patronato e do "clientage". Não havia distinção fundamental, de princípios, entre Essex e Raleigh, ou os Bacons e Cecil. A meta era usufruto dos postos, do poder, do pretígio político, e se Essex saísse vitorioso teria feito modificações administrativas e políticas em todo o país e quiçá imposto condições à Rainha. Mas, a longa experiência de negócios de Estado era mais útil a Isabel do que a impulsiva ambição de um cortesão que tinha a metade de sua idade. Ela contra-atacou. E, destruindo Essex, salvou a Inglaterra de uma devastadora guerra civil.

Para a causa inglesa na Irlanda o desaparecimento de Essex foi muito benéfico. Sucedeu-lhe Lord Mountjoy, tenaz e enérgico comandante, que logo dominou a rebelião. Quando uma força espanhola, de cerca de 4.000 homens, desembarcou em Kinsale, em 1601, já era tarde. Mountjoy derrotou seus aliados irlandeses e levou os espanhóis à rendição. Até Tyrone afinal se submeteu. A Irlanda fora, finalmente, conquistada pelos exércitos ingleses, embora por algum tempo somente.

* * *

Se Essex desafiou o poder político de Isabel, mais significativo para o futuro foi o desafio ao seu poder constitucional, no Parlamento, em 1601. Durante o reinado o peso e a autoridade do parlamento cresceram. O ponto de litígio passaram a ser, então, os monopólios. Durante algum tempo a Coroa aumentara suas rendas por vários meios, inclusive a concessão de monopólios a cortesãos e outros, a troco de pagamento. Algumas dessas concessões justificavam-se como proteção e estímulo a invenções, mas freqüentemente representavam simples privilégios injustificados, provocando elevação de preços que caíam como pesados fardos sobre os ombros dos cidadãos. Em 1601 as injúrias transformaram-se num debate amplo e organizado na Câmara dos Comuns. Um dos seus membros leu, exaltado, uma enorme lista de patentes concedidas desde a manufatura de ferro até a um processo de secar sardinha. "Não há *negociata* nisso?" — gritou outro parlamentar. O alarido na Câmara provocou um mordaz aparte do secretário Cecil: "Que indignidade é esta, de quando alguém estar discutindo seu ponto de vista ser interrompido aos gritos e alaridos? Isto é próprio mais a uma escola primária do que a um Parlamento." A Rainha, porém, preferia métodos mais sutis. Se os Comuns faziam polêmica em torno de uma proposição sua, a autoridade constitucional do trono estava minada nos alicerces. Passou a agir com rapidez. Alguns monopólios foram imediatamente abolidos, prometendo ela uma investigação sobre todos os demais. Assim, antecipou-se a um desafio direto e, num brilhante discurso dirigido à maioria dos Comuns reunidos em palácio, disse-lhes: "Embora Deus me tenha elevado ao ápice, considero a maior glória de minha coroa o fato de haver reinado com o vosso amor." Essa foi sua última aparição ante membros da Câmara dos Comuns.

Aos poucos, mas implacavelmente, desapareceu a imensa vitalidade demonstrada pela Rainha durante os anos tormentosos do seu reinado. Por muitos dias permaneceu em sua alcova, deitada sobre uma pilha de coxins. A muda agonia prolongou-se por muitas horas. Nos corredores do palácio ecoavam passos agitados. Por fim, Roberto Cecil atreveu-se a falar: "Majestade, para satisfazer o povo, deveis ir para a cama." "Homenzinho — respondeu ela — essa palavra *deveis* não se diz a uma Rainha." O velho Arcebispo de Canterbury, Whitgift, a quem certa vez apelidara de "meu pequeno marido negro", pôs-se a orar, ajoelhando-se a seu lado. Nas primeiras horas da manhã de 24 de março de 1603, a Rainha Isabel expirou.

* * *

Assim terminou a dinastia dos Tudores. Durante mais de cem anos, rodeados de guarda-costas, mantiveram sua soberania, conservaram a paz, derrotaram os assaltos diplomáticos e armadas da Europa e conduziram firmemente o país, através de mudanças que poderiam tê-lo arruinado. O Parlamento tornava-se um organismo sólido, estribado na tácita harmonia da Coroa e das Câmaras dos Lordes e dos Comuns. As tradições do governo monárquico inglês foram restauradas e enriquecidas. Mas, tais realizações e conquistas não eram vitalícias. A monarquia somente poderia governar, se fosse simpática ao povo. A Coroa agora estava para ser passada a uma linha contrária, escocesa, hostil por instinto político à classe que até então administrara a Inglaterra. A política de boa vizinhança com o Parlamento, que os Tudores haviam incrementado, chegou ao fim. Os novos soberanos logo depararam com as forças em ebulição de um país em crescimento, e desse entrechoque nasceram a guerra civil, o interlúdio republicano, a Restauração e a Revolução Colonizadora.

Livro V

A Guerra Civil

CAPÍTULO I

AS COROAS UNIDAS

O Rei Jaime VI, da Escócia, era único filho da Rainha Maria. Desde a juventude fora educado no rígido sistema calvinista, que não era muito do seu agrado. Possuindo pouco dinheiro e rigorosos preceptores, havia muito que cobiçava o trono da Inglaterra, o qual, todavia, lhe parecia inacessível. A disputa entre Essex e Roberto Cecil visando ao poder e o beneplácito da Rainha, poderia a qualquer momento levar Isabel, cujas relações com Jaime se limitavam a uma troca intermitente de cartas, a tomar uma decisão radical, que lhe cortaria a possibilidade de subir ao trono. Agora, porém, parecia que tudo estava arrumado. Cecil era seu aliado e maneiroso assistente nos dias tensos que se seguiram à morte da Rainha. Jaime I foi proclamado rei, sem encontrar oposição, e em abril de 1603 foi calmamente de Holyrood para Londres.

Estranho que era aos problemas de Estado, suas credenciais para governar a Inglaterra ainda eram uma incógnita "Era tão ignorante da Inglaterra e suas leis — disse Trevelyan — que em Newark ordenou que um gatuno apanhado em flagrante fosse enforcado sumariamente, sem julgamento." A execução não foi feita. Jaime detestava as idéias políticas dos seus mentores calvinistas. Tinha opinião formada sobre a realeza e o direito divino dos monarcas. Era um intelectual com pretensões a filósofo, autor de numerosos tratados e ensaios, cujos temas iam da descrição de inventos e tabacos, a abstratas teorias políticas. Com sua mente fechada e propensão a doutrinar, encontrou uma Inglaterra completamente mudada. O hábito de prestar obediência a uma dinastia desaparecera com o último dos Tudores. A Espanha não mais era uma ameaça, e a União das Coroas impedia que os inimigos estrangeiros se unissem na Ilha. A nobreza rural, em quem os Tudores se apoiavam para manter um equilíbrio contra a velha nobreza, e a quem confiaram todo o governo local, começava a perceber sua própria força. A Inglaterra estava segura, livre para cuidar dos seus próprios interesses, e uma classe poderosa agora estava ansiosa para dirigi-la. Por outro lado, o direito de Jaime ao trono não era incontestável. Para fortalecer sua posição, foi necessário invocar a doutrina do Direito Divino, originariamente criada para justificar a existência de soberanias nacionais, contra uma Igreja ou Império universal. Mas, como conciliar um rei pretendendo reinar graças ao Direito Divino, com um Parlamento baseado tão somente na tradição?

Além desses problemas básicos, havia uma grande crise fiscal. A importação de metais preciosos do Novo Mundo fizera subir os preços das coisas e a inflação imperava en toda a Europa. Em conseqüência, de ano para ano as rendas da Coroa se desvalorizavam. Graças a uma política de austeridade, Isabel conseguira evitar a eclosão de um conflito. Mas, era impossível afastá-lo e dominá-lo era um gigantesco problema constitucional. A quem caberia dizer a última palavra em matéria de taxação? Até então toda a gente aceitara a doutrina medieval segundo a qual "o Rei não pode governar seu povo com outras leis, que não as aceitas; portanto, ele não pode impor-lhe nada (isto é, taxas), sem o consentimento do povo". Tal conceito, porém, jamais havia sido analisado ou suas conseqüências de algum modo delineadas. Se essa era a lei fundamental da Inglaterra, provinha da simples tradição ou do espírito indulgente dos antigos soberanos? Constituía um direito inato do cidadão inglês, ou uma concessão revogável? O Rei estava ou não subordinado à Lei? E a quem competia interpretá-la? Durante quase todo o século XVII procurou-se resposta para essas perguntas, sob o ponto de vista histórico, legal, teórico e prático. Juristas, estudiosos, estadistas, militares, todos se juntaram no amplo debate. Livre de uma disputa sucessória, o novo soberano foi recebido de maneira leal e entusiástica. Mas, Jaime e seus súditos logo se desentenderam sobre este e outros assuntos.

Seu primeiro Parlamento imediatamente levantou a questão do "privilégio parlamentar" e da "prerrogativa real". Numa linguagem respeitosa, mas firme, os Comuns lançaram uma proclamação lembrando ao Rei que a liberdade da Câmara incluía: eleições livres, liberdade de palavra e garantia de nenhum deputado ser preso durante as sessões do parlamento. "A prerrogativa dos príncipes — afiançaram — cresce sempre e facilmente, enquanto os privilégios dos súditos permanecem em grande parte estacionários... A voz do povo... nas coisas que lhe dizem respeito, é como a voz de Deus." Jaime, como depois seu filho, enfrentou desdenhosamente essas manifestações de inquietação nacional, considerando-as como insultos pessoais e simples falta de compostura.

Outrora, Jaime conhecera a pobreza; agora, pensava que era rico. Os "pobres escoceses" que foram com ele para o sul, também se enriqueceram. As despesas na Corte cresceram de modo alarmante, e logo Jaime surpreendeu-se com as dificuldades financeiras. Isso significava constantes convocações do Parlamento, o que dava a seus membros a oportunidade de se organizarem, ainda mais que Jaime negligenciava em controlar as sessões parlamentares através dos seus conselheiros privados, como Isabel fizera. Roberto Cecil, agora Conde de Salisbury, não tinha contato direto com os Comuns. O Rei entregava-se ao seu hábito de pregar, e freqüentemente lembrava-lhes do seu Direito Divino de governar e solene dever de atenderem eles às necessidades do soberano.

Havia uma tradição de que o Rei devia "viver por conta própria". As rendas tradicionais das terras da Coroa, impostos, taxas etc. deviam, portanto, ser aplicadas em serviços públicos. Normalmente, o Parlamento votava uma verba pessoal para o monarca, e não esperava ter de lhe destinar mais dinheiro, exceto numa situação de emergência. Para prover suas necessidades, Jaime teve de insistir e reviver as prerrogativas dos reis medievais, de estabelecer taxas, o que logo irritou a Câmara, que não olvidara sua recente vitória sobre Isabel, na questão dos monopólios. Afortunadamente, os juízes estabeleceram uma lei segundo a qual os portos estavam sob a exclusiva jurisdição do Rei, que podia, se quisesse, estabelecer um "registro de impostos", ou seja, impor taxas extras. Isto dava a Jaime um rendimento que, ao contrário das antigas contribuições feudais, aumentava quanto mais crescia a renda nacional e mais se elevavam os preços. Os Comuns contestaram os juízes legisladores e Jaime tornou a situação pior transformando a polêmica numa controvérsia de ordem técnica sobre a Prerrogativa Real. Criou-se um impasse.

Quanto à religião, o Rei tinha também opinião formada. Quando da ascensão ao trono, os puritanos, cuja organização fora rechaçada por Isabel, na década de 1590, dirigiram uma saudação a Jaime I. Esses adversários da Igreja Episcopal do Estado esperavam, agora, que o novo Rei, vindo da Escócia calvinista, reexaminasse o caso deles. Um grupo menos extremado contentar-se-ia com alguma modificação no cerimonial. Mas, Jaime estava arraigado à Igreja da Escócia. Achava que Calvinismo e monarquia se entrechocariam e, se o povo pudesse escolher uma religião, acabaria também escolhendo a política que quisesse. Em 1603 ele convocou uma conferência na Corte de Hampton, entre os líderes puritanos e os que aceitavam o sistema elisabetiano. Logo o rei pôs à mostra seu preconceito: no meio do debate acusou os puritanos de pretenderem "um presbitério escocês que concordava com o monarca tanto quanto Deus com o diabo... Então, toda a gente do povo poderá reunir-se e censurar a bel-prazer, a mim, ao Conselho e todos nossos atos. Alguém erguer-se-á e dirá: "Deve ser assim"; e outra pessoa retrucará: "Não, será deste modo"... Esperai, rogo-vos, uns sete anos para pedir tal coisa de mim. Então, se me transformar num ancião gordo e macilento, talvez vos escute. Deixemos, pois, que o governo se mantenha firme e trabalhemos coesos." Jaime deixou bem claro que não haveria transformações no organismo da Igreja Elisabetiana. Seu lema era: "Se não for Bispo, não serei Rei".

Também os católicos estavam ansiosos e cheios de esperanças. Afinal, a mãe do Rei fora defensora deles. Sua posição era delicada. Se o Papa os autorizasse a prestar sua obediência secular ao Rei, Jaime lhes permitiria praticar sua própria religião. O Papa, porém, não concordaria, pois proibia se obedecesse a um soberano herege. Neste ponto não admitia tolerância. Uma controvérsia sobre a natureza da obediência apaixonava a Europa, e Jaime entrou na polêmica. Os jesuítas, que atacaram Isabel, dominavam em Roma e retrucaram com muitos volumes, condenando seu direito ao trono. O ar parecia carregado de ameaças. Jaime, embora inclinado à tolerância, foi forçado a agir. Os católicos foram multados por se recusarem a comparecer aos Serviços da Igreja Estabelecida e os padres proscritos.

O desapontamento e o desespero levaram um pequeno grupo de nobres católicos a arquitetar o plano infernal de fazer ir pelos ares o rei Jaime e todo o Parlamento, quando estivessem em sessão em Westminster. Era a "conspiração da pólvora" Esperavam que a ela se seguisse um levante dos católicos e que, na confusão, um regime católico pudesse ser restabelecido, com auxílio da Espanha. O conspirador-mor era Roberto Catesby, assistido por Guy Fawkes, veterano das guerras espanholas contra os flamengos. Um dos seus seguidores avisou a um parente, que era deputado católico. A notícia chegou aos ouvidos de Cecil e os porões da Câmara foram revistados. Fawkes foi apanhado em flagrante, o que provocou uma tempestade de emoção na City. Jaime abriu o Parlamento e fez um discurso, emocionado, sobre o honroso fim que teria, se morresse ao lado dos seus fiéis deputados Os Reis, disse ele, estão mais expostos a perigos do que o comum dos mortais; graças à sua sagacidade, salvara a todos da destruição. A Câmara recebeu com incompreensível indiferença essas palavras e, passando à ordem do dia, discutiu a petição de um membro que solicitava licença do Parlamento, por ter sido vítima de um ataque de gota. Os conspiradores foram caçados, torturados e executados. Essa traição, inédita e tão ampla, expôs a comunidade católica a uma perseguição imediata e severa, alimentada por ódio ainda mais persistente e generalizado. O ato em ação de graças pela libertação de 5 de novembro só foi retirado do Livro de Orações em 1854. E o aniversário desse episódio, que ainda é comemorado com fogos de artifício e festivas fogueiras, até há pouco tempo dava margem a ruidosas manifestações contra o Papa.

* * *

Nessa época um esplêndido e duradouro monumento cultural foi erguido pelos povos de língua inglesa. Todas as pretensões dos puritanos haviam sido rejeitadas, mas, ao se aproximar o fim das conferências na corte de Hampton, um teólogo puritano, Dr. João Reynolds, presidente do Colégio Corpus Christi, de Oxford, levado, ao que parece, por um impulso do momento, perguntou se não poderia ser feita uma nova versão da Bíblia. A idéia era simpática ao Rei Até então, clérigos e leigos baseavam-se em numerosas traduções, as de Tyndal, Coverdale, a Bíblia de Genebra, a Bíblia do Bispo do tempo da Rainha Isabel. Seus textos variavam. Algumas eram desfiguradas por notas marginais, comentários capciosos defendendo interpretações sectárias das Escrituras e teorias extremistas de organização eclesiástica. Cada corrente de opinião ou seita usava a versão que melhor servisse aos seus pontos de vista e doutrinas. Ali estava a oportunidade de livrar as Escrituras dos textos tendenciosos — pensava o Rei — e produzir uma versão uniforme na qual todos pudessem confiar. Em poucos meses comissões ou "companhias" foram instaladas, em Oxford, Cambridge e Westminster, compreendendo ao todo cinqüenta estudiosos e teólogos, selecionados para essa tarefa, sem se cogitar de seus pendores eclesiásticos ou teológicos. Instruções foram imediatamente baixadas. A cada comissão foi entregue um trecho do texto, devendo todos os demais comitês apreciar o trabalho em conjunto e depois entregá-lo a um grupo de doze pessoas, para a revisão final. Foram proibidas traduções tendenciosas, notas marginais ou comentários, exceto para confrontos ou para explicar o significado de termos gregos ou hebraicos cuja tradução fosse difícil. Três anos foram gastos em pesquisas preliminares, tendo o trabalho propriamente dito se iniciado somente em 1607, mas concluído com notável rapidez. Apesar de viverem numa época em que os recursos gráficos e postais eram ineficientes, os comitês, embora bem distantes uns dos outros, terminaram a tarefa em 1609. Nove meses foram suficientes para o trabalho da revisão, e, em 1611, a versão autorizada da Bíblia foi editada pela imprensa real.

Alcançou um sucesso imediato e duradouro. Cada volume podia ser comprado por apenas cinco shillings, preço que vigora até hoje, com inflação e tudo. Tal versão ultrapassou todas as outras, não necessitando de qualquer revisão durante quase trezentos anos. Nos superlotados navios de emigrantes que partiam para o Novo Mundo da América, havia pouco espaço para bagagem. Se os aventureiros levavam algum livro consigo, eram a Bíblia, Shakespeare e mais tarde "The Pilgrim's Progress". A Bíblia era geralmente a versão autorizada do Rei Jaime I. Cerca de 90 milhões de volumes completos foram, ao que parece, publicados, somente em língua inglesa. Foi traduzida para mais de 760 idiomas A versão autorizada é ainda hoje a mais popular, na Inglaterra e Estados

Unidos da América do Norte. Essa pode ser considerada a maior realização de Jaime, pois a iniciativa dependeu muito dele. O pedante escocês fez mais do que podia. Os estudiosos que produziram essa obra-prima permanecem, na maior parte no anonimato ou no esquecimento. Todavia, eles ligaram para sempre, nas letras e na religião, os povos de língua inglesa em todo o mundo.

* * *

À medida que o tempo passava, Jaime e seu Parlamento iam-se tornando cada vez menos simpáticos à opinião pública. Os Tudores souberam usar com discrição suas prerrogativas reais, jamais traçando uma filosofia política de ampla envergadura, mas Jaime tinha-se na conta de um mestre-escola de toda a ilha. Teoricamente, justificava-se a monarquia absolutista. Toda a evolução política do século XVI tendia para esse lado. Ademais, o Rei encontrou um brilhante defensor dessa teoria em Francisco Bacon, o ambicioso advogado que chafurdara na política com Essex e se resignara à obediência quando seu patrono caiu. Bacon ocupou uma série de altos postos jurídicos, culminando no de Lorde Chanceler. Ele argumentava que os poderes absolutos do Rei, auxiliado pelos magistrados, se justificava por sua eficiência. Todavia, seu ponto de vista não coadunava com a realidade e era francamente impopular.

Em conseqüência, o conflito estabeleceu-se em torno da natureza da prerrogativa real e dos poderes de um ato do Parlamento. Nessa época ainda não se aceitava o ponto de vista de que um ato do Parlamento é supremo e inalterável, a menos que revogado ou emendado, e que o poder soberano do Estado não pode ser exercido de outra maneira. Os códigos dos Tudores, na realidade, foram os instrumentos de profundas modificações na Igreja e no Estado, e pouca coisa restavam que eles não podiam resolver. Mas, códigos requerem não só a aprovação do Parlamento, como do Rei. Nenhum Parlamento poderia reunir-se sem ser convocado pelo soberano, nem permanecer em reunião após haver sido dissolvido. O Rei só era compelido a convocar a Câmara por necessidades financeiras. Se pudesse conseguir fundos de outra forma, por certo governaria muitos anos sem o Parlamento. Além do mais, o Rei tinha uma indefinida prerrogativa de poder, fruto das exigências do próprio governo: quem devia dizer-lhe o que podia fazer ou não? Se o Rei entendesse, a título de defender o interesse do povo, tomar uma medida sem se ater aos códigos, quem poderia acusá-lo de estar agindo ilegalmente?

A esta altura, os legisladores da Câmara dos Comuns, chefiados pelo chefe de Justiça, Coke, assumiram uma atitude histórica. Coke, um dos mais sábios juristas ingleses, deu uma opinião radical sobre essas controvérsias, declarando que conflitos sobre as prerrogativas reais e os códigos deveriam ser resolvidos não pela Coroa, porém pelos magistrados. Era um pronunciamento de conseqüências imprevisíveis, pois se aos juízes competisse decidir que leis eram válidas ou não, eles se transformariam praticamente nos supremos magistrados da nação. Eles deveriam constituir-se numa Corte Suprema, encarregada de assessorar, sob o ponto de vista legal, tanto os decretos do rei, como os do Parlamento. Não faltava à tese de Coke certo fundamento, com base na velha tradição segundo a qual as leis proclamadas nos tribunais eram superiores às leis expedidas pelo poder central. O próprio Coke relutava em admitir que as leis pudessem ser feitas, ou ao menos mudadas. Elas já existiam e estavam apenas à espera de serem reveladas naturalmente. Se atos do Parlamento chocassem com essas leis naturais, seriam desprovidos de valor. Vemos, assim, que no começo de sua carreira Coke não rezava pela mesma cartilha do Parlamento. Na Inglaterra, seus conceitos favoráveis às leis fundamentais foram rejeitados. Nos EUA aconteceria o inverso.

Jaime tinha um ponto de vista diferente sobre a função dos magistrados: achava que eles tinham o direito de decidir a polêmica entre os dois poderes, mas, se assim agissem, eram obrigados a decidir a favor da Coroa. Sua função, como Bacon a encarava, devia ser a de guardiães do Trono. Como os magistrados eram nomeados pelo Rei, e permaneciam no cargo enquanto S. M. quisesse, deviam obedecer-lhe como qualquer outro servo. A controvérsia agravou-se pela rivalidade pessoal entre Bacon e Coke, que então se viu numa posição insustentável. Nenhum magistrado poderia ser imparcial na questão da prerrogativa real, se estava no cargo a mercê da vontade do Rei. Jaime inicialmente procurou acalmar Coke, promovendo-o do Tribunal das Causas Cíveis ao Tribunal de Justiça Real. Não sendo bem-sucedido, exonerou-o em 1616. Os demais ministros ficaram ao lado do rei.

Cinco anos depois, Coke obteve o apoio dos mais ativos legisladores dos Comuns, dos quais se fez imediatamente o líder. Poucos dos nobres rurais que participavam da Câmara dos Comuns tinham algum conhecimento mais profundo sobre a história do Parlamento, ou eram capazes de arquitetar alguma tese que justificassem os anseios da Casa. Apenas achavam errada a conduta do Rei e suas teorias absurdas. Apesar de tudo, vivia-se numa época de profundo respeito às formas constitucionais e aos precendentes legais. Se os magistrados tivessem permanecido firmes com a Coroa e todo o peso da opinião legalista pendesse para o Rei, a Câmara dos Comuns passaria por uma prova muito mais árdua. Tendo todos os precedentes contra si, eles teriam de romper com o passado e admitir que eram revolucionários. A adesão dos magistrados, porém, livrou-os de serem forçados a uma angustiante decisão. Coke, Selden e outros, inclusive Pym, que estudara leis no "Middle Temple", embora não praticasse a magistratura, constituíam um grupo de líderes competentes, que tomou a iniciativa. Conhecendo a lei, e por vezes algo inescrupuloso na sua interpretação, aos poucos levantaram a tese de que o Parlamento lutava, não por algo novo, mas pelas mais legalistas tradições do povo inglês. Assim foram lançados os alicerces da oposição unida e disciplinada que Pym conduziria contra o Rei Carlos.

Jaime não simpatizava com essas agitações. Era, de certo modo, tolerante; porém, mais sagaz do que o filho, sabia quando lhe convinha a tolerância. Apenas a necessidade financeira o forçava a negociar com o Parlamento. "A Câmara dos Comuns — disse certa vez o embaixador espanhol — é um corpo sem cabeça. Seus membros expõem suas opiniões de maneira desordenada. Nas reuniões só se ouvem gritos, exclamações e tudo é confusão. Surpreende-me que meus antepassados tenham permitido a existência de semelhante instituição. Sou estrangeiro e encontrei-a aqui quando cheguei, de modo que sou obrigado a me acostumar com aquilo de que não posso me livrar."

* * *

A política exterior de Jaime talvez fosse ao encontro aos anseios pela paz, que existia na época, mas freqüentemente colidia com o seu temperamento. Quando ele subiu ao trono, a Inglaterra ainda estava tecnicamente em guerra com a Espanha. Com o apoio de Cecil as hostilidades foram concluídas e as relações diplomáticas restabelecidas. De qualquer modo, essa foi uma medida sábia e prudente. A disputa principal já passara do alto-mar para a Europa. A Casa de Habsburgo, na chefia do Sacro Império Romano, de Viena, ainda dominava o continente. Os territórios do Imperador e do seu primo, rei de Espanha, agora estendiam-se de Portugal à Polônia, e sua força estava apoiada pelo absorvente fervor dos Jesuítas. Os membros da Câmara dos Comuns e o país continuavam veementemente hostis à Espanha e encaravam com ansiedade e espanto a marcha da contra-Reforma. Jaime, porém, estava impassível. Considerava os flamengos como rebeldes contra o Direito Divino dos Reis. O embaixador espanhol, Conde Gondomar, financiava um partido pró-Espanha na nova Corte. Ignorando a experiência dos Tudores, Jaime propôs não só uma aliança com a Espanha, como sugeriu uma noiva espanhola para seu filho.

Sua filha, entretanto, já tomara posição em campo oposto. A Princesa Isabel casara-se com um dos líderes protestantes da Europa, Frederico, Eleitor Palatino do Reno, o qual logo se revoltou violentamente contra o Imperador Ferdinando, dos Habsburgos. A tentativa de estes recuperarem para a Igreja Católica as regiões alemãs, que as leis do Império reconheciam como protestantes, provocou a veemente oposição do príncipe protestante. O centro da tormenta foi a Boêmia, onde uma nobreza checa, arrogante e resoluta, obstruía a política centralizadora de Viena, tanto no setor governamental, como no religioso. No tempo de João Huss, no século XV, eles haviam estabelecido sua própria Igreja, combatendo o Papa e o Imperador. Agora, desafiavam Ferdinando. Em 1618 seus chefes atiraram pela janela do palácio real, em Praga, os emissários do Império. Esse procedimento, mais tarde conhecido pelo nome de "Defenestration", deu origem a uma guerra que castigou a Alemanha durante trinta anos. Os checos ofereceram a Frederico o trono da Boêmia. Este aceitou, tornando-se o líder oficial da revolta protestante.

Embora sua filha fosse agora Rainha da Boêmia, Jaime não mostrava desejo de intervir em seu favor. Estava resolvido a manter-se a todo custo fora do conflito na Europa, e acreditava que poderia servir melhor à causa do genro mantendo boas relações com a Espanha. O Parlamento estava indignado e alarmado. O Rei deixava patente que tais assuntos fugiam da alçada dos parlamentares. Sem nada temer, o soberano firmou-se nessa convicção e manteve a paz. Se agiu com visão e sabedoria não se pode garantir; o certo é que tal atitude foi impopular.

O Eleitor Frederico foi logo expulso da Boêmia e suas terras hereditárias ocupadas por tropas dos Habsburgos. Seu reinado foi tão breve que ele passou à História com o cognome de "Rei do Inverno". A Câmara dos Comuns clamava pela guerra. Subscrições particulares e levas de voluntários apareceram para defender os protestantes. Jaime contentava-se com discussões acadêmicas com o embaixador espanhol, sobre os direitos dos boêmios. Acreditava piamente que uma aliança matrimonial entre as famílias reais da Inglaterra e Espanha garantiria a paz forçosamente. Nenhuma convulsão no continente deveria interferir com esse esquema. Se atuasse como líder protestante nessa grande guerra, por certo ganharia a popularidade dos seus súditos, mas correria o risco de cair nas mãos da Câmara dos Comuns. O Parlamento certamente exigiria algum controle sobre os gastos com o exército e não seria nada generoso nesse particular. As forças puritanas do país levantariam a voz. Além disso, a guerra era sempre aventura perigosa. Jaime, ao que parece, estava convicto de sua missão como pacificador da Europa, e também tinha uma aversão pessoal à luta, oriunda das experiências de sua tumultuosa juventude na Escócia. Por isso, não tomou conhecimento dos apelos pró-intervenção e continuou suas negociações para a aliança matrimonial com a Espanha.

* * *

No meio dessa agitação, Sir Walter Raleigh foi executado, no pátio do Palácio, para agradar ao governo espanhol. Raleigh fora feito prisioneiro nos primeiros tempos do reinado, por conspirar contra Jaime, a favor de sua prima, Arabela Stuart. Essa acusação era provavelmente injusta e o julgamento também. O sonho que Raleigh alimentara em sua longa prisão, de procurar ouro no Rio Orinoco, terminou desastradamente, em 1617. Sua última expedição, para a qual foi especialmente libertado da Torre, foi simplesmente uma afronta aos governadores espanhóis na América do Sul. A antiga condenação à morte foi renovada. Sua execução, a 29 de outubro de 1618, devia marcar o início de uma nova política de apaziguamento e abrir o caminho para boas relações com a Espanha. Tal procedimento vergonhoso abriu um abismo entre o rei Jaime e o povo inglês. Mas, havia outros motivos para esse desentendimento.

Jaime era muito inclinado ao favoritismo e as atenções que dispensava a elegantes rapazes provocaram a perda de respeito para a monarquia. Após o falecimento de seu sóbrio conselheiro, Roberto Cecil, a Corte foi atingida por uma série de odiosos escândalos Um dos seus favoritos, Robeto Carr, feito Conde de Somerset por capricho do Rei, foi envolvido num caso de envenenamento, crime de que sua esposa era sem dúvida culpada. Jaime, que nada negava a Carr, de início não ligou muita importância à onda de comentários causada por esse assassínio, mas acabou convencendo-se da impossibilidade de manter aquele homem num alto posto. Carr foi substituído como favorito do Rei por Jorge Villiers, um jovem de boa aparência, muito vivo e extravagante, que foi logo contemplado com o título de Duque de Buckingham. Esse jovem não tardou a se tornar todo poderoso na Corte, graças à afeição que o Rei lhe dedicava. Gozava, ademais, da profunda e honrosa amizade do Príncipe de Gales, Carlos. Aceitou sem hesitar a política do Rei em prol duma aliança matrimonial com a Espanha e em 1623, empreendeu uma viagem romântica a Madri, juntamente com o Príncipe de Gales, para examinar a noiva. Seu comportamento nada ortodoxo não impressionou a formalística e cerimoniosa Corte de Espanha. Além disso, os espanhóis exigiam concessões para os católicos ingleses, as quais Jaime sabia que o Parlamento não permitiria. Eles recusavam-se a interferir junto ao Imperador em prol da devolução das terras do Parlamento a Frederico. Afinal o bom senso do Rei triunfou. "Não quero — disse ele — casar meu filho às custas das lágrimas de minha filha." As negociações com a Espanha fracassaram.

Ventos contrários atrasaram o regresso do Príncipe de Gales e seu companheiro, já desencantados com tudo que se referia à Espanha. A esquadra inglesa que deveria escoltá-los ficou presa devido ao mau tempo, em Santander. A Inglaterra ficou em dolorosa expectativa. Quando se difundiu a notícia de que o Príncipe chegara são e salvo a Portsmouth, sem haver-se casado com a Infanta, sem ter renegado o credo protestante, uma onda de alegria se espalhou em todo o povo. A Inglaterra desejava firmemente resistir e se necessário combater contra a Espanha e tudo que ela representava. A lembrança da Invencível Armada e da boa Rainha Isabel servia de estímulo a todos, que achavam terrível a chamada "idolatria papista". O "Livro dos mártires", de Foxe, publicado pela primeira vez em 1563, e que ainda era muito lido, mostrava o quanto era glorioso cumprir o dever de rebelião, sem temer o perigo e o sofrimento. Logo as ruas se encheram de carroções transportando lenha para as fogueiras festivas, que em breve refletiam sua luz vermelha contra os céus de Londres em festa.

Mas, o Rei e seu Conselho estavam muito comprometidos e a reação não tardou. O Conselho, profundamente atingido pelo desfecho inesperado, disse ao Rei que Buckingham comprometera o êxito das negociações, com sua impaciência e capricho. Condenaram acerbamente o comportamento de Buckingham, achando que a Corte de Espanha não fora descortês e justificando sua política com relação ao Palatinado. Mas, Buckingham e Carlos já estavam ansiosos por uma guerra. Jaime, de início, hesitou, alegando não passar de um ancião que outrora conhecera um pouco de política. Agora, os dois seres que ele mais amava no mundo o levavam a trilhar um caminho completamente diverso do seu modo de pensar e de seus antigos procedimentos.

Nessa emergência, Buckingham, com notável agilidade, passou, de favorito do Rei, a estadista de prestígio nacional, embora efêmero. Enquanto usava de toda sua habilidade pessoal para convencer o Rei, procurou e obteve o apoio do Parlamento e do povo. Tomou uma série de providências que tornaram patente, de maneira sem precedentes desde o tempo da Casa de Lancaster, os direitos e poderes do Parlamento. Enquanto os Tudores e mesmo Jaime repeliam toda e qualquer interferência do Parlamento em política exterior, o ministro-favorito agora convidava Lordes e membros da Câmara dos Comuns a manifestarem suas opiniões. A resposta de ambos os parlamentares foi imediata e clara: as negociações com a Espanha não podiam continuar, pois isso afetaria a honra do Rei, o interesse dos seus filhos, o bem-estar do povo e os termos das anteriores alianças políticas. Diante disso, Buckingham escondeu que divergia em parte do seu amo e senhor, afirmando pública e claramente que desejava trilhar apenas um caminho, enquanto o Rei achava que podia pôr os pés em duas canoas. Ele não se limitaria a ser um simples bajulador: se não expusesse suas convicções, julgar-se-ia traidor

O Parlamento regozijou-se com esses acontecimentos. Surgiu, então, o problema de como levantar fundos para a guerra que se aproximava. Jaime e o Príncipe Carlos planejavam uma campanha no continente, para reaver o Palatinado. O Parlamento queria uma guerra cem por cento naval com a Espanha, na qual grandes riquezas da Índia pudessem ser conquistadas. Suspeitando das intenções do Rei, os Comuns votaram a metade da verba pedida, e especificaram rigorosas condições para sua aplicação.

Buckingham voltou à carga: conservou seu recém-conquistado prestígio no Parlamento, usando-o para derrotar seu rival, o Lorde Tesoureiro Cranfield, Conde de Middlesex, uma das novas figuras de proa do reino, antigo mercador, que conquistara muitas riquezas e um alto posto. Usando do direito de "impeachment" o Parlamento demitiu-o e prendeu-o, valendo-se da mesma arma utilizada contra Bacon, em 1621, quando foi considerado culpado de corrupção, demitido da Chancelaria, multado e proscrito.

Tal arma jamais foi posta de lado até que muitos acontecimentos, já em ebulição, mas pouco compreendidos por Buckingham e seu dileto amigo Carlos, se firmassem de uma vez por todas.

Buckingham mal esperou o desfecho do caso com a Espanha e foi à França à procura de uma noiva para Carlos. Quando, juntamente com o Príncipe de Gales, passou por Paris, na viagem para Madri, Carlos sentiu-se atraído pelos encantos da filha de Maria de Médicis, Henriqueta Maria, irmã de Luiz XIII, então com 14 anos de idade. Buckingham achava que as negociações seriam recebidas com simpatia pela Corte francesa, em especial pela Rainha Maria. O casamento com uma princesa protestante teria unido à Coroa e o Parlamento. Mas, isso jamais fora a intenção dos círculos governamentais. Uma filha de França parecia-lhes a única substituta para a Infanta. Como poderia a Inglaterra enfrentar sozinha a Espanha? Se não era possível pender para a Espanha, a solução era procurar a França. O velho rei ansiava por ver o filho casado, afirmando que vivia só para ele. Em dezembro de 1624 S. M. ratificou o tratado de casamento. Três meses depois, o primeiro Rei da Grã-Bretanha estava morto.

CAPITULO II

O "Mayflower"

Aluta contra a Espanha de há muito absorvera as energias dos ingleses, e nos últimos anos do reinado de Isabel, poucas expedições novas foram lançadas aos mares. Durante certo tempo se falou no Novo Mundo. Hawkins e Drake, em suas viagens de pioneiros, haviam aberto largas perspectivas para a Inglaterra nas Caraíbas. Frobisher e outros enveredaram pelos recessos árticos do Canadá, à procura de uma passagem noroeste para a Ásia. Mas, as exigências da guerra puseram em segundo plano a ânsia de empreender novas explorações e abrir novos mercados. A idéia, que ainda era novidade, de fundar colônias, também ficou paralisada. Gilbert, Raleigh e Grenville foram seus pioneiros. Seus planos arrojados resultaram em fracasso, mas constituíram um exemplo inspirador. Agora, após um intervalo de tempo, os esforços desses pioneiros eram imitados por novos personagens, menos brilhantes, porém mais práticos e bem-sucedidos. Pouco a pouco, e por motivos vários, foram fundadas, na América do Norte, comunidades de língua inglesa. A reviravolta aconteceu em 1604, quando Jaime I assinou um tratado de paz com a Espanha. A polêmica, que fora estimulada pela obra de Ricardo Hakluyt, "Discurso sobre a colonização do Oeste", reviveu. Um grupo de escritores chefiados por ele passou a apresentar sérios argumentos, que encontraram eco em amplos círculos. Convém lembrar que a Inglaterra, então, atravessava uma crise. Boa parte de sua população estava reduzida à mendicância, motivada pelo desemprego. Ansiava-se por novos horizontes através dos quais pudessem ser restabelecidas as energias do país.

* * *

A violenta elevação dos preços causou muitas dificuldades aos assalariados. Não obstante o padrão geral de vida ter melhorado durante o século XVI, os preços multiplicaram-se seis vezes, ao passo que os salários apenas duplicaram. A indústria era oprimida pela excessiva intervenção do governo. O sistema medieval das corporações de ofício, que ainda era imposto, dificultava muito a admissão e formação de novos aprendizes. A nobreza, forte graças à sua aliança política com a Coroa, possuía a maior parte das terras e dirigia todo o governo local. A política de cercar os campos, que eles adotaram, deixou muitos camponeses ingleses sem terras. Todo o "modus vivendi" parecia ter-se alterado, tornando-se mais rija a estrutura social. Havia muita gente, na Nova Era, prejudicada, sem esperança nem meios de subsistência. As colônias, pensava-se, poderiam ajudar a resolver esses desesperadores problemas.

O governo não estava de todo desinteressado. O comércio com prósperas colônias representaria um aumento nos lucros alfandegários de que a Coroa tanto dependia. Mercadores e os mais ricos proprietários de terras viam, através do Atlântico, novas oportunidades para investimentos lucrativos, e ao mesmo tempo um meio de escapar às aflitivas restrições que pesavam sobre a indústria e ao declínio generalizado do comércio europeu, motivado pelas guerras religiosas. Havia meios de se conseguir capital para empreendimentos no ultramar. As tentativas de Raleigh haviam demonstrado o fracasso do esforço individual, mas um novo método de financiamento de empresas de comércio em larga escala era o sistema de companhias por ações. Em 1606 um grupo de especuladores conseguiu da Coroa a criação da Companhia de Virgínia. É interessante notar como a especulação, no seu melhor sentido, começou desde cedo a influir na vida americana.

Um plano foi cuidadosamente traçado mediante consultas a peritos, como Hakluyt, mas faltava-lhes maior experiência, de modo que subestimaram as dificuldades da empreitada completamente nova que estavam empreendendo. Enfim, convenhamos que poucos têm tido o privilégio de fundar uma nação. O primeiro passo foi, então, dado por algumas centenas de pessoas. Estabeleceu-se um núcleo de população em Jamestown, na baía de Chesapeake, na costa da Virgínia, em maio de 1607. Na primavera seguinte a metade da população havia morrido de malária, frio ou fome. Após uma luta prolongada e heróica, os sobreviventes tornaram-se auto-suficientes, mas os lucros para os promotores da empresa, na Inglaterra, foram muito pequenos. O Capitão João Smith, aventureiro militar veterano das guerras turcas, tornou-se o ditador da colônia, impondo férrea disciplina. O casamento do seu lugar-tenente João Rolfe com Pocahontas, filha de um chefe indígena, causou verdadeira sensação na capital inglesa. Mas, a companhia de Londres tinha pouco controle sobre a situação, e a administração da colônia era feita grosseiramente. O objetivo dos diretores era confuso. Alguns achavam que a colonização reduziria a pobreza e o crime na Inglaterra. Outros visavam ao lucro da pesca na costa norte-americana, ou esperavam que matérias-primas viessem reduzir sua dependência da exportação das colônias espanholas. Todos se enganavam: a prosperidade da Virgínia proveio de uma causa inédita e inesperada. Por acaso, plantou-se tabaco e o solo provou ser benevolente. O tabaco havia sido introduzido na Europa pelos espanhóis e o hábito de fumar se espalhava depressa. A procura do fumo, por isso, era grande e crescente, resultando da colheita das plantações de Virgínia um lucro bastante alto. As pequenas propriedades foram compradas, formaram-se grandes plantações e a colônia começou a prosperar. À medida que se desenvolvia e enriquecia, sua sociedade passava a imitar a Mãe-Pátria, com os ricos plantadores no lugar dos nobres. Não tardaram a desenvolver um modo diferente de pensar e uma atrevida capacidade para se governarem. A distância das autoridades da metrópole auxiliou enormemente seus desígnios.

* * *

Sob o falso brilho da Inglaterra do século XVII, com o favoritismo imperante na corte e a humilhação na Europa, uma força nova e mais viva punha-se em ação. Os bispos elisabetianos haviam posto para fora da Igreja Estabelecida os puritanos de espírito mais nobre e firme. Não obstante houvessem destruído a organização do partido, continuaram a reunir-se clandestinamente pequenos grupos de extremistas religiosos. Não havia perseguição sistemática, porém pequenas restrições e espionagem atrapalhavam seu culto pacífico. Uma congregação de Scrooby, em Nottinghamshire, chefiada por um dos seus pastores, João Robinson, e por Guilherme Brewster, o intendente puritano do feudo do Arcebispo de York, resolveu procurar liberdade de culto no exterior. Em 1607, eles saíram da Inglaterra e se estabeleceram em Leyden, na esperança de encontrar asilo entre os tolerantes e industriosos holandeses. Durante dez anos esses paroquianos puritanos lutaram para obter uma existência condigna. Eram pequenos fazendeiros e trabalhadores da terra, deslocados numa comunidade marítima e industrial, impedidos, em razão da nacionalidade, de participar das corporações de ofício, sem capital e sem treino. O único trabalho que podiam conseguir era o grosseiro trabalho manual. Embora fossem persistentes e perseverantes, um futuro sombrio os aguardava na Holanda. Por outro lado, eram muito orgulhosos de sua origem, para se deixarem absorver pelos holandeses. As autoridades lhe eram simpáticas, mas, na prática, de nenhuma utilidade. Os Puritanos começaram, então, a pensar numa solução para esse impasse.

A emigração para o Novo Mundo representava uma espécie de fuga de uma geração pecadora. Ali eles poderiam obter um ganha-pão não controlado pelas corporações holandesas, e praticar sua crença sem a coerção dos clérigos ingleses. Como registrou um dos puritanos, "o lugar em que eles haviam pensado era um desses vastos e despovoados territórios da América, que são férteis e apropriados para morar, desprovidos de qualquer habitante civilizado, onde apenas existem homens selvagens e embrutecidos, que andam de um lado para outro quase como animais ferozes".

Durante o inverno de 1616-1617, quando a Holanda foi ameaçada por uma nova guerra contra a Espanha, a ansiosa comunidade discutiu acaloradamente o assunto. Diante deles abria-se o risco mortal de uma grande aventura. Aos perigos do desconhecido, da fome, confirmados pelos fracassos anteriores, acrescentavam-se aterradoras histórias de índios que esfolavam pessoas com escamas de peixe e arrancavam pedaços de carne, que assavam sobre o carvão, ante os olhos das vítimas. Mas Guilherme Bradford, que seria governador da nova colônia, apelou para o argumento da maioria. Em sua "História da plantação de Plymouth", ele explicou como encaravam o assunto na ocasião. "Toda ação grandiosa e honrosa faz-se acompanhar de grandes dificuldades, devendo ser empreendida e concluída com incomensurável coragem. Os perigos eram grandes, mas não desesperadores. As dificuldades eram muitas, mas não invencíveis. Embora muitas fossem prováveis, não eram indefectíveis. Quiçá muitas das coisas temidas não acontecessem. Outras, com cuidado e o uso de meios apropriados, poderiam ser evitadas. E todas essas dificuldades, com o auxílio de Deus, coragem e paciência, poderiam ser suportadas ou vencidas. Tais tentativas não eram para ser feitas sem boas e fundamentadas razões; não atrevida e levianamente, como outros haviam procedido, levados pela curiosidade ou sede de lucros. Mas, sua condição não era comum: os objetivos eram bons e dignos; suas aspirações, leais e urgentes. Assim, era lícito que esperassem a bênção de Deus para seu empreendimento. Embora pudessem perder a vida em ação, mesmo assim estavam tranqüilos e seus esforços seriam nobres. Eles viviam ali como homens exilados e em condições de pobreza. E como grandes misérias poderiam alcançá-los nesse lugar, desde que os doze anos de tréguas haviam terminado, e só havia rumores e preparativos de guerra, os acontecimentos do porvir eram sempre incertos. Os espanhóis podiam mostrar-se tão cruéis quanto os selvagens da América; a fome e a peste, tão graves aqui como lá; e sua liberdade, desaparecer por completo."

O primeiro plano dos puritanos era estabelecerem-se na Guiana, mas depois convenceram-se de que seria impossível aventurar-se sozinhos. Deviam obter auxílio da Inglaterra. Resolveram, então, enviar agentes a Londres para entabular negociações com o único órgão interessado em emigração, a Companhia da Virgínia. Um dos membros do seu conselho era um influente parlamentar, Sir Edwin Sandys. Apoiado pelos comerciantes londrinos que sustentavam a Companhia, ele aprovou o projeto. Ali estava o tipo ideal de colonizadores: sóbrios, amantes do trabalho pesado e hábeis agricultores. Apenas, insistiam na liberdade de culto, e isso exigia que os bispos anglicanos fossem convencidos. Sandys e os emissários da Holanda foram, então, ver o Rei. Jaime estava cético, perguntando como aquele pequeno grupo se propunha manter-se num território da Companhia, na América. "Pela pesca" — replicaram. Isso comoveu a Jaime. "Louvado seja Deus!" — exclamou ele, num dos seus mais jubilosos comentários. — "É de fato um comércio honesto. Essa foi a própria profissão dos apóstolos."

Foi dada permissão à comunidade de Leyden para se estabelecer na América, iniciando-se apressadamente os preparativos para o embarque. Trinta e cinco membros da congregação de Leyden partiram da Holanda e juntaram-se a sessenta e seis aventureiros de West Country, em Plymouth. Em setembro de 1620 embarcaram no "Mayflower", um barco de 180 toneladas

Após dois meses e meio de viagem através do gélido oceano, alcançaram as costas do Cabo Cod e assim, por um acaso, aportaram fora da jurisdição da Companhia de Virgínia. Tal fato invalidou a patente que Londres lhes havia fornecido. Antes de lançarem âncoras houve discussão para saber a quem competia manter a disciplina. Os aventureiros que se haviam juntado ao grupo, em Plymouth, não eram propriamente um bando de santos e não tinham intenção de se submeterem ao regime de Leyden. Não havia possibilidade de apelar para a Inglaterra, de maneira que, se não quisessem morrer à fome, deviam entrar de qualquer maneira em acordo.

Quarenta e um dos membros de maior responsabilidade, diante disso, redigiram um pacto solene, que é um dos mais notáveis documentos da História, um acordo espontâneo de organização política. "Em nome de Deus, amém. Nós, abaixo-assinados, súditos leais de nosso respeitável soberano e senhor, Rei Jaime, pela graça de Deus Rei da Grã-Bretanha, França e Irlanda, Defensor da Fé etc. Tendo empreendido, para glória de Deus e progresso da fé cristã e honra de nosso Rei e nossa Pátria, uma viagem para plantar a primeira colônia nas partes ao norte da Virgínia, fazemos por este meio, solene e mutuamente, na presença de Deus e uns dos outros, um acordo e nos agrupamos num organismo político e civil, visando à ordem, à nossa preservação e ao progresso dos fins supraditos; e para isso executar, constituímos e estabelecemos leis eqüitativas, determinações, atos, constituições, mutáveis de tempos a tempos, de acordo com a conveniência e o bem-estar geral da colônia, leis a que prometemos a devida submissão e obediência."

Em dezembro, na costa americana da baía do Cabo Cod, esses homens fundaram a cidade de Plymouth. A mesma luta sem tréguas contra a natureza, que ocorrera na Virgínia, começou aqui. Não havia víveres armazenados. Mas, pelo trabalho e pela fé, eles sobreviveram. Os patronos financeiros em Londres não obtiveram lucros. Em 1627 estes dispersaram-se e a colônia de Plymouth ficou entregue à própria sorte. Foi assim fundada a Nova Inglaterra.

* * *

Nos dez anos seguintes não houve mais emigração planejada para a América. A pequena colônia de Plymouth, porém, mostrava o caminho da liberdade. Em 1629 Carlos I dissolveu o parlamento e teve início o período do chamado governo pessoal. À medida que aumentava o atrito entre a Coroa e os súditos, a oposição à Igreja Anglicana fortalecia-se na zona rural. O absolutismo imperava no continente, e a Inglaterra parecia marchar pelo mesmo caminho. Diante disso, muitas pessoas de espírito independente começaram a considerar a idéia de deixar a pátria, em busca de liberdade e justiça no mundo agreste de além-mar.

Mal a congregação de Scrooby emigrou em bloco para a Holanda, outro grupo puritano, de Dorset, inspirado pelo Rev. João White, resolveu transferir-se para o Novo Mundo. Após um início pouco feliz, esta aventura encontrou apoio em Londres e nos condados de Leste, entre patronos interessados no comércio e na pesca, bem como na emigração. Influentes pares da oposição emprestaram também seu apoio. Inspirada no precedente da Virgínia, foi constituída uma companhia de navegação por fim chamada Companhia da Baía de Massachusetts na Nova Inglaterra. Logo espalhou-se a notícia e não houve falta de colonos. Um grupo avançado fundou o núcleo de Salem, ao norte de Plymouth. Em 1630, o governador da Companhia, João Winthrop, seguiu viagem com mil colonos. Ele era o personagem mais ilustre da empresa. A inquietude desses tempos reflete-se nas suas cartas, que revelam as razões pelas quais sua família o acompanhou. "Estou compenetrado — escreveu ele, sobre a Inglaterra — que Deus fará cair alguma grave aflição sobre esta terra e muito em breve; mas, estejamos confiantes... Se o Senhor entender que isso será bom para nós, Ele nos dará abrigo e um lugar para nos escondermos...

Quando a Igreja precisa fugir para lugares ermos, é sinal de que tempos maus estão chegando." Os lugares ermos que Winthrop escolheu ficavam no rio Charles, lugar pantanoso para onde a capital da colônia foi transferida. Aí, desse modesto núcleo, nasceu a cidade de Boston, que, no século seguinte, se tornaria o coração da resistência ao domínio britânico e por muito tempo seria a capital intelectual da América.

A Companhia da Baía de Massachusetts era, por sua constituição jurídica, uma corporação por ações, organizada exclusivamente para fins comerciais, e a colônia de Salem foi, no seu primeiro ano, controlada por Londres. Mas, por acaso ou não, no contrato não se mencionava onde a Companhia devia realizar suas reuniões. Alguns dos acionistas entenderam que não havia obstáculo em transferir a Companhia, com seus diretores e tudo, para a Nova Inglaterra. Foi convocada uma assembléia geral e tomou-se a momentosa decisão. Dessa corporação por ações nasceu o governo próprio da colônia de Massachusetts. Os puritanos proprietários de terras, que dirigiam a empresa, introduziram um sistema representativo, tal como haviam conhecido nos dias anteriores ao governo pessoal do rei Carlos. João Winthrop orientou a colônia nessa fase inicial e ela logo se expandiu. Entre 1629 e 1640 os colonos cresceram em número, passando de 300 a 14 mil. Os recursos da companhia ofereciam perspectivas favoráveis aos pequenos imigrantes. Na Inglaterra a vida era geralmente dura para os lavradores. Lá no Novo Mundo havia terra para todods os recém-chegados, e liberdade de trabalho, sem as restrições dos regulamentos medievais que oprimiam e amarguravam os camponeses na terra-mãe.

Os chefes e ministros que governavam Massachusetts, entretanto, tinham opiniões muito pessoais sobre liberdade. Era a lei dos devotos. Entendiam a tolerância tão pouco quanto os anglicanos e polêmicas religiosas logo eclodiram. Nem todos eram rígidos calvinistas, e alguns recalcitrantes abandonaram a colônia original, quando tais rixas se tornaram mais contundentes. Fora desse núcleo, terras imensas acenavam com novas oportunidades. Em 1635 e 1636 alguns colonos mudaram-se para o vale do rio Connecticut e fundaram às suas margens a cidade de Hartford. Numerosas levas de imigrantes vindos diretamente da Inglaterra juntaram-se a eles. Disso resultou o núcleo de povoamento do rio Towns, mais tarde transformado na colônia de Connecticut. Aí, a três mil milhas da pátria, esclarecidas regras de governo foram traçadas. Uma "Ordem fundamental" ou constituição foi proclamada, semelhante ao pacto do "Mayflower", feito cerca de quinze anos antes. Um governo popular, integrado por todos os homens livres da colônia, foi estabelecido e manteve modestamente sua posição, até ser formalmente regulamentado após a Restauração da dinastia Stuart.

Os fundadores de Connecticut deixaram Massachusetts para encontrar novas e mais amplas terras para colonizar. Contendas religiosas levaram outros além das fronteiras iniciais da colônia. Um aluno de Cambridge, Rogério Williams, foi forçado pelo Arcebispo Laud a deixar a Universidade. Seguiu, então, o já conhecido caminho para o Novo Mundo e instalou-se em Massachusetts. Os devotos, aí, pareceram-lhe quase tão opressivos quanto a Igreja Anglicana na Inglaterra. Williams indispôs-se com as autoridades e tornou-se o líder dos idealistas e batalhadores que no seu novo lar, exterior, procuravam fugir da perseguição. Os magistrados consideraram-no desordeiro e resolveram mandá-lo de volta à Inglaterra. Avisado em tempo, Williams fugiu para longe. Outros o seguiram, de tempos a tempos, fundando-se assim a cidade de Providence, ao sul de Massachusetts. Outros exilados de Massachusetts, alguns banidos a força, juntaram-se a esse núcleo, em 1636, originando-se daí a colônia de Rhode Island. Rogério Williams foi o primeiro pensador político da América e suas idéias influenciaram não só seus companheiros de colônia, como o partido revolucionário da Inglaterra. De várias maneiras ele antecipou as concepções políticas de João Milton. Foi, ainda, o primeiro a pôr em prática a completa separação da Igreja do governo leigo, e Rhode Island tornou-se o único centro no mundo, desse tempo, onde havia completa tolerância religiosa. Esta nobre causa era apoiada pela destilação e venda de bebida alcoólica, em que se baseava a prosperidade da colônia.

Em 1640 cinco importantes núcleos de povoamento ingleses estavam, portanto, estabelecidos na América do Norte: Virgínia, tecnicamente sob o controle direto da Coroa e administrada, de certo modo apenas nominalmente, por um comitê permanente do Conselho Privado, desde que o contrato da Companhia fora anulado em 1624; o núcleo de origem puritana de Plymouth, que, por falta de capital, não se expandia; a florescente colônia da baía de Massachusetts e seus dois rebentos, Connecticut e Rhode Island.

As quatro últimas eram as colônias da Nova Inglaterra que, apesar das divergências religiosas, eram muito parecidas entre si. Todas eram núcleos litorâneos, unidos pelo comércio, a pesca, a navegação, e logo forçadas a fazerem causa comum contra seus vizinhos, pois os franceses já se afastavam de suas primitivas bases no Canadá, tendo abordado um grupo de aventureiros escoceses que havia estabelecido, por algum tempo, um forte no alto de S. Lourenço. Em 1630 o rio estava inteiramente em poder dos franceses. A outra única via fluvial, o Hudson, era dominada pelos holandeses, que estabeleceram em sua foz, em 1621, a colônia denominada Nova Amsterdã, que mais tarde se tornou Nova Iorque. Transferindo a sede da Companhia para o Novo Mundo os ingleses de Massachusetts romperam relações com o governo da metrópole. A colônia de Plymouth ficou praticamente autônoma depois da debandada dos acionistas, em 1627. Não se cogitava, porém, de exigir a independência da Inglaterra. Isso exporia a colônia a ataques e conquista pelos franceses ou holandeses. Tais perigos, todavia, ainda eram remotos. A Inglaterra, entrementes, estava ocupada com seus próprios problemas. Houve momento, em 1635, em que Carlos I e seu conselho pensaram em enviar uma expedição para garantir sua autoridade na América. Os colonos construíram fortes e pequenas fortalezas e prepararam-se para lutar. Mas, a guerra civil na Inglaterra fez com que tais planos fossem suspensos e as colônias ficaram entregues a si próprias durante quase um quarto de século.

* * *

Duas outras aventuras, ambas essencialmente comerciais, estabeleceram povos de língua inglesa no Novo Mundo. Desde os dias de Isabel tentara-se, muitas vezes, fincar pé nas Índias Ocidentais Espanholas. Em 1623, de volta de uma infrutífera expedição à Guiana, um cavalheiro Suffolk, chamado Tomás Warner, explorou uma das ilhas menos povoadas das Índias Ocidentais. Deixou alguns colonos em S. Cristóvão e zarpou logo para a pátria, a fim de conseguir uma patente real para uma empresa de maior vulto. Obtendo o que desejava, voltou às Caraíbas. Embora muito atacado por espanhóis, conseguiu estabelecer um domínio inglês nesse disputado mar. Por volta de 1640, Barbados, S. Cristóvão,

Nevis, Montserrat e Antígua estavam em mãos dos ingleses e vários milhares de colonos seguiram para lá. O açúcar garantia-lhes a prosperidade, ficando abalado o domínio espanhol nas Índias Ocidentais. Nos anos seguintes houve muita competição e luta, mas, durante um longo período, essas colônias nas ilhas foram comercialmente muito mais valiosas para a Inglaterra do que as colônias da Norte América.

Outro núcleo de colonização, deste período, foi estabelecido sob o patrocínio da monarquia. Teoricamente, toda terra colonizada por ingleses pertencia ao Rei. Ele tinha o direito de outorgar essas áreas a seu bel-prazer, a companhias devidamente organizadas ou a indivíduos. Assim como Isabel e Jaime outorgaram monopólios industriais e comerciais a cortesãos, assim Carlos I procurou regular a colonização. Em 1632, João Calvert, Lord Baltimore, um cortesão católico romano que havia muito se interessava por colonização, solicitou uma patente para estabelecer núcleos nas proximidades de Virgínia. Foi outorgada a seu filho, depois de sua morte. Os termos da patente lembravam as condições sob as quais a posse das terras de Virgínia já era regulada. Conferia completo direito de posse sobre a nova área e tentava transportar o sistema feudal para o Novo Mundo. O governo da colônia era controlado pela família Baltimore, que tinha o supremo poder de nomear e legislar. Cortesãos e mercadores aderiram à aventura e a nova colônia doi denominada Maryland, em homenagem à esposa do Rei, Rainha Henriqueta Maria. Apesar de o proprietário ser católico romano, seu governo foi recebido com simpatia, porque Baltimore obtivera sua patente apenas proclamando a religião da Igreja Estabelecida como credo oficial do novo núcleo. A natureza aristocrática do regime foi bastante modificada na prática e os poderes da administração local, em mãos de Baltimore, cresceram às custas dos seus direitos teóricos.

Nessas primeiras décadas da grande emigração, mais de oitenta mil ingleses cruzaram o Atlântico. Nunca, desde os dias das invasões germânicas da Bretanha, havia-se visto semelhante movimento de deslocação de massa. Saxônicos e Vikings haviam colonizado a Inglaterra. Agora, mil anos depois, seus descendentes tomavam posse da América. Correntes emigratórias diversas confluíram para o Novo Mundo e contribuíram para formar o aspecto cosmopolita dos futuros Estados Unidos. Mas, a corrente britânica foi a primeira e a mais importante.

Desde os primeiros tempos seus líderes não simpatizavam com o governo metropolitano. A criação de cidades e núcleos em lugares ermos, lutas com os indígenas e a imensidão inédita da paisagem alargaram o hiato com o Velho Mundo. Durante os anos críticos da colonização e consolidação da Nova Inglaterra, a mãe-pátria estava paralisada pela guerra civil. Quando o Estado inglês readquiriu estabilidade, viu diante de si comunidades auto-suficientes e confiantes em suas próprias forças, que já possuíam tradições e idéias próprias.

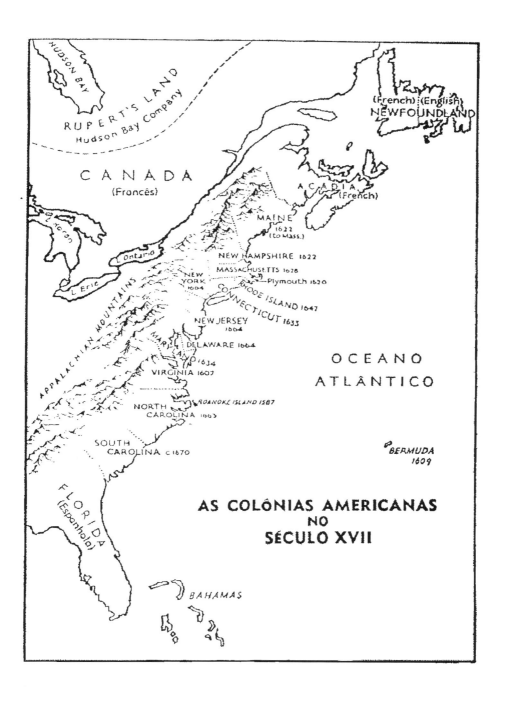

AS COLÔNIAS AMERICANAS NO SÉCULO XVII

CAPÍTULO III

CARLOS I E BUCKINGHAM

Das muitas descrições de Carlos I no começo do seu reinado, nenhuma é mais atraente do que o camafeu que devemos aos profundos estudos do historiador alemão, Ranke. Ele estava, diz este, "no apogeu da vida: apenas completara 25 anos. Tinha boa aparência quando montado a cavalo; era perito em exercícios de cavaleiro; tinha boa pontaria com a funda, bem como a pistola, e sabia até mesmo como carregar um canhão. Era pouco menos fervoroso do que seu pai, no amor à caça. Não podia competir com ele em inteligência e cultura, nem com seu finado irmão Henrique, em vivacidade, energia e disposição... Em qualidades morais, era superior a ambos. Era um desses jovens que a gente diz não terem defeito. Sua típica timidez, à moda de uma donzela, revelava um espírito sério e temperado que se espalhava em seu olhar calmo. Tinha um pendor natural para apreender mesmo as questões mais complicadas, era um bom escritor. Desde a juventude revelara-se econômico; nem pródigo, nem avarento; preciso em todos os assuntos".[6] Todavia, sofrera de paralisia infantil e falava gaguejando.

---
[6] Ranke, "História da Inglaterra" (1875), vol. I, pág. 537.

Uma grande crise política e religiosa assolava a Inglaterra. Já no tempo do Rei Jaime o Parlamento começara a tomar a dianteira, não somente em coletar taxas, mas, aos poucos, em conduzir os assuntos de Estado, em especial a política exterior. É interessante notar quanto era vasto o interesse demonstrado pela elite inglesa na Europa, cujos pensamentos e gestos eram seguidos pela grande massa. Acontecimentos ocorridos em Praga ou Ratisbon pareciam tão importantes aos ingleses quanto aquilo que acontecia em York ou Bristol. As fronteiras da Boêmia, a situação do Palatinado, interessavam tanto quanto assuntos domésticos. Essa visão tão ampla do cenário político não era devida, como no tempo dos Plantagenetas, à pretensão dinástica de domínio continental. Os ventos furiosos das contendas religiosas levavam para bem longe o pensamento dos homens. O povo inglês sentia que sua sobrevivência e salvação estavam para sempre ligados à vitória da crença reformista, e por isso observavam atentamente todo episódio que marcava seu avanço ou recuo. Um desejo intenso de a Inglaterra liderar e lear a bom termo a causa protestante, onde ela surgisse, empolgava o Parlamento muito mais do que os assuntos da política doméstica. Lord Acton afirma que "o progresso do mundo rumo ao governo de si mesmo teria sido paralisado, não fosse a força proporcionada por motivos religiosos, no século XVII".

A polêmica secular era, em si mesma, não obstante, de enorme importância. A autoridade dos Tudores fora recebida como um alívio, depois da anarquia do período da Guerra das Duas Rosas, e agora deixara de satisfazer as necessidades ou o estado de espírito de uma sociedade em contínuo crescimento. Evocavam-se os tempos primitivos. Grandes juristas, como Coke e Selden, voltavam as vistas aos direitos que eles achavam que o Parlamento possuía, sob o reinado da dinastia Lancastriana. Indo mais além, falavam com orgulho da obra de Simon de Montfort, da Magna Carta e até de direitos mais antigos, das priscas eras da monarquia anglo-saxônica. Desses estudos tiraram a convicção de que eram os herdeiros de toda uma estrutura da lei básica, inerente aos costumes da Ilha, e que agora vinha a calhar e era muito útil para a solução dos seus problemas imediatos. O passado, em sua opinião, representava quase uma Constituição escrita, de que a Coroa estava ameaçando afastar-se. Mas, a Coroa também auscultava o passado, encontrando muitos precedentes de caráter diverso, especialmente nos últimos cem anos, do mais amplo exercício da Prerrogativa Real. Tanto o Rei, como o Parlamento, tinham um código doutrinário sobre o qual repousavam com sincera convicção. Isso conferiu certa grandeza e comoção à luta que estava para vir.

Uma sociedade, mais complexa do que aquela da Inglaterra dos Tudores, estava nascendo. O comércio, tanto externo como interno, expandia-se. A mineração do carvão e outras indústrias desenvolviam-se rapidamente. Interesses mais amplos se formavam. Na vanguarda erguia-se Londres, campeã toda gloriosa da liberdade e do progresso — Londres, com seus milhares de saudáveis e liberais artesãos, poderosas companhias e ricos mentores da City. Fora de Londres muitos dos proprietários de terras, que forneciam numerosos membros ao Parlamento, ligavam-se intimamente à nova indústria e ao novo comércio. Nesses anos, os Comuns não procuravam tanto legislar, mas arrancar da Coroa reconhecimentos tácitos da velha tradição, antes que fosse tarde demais, a fim de evitar que a força econômica nascente caísse sob o domínio autocrático.

Os homens à frente desse esforçado e, para nosso ponto de vista atual, inestimável movimento, eram figuras notáveis. Coke ensinara ao último Parlamento de Jaime I os argumentos nos quais podiam confiar e os métodos pelos quais eles podiam prevalecer. Seu conhecimento da Lei Pública era insuperável. Ele deslindara um nó de argumentos e dava muito trabalho aos adversários. Dois cavalheiros rurais estavam com ele: um, do Oeste, Sir João Eliot, de Cornwall; outro, Tomás Wentworth, um escudeiro de Yorkshire. Ambos possuíam as mais elevadas qualidades de tenacidade e caráter. Durante certo tempo trabalharam juntos; depois, foram rivais; por certo período, chegaram a se tornar inimigos. Por caminhos opostos ambos foram às raias dos sacrifícios. Atrás deles, não menos corajosos, estavam líderes da elite puritana, Denzil Holles, Artur Hazebrigg, João Pym. A este coube ir mais além e levar a causa ainda mais longe. Ele era um homem de Somerset, advogado, fortemente contrário à Alta Igreja, e interessado em aventuras coloniais. Era o tipo do homem que compreendia qualquer jogada política e a faria ele próprio, sem qualquer escrúpulo.

* * *

O Parlamento de Jaime, e agora o de Carlos, era favorável à guerra e à intervenção na Europa. Procuraram usar o poder financeiro, de que eram senhores, para induzir o Rei e seus ministros a trilharem esses perigosos caminhos. Entre outras coisas, sabiam muito bem que os azares da guerra forçariam a Coroa a aproximar-se deles. Anteviam o crescimento de sua força, graças a essa política, que também ia de encontro à sua crença. O pacifismo de Jaime I, muitas vezes ignominioso, de modo geral, livrou de cair nessa armadilha. Mas o Rei Carlos e Buckingham eram homens entusiastas, no seu ardor da juventude. O Rei recebera como afronta a maneira pela qual a oferta de seu pai, e dele próprio, para um acordo com a Espanha, através de um matrimônio, fora desprezada em Madri. Por isso era favorável à guerra contra a Espanha. Desejava, mesmo, convocar o Parlamento sem expedir ordens escritas para a eleição conseqüente à mudança da Coroa. Sua Majestade imediatamente levou avante seu casamento com a princesa Henriqueta Maria. A chegada desta a Dover, acompanhada de uma multidão de papistas franceses e sacerdotes, foi o primeiro choque sério que abalou a popularidade do Rei Carlos. O novo Parlamento ofereceu apoio material para a guerra contra a Espanha. Mas seu propósito de rever toda a questão da taxação indireta ficou patente quando resolveu que os impostos alfandegários por tonelagem exportada ou importada, única renda do soberano, mesmo em tempos de paz, deviam ser votados anualmente, e não para valerem durante toda a vida do Rei. Tal restrição, sem precedentes, golpeou seriamente o Rei Carlos, porém não o impediu de ir à guerra. Assim, logo no princípio de seu reinado, foi colocado numa posição de excepcional dependência do Parlamento, embora ressentindo-se das suas crescentes reivindicações.

A guerra contra a Espanha foi desastrosa. Buckingham chefiou uma expedição a Cadiz, numa tentativa de emular os efeitos dos tempos da Rainha Isabel, mas nada conseguiu. Ao regressar, o Parlamento resolveu substituir o ministro brilhante, eloqüente, mas incompetente. "Nós protestamos! — disseram os Comuns ao Rei — Enquanto essa ilustre pessoa não for impedida de interferir nos graves negócios de Estado, todo dinheiro que dermos ou de que pudermos dispor será por ele desbaratado e contribuirá para prejudicar o nosso reino." Buckingham sofre "impeachment" e para salvar seu amigo o Rei apressou-se em dissolver o Parlamento.

Surgiu, então, uma nova complicação. Carlos alimentara a esperança de concluir uma aliança com a França, contra os Habsburgos, dominadores da Espanha e do Império. Mas, a França não mostrou desejo de lutar pela recuperação do Palatinado, para beneficiar a Inglaterra. Surgiram também polêmicas em torno do cumprimento do tratado matrimonial entre Carlos e a Rainha Henriqueta Maria, e o desentendimento aumentou por causa dos huguenotes. O novo e poderoso ministro francês, Cardeal Richelieu, estava decidido a refrear a independência dos huguenotes em França, e particularmente em subjugar seu reduto marítimo em La Rochelle. Os ingleses naturalmente simpatizavam com esses protestantes franceses, que haviam auxiliado no tempo de Henrique de Navarra, e por isso os dois países foram à guerra. Em 1627 uma força considerável foi enviada, sob o comando de Buckingham, para socorrer La Rochelle. Os soldados desembarcaram no litoral da ilha de Ré, fracassaram no ataque à cidadela e retiraram-se em desordem. Assim, os esforços militares de Buckingham foram mais uma vez marcados pelo fracasso e pelo desperdício. O alojamento de soldados em milhares de casas dos camponeses trouxe, ao país, novas preocupações, agravadas pelas arbitrárias decisões da lei marcial, que era usada para resolver as disputas entre soldados e civis.

O Rei estava atormentado pela atroz necessidade de obter dinheiro para a guerra e o perigo de que o Parlamento tentasse de novo o "impeachment" contra seu amigo. Desesperado e sendo responsável pela guerra, recorreu a métodos dúbios para levantar dinheiro. Exigiu um empréstimo compulsório. E quando muitas pessoas importantes se recusaram a pagar, ele as pôs na prisão. Cinco desses prisioneiros, conhecidos como "Os cinco cavaleiros", protestaram contra semelhante procedimento. Mas, o tribunal de justiça do Rei determinava que o "habeas corpus" não podia ser aplicado contra pessoas presas "por ordem especial do Rei". Da agitação que isso provocou teve origem a famosa Petição de Direito.

Os empréstimos compulsórios não eram suficientes para prover o Tesouro, por isso o Rei concordou em apelar para o Parlamento, não sem antes obter o compromisso de que não seria aplicado o "impeachment" contra Buckingham. O país estava, então, em efervescência. A eleição fizera retornar ao Parlamento homens dispostos a resistir à extorsão. O Parlamento, que se reuniu em março de

1628, representava a vontade dos líderes naturais da nação. Era seu desejo sustentar a guerra, mas não daria dinheiro a um Rei e a um ministro em quem não confiavam. A nobreza e a alta sociedade, tanto os Comuns, como os Lordes, estavam resolvidos a defender a propriedade e conseqüentemente a causa da Liberdade. O Rei recorreu à ameaça de uma ação despótica. Ele devia ter "meios para segurança de todos e salvar os amigos da ruína iminente... Todo cidadão deve, agora, agir de acordo com sua consciência... Se vós (o que Deus proíbe) não desejardes cumprir vosso dever em contribuir com o de que este Estado no momento necessita... eu precisarei usar de outros meios que Deus pôs em minhas mãos para salvar o que a estultícia de outrem pode, de outro modo, pôr em perigo. Não se tomem estas palavras como uma ameaça, pois desdenho ameaçar quem quer que seja, a não ser meus iguais... mas, como uma advertência".

Não se suponha daí que apenas um lado cometia erros. O Parlamento, que aprovara as guerras, estava fazendo uma política injusta com o Rei, forçando-o a trair vergonhosamente os huguenotes, a não ser que se desfizesse da prerrogativa que durante tanto tempo seus predecessores haviam desfrutado. A tática do Parlamento era astuciosa, não obstante justificada por suas convicções e pelos fatos. Ofereciam, os parlamentares, nada menos de cinco subsídios, somando 300.000 libras esterlinas, para serem pagos dentro de doze meses. Isso era o suficiente para levar avante a guerra. Antes de concretizar isso numa lei, no entanto, eles trataram de obter compensações.

As quatro resoluções seguintes foram aprovadas unanimemente: nenhum homem livre poderia ser coagido ou aprisionado, a não ser que algum motivo legal fosse apresentado; a ordem de "habeas corpus" deveria ser extensiva a toda pessoa, coagida ou aprisionada, mesmo que o tivesse sido por ordem do Rei ou do Conselho Privado; se não houvesse motivo legal para a prisão, a vítima deveria ser posta em liberdade, se preciso sob fiança; era um direito líquido e certo de todo homem livre a posse integral e absoluta de seus bens e propriedades; nenhuma taxa, empréstimo ou contribuição poderia ser imposta pelo Rei ou seus ministros, sem o pleno consentimento do Parlamento, por ato especial.

Instigados por Coke os Comuns passaram, então, a votar a Petição de Direito, cujo objetivo era cortar a prerrogativa do Rei. A Petição condenava os empréstimos compulsórios, prisões sem julgamento, lei marcial e obrigação de alojar soldados. Esses e outros procedimentos do Rei foram condenados "como sendo contrários aos direitos e liberdades dos súditos, bem como às leis e estatutos da nação". A não ser que o aceitasse a Petição, o Rei não obteria os subsídios, e teria de enfrentar como pudesse as guerras a que o Parlamento o incitara. Carlos, recorrendo a manobras, secretamente consultou os juízes, que lhe asseguraram que mesmo que consentisse com essas liberdades, sua Prerrogativa, no fundo, não seria atingida. O soberano não estava muito convencido disso. E quando sua primeira resposta evasiva foi dada na Câmara dos Lordes, houve protesto, não somente da parte dos Comuns, como da grande maioria da assembléia. O Rei, então, agarrou-se à opinião dos juízes e concordou plenamente *"que droict soit fait comme il est désiré"*, embora fazendo reserva mental. "Agora — disse o soberano — já desempenhei meu papel. Se este Parlamento não tiver um fim feliz a culpa é vossa. Estou livre dela." Diante disso, o júbilo foi geral. Os Comuns votaram todos os subsídios, acreditando que uma barganha definitiva fora feita.

Aqui alcançamos, entre tanta confusão, o fundamento principal da Liberdade na Inglaterra. O direito de o governo executivo prender um cidadão, da classe alta ou baixa, em virtude de razões de Estado, foi negado. E esse princípio, obtido em penosas disputas, constitui o privilégio de todo o homem que se preza, em qualquer tempo ou país do mundo. A prática do julgamento por um júri comum, somente nos casos de ofensas caracterizadas pela lei, se mantida, estabelece a diferença entre a servidão e a liberdade. Mas, o Rei achou que isso iria embaraçá-lo, e sem dúvida é plausível o caso, em tempos de emergência, em que indivíduos perigosos precisam ser detidos. As expressões "prisão preventiva" e "morto ao tentar escapar" ainda não haviam ocorrido à mente das autoridades. Devemo-las à clarividência de uma época posterior...

Nos bastidores do Parlamento um medo terrível imperava. Em toda parte, na Europa, viam-se monarquias tornando-se cada vez mais autocráticas. Os Estados Gerais, reunidos em Paris em 1614, ainda não haviam sido convocados, o que na realidade só se verificaria por ocasião dos choques de 1789. O aparecimento de exércitos permanentes, compostos de homens instruídos no manejo de armas de fogo e apoiados por peças de artilharia, privara tanto nobres, como cidadãos comuns, de seus direitos de livre resistência. Apesar dos tempos rudes dos séculos passados, "legislar e subjugar" era um recurso extremo a que poucos reis se atreviam a recorrer. Mas, agora, também o Parlamento via-se sem forças.

* * *

Ambos os lados avançaram em suas trilhas. O Rei, tendo obtido o dinheiro, confiava indevidamente nas garantias que os juízes lhe haviam dado, de que sua Prerrogativa estava intacta. Os Comuns prosseguiram com queixas mais amplas contra o alastramento do Papismo e do Armenianismo — as formas da doutrina da Alta Igreja mais diretamente opostas ao Calvinismo; bem como contra a errada orientação da guerra e os prejuízos causados ao comércio por causa da fraqueza naval nos mares do Estreito. Renovaram os ataques a Buckingham, perguntando ao Rei se ele cuidava de sua segurança ou da segurança do reino, mantendo em tão alto cargo e junto de sua sagrada pessoa o autor de tantas calamidades. Mas, agora, o Rei e Buckingham esperavam que uma segunda e bem-sucedida expedição socorresse os huguenotes em La Rochelle. Carlos dissolveu as câmaras. Antes que precisasse delas novamente, ele e seu protegido ministro lhes apresentariam um feito militar ou diplomático de que todos pudessem rejubilar-se. Era muito melhor socorrer protestantes no exterior do que perseguir católicos no país. Um rei que libertasse La Rochelle poderia certamente arrogar-se o direito de exercer indulgência até mesmo sobre os Papistas em sua própria pátria. Tal atitude não era desprezível. Mas, o destino agiu de maneira diferente.

O próprio Buckingham sabia o ódio de que era alvo, e, certamente, pondo-se à frente de uma nova expedição a La Rochelle, esperava recuperar para si algum apoio na opinião pública, o que ao menos teria o mérito de dividir seus perseguidores. Mas, justamente quando estava mais entusiasmado, desde que estava em vias de embarcar para Portsmouth, como comandante em chefe de um formidável exército, com novas armas destinadas a quebrar o ardor que Richelieu levantara na baía sitiada, ele foi mortalmente esfaqueado por um fanático tenente da Marinha.

O assassino, João Felton, parece ter sido estranhamente predestinado para esse fim. Tinha um ressentimento íntimo por haver sido olvidado nas promoções. O favoritismo com que oficiais que jamais haviam lutado eram distinguidos, amargurava-o. Todavia, os documentos que deixou provam que ele estava empolgado por idéias mais avançadas. Os protestos feitos pelo Parlamento ao Rei, contra os métodos corruptos e a vida desregrada de Buckingham, repercutiram em seu espírito. Achava que o bem-estar do povo era a lei suprema, e que "o próprio Deus criara essa lei, segundo a qual o que for benéfico ou lucrativo para a Comunidade deve ser considerado legal". Após o atentado, João Felton perdeu-se na multidão, mas quando ouviu alguém acusar "o vilão que matara o nobre Duque", ele apresentou-se e disse: "Nenhum vilão fez isso; foi um homem honrado. Eu sou esse homem." Era um indivíduo franzino, de cabelos ruivos e faces morenas e melancólicas. Exclamou à multidão que o apupava: "No íntimo, vocês rejubilam-se com o meu gesto!" Em alguns navios a tripulação ovacionou seu nome. Por fim, no melancólico aproximar do julgamento, convenceu-se de que agira mal. Aceitou o ponto de vista de que "o bem comum não pode de modo algum ser pretexto para uma violência pessoal". Pediu fosse-lhe permitido afirmar isto antes de sua execução.

A morte de Buckingham foi um sério percalço para o jovem Rei. Ele jamais perdoou a Eliot, a cujos discursos atribuiu o gesto de Felton. Concomitantemente, o Rei aliviou bastante suas dificuldades públicas, pois grande parte da fúria parlamentar desapareceu com o "favorito", e além do mais isso trouxe, pela primeira vez, a harmonia em sua vida conjugal. Até então, ele vivera moral e mentalmente dominado por "Steenie", amigo adorado de sua adolescência e juventude, a quem fizera seu maior confidente. Durante três anos vivera completamente afastado da Rainha. Chegou-se, mesmo a dizer que o casamento jamais fora consumado, e que ele a forçara a dispensar todos os seus servidores franceses. A morte de Buckingham foi o nascimento do amor do Rei por sua esposa. O que o futuro lhes reservava era quase só tormenta, mas, a partir daí, eles a enfrentaram unidos.

* * *

Não obstante os Comuns haverem autorizado os cinco subsídios, eles tinham em reserva outros tributos alfandegários. Quando se passou o primeiro ano dessa votação, todos os adeptos do Parlamento no país se enfureceram, ao saberem que o Rei continuava a coletar a taxa através dos seus funcionários, tal como o costume de muitos reinados. Os que se recusavam a pagar eram presos ou tinham seus bens confiscados. Nisso tudo se revelava o desprezo do Rei pela Petição de Direito e sua intenção de escapar ao consentimento que lhe dera. Quando foram impressas cópias dessa Petição, acrescentou-se às mesmas a primeira resposta evasiva do soberano, e não os termos com que ele aceitou plenamente o documento, na forma definitiva. A expedição a La Rochelle, que partira sob comando de outra pessoa, fracassou. O Cardeal Richelieu foi bem-sucedido em manter o cerco dos navios ingleses, o que forçou os huguenotes, em desespero, a renderem a cidade ao Rei da França. Esse colapso abalou e traumatizou a Inglaterra toda.

Assim, quando o Parlamento se reuniu novamente no começo de 1629, o panorama político externo e interno só apresentava motivos para tristeza. Não obstante, foi sobre questões religiosas que o ataque começou. Os Comuns mostraram-se de ânimo agressivo, empenhando-se apaixonadamente em longos debates sobre a indulgência e a frouxidão com que se agia contra os Papistas. Isso provocou a formação de um grande bloco majoritário. E os fanáticos, que, apesar de intolerantes, desejavam ardentemente purificar aquilo que eles julgavam uma Igreja corrupta, uniram-se aos patriotas que estavam lançando os fundamentos da liberdade na Inglaterra. Assim como o muçulmano, defendendo seu solo pátrio, fortifica-se com o Alcorão; o rinoceronte confia em seu chifre ou o tigre em suas garras, assim esses parlamentares acossados encontraram, nos preconceitos religiosos da Inglaterra, um elo de união e por fim um motivo de guerra.

Numa resolução muito compreensível, os Comuns declararam que quem quer que colaborasse com o Papismo ou o Armenianismo, coletasse ou ajudasse a coletar direitos alfandegários ou comissões sobre eles, antes que fossem estabelecidos por lei, ou, então, os pagasse, seria considerado inimigo público. As censuras que outrora eram atiradas à pessoa de Buckingham, transferiram-se agora para o Lorde Tesoureiro, Ricardo Weston, que foi denunciado como Papista, senão mesmo Jesuíta, envolvido em impor taxas ilegalmente. Tudo isso foi reunido numa única Representação. O presidente da Câmara, que era simpático ao Rei, anunciou a 2 de março que o soberano suspendera as sessões até o dia 10, frustrando, assim, o andamento da Representação. Uma onda de cólera envolveu a assembléia. Quando o presidente se ergueu para deixar a sala, foi agarrado e atirado de volta à sua cadeira, por dois resolutos e musculosos parlamentares, Holles e Valentine. As portas foram fechadas contra o porteiro da Câmara e a Representação, recitada de cor por Holles, foi declarada aprovada por aclamação.

As portas se reabriram e os parlamentares saíram em tumulto. Passou-se muito tempo até que voltassem a se reunir. Ficara patenteado que o Rei e os Comuns não podiam mais trabalhar juntos, de maneira alguma. Na semana seguinte o Parlamento foi dissolvido e o período do governo pessoal do Rei teve início.

CAPÍTULO IV

O GOVERNO PESSOAL

O Governo pessoal do Rei não foi estabelecido secretamente ou por etapas. Carlos proclamou abertamente sua intenção. "Temos demonstrado — disse ele — em nossos freqüentes encontros com o povo, nosso amor ao Parlamento; mas os últimos e abusivos acontecimentos levaram-nos a pensar de modo diferente. Consideramos presunçosa a pretensão de quem quer que seja procurar vincular-nos ao Parlamento, cuja convocação, continuidade e dissolução é sempre prerrogativa nossa. Pensamos em voltar ao parlamentarismo quando o nosso povo enxergar melhor nossos interesses e compreender nossos atos, e quando esses que provocaram esta interrupção tenham recebido seu merecido castigo."

Essa política exigia outras medidas de longo alcance. Primeiramente, era preciso estabelecer a paz com a França e Espanha. Sem o apoio parlamentar, Carlos não tinha força suficiente para guerrear no exterior. E a paz não era difícil de ser obtida. Na realidade, os governos franceses e espanhol mostraram seu desdém para os esforços ingleses, quando voluntariamente repatriaram os prisioneiros que haviam feito em La Rochelle e nos Países Baixos. A segunda condição era obter a simpatia de pelo menos alguns líderes parlamentares. Neste particular era preciso muita ponderação. Nesse tempo, havia poucos homens que não procuravam os favores da Coroa. Uns assim agiam por subserviência, outros por oposição. Eliot era tido como irreconciliável, mas Sir Henrique Savile, Tomás Digges e Wentworth eram considerados aquisições possíveis e úteis. Digges mostrara-se disposto a enfrentar a prisão por amor ao Parlamento, mas seu ardor derreteu-se depressa sob o sol da Coroa. Wentworth, porém, era de todos o que mais valia a pena conquistar. Nos debates a respeito da Petição de Direito, ele tomara uma posição distinta por certas restrições. Sob a feroz eloqüência do parlamentarista notava-se certo desejo velado de não excluir o outro lado da argumentação. Sua habilidade era tão notável quanto suas ambições. Sua força oculta poderia destruir ou consolidar o sistema que o Rei desejava estabelecer.

Por isso, o soberano voltou-se para Wentworth. Com efeito, mesmo antes da morte de Buckingham, este campeão do Parlamento havia feito várias tentativas de aproximação, todas muito dignas e discretas. O apoio de Wentworth tornara-se, agora, essencial ao governo pessoal. Ele, por sua vez, desejava ardentemente aderir. Reconhecia sua própria capacidade de julgar; era um administrador nato. Desejava somente uma posição para poder agir. Em dezembro de 1628 tornou-se Lorde Presidente do Conselho do Norte e membro do Conselho Privado. A partir desse momento não só abandonou todas as idéias de que fora o mais credenciado expoente, como também todos os amigos que haviam lutado a seu lado. Recebeu as bênçãos do poder e do favor real, enquanto Eliot, seu rival, mas por muito tempo seu companheiro, foi condenado por ofensa ao governo de Sua Majestade e definhou, até a morte, na Torre. O espírito prático de Wentworth levou-o a uma posição completamente contrária de tudo aquilo que antes defendera. Explicações cuidadosamente elaboradas foram apresentadas para suavizar a violência dessa transformação. Somos levados a encará-lo como o único homem que teria sido capaz de unir o Parlamento e a Monarquia. Devemos ter em conta que, nesse tempo, o favor real e o dever para com o povo eram coisas diferentes. Como Rankes observa, em palavras justas, embora cruéis: "Os estadistas da Inglaterra sempre se distinguiram daqueles de outros países pelo fato de combinarem sua atividade no Conselho e no Gabinete, com a atividade parlamentar, sem a qual não se podem firmar na outra esfera... Mas, não se tinha, ainda, uma consciência clara do fato, infinitamente importante para o desenvolvimento moral e político de homens notáveis, de que a atividade de um ministro deve harmonizar-se com a sua atividade como membro do Parlamento. No caso de Wentworth, em especial, é evidente que ele se opôs ao governo da época, que o manteve fora, tão somente para se fazer necessário a esse mesmo governo. Sua inclinação natural era, como ele certa vez confessou, viver não sob a carranca, mas sob o sorriso do seu soberano. Mal acabara de pronunciar as últimas palavras de oposição ao governo, quando, a convite do mesmo, aderiu ao poder, não obstante nenhuma modificação ter sido feita na política." Essa a razão pela qual Wentworth passou a ser mais odiado do que outros ministros, mesmo os incompetentes. Foi tachado de "Satã da apostasia", "Arcanjo caído", "Traidor subornado da causa do Parlamento"... Seus antigos amigos não justificavam sua deserção, nem diante de suas realizações administrativas, habilidade nos negócios, eloqüência e magnitude de personalidade. E eles tiveram onze anos para pensar nisso tudo

* * *

Savile e Digges já haviam aceitado cargos. E um par de eminentes juristas, cujas opiniões eram contrárias à Coroa, também fora persuadido a mudar de partido. Wentworth, portanto, foi recrutado pelo Rei. As figuras menores do movimento parlamentar, ou sofreram tratamento abusivo nas mãos do Rei, ou foram obrigadas a vegetar na obscuridade, como Holles, Hazelrigg e Pym.

A terceira e menos sentimental condição do governo pessoal era imperativa: dinheiro. Como consegui-lo? Primeiramente, uma política de extrema frugalidade devia ser praticada pelo executivo: nada de guerras, aventuras de qualquer espécie ou agitações Toda a ação do Estado devia ser reduzida ao mínimo. A tranqüilidade devia reinar de qualquer maneira. Essas eram as regras inevitáveis do novo sistema do Rei Carlos. Olhando para o passado, o observador moderno pode discernir nesse regime arbitrário, pelo menos alguns daqueles resultados que Bright e Cobden almejaram no século XIX. O executivo estava sumamente enfraquecido. Todo empreendimento no exterior tinha de ser, portanto, evitado. A Coroa tinha de remediar-se com o que pudesse obter das velhas taxas. Havia, mesmo, nos tempos vitorianos, um dito popular: "uma taxa antiga não é taxa" A riqueza ganha pelo esforço nacional frutificou nos bolsos do povo. A paz reinava no país. Nenhuma questão importante devia ser levantada. O Rei, com sua corte elegante e nobre, cujos personagens foram retratados com perfeição pelo lápis de Van Dyck, de maneiras e moral que eram um exemplo para todos, reinava em pequena escala. Ele era déposta, mas déspota desarmado. Não havia um exército permanente para impor seus decretos. Havia mais tolerância religiosa no círculo real do que em qualquer outra parte. Ele acreditava, sinceramente, que estava governando de acordo com muitos costumes tradicionais da realeza, o que os juízes veementemente asseveravam e o povo não podia negar. É um erro apresentar esse período de governo pessoal como uma época de tirania, sob qualquer aspecto. No futuro, sob o jugo dos generais de divisão de Cromwell, toda a Inglaterra sentiria saudade desse período de relativa tranqüilidade e sossego. Mas, a humanidade nunca se contentou apenas com tranqüilidade. Sua natureza a impele a situações que, para seu bem ou para seu mal, são diferentes daquelas que lhes permitem uma pausa para desfrutá-las.

A prerrogativa da Coroa oferecia perspectivas vastas e imprecisas de aumento das taxas. O Rei, apoiado pelos seus juízes, valeu-se de todos os expedientes, procurando tirar deles o melhor proveito. Não só continuou a cobrar direitos alfandegários e comissões de exportações e importação, a que todos já estavam habituados, como também aumentou ou alterou os tributos sobre certos artigos. Deu poderes a agentes para confirmar, por certo preço, títulos defeituosos de propriedade de terras e cometer fraudes na sua venda. Obteve grandes lucros exercendo os direitos reais de tutela sobre propriedades de menores. Multou todas as pessoas que não haviam obedecido à convocação para receber título nobiliárquico quando de sua coroação. Tal comparecimento sempre fora encarado como mera formalidade; a ausência deles abrira, agora, uma nova fonte de renda. O Rei organizou sistematicamente os monopólios esporádicos aos quais a Rainha Isabel e seu pai, para ressentimento do Parlamento, não davam importância. Brechas existentes na lei contra os monopólios permitiram a Carlos fazer novas e mais lucrativas concessões, muitas delas a corporações de que participavam cortesãos e proprietários de terras. Isso era, na prática, um sistema de taxação indireta explorada por cobradores altamente interessados. Grandes somas de dinheiro eram pagas para cada concessão, e uma generosa comissão anual era paga sobre cada negócio. As partes beneficiadas eram todas favoráveis ao governo pessoal, enquanto as muitas pessoas que nada lucravam formavam na oposição. O crescimento urbano de Londres era espantoso, abrangendo, com os subúrbios, um quarto de milhão de habitantes. A peste escondia-se em suas congestionadas habitações, e a opinião pública apoiava as rigorosas medidas contra novas edificações. Entretanto, muita gente construía casas, e Londres e outras cidades cresciam. Os agentes do Rei, então, surgiram com esta dura alternativa: demolição ou multa. Em alguns casos, o cidadão pobre e mal alojado preferia pôr a casa abaixo; a maioria pagava a multa.

Entrementes, Wentworth, agora vice-rei da Irlanda, por uma combinação de tato e autoridade, reduziu esse reino a uma submissão, sem precedentes, à Coroa britânica. Ele acalmou as rixas internas; estabeleceu ordem e prosperidade; e, numa medida indubitavelmente apoiada por todos, criou um exército irlandês e uma substancial subvenção da Irlanda para a manutenção da Coroa de Carlos. A reputação de Wentworth perante a História deve-se à sua administração da Irlanda. No fim de sete anos, ele estava à frente de um país que disciplinara e explorara, mas que, sem qualquer aparente violência ou derramamento de sangue, trazia docilmente nas mãos.

Usando de todos esses meios, num regime austero, o Rei Carlos conseguiu governar sem o Parlamento. As forças oposicionistas permaneciam afastadas. Seus ideais continuavam a agitar-lhes a mente, mas não tinham meios para projetá-los e expressá-los. As dificuldades de locomoção, os perigos de se reunirem em qualquer lugar, a vida agradável e tranqüila da pacífica Inglaterra, impediam seus movimentos. Muitas pessoas que, se houvesse oportunidade, lutariam com veemência, contentavam-se em viver sua vida de rotina. A terra era boa: havia a primavera, o verão, o outono e seus encantos. No inverno havia o "Yule-log",[7] e outros divertimentos. A agricultura e a caça à raposa serviam como derivativos para acalmar os nervos. As colheitas agora eram abundantes e a elevação dos preços quase cessara. Não mais havia o problema da

---

[7] N. do T. - Um cepo de madeira que antigamente era posto na lareira, na noite de Natal, como base para o fogo.

classe trabalhadora. A Lei dos Pobres era administrada com excepcional humanidade. A nobreza ordinária podia não participar do governo nacional, porém, ainda era dona de suas propriedades. Em audiências trimestrais dos juízes de paz, eles governavam os condados e, desde que não violassem a lei e pagassem suas taxas, embora resmungando, eram deixados em paz. Os partidários do Parlamento precisariam esforçar-se muito para, em tais circunstâncias, despertar nessa gente sentimentos patrióticos com relação ao Estado. Os descontentes procuravam encontrar algo que inflamasse as forças inertes da nação.

Os juristas e conselheiros de Carlos passaram, a certa altura, a dar atenção a uma anormalidade que crescera com o correr dos anos. De acordo com leis inglesas de tempos imemoriais, talvez de Alfredo, o Grande, todo o país devia contribuir para a manutenção da Esquadra. Entretanto, durante muito tempo apenas os condados do litoral cumpriram essa lei. Todavia, não era a Marinha a garantia da paz e da liberdade que reinavam em toda a Bretanha? Por que não deviam todos pagar, desde que o benefício era geral? Nada mais justo que os súditos de um país situado numa ilha, sem exceção de nenhum condado, contribuíssem de maneira igual para sustentar a Marinha. Se o assunto fosse proposto de maneira adequada a um Parlamento leal, seria aprovado unanimemente, pelos seus próprios méritos, afora a tradição. Mas, o abuso de não taxar os condados do interior tornara-se praxe não rompida pela Rainha Isabel, nem mesmo no tempo da Invencível Armada. O Rei arquitetou o projeto. Em agosto de 1635 instituiu o "imposto para construção de navios", extensivo a todo o país.

Imediatamente um cavalheiro do condado de Buckingham, ex-membro do Parlamento, adversário violento da Coroa, pôs-se à frente de numerosas outras pessoas que se recusavam a pagar. O imposto que eles deviam não ia além de 20 "shillings". Mas, por amor ao princípio segundo o qual mesmo a mais razoável das taxas somente poderia ser instituída com aprovação do Parlamento, ele enfrentou o embargo e a prisão, que eram as penas destinadas aos recalcitrantes. A recusa de João Hampden foi considerada, por ambas as facções, como um teste. Os parlamentaristas, que não tinham outro meio de expressão, viam nisso um caso para o qual todos os olhos estavam voltados, e poderia sacudir o povo da apatia em que se achava mergulhado. Eles queriam que o povo sentisse a tirania na própria pele. A Coroa, por outro lado, sentia-se encorajada pela lógica do seu argumento. Assim, o caso Hampden tornou-se, de repente, famoso e entrou na História. Um obelisco em Princes Risborough conserva gravada até hoje sua arrojada asserção de que os condados do interior nada têm a ver com a Marinha Real, a menos que o Parlamento resolva o contrário. A Coroa prevaleceu. Os juízes justificaram sua decisão. Nem sequer se notou o fato de a lei ter sido torcida. Mas, a resistência alargou-se. Noventa por cento do imposto foram coletados em 1637, mas apenas vinte por cento, dois anos depois. Por toda a parte pessoas de posse despertavam de sua vida cômoda e começavam a usar de novo a linguagem da Petição de Direito.

Somente isso, todavia, não teria sido suficiente para sublevar o país. Os partidários do Parlamento sabiam que, apegando-se a questões de ordem constitucional, tão-somente, não conseguiriam vencer. Por isso, continuaram a fomentar a agitação religiosa como o meio mais certo para despertar a Inglaterra de sua apatia. Foi quando emergiu a figura do homem que foi, dentre todos, o autêntico gênio do mal do Rei Carlos: Guilherme Laud, Arcebispo de Canterbury. Era anglicano convicto, feroz adversário tanto de Roma como de Genebra, e líder do movimento anticalvinista. Tinha, porém, um pendor para a política, tendo sido um dos confidentes de Buckingham e até considerado autor da maioria dos seus mais famosos discursos. Saltou, com agilidade, de uma carreira acadêmica em Oxford para a política nacional e o Conselho do Rei, numa época em que os assuntos religiosos predominavam. O regulamento elisabetiano era dependente do Estado. Por si mesma a Igreja não tinha força para conter a corrente. Diante disso, um pacto informal foi estabelecido entre os setores secular e espiritual do governo, pelo qual o Estado garantia as propriedades da Igreja e esta pregava o dever da obediência e a teoria do Direito Divino dos Reis.

Não foi o Arcebispo Laud, absolutamente, quem iniciou esse pacto, mas procurou vivamente fortalecê-lo. Entre as inovações introduzidas figuravam a retirada das grades do altar e uma nova ênfase ao cerimonial e à dignidade do clero. O hiato entre o clero e a congregação alargou-se e o papel da autoridade aumentou visivelmente. Assim, as idéias religiosas do Rei marchavam juntamente com sua política e os ressentimentos se multiplicavam. Laud encontrou, então, nova fonte de renda para a

Coroa. Pelas leis elisabetianas todos eram obrigados a ir à igreja: o pensamento era livre, mas deviam praticar o culto publicamente, quisessem ou não. Tal prática entrara em completo desuso. Alguns não se incomodavam de ir à igreja; outros, tinham verdadeiro horror de fazer tal coisa. Agora, em toda a Inglaterra, homens e mulheres viam-se às voltas com a justiça, por não irem ao culto, sendo multados em um "shilling" cada vez que faltavam. Esse era um fato que o cidadão comum, homem ou mulher, entendia perfeitamente. Não era uma questão para ser discutida por advogados e juízes na Corte do Tesouro Nacional, mas, ao contrário, algo novo e que o preocupava diretamente. Os puritanos, já magoados, viam nisso uma perseguição, comentando sobre os incêndios de Smithfield, a que o desenrolar dos acontecimentos certamente levaria. A agitação parlamentar que vinha sendo conduzida durante todos esses anos, com tanta dificuldade, ganhou novo e poderoso impulso, numa época em que os percalços do Rei eram enormes.

O processo perante os tribunais discricionários do Rei, de Prynne e outros escritores puritanos, submetidos a terríveis torturas físicas, foram manchas isoladas num regime suave e virtuoso, comparado com o de outros países no passado recente ou no futuro imediato.[8] Convenhamos, no entanto, que se a Inglaterra pudesse, teria explodido em revolta. Foi na Escócia, terra dos Stuarts e onde Carlos nascera, que se acendeu a tocha que iniciou a vasta conflagração. Laud estava descontente com as condições espirituais imperantes no Norte do reino e convenceu o Rei a fazer alguma coisa para melhorá-las. Os escoceses deviam adotar o Livro Inglês de Oração e integrar-se completamente na nova comunidade inglesa.

Além de desejar a uniformidade no cerimonial religioso em toda a Ilha, o Rei Carlos tinha aspirações de ordem prática e leiga. Seu pai havia restaurado bispados na Escócia com o objetivo de disciplinar os irrequietos ministros presbiterianos. Jaime também habilmente apoiara os nobres escoceses em sua resistência às pretensões da Igreja Escocesa. Com as ascensão de Carlos, os nobres foram, por um Ato, alienados da posse de todas as terras da Igreja que haviam adquirido desde a Reforma. Ademais, ele estava resolvido a reformar o sistema de coletar dízimos,

---

[8] N. do A. - Escrito em 1938. W. S. C.

que praticamente caíra em suas mãos. O ataque aos pequenos proprietários de terras devia ser reduzido e aumentados os estipêndios do clero

Os planos de Carlos para fortalecer o episcopado na Escócia levaram, assim, os nobres escoceses à oposição. Os bispos, por sua vez, na qualidade de agentes do distante Rei, passaram a ser alvo de crescente antipatia por parte dos seus próprios clérigos, bem como dos proprietários de terras. A fim de fortalecer o poderio dos bispos escoceses, uma nova interpretação da Lei Canônica foi feita, encarecendo a posição da Coroa. Além disso, um novo Livro de Orações para a Liturgia foi redigido em Londres, destinado a regular as formas do culto público na Escócia. Tais livros foram promulgados no ano de 1636. Ao que parece, ninguém anteviu as conseqüências de tal gesto.

Carlos e seus conselheiros não tinham em mente pôr em dúvida a doutrina, muito menos aproximar-se de algum modo do Papismo. O que eles desejavam era afirmar os pontos de vista da Alta Igreja Protestante. Definiam com renovada energia a Supremacia Real e prescreviam um ritual de certo modo mais complicado, especialmente no sacramento da Ceia do Senhor. Dessa maneira enfrentaram ao mesmo tempo os interesses dos poderosos proprietários, as convicções religiosas de todas as classes e o espírito independente da nação escocesa. O ressentimento foi geral e logo deu margem a violentíssima oposição. O povo escocês acreditava, como lhe haviam ensinado seus antigos líderes nacionais, que somente se inclinariam para o catolicismo romano se forçados pela autoridade do Rei. Cada princípio, cada palavra do novo Livro de Orações estavam impregnados de profunda suspeição. Não era o Rei casado com uma dama papista, que praticava a idolatria em sua capela particular? Não eram os papistas tolerados em toda a Inglaterra, de maneira cada vez mais perigosa para o credo protestante? Não haveria um intuito de aplainar o caminho para Roma?

Quando, em julho de 1637, os dignatários da Igreja Escocesa e do Estado se reuniram na Igreja de St. Giles, em Edinburgo, para a primeira leitura solene do novo Livro de Orações, tornou-se evidente que a cidade estava cheia de ministros religiosos e ilustres homens leigos da Escócia. Quando o Deão tentou ler as novas instruções, uma explosão de fúria e insulto caiu sobre ele. Uma mulher da ralé chegou a atirar seu escabelo ao "lobo com pele de carneiro", que então se desmascarava diante deles. A cerimônia transformou-se em tumulto. Uma onda de fúria varreu a velha capital, diante do que as autoridades episcopais e reais tremeram. Edinburgo desafiara a Coroa e não havia força que lhe resistisse. O Rei Carlos ficou alarmado com as notícias. Procurou reconquistar seus súditos escoceses, reafirmando em termos enérgicos seu ódio ao Papismo, prontificando-se a corrigir o novo Livro de Orações Mas, tudo foi em vão: apenas a introdução do livro ofensivo poderia ser aproveitada. Os menores detalhes passaram a ser objeto de discussão, forçando o Rei a contínuas concessões e provocando cada vez mais ira em toda a Escócia. Mais uma vez testemunhamos que um longo período de restrição da liberdade de palavra e intercâmbio legal é o prelúdio de uma violenta convulsão. Os escoceses, astutamente aconselhados pelos seus juristas, consubstanciaram sua resistência numa Petição, uma Grande Súplica, sob cuja pressão o novo Livro de Orações foi anulado. Mas, já era tarde demais. Soprava uma tempestade que impulsionava os homens para a frente. Ao Rei ainda se professava respeito e lealdade; a guerra era contra os Bispos. Por fim, toda a política original do Rei foi abandonada, desde que servira apenas para provocar um constrangimento, que crescia de intensidade. Durante todo o ano de 1637 Carlos aparentemente só fez concessões e apresentou desculpas, embora ao mesmo tempo estivesse meditando na possibilidade de usar a força. Entrementes, a nação escocesa unia-se, desafiando as condições existentes tanto na igreja, como no Estado.

No início de 1638 a Petição foi abandonada em troca da assinatura de um Convênio. Havia pouca coisa nova neste documento. Limitava-se, quase, a repetir a confissão de fé com que todos concordavam há cinqüenta anos, no reinado de Jaime VI. Nesse tempo, entre as agruras religiosas na Europa, surgira o desejo de protestar contra o poder e os atos errados de Roma. Mas, o Convênio tornara-se, agora, o esteio solene da unidade nacional. Todos seus signatários comprometiam-se a "aderir e defender a supracitada e verdadeira religião e refrear a prática de quaisquer inovações no tocante ao culto de Deus, até que elas sejam discutidas e autorizadas em assembléias livres e nos parlamentos". O que fosse feito contra o mais fraco deles, afetaria a todos. A 28 de fevereiro de 1638 o Convênio foi lido na Igreja de Blackfriars, em Edinburgo. Ao Conde de Sutherland, que foi o primeiro a assinar, seguiu-se uma longa lista de notáveis que se julgavam baluartes do que se considerava uma "agitação demoníaca" da multidão. Muitos que assinaram o documento usaram o sangue como tinta, e cópias foram levadas a vilas e cidades, para conseguir mais adesões. Isso representava a resolução inabalável de todo um povo, que preferia morrer a se submeter ao Papismo. Nada disso fora provocado ou sequer imaginado pelo Rei, mas a tempestade foi por ele involuntariamente precipitada.

Ele enfrentou-a com novas concessões. O Marquês de Hamilton, experiente estadista escocês, que estava destinado a ir para o cadafalso logo após o Rei, foi enviado ao Norte como um agente leigo, com o supremo objetivo de fazer novos aliados. Hamilton, na realidade, apenas lutava para conseguir dar uma aparência de dignidade à temporária retirada do Rei. Era o mesmo que tentar deter um redemoinho. Concordou-se em convocar uma assembléia geral. O Comitê dos Signatários do Convênio, sediado em Edinburgo, propôs-se a organizar as eleições de maneira inédita. A Assembléia que se reuniu na Catedral de St. Mungo, em Glasgow, acabou dominada pelas convicções religiosas do reino do Norte, apoiada por um formidável elemento leigo que, rodeado de simpatizantes de todas as classes sociais, se sentou no meio da igreja, armado de espada e punhal.

* * *

Antes de Carlos mandar Hamilton para a Escócia, tiveram uma importante conferência. O Rei afirmou que se a reconciliação falhasse Hamilton devia reunir tropas e abafar a rebelião. "Mas — replicou Hamilton — e se não houver tropas suficientes na região, para esse fim?" "Nesse caso — respondeu o Rei — irá ajuda da Inglaterra, que eu comandarei pessoalmente, pois prefiro arriscar minha vida a sofrer vendo a suprema autoridade ser desprezada.". Essa ocasião apareceu nesse momento. O soberano defrontou-se com uma assembléia hostil e organizada, reunida para acertar divergências religiosas, mas que passou a ser orientada por leigos mais experientes, cujos objetivos eram francamente políticos e cujas exigências eram prática e vitalmente a abolição do Episcopado. Sua Majestade ordenou a dissolução da assembléia. Esta declarou-se resolvida a continuar em sessão permanente, tomando tal atitude com pleno conhecimento de causa. A recusa da Assembléia Geral da Escócia, em novembro de 1638, de se deixar dissolver sob imposição do agente do Rei, tem sido comparada à Assembléia Nacional Francesa de 1789, quando, pela primeira vez, resistiu à vontade real. Os fatos e circunstâncias, sem dúvida, foram diferentes. Mas, ambos os eventos, provocados por rebeldes, tiveram o mesmo desfecho, ou seja, a solene decapitação do Rei.

Hamilton, o pacificador frustrado, voltou para Whitehall, recriminando-se pelo conselho que dera ao Rei. Declarou-se, então, favorável a medidas drásticas. O assunto foi longamente debatido no Conselho do Rei No entanto, perguntava-se, por que desembainhar a espada contra todo um povo que ainda proclamava seu amor e reverência à Coroa? E como combatê-lo militarmente, sem dinheiro e forças armadas e sem o apoio de uma Inglaterra unida? Além do mais, os ministros de Carlos não podiam deixar de constatar os graves efeitos da revolta escocesa sobre a situação inglesa, aparentemente calma, mas bastante tensa e delicada. Se essa rebelião tivesse êxito, aonde iria terminar? A autoridade real, amparada pelos tribunais de justiça, conseguiu manter-se durante dez anos, sem o Parlamento, embora não sem percalços. No Norte havia luta aberta. Laud, na Inglaterra e Wentworth, na Irlanda, mantinham-se em permanente contato, e assim ambos desejavam continuar. Diante disso, tanto o Rei como os partidários do Convênio trataram de obter armas e meios para a guerra.

Chegara o momento de invocar a força. O Conselho do Rei voltou as vistas para as tropas de Wentworth, na Irlanda, e até mesmo para a Espanha. Falou-se em contratar dois mil soldados da infantaria espanhola para formar um núcleo em torno do qual os nobres da Escócia, que eram muitos, especialmente nas regiões montanhosas de Leste, pudessem reunir-se. Mas, os partidários do Convênio tinham recursos muito melhores no além-mar. A famosa participação das brigadas escocesas e dos seus generais, sob as ordens de Gustavo Adolfo, na Alemanha, deixara a Escócia com uma incomparável reserva militar. Alexandre Leslie alcançara na Guerra dos Trinta Anos o posto de marechal de campo, e sentiu-se moralmente obrigado a voltar para sua terra natal e ali travar a mesma luta. Para ele, aquilo não passava de uma operação de flanco, dentro do vasto conflito dos protestantes contra a Igreja Católica. O apelo da Escócia aos seus guerreiros no exterior não foi vão. Eles vieram aos milhares: oficiais treinados e soldados, líderes experientes enrijecidos em muitas campanhas rudes. Tornaram-se imediatamente o núcleo de um exército disciplinado, com um Estado Maior organizado e competente, dotado de um notável e eficiente comandante-em-chefe. Os nobres da Escócia submeteram-se à reputação militar de Leslie. Puseram de lado suas rivalidades pessoais e obedeceram cegamente às ordens. Em poucos meses, muito antes de quaisquer preparativos concretos pudessem ser feitos no sul, a Escócia tinha a mais poderosa força armada da Ilha. Além de conhecimentos militares e bons oficiais, esse exército tinha outra força: era inspirado pela mais ardente paixão religiosa, que lentamente se transformara em fanatismo. Os pregadores, de espada na cintura e carabina nas mãos, auxiliavam os sargentos instrutores com suas exortações. Os soldados mantinham-se reunidos em humilde oração, cantando seus salmos. Sobre todos pairava uma rigorosa restrição de opinião, tanto em assuntos religiosos, como políticos. Eles ainda reverenciavam o Rei e eventualmente saudavam seu nome. Mas seus estandartes apresentavam o moto: "Pela Coroa de Cristo e pelo Convênio." As linhas de antagonismo eram traçadas com uma determinação fria, pedante e inflexível. Em maio de 1639 esse exército, com cerca de 20.000 homens, colocou-se na fronteira escocesa diante das forças incertas, mais fracas e indisciplinadas que Carlos e seus conselheiros haviam reunido.

Desde o início ficou patente que no campo do Rei não havia coesão no desejo de guerrear os escoceses; ao contrário, negociações foram estabelecidas de boa vontade e a 18 de junho a chamada "Pacificação de Berwick" foi acertada. Os escoceses prometeram dispersar suas forças e restaurar os castelos reais que haviam sitiado. O Rei concordou em convocar, no mês de agosto seguinte, uma Assembléia Geral e o Parlamento. Comprometeu-se, ainda, que ambos seriam regularmente convocados, no futuro, e que à assembléia caberiam as decisões sobre assuntos eclesiásticos e ao Parlamento as referentes aos assuntos temporais. O Rei deixou de reconhecer as decisões da Assembléia de Glasgow, porque elas feriam sua autoridade de soberano. No momento, porém, aceitava a abolição do Episcopado. Até esse ponto chegou o Rei, que outrora ideara tranqüilamente os planos de uma Alta Liturgia da Igreja. Carlos, entretanto, encarava a Pacificação como um meio para ganhar tempo, e os partidários do Convênio logo perceberam isso. O espírito de independência já se espalhara por toda a Escócia. Havia manifestações furiosas contra a restauração das fortalezas reais e receio de que os exércitos escoceses fossem dissolvidos. Hamilton, voltando à Escócia, encontrou um ambiente de franco antagonismo. O Parlamento escocês, que se reuniu em Edinburgo, em fins de agosto de 1639, reclamou imediatamente que o Conselho Privado do Rei devia ser responsável pela situação e que S. M. devia seguir o parecer do Parlamento, nomeando comandantes de tropas e especialmente de fortaleza. Eles repudiaram a jurisdição do Tesouro, particularmente na cunhagem de moedas, as quais estavam sendo desvalorizadas. Chegaram, mesmo, a reclamar que honrarias e dignidades fossem dadas somente de acordo com os desejos do Parlamento. Quando tais pretensões se evidenciaram, Hamilton pode apenas contemporizar com adiamentos e finalmente com uma suspensão das sessões até junho de 1640. Antes de a Assembléia se dissolver, constituiu um comitê representativo poderoso e dotado de plenos poderes, e que passou a ser o governo de fato da Escócia.

No cenário complexo da Europa Ocidental os escoceses não eram apenas os ardentes partidários do protestantismo, mas os amigos da França contra a aliança austro-espanhola. A política de neutralidade e isolacionismo perfilhada pelo Rei Carlos era vista como indevido favoritismo ao interesse católico. Procuravam, agora, restaurar de modo mais íntimo sua tradicional aliança com a França. Em fins de 1639 Carlos viu-se às voltas com um Estado dotado de governo próprio, na região norte, o qual, embora o reconhecesse protocolarmente como soberano, estava disposto a seguir sua própria política interna e externa. Tal fato ameaçava não só a prerrogativa real, como a integridade dos seus domínios. Ele sentia ímpetos de lutar. Mas, como?

Hamilton, de volta da Escócia, levantou a dura interrogação: "Se o lugar do Rei for tomado, como se poderá levantar fundos? Será isso possível, sem um Parlamento?" Wentworth foi, então, chamado da Irlanda para fortalecer o Conselho. Sua reputação na Corte era boa. Restaurara não somente a ordem, como a aparência de lealdade em toda a Irlanda. As simpatias dos irlandeses eram pelo lado católico. Governando como um déspota esclarecido, o Lorde Deputado criara, mantinha e treinava um exército irlandês de 8.000 homens. Acreditava-se capaz de impor à Escócia, e mais tarde à Inglaterra, o sistema do governo autrocrático que com tanto êxito aplicara na ilha irmã. "Avante!" era o seu lema; e não temos meios para avaliar o quanto ele teria sido bem-sucedido. No momento, Wentworth lançava suas forças na guerra contra a Escócia. Esperava, uma vez iniciada a luta, reviver o velho antagonismo dos ingleses contra os escoceses. Sonhava com um novo Flodden, e estava bem preparado para usar seu exército irlandês na Escócia, quando fosse necessário.

* * *

Nesse momento decisivo a monarquia inglesa podia muito bem ter-se conformado com o absolutismo, que se generalizava em toda a Europa. os acontecimentos, todavia, seguiram um curso diferente. O Rei estava decidido a se firmar em suas antigas leis, tal como as interpretava. Tinha respeito pela tradição tanto da Igreja como do Estado, o que Wentworth, o implacável, aventureiro contumaz, cuja força pessoal sustentou a crise, não tinha. Mas, Wentworth compreendeu bem que as rendas reais não eram suficientes para suportar o custo da campanha. Diante disso, concluiu que o Parlamento devia ser convocado. Confiando excessivamente em si, achava que os Comuns se mostrariam dóceis. Estava enganado. Todavia, uma iniciativa memorável foi tomada. Após quase onze anos de poder pessoal o Rei convocou um novo Parlamento e houve eleições gerais na Inglaterra. Tal gesto abriu a disputa mundialmente famosa do Parlamento contra o Rei

As forças parlamentares, embora sem expressão pública, não haviam sido nem impotentes, nem ofensivas. Sob um suave despotismo estabelecera-se um forte controle do governo local em muitas partes do país. Quando as eleições foram inesperadamente marcadas, essas forças foram logo capacitadas a dominar um Parlamento que começava a trabalhar partindo do ponto onde seu predecessor parara. Mais do que isso, eles apresentaram as pretensões de 1629, com o ardor recalcado de onze anos de repressão. o Rei Carlos teve, então de voltar-se de chapéu nas mãos para as mesmas forças que desdenhara e afastara de si. O Parlamento reuniu-se a 13 de abril de 1640. Seus membros haviam mudado apenas em função do tempo e da sorte. Apenas um quarto dos antigos membros reapareceu. Eliot fora morto na Torre; Wentworth era, então, Conde de

Strafford e primeiro ministro do Rei. Mas, o decano da velha guarda estava presente, e competente, instruído e vingativo. Desde que o novo Parlamento, por fim chamado o Curto Parlamento, se reuniu, Pym foi a figura central. "Ele observara os erros e equívocos do governo – escreveu sobre ele seu contemporâneo Clarendon — e sabia muito bem como apresentá-los maiores do que realmente eram." Numa oração longa e majestosa, fez um retrospecto da causa em discussão e das demais dificuldades. Carlos e seus principais conselheiros, Strafford e Laud, não se satisfizeram com a nova assembléia. Ao contrário, foram tomados de tal exaltação que, num gesto de extrema imprudência, ela foi dissolvida a 5 de maio, poucos dias após sua convocação. Tal convocação, aliás, servira apenas para excitar toda a Inglaterra e envolvê-la na controvérisa.

O expediente de convocar o Parlamento fracassou claramente e o lema "Avante!" tornou-se, para Strafford, a ordem do dia. O exército escocês estava na fronteira, e a ele apenas se opunham forças fracas e indisciplinadas. Para levar soldados à frente de batalha era preciso não só um motivo, mas dinheiro Nenhuma dessas coisas podia ser alcançada. Muitos dos grandes nobres deram ou emprestaram dinheiro ao Rei, para a defesa do reino. Os católicos ingleses, discretos, mas ainda gratos, fizeram sua contribuição, em segredo. Mas, o que essas pequenas quantias representavam para a guerra?

Strafford queria lançar suas tropas irlandesas, mas o receio de reações paralisou o Conselho. Como Lorde Presidente do Norte ele se dirigiu à nobreza de York, em termos violentos. Suas palavras foram recebidas friamente, causando-lhe desaponto. Nesse momento, os escoceses cruzavam o Tweed, normalmente. A cavalaria garantiu o avanço da infantaria. Não encontraram reação até atingirem o Tyne. Então, como antes da Pacificação de Berwick, as duas hostes se defrontaram. Os líderes escoceses eram encorajados em sua invasão pelo Parlamento e pelos movimentos puritanos em toda a Inglaterra, e no centro dessas combinações estava a figura de Pym Durante alguns dias pouca coisa aconteceu, mas em certa manhã um cavaleiro escocês, enquanto esperava que seu cavalo tomasse água em um rio, aproximou-se demasiadamente das patrulhas avançadas inglesas. Alguém puxou o gatilho, o tiro atingiu o alvo, o imprudente invasor foi ferido, todos os canhões escoceses fizeram fogo e o exército inglês bateu em retirada Um cronista da época escreveu que "nunca tantos fugiram de tão poucos tão facilmente" Os soldados ingleses explicaram voluntariamente que sua fuga não foi devida ao medo dos escoceses, mas aos seus próprios aborrecimentos, destacando-se o atraso do pagamento dos soldos. Isso não evitou que o exército escocês chegasse rapidamente às portas de Newcastle. Aí os generais escoceses declaram que lutavam pela liberdade da Inglaterra e apelaram para todos que concordavam com a causa parlamentar e puritana que os apoiassem. Os magistrados, no entanto, somente tinham interesse em abrir as portas de Newcastle, desde que ficasse claro que essa cidade era praça conquistada. Entrementes, Strafford, em York, lutava freneticamente para formar uma frente contra a invasão, esperando em vão que o insulto ao solo inglês pudesse reviver o espírito nacional, tentando sem sucesso obter maioria no Conselho, com a importação de tropas irlandesas.

Por essa época, muitos dos lordes, que então se reuniam em Londres, premiram o Rei no sentido de convocar um "Magnum Concilium", que era uma assembléia dos Pares, sem os Comuns. Há muitos séculos esse concílio não era convocado, mas, tal crise exigia medidas extremas! O Rei Carlos concordou, mas tal apelo à tradição implicava na convocação do Parlamento. O soberano não podia, sozinho, defender a pátria Somente o Parlamento poderia salvar o país do que então se tornara um ato de agressão escocesa Nesse instante, a posição moral do Rei Carlos era a pior possível. Ele arriscara-se a um fracasso pessoal. Seus inimigos, tramando lentamente sua destruição, puseram em suas mãos uma ideologia e uma causa pela qual qualquer homem morreria.

CAPÍTULO V

A REVOLTA DO PARLAMENTO

Forças inexoráveis compeliam o Rei a fazer o que mais temia. O exército invasor escocês apossara-se de Durham e Northumberland. Seus chefes mantinham-se em íntima correspondência com os partidários do parlamentarismo e puritanismo, na Inglaterra. Faziam exigências que afetariam o reino do Norte e outras que, sabiam, iriam repercutir no Sul. Tomavam cuidado em não deixar Londres, um dia sequer, sem seu suprimento de carvão. Entrementes, pilhavam à vontade os condados ocupados. O Rei não podia contê-los. Strafford acreditava que ele poderia, no máximo, manter a posse de Yorkshire. O Conselho privado dispôs-se a estabelecer uma trégua com os escoceses, que precisavam despender 40.000 libras esterlinas por mês para manter seu exército em solo inglês, até que seus objetivos fossem alcançados. Graças a muito regatear, essa despesa foi reduzida a 850 libras por dia. Assim, os dois exércitos, um frente ao outro com espadas embainhadas, tinham de ser mantidos por tempo indefinido às custas da Coroa, que estava sem dinheiro. A chamada "Guerra dos Bispos" estava terminada. A verdadeira guerra ainda não começara.

Levantou-se, então um clamor geral pela convocação do Parlamento. Pelo menos a metade dos Lordes permanecera em Londres. Um grupo deles, chefiado pelo Conde de Bedford, que estava em íntimo contato com Pym, acompanhou o Conselho Privado e clamou pelo Parlamento. Ficou implicitamente entendido que, se o Rei não expedisse a ordem de convocação, o Parlamento reunir-se-ia sem ele. A Rainha e alguns conselheiros que estavam ao seu lado escreveram com urgência ao Rei, dizendo que não viam outra saída. Carlos já chegara à mesma conclusão, e mudara completamente o modo de pensar. Reconhecia que sua teoria sobre a monarquia precisava ser modificada. Convocando o novo Parlamento ele aceitava um novo estilo de relação entre o povo e a Coroa.

A convocação do Parlamento aliviou por algum tempo a incômoda tensão e a escolha dos seus membros serviu para derivar o ardor dos revoltosos. Mas, foi somente após muita súplica, apoiada pelos próprios Lordes que se opunham ao Rei, e com a garantia pessoal deles, que a City de Londres consentiu em adiantar 50.000 libras esterlinas, durante o tempo de reunião do Parlamento, para conservar o exército escocês de posse do norte da Inglaterra e evitar que o exército inglês se dissolvesse, amotinado.

A convocação logo em seguida, das eleições gerais, deu como resultado o recrudescimento da excitação popular. As paixões ferviam. A cerveja jorrava. Embora nada fosse melhor do que as eleições escocesas em 1639, os líderes do povo percorreram os condados, um a um, exortando seus correligionários. O Rei também apelou, não sem resultado, aos grandes Lordes que o rodeavam. Em alguns lugares, quatro ou cinco candidatos rivais apareceram; mas, a oposição à Corte aumentava. "Nós elegemos – dizia um panfleto, em 1643 – gente que não conhecemos por suas virtudes, mas somente por enfado aos superiores". Três quintas partes dos membros da Câmara Baixa, 294 dos seus 493 componentes, foram reeleitos e quase todos os elementos novos eram da oposição. Nenhum dos candidatos notórios por seu oposicionismo foi rejeitado. O Rei não podia contar com mais de um terço da Câmara.

Assim, a 3 de novembro de 1640, foi instalado um dos mais longos e memoráveis parlamentos que a Inglaterra já conheceu. Sua força derivava de uma mistura de idéias políticas e religiosas. Nascera da necessidade de um país em crescimento basear-se em alicerces mais sólidos do que o simples governo patriarcal dos Tudores. Com propósitos táticos, o Parlamento usou a ameaça militar de uma invasão de escoceses Quando agentes e sacerdotes escoceses chegaram a Londres ficaram surpresos com a recepção calorosa que tiveram, sendo ovacionados como os libertadores da Inglaterra. Viram-se ultrapassados em sua hostilidade aos bispos, por alguns dos seus aliados do parlamentarismo inglês. As negociações eram proteladas de uma semana para outra, às custas da Coroa, que podia ser custeada somente pelo Parlamento. Ressurgiram, com dobrado vigor, em ambos os reinos, as seculares exigências de modificações radicais no governo, tanto na esfera civil, como na religiosa. A ascensão de Jaime I implicara a união das coroas da Inglaterra e Escócia. Mas, agora, havia uma união dos partidos políticos dominantes em ambos os países, embora de maneira muito diferente daquele que Jaime ou seu filho concebera. E os dois lutavam juntos por uma causa comum. Fizeram, então, um ataque direto e violento em direção do Rei Carlos e seus ministros de confiança.

Destes, o mais destacado e malvisto era Strafford. Pym e Hampden, os líderes da nova Câmara dos Comuns, imediatamente passaram a controlar uma grande e indignada maioria. A Coroa agora não se apegava mais ao princípio segundo o qual desagravos de ofensas deviam preceder os subsídios; agora, as injúrias dos Comuns apenas poderiam ser respondidas com vingança. Strafford possuía provas convincentes da correspondência trocada entre Pym e outros, com os invasores escoceses. Isso seria considerado pura traição, se o Rei abrisse um processo. Acreditava-se que Strafford desejava levar o formidável caso avante, mas Pym atacou primeiro. Toda a fúria dos parlamentaristas, todo o rancor oriundo da velha camaradagem perjurada, tudo aquilo que o instinto de autoconservação ditava, concentrou sobre o "Conde perverso" uma onda de ódio como até então ninguém conhecera. Na manhã de 11 de novembro as portas da Capela de Sto. Estevão foram fechadas e a chave posta sobre a mesa: nenhum estranho poderia entrar, nenhum parlamentar poderia sair. Na tarde do mesmo dia Pym e Hampden, acompanhados de trezentos membros do Parlamento, levaram os termos do "impeachment" de Strafford à Câmara dos Lordes. Este viera a Londres, a chamado do Rei. De manhã fora saudado respeitosamente pelos Pares. Tomando conhecimento do que se passava, voltou à Câmara. Tudo, porém, mudara. Foi recebido com murmúrios de protesto. Alguém gritou que ele devia retirar-se, enquanto o assunto estava sendo debatido. Foi retirado à força. Em menos de meia hora o poderoso ministro viu-se transformado num réu preso, surpreendentemente ajoelhado num tribunal, para receber a decisão de seus Pares. Foi privado da espada e recolhido em custódia, pelo porteiro da Câmara. Enquanto caminhava por entre a multidão rumo à casa deste, foi hostilizado terrivelmente pela população. Semelhante queda recorda, por sua rapidez ao menos, o destino de Sejanus, o odiado ministro de Tibério.

A proscrição estendeu-se a todos os ministros do Rei, como passaram a ser chamados aqueles que continuavam fiéis à Coroa. O Arcebispo Laud, submetido a "impeachment" na Câmara dos Lordes, silenciou diante das acusações e foi removido, por via fluvial, para a Torre. Sir Francisco Windebanke, o Secretário de Estado, e alguns outros escaparam para o continente. Lorde Guardião, Sir João Finch, deixou o assento que ocupava na Câmara dos Pares, e compareceu perante a Câmara dos Comuns envergando seu traje oficial, trazendo o Grande Selo da Inglaterra em uma bolsa rendada. Defendeu-se com palavras tão candentes que todos ficaram mudos. Não obstante, isso apenas lhe deu tempo suficiente para fugir do país. Tudo isso foi causado pela zanga furiosa dos Comuns, apoiados pelos londrinos e pelas distantes forças militares da Irlanda, e aceita pelos Pares.

Para nossa geração, a principal característica da Revolução Puritana é seu comedimento. Os problemas eram ferozmente discutidos, não apenas no Parlamento, por homens que se digladiavam e estavam preparados para mandar uns aos outros ao cadafalso, mas também nas ruas de Londres, onde turbas e bandos rivais se defrontavam e até se misturavam. O respeito à lei e à vida humana, entretanto, prevalecia. Nessa disputa mortal a violência física foi por muito tempo evitada. Mesmo quando veio a guerra civil, todas as convenções foram respeitadas para proteger o pleno exercício da vontade humana, livrando-a do barbarismo dos tempos antigos e que posteriormente a História tornou a registrar.

* * *

Os Comuns foram alvos de temores e comentários. Haviam tomado todo o cuidado ao pagar o exército escocês para invadir a Inglaterra. As tropas inglesas é que foram insuficientes. Contavam-se histórias de motins e complôs militares. Pym, com calculado engenho, jogava com esses boatos alarmantes, que a um simples tremor do Parlamento se tornariam expressão da realidade. As tendências agressivas da maioria dos Comuns corporificaram-se numa imposição para abolição do Episcopado. Os escoceses, que agora tinham grande influência em Londres e eram senhores do Norte, procuravam estabelecer o sistema presbiteriano no governo da Igreja. Isso representava uma verdadeira reviravolta. Uma petição, assinada por 15.000 pessoas, foi apresentada à Câmara e apoiada pela maioria, visando cortar "as raízes e os galhos" do Episcopado. Entretanto, pela primeira vez apareceram forças contrárias organizadas. Uma segunda petição, assinada por 7.000 clérigos hostis aos princípios do Rei e do Arcebispo, propunha a restrição dos poderes dos Bispos, que se limitariam aos assuntos espirituais, mesmo assim com alguma reserva. Estava aí uma linha de resistência a qual o outro lado poderia apoiar. Sabia-se que o Rei considerava o Episcopado, baseado na Sucessão Apostólica, como inseparável do credo cristão. O Episcopado inglês voltou ao tempo de Sto. Agostinho e o rompimento de Henrique VII com Roma alterara sua continuidade. O Rei apegava-se sinceramente ao seu direito hereditário de nomear bispos, no que seus opositores viam uma perigosa fonte de poder. Assim, no campo religioso a luta era entre cristãos protestantes, divididos quanto ao método de dirigir a Igreja. Neste ponto, estavam dispostos a ir a medidas extremas uns contra os outros. mas, enquanto, no tocante à política, a oposição ao governo pessoal era no momento opressiva, na questão religiosa a situação era pior. Pym enxergou isso e decidiu protelar um debate mais amplo, mandando ambas as petições para uma comissão dar parecer.

Entrementes, o julgamento de Strafford começara. Desde que os precedentes admitiam interpretações contraditórias da lei e da justiça, os Comuns logo encontraram dificuldade em estabelecer uma acusação contra o odiado ministro. Era evidente que ele era o supremo inimigo de tudo aquilo que a maioria defendia, bem como dos direitos e da liberdade da nação. Mas, provar que era culpado de alta traição, era impossível. Magnatas, líderes nacionais, políticos e sacerdotes reuniram-se no interior da enorme estrutura de madeira erigida no palácio da justiça de Westminster. Um terço do espaço foi tomado pelo público. O Rei e a Rainha sentavam-se todos os dias no seu gabinete reservado, esperando que sua presença impedisse o prosseguimento do processo. Strafford defendeu-se com magnífica habilidade. Cada manhã ajoelhava-se diante do Lorde Mordomo, curvando-se em respeito aos demais pares e à assembléia. Dia a dia, pela lógica e argumentação, destruiu os pontos principais da acusação. Alcançou inteiro êxito em ridicularizar a teoria da "traição cumulativa" a que os promotores do "impeachment" logo foram reduzidos. Como podia um número de supostos delitos que lhe atribuíam ser somado e equiparado a uma traição? Valeu-se da sólida doutrina da liberdade inglesa: "Sem lei, não há crime." Que lei ele havia violado? Usando de toda a eloqüência oratória – ou, como seus adversários afirmaram – portando-se como um ator, apelo não só para a inteligência como para o sentimento do auditório. O Rei pelejou dia e noite junto aos Pares. Estava pronto a conceder o que quer que fosse para salvar Strafford, a quem garantira, sob palavra de honra, que não sofreria restrição de liberdade, nem seria executado. A simpatia não somente das galerias, lotadas pelas esposas de todos os mais notáveis cidadãos, mas dos próprios pares, foi aos poucos conquistada. No décimo terceiro dia o prisioneiro estava bastante esperançoso.

Foi quando Pym e seus parceiros fizeram um ataque decisivo. Sir Henrique Vane, secretário do Conselho Privado, tinha um filho que era adepto ardente da causa popular. Esse filho, por um ato de má-fé, que após longos e tempestuosos anos lhe custaria a vida, furtara "um memorandum" que seu pai conservara da discussão havida no Conselho do Rei, a 5 de maio de 1640. O intuito secreto atribuído a Strafford estava nestas linhas: "Tudo tem de ser feito como as forças o permitirem, e assim tereis de proceder. Se eles recusarem, vós estareis absolvido perante Deus e os homens. Vós tendes um exército na Irlanda, que podereis utilizar aqui para dominar este reino. Tenho plena confiança de que a Escócia não agüentará cinco meses."

Os Comuns declararam que isso inculpava Strafford de pregar o uso de um exército irlandês para subjugar a Inglaterra. As palavras do texto acima pareciam significar que a Escócia estava fortificada, e nessa época ela realmente estava em rebelião contra o Rei. Vane, pai, Secretário do Conselho, em sã consciência não poderia ou não deveria dizer se as palavras "este reino" significavam Inglaterra ou Escócia. Os demais membros do Conselho que foram interrogados declararam que não se lembravam exatamente das palavras; mas, que o debate examinara os meios de conquistar a Escócia, não a Inglaterra; e que jamais haviam ouvido a menor alusão a utilizar o exército irlandês em outra parte, a não ser a Escócia. Todos deviam compreender que, se um exército irlandês fosse utilizado com êxito na Escócia, poderia certamente ser empregado em outro lugar, depois disso. Mas, este não era o ponto em questão. As respostas de Strafford abordaram todos os ângulos do problema. "Qual será o fim disto tudo – disse ele – se as palavras que forem proferidas no Conselho Privado do Rei, entendidas pela metade ou mal interpretadas pelos seus membros, servirem para comprovar um crime? Ninguém mais terá coragem de expor suas opiniões plenamente ao Rei." Os magistrados se declararam a seu favor. Não havia dúvida de que ele vencera a causa.

Os Comuns frustrados, reclamaram que fossem apresentadas novas provas. Strafford protestou que, se isso fosse admitido, ele deveria ter direito igual. Os Lordes decidiram a seu favor. Foi quando da massa de políticos agrupada no tribunal surgiram gritos de: "Fora! Fora!" Os Comuns correram de volta à capela de Sto. Estevão e de novo fecharam suas portas. Será que esse inimigo dos direitos dos ingleses escaparia por meios legais? Eles sabiam que ele era um inimigo e queriam beber seu sangue. Bastaria por de lado o julgamento e declará-lo culpado, por um Ato do Parlamento. Pym e Hampden não propuseram pessoalmente a condenação à morte. Incumbiram disso um de seus principais partidários. Mas, quando a medida extrema foi proposta, apoiaram-na decididamente, levantando, inclusive, a opinião pública da cidade tumultuada e enfurecida. Os Lordes fingiram ignorar o que se sabia estar acontecendo na Câmara Baixa e ouviram com evidente simpatia o discurso final de Strafford, que os estigmatizou profundamente. "Meus senhores, no momento eu é que estou em desgraça, mas vós estais sempre... e a não ser que vossa sabedoria o impeça, o derramamento do meu sangue traçará o caminho para o derramamento do vosso. Vós, vossas propriedades, vossa descendência, tudo correrá perigo se esses hábeis cavalheiros, tão afeitos a tais procedimentos, se voltarem contra vós — se vossos amigos e vossos conselheiros forem impedidos de se aproximar de vós — se vossos inimigos declarados forem admitidos a testemunhar contra vós — se toda palavra, intenção ou circunstância for alegada como gesto de traição, não com base num estatuto legal, mas por simples dedução com base na retórica. Deixo à consideração de V Exas., prever qual será a conseqüência final de procedimentos tão perigosos, quanto recentes." E continuou: "Esses cavalheiros afirmam que fala em defesa da Comunidade, contra minhas leis arbitrárias. Dai-me licença para responder que eu falo em defesa da Comunidade, contra suas traições arbitrárias. Ademais, se esse esdrúxulo conceito for aceito, que prejuízo atingirá o Rei, se vós e vossos descendentes forem afastados pelos mesmos cidadãos, dos mais altos postos do reino? Não me daria ao trabalho de defender minha pobre pessoa, se não fosse visando ao interesse de V. Exas. e a memória de uma santa que está no céu (sua primeira esposa), que me deixou dois herdeiros aqui na terra. (a esta altura ele foi tomado de forte emoção) Não poderia deixar esta vida em melhor ocasião, quando tenho esperança que o mundo civilizado compreenderá que, com minha desgraça, estou dando testemunho de meu amor a Deus, meu Rei e minha Pátria."

A sentença de morte, todavia, foi aprovada pela Câmara dos Comuns a 21 de abril de 1641, por 204 votos contra 59. Entre a minoria figurava Lorde Digby, que ingressara no Parlamento como um dos principais opositores da Coroa. Com toda sua excepcional eloqüência e ardor, lutou contra seu próprio Partido. Ganhou apenas a suspeita de ser um trânsfuga. Uma onda de pânico e de cólera convulsionou a Assembléia, a ponto de, quando uma tábua rachou no forro, todos pensarem ser uma nova "conspiração da pólvora". Os nomes dos 59 que votaram contra difundou-se lá fora como se fossem traidores defendendo um traidor. O aspecto da multidão que diariamente rodeava as entradas do Parlamento tornava-se cada dia mais ameaçador. Os Pares suspeitos de serem favoráveis a Strafford assustavam-se com a agitação que viam ao seu redor. Quando Olivério St. John levantou a questão da condenação à morte, numa grande conferência entre as duas Câmaras, utilizou argumentos não jurídicos, mas revolucionários. O Parlamento não era obrigado a respeitar, como os tribunais inferiores, as leis existentes, mas podia criar novas leis de acordo com as circunstâncias. Sua única preocupação devia ser o bem público. Era, pois, um organismo político que abrangia todos, desde o Rei até o mendigo, capaz de negociar com indivíduos para o bem geral e de abrir uma veia, se fosse preciso fazer vazar o sangue envenenado da corrupção. Dizia-se que a ofensa somente poderia ser caracterizada se violasse uma lei. Não havendo lei para ser violada, não poderia haver transgressão. Mas, tal argumento não tinha valor para um homem que desejara desrespeitar todas as leis. "Nunca foi considerado crueldade ou infâmia matar raposas ou lobos porque são animais de rapina" – disse St. John, acrescentando: "Os guardas de coelheira preparam armadilhas para as doninhas e outros animais daninhos, para preservar a coelheira."

Quando Strafford ouviu esses feroz grito de vingança, ergueu as mãos sobre a cabeça, como se implorasse a misericórdia divina, sabendo que tudo estava perdido para ele na face da terra. Apenas a metade dos Lordes que estivera presente ao "impeachment" se atreveu a votar a lei de condenação à morte, e esses, em grande maioria, selaram o destino de Strafford. Estavam convencidos de que se o deixassem livre, o Rei o usaria para guerrear as Câmaras. E, como observou o Conde de Essex, o descontente filho do favorito da Rainha Isabel: "Os mortos não têm parceiros."

Ainda havia, entretanto, outras possibilidades. O Rei procurou obter o controle da Torre e do prisioneiro. Mas, o governador, Sir Guilherme Balfou, fechou as portas contra as forças que ameaçavam entrar. Rejeitou, também, um vultoso suborno que lhe foi oferecido por Strafford. O clamor por "Justiça!" empolgava as ruas de Londres. Um grupo de vários milhares de pessoas, quase todas armadas, apareceu diante do palácio, reclamando a cabeça de Strafford. Enquanto isso, no Parlamento corria o boato de que eles agora iriam aplicar o "impeachment" à própria Rainha.

Isso representava para Carlos uma verdadeira agonia, a que nenhum outro sofrimento anterior podia ser comparado. A questão era, agora, não só salvar Strafford, mas a própria autoridade do Rei, que com ele pereceria. Apelou para os Bispos que, com duas exceções, o aconselharam a separar seu sentimentalismo pessoal do seu senso de dever como soberano. Mas, quem realmente o confortou foi o próprio Strafford. Numa carta cheia de nobreza, escrita antes da votação dos Lordes, apelou para o Rei no sentido de que não deixasse que uma eventual indulgência para com ele pusesse em perigo a monarquia ou a paz do reino. Por fim, Carlos rendeu-se, o que o deixou com remorso até o fim dos seus dias. Concordou com a condenação à morte. Mas, a consciência ainda o aferroava. Pondo de lado sua superioridade de Rei, no dia seguinte mandou o jovem Príncipe de Gales implorar na Câmara dos Lordes a transformação da sentença de morte em prisão perpétua. Os pares que lá ainda se achavam recusaram-se a atender a essa súplica e sequer ao apelo para uns dias de graça, que permitissem à vítima por em ordem seus assuntos particulares.

Uma enorme massa popular, como nunca se vira na Ilha, reuniu-se na praça, no momento da execução. Strafford morreu com coragem e dignidade. Fora, sem dúvida, um homem consciente de seus dotes de líder, animado por uma alta ambição pelo poder. Procurara atingi-lo através do Parlamento. Encontrara-o junto à Coroa. Adotou um sistema que servia aos seus interesses e amoldou-o ao seu forte caráter. As circunstâncias do seu julgamento e da condenação à morte trouxeram o ódio para seus perseguidores. Eles abateram um homem que não puderam legalmente inculpar. Mas, esse homem, se tivesse cumprido sua planejada carreira, talvez tivesse fechado durante muitas gerações as janelas da liberdade cívica para o povo inglês

* * *

Com a queda dramática de Strafford, o Rei perdeu muitas de suas prerrogativas. A Lei Trienal, que determinava a convocação do Parlamento ao menos uma vez em cada três anos, se necessário à revelia da Coroa, pôs um ponto final no regime de governo pessoal a que tanto tempo Carlos se dedicara. A concessão de direitos alfandegários e comissões de exportação por apenas um ano foi acompanhada de uma censura a respeito da instituição do imposto de construção naval, exigindo-se uma reparação a todos que haviam sofrido punições por não lhe obedecerem. O Rei subscreveu a tudo isso, forçado. Mas, o soberano devia estar completamente fora de si quando concordou com uma medida destinada "a evitar o inconveniente que possa ocorrer pela prematura prorrogação ou dissolução do atual Parlamento", exceto se fosse por seu próprio consentimento. Ele aceitou isso no mesmo dia da condenação de Strafford à morte. Era uma lei que implicitamente transformava a Câmara em instituição perpétua, passando ela a ser chamada, desde aí, Longo Parlamento. Muitas outras modificações necessárias para a época foram feitas, como remédio para os descontentamentos reinantes. Os juízes, cujos mandatos até então estiveram sob a dependência da vontade do

Rei, passaram a ser cargos vitalícios. A Corte de Star Chamber,[9] a qual, como vimos, Henrique VII usara para refrear o baronato, mas que com o correr do tempo se tornou opressora do povo, foi abolida. O mesmo aconteceu com a Corte de High Comission[10] que se esforçara por impor a uniformidade religiosa. A jurisdição do Conselho Privado foi rigorosamente definida, em escala muito menor. Os princípios da Petição de Direitos sobre a liberdade individual, particularmente a liberdade de prisão arbitrária, foram por fim estabelecidos. Carlos endossou essas grandes decisões. Chegara à conclusão de que, como mentor dos direitos da monarquia, fora muito longe. Daí por diante ele firmou-se em princípios mais elásticos. Todo o regime dos Tudores, que os Stuarts haviam herdado, foi abalado nos seus alicerces.

Tudo agora, porém, era fluido. Na Inglaterra voluntariosa, áspera e obstinada, os homens disputavam um lugar ao sol, sem levar em consideração suas ações anteriores. A partir do dia em que a cabeça de Strafford rolou sob o machado, teve início uma reação conservadora, parcial, mas de âmbito nacional. Carlos, que na reunião do Parlamento se vira quase sozinho com seu bloco de odiados ministros, viu-se apoiado por correntes da opinião pública, cada vez mais fortes e profundas. Se se limitasse a deixar que esse apoio aumentasse, poderia ter alcançado perfeita estabilidade. Os excessos e fanatismos dos puritanos, sua guerra contra a Igreja, sua conivência com os invasores escoceses, despertaram antagonismo de que a outrora desamparada Corte era apenas espectadora, mas de que a Coroa poderia, com paciência e sabedoria, emergir, mutilada, mas firme. A partir desse momento a luta não era mais entre o Rei e o povo, mas entre as duas teses e os dois modos de pensar que até a

---

[9] N. do T. - *Star Chamber:* Uma alta corte antiga que exercia larga jurisdição civil e criminal, e que reunia a intervenção de um juri. Era formada pelo Conselho Privado do Rei, ou de certos membros desse Conselho, atuando como tribunal somente com a presença adicional de determinados juízes. Sua vasta jurisdição era devida a certa usurpação da Coroa, especialmente na dinastia dos Tudores. Essa corte podia processar com base em simples rumores ou depoimentos de testemunhas. Podia aplicar torturas. Foi abolida pelo "Longo Parlamento", em 1641.

[10] N. do T. - *Corte de High Commission* - Corte instalada por Isabel, para julgar ofensas à Igreja e à Coroa e abolida por Carlos I.

confusão da Idade moderna disputaram a hegemonia política na Inglaterra. O século XX surgiria antes de homens e mulheres poderem reconhecer seus ancestrais políticos nesse velho conflito.

Carlos, agora, sentia que sua esperança estava numa reconciliação com a Escócia. A aliança do exército escocês no Norte, com a facção puritana em Westminster, era irresistível. Ele resolveu ir à Escócia, pessoalmente, e abrir um Parlamento em Edinburgo. Pym e seus partidários pouco puderam objetar a esse gesto. A opinião moderada aplaudiu o plano. "Se o Rei conseguir restabelecer a tranqüilidade com os escoceses – escreveu seu sagaz secretário, Sir Eduardo Nicholas — isso abrirá caminho para um desfecho feliz e benéfico de todas as divergências que ali surgiram." O Rei partiu, pois, para a Escócia. Iam longe os tempos da nova liturgia e dos sonhos de uniformidade da Igreja e do Estado nos dois países. Carlos, agora, aceitava tudo que antes o aborrecia. Fez força para obter a simpatia dos signatários do Convênio, ouvindo devotamente os seus sermões e cantando os salmos à moda da Igreja escocesa. Consentiu no estabelecimento do total presbiterianismo na Escócia. Mas, tudo em vão. Carlos foi acusado de cumplicidade na tentativa frustrada dos partidários do Rei de raptarem o líder escocês, Marquê de Argyll. Os escoceses confirmaram sua obstinação e o Rei voltou, cabisbaixo, para a Inglaterra.

A esse cenário melancólico veio juntar-se uma horrível aparição. A execução de Strafford permitiu que eclodissem na Irlanda todas as forças elementares, que seu sistema com tanto êxito mantivera reprimidas. O Parlamento irlandês em Dublin, outrora submisso, apressou-se em erguer suas queixas contra a autoridade do Rei. Ao mesmo tempo, um povo celta-romano manifestava a maior aversão ao protestantismo inglês. O disciplinado exército irlandês do tempo de Strafford debandara. Os ministros de Carlos fizeram alguns esforços para atrair as convicções religiosas do povo irlandês para a causa real. Mas, tudo fundiu-se num emaranhado inextricável. As iras dos primitivos habitantes e da massa faminta e pisada, livrando-se de todo controle, voltaram-se contra a alta sociedade, os proprietários de terras, os protestantes, tanto dentro como fora do território. Uma verdadeira Jacquerie, lembrando os duros tempos na França, estourou no país no outono de 1641. As classes dos proprietários, suas famílias e dependentes, fugiram para as poucas cidades militarmente guarnecidas. "Mas — afirma Ranke — ninguém pode avaliar a fúria e a crueldade que, numa explosão que alcançou o país todo, atingiu pessoas desarmadas e indefesas. Muitos milhares pereceram; seus corpos encheram os campos e serviam de pasto para os abutres... Os descontentamentos religiosos aliaram-se terrivelmente à fúria dos ódios políticos. Uniram-se as causas que provocaram a Véspera Siciliana e a Noite de São Bartolomeu."[11] Crueldades inomináveis se registraram em ambos os lados e o Governo, sob os Juízes do Tribunal de Apelação, contra-atacou sem piedade. Uma matança geral de homens e uma política de devastação foi aplicada em grandes áreas da zona rural. Quando a história dessas atrocidades chegou à Inglaterra, provocou um choque na mente de todos, o qual durou muito tempo, apesar das outras preocupações. Isso foi muito danoso aos interesses do Rei. O partido puritano viu, ou declarou ter visto, na revolta irlandesa o destino que lhe caberia se as tendências papistas dos Bispos contassem com o apoio da espada de um soberano absolutista. Eles consideravam os naturais da Irlanda como bestas selvagens, que deviam ser mortos onde aparecessem. As crueldades com que eles se vingariam na hora do triunfo começaram a ser fomentadas e planejadas nesse instante.

* * *

O simples fato de sua ausência de Londres, que deixou as forças parlamentares com plena liberdade de ação, serviu mais aos interesses do Rei do que a mais cuidadosa atenção aos problemas ingleses. Durante setembro e outubro a reação conservadora crescera assustadoramente. Quem poderia acusar a Corte de complôs armados, quando os exércitos inglês e irlandês haviam sido dissolvidos? Os ingleses, a despeito de convicções religiosas e políticas, não estavam dispostos a ser considerados como responsáveis pela manutenção de tropas escocesas invasoras. O presbiterianismo apelava pouco para o grosso do povo inglês, o qual, desde que não estava satisfeito com a tradição da Igreja Elisabetiana, procurava conforto espiritual ou estímulo nas seitas mais radicais que

---

[11] "História da Inglaterra" vol. II, pág. 287.

haviam surgido da confusão geral da Reforma, ou no próprio puritanismo. Era o caso das seitas dos Anabatistas e dos Brownimistas, ambas contrárias tanto aos presbíteros como aos Bispos. A Câmara dos Comuns, em fins de 1641, atingira um ponto crítico. Pym e seus partidários ainda dominavam e estavam mais extremados do que nunca. Mas, havia uma oposição igualmente resoluta. Os Lordes haviam-se desentendido com os Comuns e uma grande maioria, quando comparecia, ficava ao lado do Rei. De servidores da causa nacional, os puritanos tornaram-se uma facção agressiva. Mas, a discussão, mesmo nessa época de obstinação, estava se tornando longa demais e muito ríspida para se limitar as palavras. Os homens sentiam cócegas nas mãos para empunhar as espadas, único meio pelo qual parecia-se possível solucionar a questão.

Foi nesse ambiente tempestuoso que Pym e Hampden procuraram reanimar suas forças, pondo em cena a chamada Grande Representação. Esse extenso documento, para cuja elaboração comissões trabalharam muitos meses, era na verdade um manifesto partidário. Tinha o intuito de comunicar a todos até que ponto o Parlamento conseguira remediar as velhas divergências, e proclamar a futura política dos líderes parlamentares. A esperança de Pym era restabelecer a unidade de ação dos seus diversos partidários, e por isso foram feitos os mais extremados apelos para uma reforma religiosa. O poder dos Bispos devia ser restringido, mas não abolido. Não obstante o progresso dos Conservadores ou Partido Episcopalista, como eram às vezes chamados, sentiram-se ofendidos pela Representação e decidiram opor-se a ela. Não lhes agradava a maneira pela qual Pym estava procedendo. Eles queriam "vencer o Rei pelo método mais suave de esconder seus erros ao invés de torná-los públicos". Pym, entretanto, estava se preparando para levar a luta mais além: apelaria para o povo e conquistaria o completo domínio do Parlamento sobre os ministros do Rei. Já em sua mensagem sobre a rebelião irlandesa, ele exigira que o soberano "empregasse os conselheiros e ministros aprovados pelo Parlamento". Se tal concessão não fosse feita, ameaçava que o Parlamento tomaria os problemas irlandeses em suas próprias mãos. Isso era um desafio temerário à autoridade real. Mas, o Rei agora tinha junto de si conselheiros muito diferentes daqueles de um ano antes. Muitos dos seus antigos opositores, principalmente Digby e seu pai, o Conde de Bristol, eram hostis a Pym. O Bispo Guilherme, cabeça das críticas a Laud, agora estava contra os acusadores do mesmo Laud. Falkland e Colepeper colocavam-se contra a violência da maioria e logo passariam a tomar parte no governo do Rei. Eduardo Hyde, que mais tarde ficaria famoso como o historiador Clarendon, abriu os debates insistindo que o objetivo agora devia ser a paz: se a Representação, em seu todo, fosse levada avante, e especialmente se fosse publicada, provocaria disputas prolongadas e mortificantes.

O debate foi longo, caloroso e veemente, mas controlado. Por fim, à meia-noite a Representação, de certo modo emendada, foi posta em votação. Quando o Parlamento se reunira um ano antes, os partidários do Rei não alcançavam um terço dos seus membros. Agora, a Grande Representação foi aprovada apenas por 11 votos de diferença. A maioria apresentou uma moção de que ela deveria ser impressa imediatamente, o que tumultuou os trabalhos da Câmara. Cerca de uma hora da manhã um legislador do Middle Temple, Mr. Geoffrey Palmer, solicitou que fosse feita anotação dos nomes de todos que haviam protestado. A prática do protesto por uma minoria era, e assim foi durante muito tempo, habitual na Câmara dos Lordes, mas a praxe na Câmara dos Comuns era considerar o voto da maioria como a expressão da vontade da casa. Palmer aparentemente indagou quem estava preparado para protestar. Uma grande multidão ergueu-se aos gritos: "Todos! Todos!" Chapéus de plumas foram sacudidos no ar, outros levaram as mãos às espadas, alguns chegaram a desembainhá-las, descansando as mãos no castão. Escreveu um parlamentar, Filipe Warwick, a respeito desse espetáculo desenrolado na sala cheia de gente e mal iluminada da capela: "Cheguei a pensar que estávamos todos sentados no Vale da Sombra da Morte; que nós, como os jovens de Abner e Joab, havíamo-nos atracado e cravado a espada um no ventre do outro." Graças à intervenção pacificadora e oportuna de Hampden evitou-se um choque sangrento. Isso, porém, rompeu o caminho para um entendimento diplomático e apenas a guerra restou como solução.

Um membro do Parlamento, outrora obscuro, Olivério Cromwell, representante de Cambridge, homem de maneiras algo rústicas, mas produto da linha de Tomás Cromwell, disse a Falkland, quando saíam da Câmara: "Se a Representação tivesse sido rejeitada, eu venderia tudo que possuo, amanhã cedo, e nunca mais desejaria ver a Inglaterra. E sei que há muitos homens honestos que pensam como eu." Ele e Pym, também, pensavam em terras d'além-mar, onde a causa pela qual estavam preparados para morrer ou matar, poderia sobreviver, ainda que num ambiente agreste. Seu modo de pensar encontrou na América eco, o qual só seria silenciado mais de um século depois, após muito derramamento de sangue.

* * *

O Rei, que apesar do seu fracasso na Escócia e da catástrofe na Irlanda passara a contar com apoio permanente, foi levado a cometer vários erros contraditórios. Em certo momento, procurou formar um ministério independente da facção majoritária que dominava a Câmara. Uma dúzia de Lordes da oposição prestou juramento como membros do Conselho Privado. Mas, quando, em poucas semanas, se descobriu que esses nobres faziam comentários desrespeitosos ao Rei, as facções de Londres os acusaram de traidores. Ainda à procura desesperada de um apoio, Carlos convidou o próprio Pym para o cargo de Chanceler do Tesouro. Tal plano era absurdo. Colepeper, ao invés de Pym, assumiu o cargo, e Falkland tornou-se secretário de Estado. Em seguida, numa violenta reviravolta, Carlos resolveu processar cinco dos seus principais opositores nos Comuns, por alta traição. O soberano foi levado a esse gesto selvagem por injunção da Rainha Henriqueta Maria. Ela tachou-o de covarde e exortou-o, sob pena de abandoná-lo, a agir com braço forte contra aqueles que viviam procurando destroná-lo e matá-lo. Ele certamente se convenceu de que Pym procurava destruir a Rainha

Assim, o Rei Carlos, coagido, desceu à Câmara dos Comuns, acompanhado de 300 ou 400 espadachins, "Realistas", como nós agora poderíamos denominá-los. Era o dia 4 de janeiro de 1642. Nunca, antes disso, um rei pusera os pés na Câmara. Quando seus oficiais bateram à porta e se soube que o soberano estava em pessoa, os membros de todos os partidos se entreolharam espantados. Os partidários do Rei cercaram as portas. Todos se ergueram à sua entrada. O presidente, Guilherme Lenthall, deixou sua cadeira e ajoelhou-se ante o soberano. O Rei, sentando-se na cadeira presidencial, após proferir sua saudação à Câmara, exigiu a rendição dos cinco membros acusados: Pym, Hampden, Holles, Hazelrigg e Strode. Mas, um recado secreto de uma dama da câmara da Rainha avisara

Pym em tempo. Os membros acusados já haviam tomado o rumo de Westminster e estavam seguros entre a milícia e os magistrados da City. O presidente Lenthall nada sabia informar "Só tenho olhos para ver e ouvidos para ouvir o que a Câmara ordenar" — alegou ele. O Rei, já cônscio do seu equívoco, examinou com os olhos a assustada assembléia "Percebo que os pássaros fugiram" — disse, em tom de lamento. Após algumas formalidades da etiqueta, partiu à frente do seu grupo desapontado e resmungando. Quando saía da Câmara ouviu-se um murmúrio surdo e prolongado, que o perseguiu: "Privilégio! Privilégio!" Até há pouco tempo os membros representando a City ocupavam os lugares da Tesouraria na abertura das sessões, num reconhecimento perpétuo dos serviços prestados pela City na proteção daqueles cinco parlamentares.

Em conseqüência desse episódio a fúria dos londrinos tornou-se incontrolável. As multidões enfurecidas que enchiam as ruas e se reuniam junto ao palácio, fizeram o Rei Carlos e sua corte escaparem da capital para a corte de Hampton. Ele jamais reviu Londres a não ser para sofrer o julgamento e morrer. Uma semana após sua intromissão na Câmara os cinco membros voltaram ao Parlamento escoltados. Foi uma marcha triunfal. Mais de dois mil homens armados os acompanharam rio acima, e em cada margem poderosas forças, cada qual com oito peças de canhão, iam à frente da flotilha. Desde aí, Londres ficou irremediavelmente perdida para o Rei. Por etapas, ele foi para Newmarket, Nottingham e depois York. Aqui ele ficou durante os primeiros meses de 1642, enquanto os exaustivos antagonismos que dividiam a Inglaterra aos poucos lhe restauraram a autoridade e uma força armada. Havia, então, dois governos: Pym, os puritanos e o que restara do Parlamento governavam com poderes ditatoriais em Londres, em nome do Rei; este, em torno do qual se reuniram muitos dos melhores elementos da velha Inglaterra, livre da intimidação das massas londrinas, tornou-se de novo um príncipe com direitos soberanos. Ao redor desses dois governos aos poucos foram se agrupando tropas e recursos para iniciar a guerra civil.

CAPÍTULO VI

A GRANDE REBELIÃO

As negociações entre o Rei e o Parlamento, que de desenrolaram nos primeiros meses de 1642, serviram apenas para aprofundar suas divergências, enquanto ambas as facções reuniam suas forças. "A questão em disputa entre o partido do Rei e nós — escreveu um capitão dos Cabeças Redondas,[12] como se chamava agora o grupo militante do Parlamento — era decidir se o Rei devia governar como um deus, por sua vontade, e a nação ser submetida pela força, como se todos fossem animais; ou se o povo devia ser governado por leis feitas por ele próprio e viver sob um governo derivado de seu próprio consentimento." para estabelecer um juízo mais imparcial ele teria dito: "...ou *supostamente* derivado de seu próprio consentimento", diga-se de passagem. A 1 de junho de 1642 o Parlamento apresentou dezenove proposições ao Rei. Esse ultimato exigia que o Conselho, os Grandes Oficiais de Estado que

---

[12] N. do T. - "Roundheads" ou "Cabeças Redondas" – No reinado de Carlos I e depois, um puritano ou membro do partido parlamentarista, que usava cabelos aparados. Eram assim chamados pejorativamente pleos Cavaleiros (realistas) que usavam, geralmente, cabelos cacheados.

serviam ao Rei e os tutores de seus filhos deviam ser nomeados pelo Parlamento, e que a este devia ser dado completo controle sobre a milícia e sobre o exército exigido para a conquista da Irlanda, o que significava "o poder da espada", e que um Acordo da Igreja devia ser determinado pelos desejos do Parlamento. Em suma, o Rei foi convidado a abdicar de toda a sua soberania sobre o Estado e a Igreja. Atrás dessa questão aparentemene constitucional, havia um conflito de religião e de classe. Os puritanos predominavam no Parlamento e o alto clero na Corte. As "novas classes" dos mercadores, manufatureiros e importantes proprietários de terras em alguns condados reclamavam uma participação no poder, que até então era praticamente monopólio da aristocracia e dos latifundiários hereditários.

Todavia, não é fácil entender-se a posição dos partidos por ocasião do início da guerra civil. Irmão lutava contra irmão, pai contra filho. A causa dos realistas era negativa, mas de modo algum menos potente. Contra a lealdade do Parlamento eles invocavam a lealdade à Coroa; contra o ardor puritano, a unidade anglicana. Preferiam o velho regime da autoridade de origem divina à distante bem-aventurança de uma democracia. "Deus disse: *Não toque no ungido do Senhor*" — escreveu um nobre realista, enquanto empunhava relutantemente a espada para o combate. Em ambos os lados os homens iam para a luta com certa hesitação, mas guiados por sua fé em magnânimos ideais. Nas duas facções havia de tudo: cortesãos dissolutos, políticos ambiciosos prontos a lutar, mercenários desempregados dispostos a tirar lucros das dissenções nacionais. Mas, no seu todo, a disputa tornou-se um trágico conflito de lealdades e ideais. O tom arrogante das exigências do partido parlamentar, cada vez maiores, determinou o aspecto que a luta tomaria e levou o Rei a recrutar suas forças. A maior parte da nobreza gradualmente aderia à causa realista, enquanto os mercadores e comerciantes geralmente se inclinavam para o Parlamento. Mas, uma parte substancial da aristocracia apoiava Pym e muitas vilas eram devotamente realistas. As classes abastadas e os membros da guarda nacional, nos condados, estavam profundamente divididos. Os que moravam mais próximo de Londres geralmente inclinavam-se para o Parlamento, enquanto os habitantes do Norte e do Oeste permaneciam francamente realistas. Ambos os lados lutavam em nome do Rei e apoiavam a instituição parlamentar. Os Cabeças Redondas falavam em "Rei e Parlamento". As ordens dadas ao seu primeiro comandante-em-chefe, o Conde de Essex, mandavam que ele "socorresse" o Rei e os príncipes, se necessário pela força, livrando-o dos maus conselheiros em cujas mãos haviam caído. Carlos comprometeu-se a agir como um monarca constitucional e a respeitar as leis do reino. A luta jamais foi entre a autocracia e o republicanismo. Como disse Ranke, numa frase concisa: "Um partido desejava o Parlamento com o Rei e outro o Rei com o Parlamento." Atrás dos problemas políticos e de classes estava a disputa religiosa, que era o verdadeiro motivo da guerra. Segundo as palavras de Cromwell, "a religião não era, de início, a causa da luta, mas Deus finalmente fez com que dela se cogitasse; e aquilo que se pensava ser coisa supérflua, provou afinal ser a coisa mais preciosa para nós."

Durante mais de setenta anos reinara completa paz na Inglaterra. Com exceção de alguns poucos oficiais que haviam servido no continente, ninguém conhecia coisa alguma de assuntos militares. De início os Cavaleiros realistas, hábeis esgrimistas, habituados à caça, com seus coiteiros e dependentes, levaram vantagem sobre os Cabeças Redondas. De York, o Rei voltava a atenção para Hull, onde as armas do seu desbaratado exército contra os escoceses haviam sido amontoadas. O Príncipe de Gales e o Duque de York, que não passavam de dois meninos de 12 e 9 anos de idade, respectivamente, fizeram uma visita a Hull e foram cortesmente recebidos. Quando, porém, o Rei pessoalmente procurou entrar, o governador, Sir João Hotham, fechou os portões e ergueu baluartes contra ele. Como dispunha de somente poucos milhares de recrutas locais e membros da milícia, o Rei teve de respeitar a resistência. Foi um golpe mortal, que mostrava a necessidade de obter armas. Em Nottingham, onde tanto na cidade como no condado havia sido proclamada lealdade à causa realista, Carlos implantou seu estandarte a 22 de agosto e chamou os súditos leais em seu auxílio. Esse era o costume usado nos tempos feudais para convocar soldados, e tal mensagem despertou saudade entre os mais idosos da região. O gênio de De Quincey mostrou a tragédia dessas pessoas "que se reuniam em paz, sentavam-se às mesmas mesas, e eram ligadas pelo casamento ou por laços sanguíneos; e, não obstante, após um certo dia de agosto de 1642, nunca mais trocaram um sorriso, nem se encontraram, a não ser num campo de batalha; e em Marston Moor, em Newbury, em Naseby cortaram com os sabres cruéis todos os laços de afeição e lavaram com sangue a lembrança das antigas amizades".

* * *

Em Nottingham o Rei tinha apenas oitocentos cavalos e trezentos soldados da infantaria, parecendo de início duvidoso que se pudesse formar um exército. Mas, a violência do Parlamento veio em seu auxílio. Em fim de setembro ele tinha consigo 2.000 cavalos e 6.000 homens. Poucas semanas depois, esse número mais do que duplicara e outras forças eram conseguidas para ele em tôdo o país. A Rainha, que encontrara asilo na Holanda, mandou armas e oficiais treinados, obtidos graças à venda das jóias da Coroa. Mas, a Marinha, por cuja manutenção Carlos brigara com seus súditos, aderiu ao Parlamento e o bloqueio tornou-se difícil de ser rompido. Os grandes nobres auxiliaram o Rei com dinheiro. O Marquês de Newcastle, ao que se diz, despendeu perto de um milhão de libras pela causa realista, e o Marquês de Worcester setecentas ou oitocentas mil. A Universidade de Oxford fundiu seus metais e seu exemplo foi imitado em muitos outros colégios e mansões. Quando a Universidade de Cambridge quis fazer o mesmo, Cromwell interveio com força armada. Entrementes, os Cabeças Redondas, sustentados pelos amplos recursos da rica e permanente taxação de Londres, recrutaram e treinaram um exército de 25.000 homens, sob as ordens de Essex. Como acontecia na facção realista, muitos regimentos eram formados pessoalmente por homens de projeção Mas, enquanto o Rei podia apenas incumbir alguém de organizar um regimento ou uma tropa, o Parlamento fornecia, também, o equipamento. A qualidade de suas forças era inferior, porém elas supriam com entusiasmo o que lhes faltava em disciplina e preparo militar. A milícia de Londres, treinada por instrutores alemães, já era algo que impunha respeito.

O Rei, evitando habilmente o exército de Essex, rumou então para o Oeste, para juntar-se aos reforços galeses, e, em seguida, rumou para o Sul, visando ao vale do Tâmisa e a Londres. Houve pânico na capital quando se soube disso. Imediatamente foi despachada uma mensagem ao Rei, propondo que ele voltasse ao seu Parlamento, enquanto, no mesmo tempo, Essex era intimado a sair à sua caça. Carlos não se arriscaria a ser apanhado entre as tropas em Londres e aqueles que o seguiam decididamente. Em Edgerhill, em Warwickshire, no dia 23 de outubro o exército real voltou-se aos seus perseguidores e os atacou antes que sua retaguarda, que se aproximava da aldeia de Kineton, chegasse. A batalha caracterizou-se por completa falta de conhecimento militar e muito ardor, de ambos os lados. O Príncipe Rupert, do Reno, sobrinho do Rei, que, com seu irmão mais moço, Príncipe Maurício, ambos recém-saídos de guerras na Europa, haviam corrido para seu lado e assumido o comando da cavalaria, fez uma carga contra os cavaleiros parlamentaristas, pelo flanco esquerdo, derrotando-os. Empolgado pelo seu próprio ardor ou pela indisciplina de suas tropas, perseguiu os Cabeças Redondas até a aldeia de Kineton, onde ele pilhou o comboio de equipamentos e munições. Entrementes, o Rei e a infantaria real, sem o apoio de uma cavalaria própria, tiveram de enfrentar o assalto da infantaria inimiga, acompanhada de vários e fortes contingentes de cavalaria. Após uma luta confusa e sangrenta, até os próprios guardas do Rei Carlos ficaram desmantelados. Seu canhão foi capturado. O estandarte real foi tomado por algum tempo, e seu portador, Sir Edmundo Verney, abatido. Mas, a aproximação da retaguarda parlamentar, sob o comando de Hampden, afugentou Rupert e sua cavalaria das proximidades do comboio de equipamentos. Eles voltaram ao campo de batalha em tempo de evitar uma derrota completa. Ambas as partes se retiraram para as posições que ocupavam de manhã, entreolhando-se, desconfiadas e em desordem. Pelo menos 5.000 ingleses tombaram no campo de batalha; 1.200 foram sepultados pelo vigário de Kineton.

Edgehill, que poderia perfeitamente ter posto fim à guerra a favor do Rei, foi considerada uma batalha cujo resultado empatou. Essex logo retornou sua marcha para cobrir Londres, a qual foi, na verdade, uma retirada. O Rei ocupou Banbury e entrou triunfantemente em Oxford, que então se tornou seu quartel-general e assim permaneceu até o final.

Muitas vezes conjectura-se se Carlos poderia ter atingido Londres antes de Essex, e o que aconteceria quando ele lá chegasse. O Príncipe Rupert seguiu esse rumo no dia seguinte ao da batalha de Edgehill. Parece provável que o exército real ter-se-ia envolvido em ferozes lutas contra os londrinos, enquanto Essex, ainda superior em número, viria ferozmente sobre eles. Mas, agora, o avanço era feito de Oxford e o Rei contentava-se em desarmar e dissolver as forças locais que encontrava pelo caminho. Ao mesmo tempo, os enviados parlamentares apresentavam nova mensagem ao Rei, e negociações tinham andamento sem nenhuma trégua formal. Enquanto os principais regimentos de Essex se aproximavam rapidamente da capital, e já estavam em contato com seus defensores, Rupert os atacou, reforçado por algumas tropas de Essex, em Brentford-sobre-o-Tâmisa, derrotando-os e perseguindo-os severamente. Cada facção acusou a outra de traição. Os parlamentaristas declararam que seus homens inocentes haviam sido assaltados e tratados com "crueldade alemã", enquanto as negociações de paz se desenrolavam. Os realistas salientavam o fato militar de que Essex estava prestes a juntar-se às forças de Londres. Nenhum dos lados tinha razão de queixa. Carlos foi injustamente acusado de perfídia. Isso é ignorar as condições da guerra e dos movimentos de tropas rumo a pontos-chaves.

Alguns dias mais tarde, em Turnham Green, poucas milhas a oeste de Londres, o Rei viu-se diante das forças combinadas do exército de campo de Essex e da guarnição de Londres, que suplantavam suas tropas na porporção de mais de 2 para 1. Após um canhoneio ele retirou-se em direção a Oxford, conseguindo, por sorte como dizem alguns, ver-se livre. Agora compreendemos melhor os argumentos contrários a um ataque maciço a Londres, depois de Edgehill. Se tal acontecesse, tudo teria terminado subitamente com uma fuga; ou então teriam sido desbaratados, caçados e destruídos por forças superiores. Terminou assim a luta no ano de 1642.

* * *

Em toda a enfurecida Inglaterra, dividida em cada condado, cidade, vila e muitas vezes até no seio das famílias, todos os olhos estavam fixos nos combates e manobras dos dois principais exércitos. As esperanças de ambos os lados era que isso provocasse uma decisão e, afinal, a paz. Quando ficou patente que nada disso aconteceria e que as perspectivas eram de uma luta longa e equilibrada, todo o antagonismo recalcado se transformou em ação. Os choques e as pilhagem espalharam-se pelo país todo. A questão constitucional, as rixas religiosas e inúmeros desentendimentos locais combinaram-se num novo surto de explosão de ódio partidário. As zonas de conflito correspondiam geograficamente, de modo geral, àquelas que os partidos Conservador e Liberal reclamaram e escolheram por votação, no século XIX. As discussões resultantes da grande guerra civil influenciaram a vida inglesa durante dois séculos, e muitos estranhos exemplos de sua persistência sobrevivem em pleno regime do voto universal, nos constituintes ingleses de hoje

No início de 1643 a guerra generalizou-se. Classes e blocos de interesses, bem como partidos e credos religiosos, arremessavam-se com ódio uns contra os outros. Os portos e cidades, os centros manufatureiros, aderiram quase todos ao Parlamento; o que se podia chamar de Velha Inglaterra ficou do lado do Rei, cuja causa prosperava em duas grandes regiões do Norte e do Oeste. Na Corte estava a Rainha Henriqueta Maria, recém-chegada da Holanda. Furando o bloqueio, ela trouxe consigo um considerável carregamento de canhões e munição destinados a Bridlington, no litoral do Yorkshire. Os navios de guerra dos parlamentaristas ficaram irriquietos com o fato. Aproximando-se da costa tanto quanto o permitia a maré vazante, bombardearam a casa onde Sua majestade repousava. Seus soldados garantiram-lhe que seu navio e a preciosa carga seriam defendidos, e ainda descalça ela saiu correndo para se esconder do bombardeio, na vila. Esse canhoneio direto sobre a Rainha, pelo almirante parlamentarista Batten, foi considerado indesculpável e indecente numa época em que ainda se tomavam em consideração coisas como sexo, hierarquia e cavalheirismo. Em nossos dias vimos uma Imperatriz ser abatida num porão, sem provocar, ao que se saiba, qualquer reação no seio da civilização.

Henriqueta Maria entrou em York sob intenso júbilo. Enormes multidões de pessoas leais ovacionaram o imponente comboio de canhões que a acompanhava. Muitos chegaram a pensar que ela, a mulher, incitaria o Rei à paz. Ao contrário, a Rainha possuía um espírito belicoso tão ardoroso e indomável quanto o de Margarida de Anjou.

De início a ação decisiva não foi ao Norte. Os parlamentaristas já duvidavam um pouco da capacidade de Essex, como general. Os partidários da paz o prestigiavam, mas a figura mais simpática àqueles que desejavam obter o máximo da guerra era Sir Guilherme Waller, que então foi incumbido de comandar o exército parlamentar no Oeste. Os naturais de Cornwall, entretanto, demonstraram uma entusiástica devoção à causa real e incomuns ligeireza e coragem na luta. Na mesma região era comandante dos realistas o mais sagaz e habilidoso dos seus generais, Sir Raul Hopton. Este e Waller travaram três violentas batalhas, embora não de grandes proporções. Ligava-os, ainda, uma calorosa amizade pessoal, mas, como Waller escreveu a seu oponente, "cada um tinha que desempenhar seu papel por uma questão de honra e fidelidade". Em Lansdowne, na região de Bath, os naturais de Cornwall, comandados por Hopton, atacaram a posição de Waller. O forte das forças deste era a cavalaria de Londres, tão bem treinada e armada que parecia uma "fortaleza ambulante", chamada por ambos os litigantes de "Lagosta".[13] As Lagostas foram atacadas em dificuldade pelos realistas, que provocaram grandes estragos em seu seio. Waller foi derrotado, mas as perdas de Hopton foram tão severas que ele procurou refúgio em Devizes. O próprio Hopton foi ferido pela explosão de um dos únicos carros de pólvora do seu exército. Seus cavaleiros, comandados pelo Príncipe Maurício, fugiram. Mas, o Príncipe, voltando em marcha batida de Oxford, à frente de uma nova cavalaria, encontrou Waller pronto para recebê-lo em Roundway Down. Os realistas atacaram e forçaram as Lagostas a precipitarem-se no perigoso desfiladeiro, enquanto Hoptn deixou a cidade e completou a vitória com sua infantaria.

Inflamado com essas vitórias, Rupert, com o exército de Oxford reunido às forças de Hopton, provocou, assaltou e procurou subjugar a cidade de Bristol. Esta era a segunda cidade do reino, e todos os seus habitantes eram realistas, tendo solapado a resistência da guarnição parlamentarista. Receberam Rupert como um libertador. Os vasos de guerra que se achavam no porto declararam-se a favor do Rei, o que fez surgir a esperança de que o soberano pudesse contar com um esquadrão capaz de manter o domínio sobre o Canal de Bristol. O Rei Carlos era senhor de todo o Oeste.

Sua causa também dominou o Yorkshire. Aí, Lorde Fairfax e seu filho, Sir Tomás, comandavam as forças parlamentares, recrutadas principalmente em Leeds, Halifax e Bradford, "três cidades muito importantes e populosas", as quais, como escreveu Clarendon, alguns anos após os acontecimentos, "sendo cidades dependentes da indústria de tecidos, naturalmente invejavam as classes abastadas". Os Fairfax atacaram York. Mas, o Marquês de Newcastle, um homem sem aptidão militar, rico, corpulento, orgulhoso, mas fanático, conduziu seus partidários, os valentes "paletós brancos", para alívio deles; mais tarde, no outono, atacou os Fairfaxes em Adwalton Moor. Nas hostes parlamentares apareceram, então, numerosos camponeses armados de foice e cacetes — os "Caceteiros",

---

[13] N. do T. – Evidentemente porque esse crustáceo possui duas grandes garras ou pinças, e quatro pares de pernas.

como passaram a ser chamados. Isso contribuiu para levar a carnificina ao máximo. A derrota deixara os parlamentaristas apenas com um baluarte ao norte, que era Hull. O governador de Scarborough, Hugo Cholmley, ilustre membro do Parlamento, já desertara dos Cabeças Redondas, levando consigo suas tropas e provocando a rendição da cidade. Agora, em Skull, o governador Skothom, antes partidário resoluto dos Cabeças Redondas, passou para o lado dos realistas, em parte persuadido por um dos seus prisioneiros, Lorde Digby, e também, sem dúvida, pelos sucessos do Rei. Dezoito meses antes, quando a contribuição de Hull e suas munições teria sido provavelmente decisiva, poderia ter resolvido tudo facilmente. Mas, ele mesmo fomentara um espírito de resistência entre os moradores da cidade, que não o acompanharam nessa reviravolta de opinião. Ele e seu filho foram presos e conduzidos por via marítima para Londres. Entrementes, também nos Midlands os realistas estabeleciam uma cabeça-de-ponte. Apesar disso, Carlos Cavendish foi pessoalmente derrotado e morto num violento combate perto de Gainsborough, pelo Coronel Cromwell, que pela primeira vez trouxe para o campo de batalha as tropas montadas da Associação dos condados de leste, que ele organizara e treinara. Mas, eles não puderam impedir que os realistas capturassem Lincoln. Em nenhuma facção a cavalaria conseguiu dominar as cidades.

Carlos possuía um certo discernimento de estratégia. Não tinha, evidentemente, essa visão clara e a rapidez de ação, que constituem as qualidades dos grandes comandantes, mas sabia considerar todos os detalhes nos assuntos militares e era bravo no momento de agir. Desde o início de 1643 sua intenção era fazer um avanço geral sobre Londres. Hopton, vindo do Oeste, Newcastle do Norte, ele próprio de Oxford, convergiriam sobre a capital e extinguiriam o principal foco da rebelião. Até meados do verão os resultados da luta aparentemente favoreciam esse plano decisivo. Mas, o Rei não tinha os recursos necessários nem a autoridade para uma coordenação tão vasta de forças. A violenta luta no Oeste custara-lhe a vida de seus melhores companheiros. O pequeno exército de Hopton marchou resolutamente para leste, através de Hampshire e Sussex, sendo reprimido, enquanto os realistas do setor oeste, que deviam tê-lo reforçado, contentaram-se em ficar de braços cruzados ante Plymouth, cuja guarnição parlamentarista andara atacando em larga escala. Com efeito, a lealdade ao Parlamento, manifestada por uma simples cidade numa região geralmente realista, tornou difícil ao Rei recrutar tropas locais para uma campanha de envergadura nacional. Newcastle não podia ser dissuadido de um ataque por terra ao setor de Hull, onde fortes marés impediam a coordenação de uma manobra marítima destinada a isolar o porto. Sem as suas forças do norte, nada se podia esperar da luta em Midlands, que estava equilibrada. A Rainha e alguns conselheiros mais entusiastas reclamavam por um avanço isolado sobre Londres. Por outro lado, Gloucester era o único baluarte que restava aos parlamentares entre Bristol e York. Sua queda abriria o Savern à flotilha realista e aos barcos de suprimento, bem como uniria Oxford e o Oeste à Gales realista. Assim, o Rei, no zênite de suas vitórias militares, resolveu sitiar Gloucester. Provavelmente, ele tinha razão. A Inglaterra era um país obstinado e as pessoas lutavam em suas regiões, isoladamente, sem se impressionarem com más notícias de outros pontos do país e muito menos sem se deixarem arrebatar por reviravoltas sensacionais. Além do mais, o governador Massey, ao que se acreditava, prometera seriamente mudar de partido. Assim, a 5 de agosto, a cidade foi atacada.

Entrementes, em Londres, Pym, senhor do Parlamento, corpo e alma da guerra dos Cabeças Redondas, estava em situação difícil. A essa altura, tudo ia mal e qualquer esperança de vitória desaparecera. Como chefe do governo, era obrigado a levantar fundos para sustentar uma guerra cada vez mais impopular, e para isso conseguir era obrigado a se utilizar de métodos bem pouco de acordo com os princípios que ele ardentemente defendera, quando o Rei Carlos agira do mesmo modo contra os escoceses, em 1640. Entre as medidas postas em prática estavam os empréstimos compulsórios e a taxação direta. Fortes correntes favoráveis ao realismo apareceram, então, na capital, aderindo ao movimento pró-paz. O Conselho Municipal mantinha-se firme; mas, a corrente realista era muito forte para ser silenciada. Em certa ocasião, setenta mercadores foram presos por se recusarem a pagar taxas que eles julgavam ilegais. De outra feita, centenas de mulheres marcharam, em bloco, até Westminster, para apresentar uma petição pró-paz. Quando os soldados da cavalaria surgiram por entre as frenéticas mulheres, elas tentaram arrancá-los de suas selas. "Atiremos o cão Pym ao Tâmisa!" — gritavam. Mas, os soldados puxaram a espada e atacaram-nas com extrema brutalidade, perseguindo as mulheres através do pátio do palácio, de modo que muitas foram feridas antes que pudessem escapulir. A Câmara dos Lordes, composta agora de menos de vinte pares efetivos, aprovou uma resolução precisa e solene a favor das negociações de paz. Até os Comuns, por uma pequena maioria dentro de um plenário pouco concorrido, concordaram com as proposições dos Lordes. A vida de Pym chegava ao fim. Sofria de câncer. Seu mais ilustre colega, Hampden, morrera no começo do ano em conseqüência de ferimentos recebidos num encontro com a cavalaria de Rupert, no Campo de Chalgrove. A ruína de sua causa e a aproximação da morte quando os desastres se sucediam, parecia ser a única recompensa das lutas que Pym empreendera. Intrépido, ele levantou-se contra tudo; o último impulso de sua vida pode bem ter mudado o fiel da balança. Todas as forças dos puritanos, em Londres, ergueram-se para repudiar a paz. Os pregadores exortaram suas congregações, e multidões aguerridas assediaram Westminster. A Câmara dos Comuns revogou sua resolução conciliatória e passou-se a clamar pelo auxílio a Gloucester

O Conde de Essex caíra merecidamente em desgraça como general, sendo ainda suspeito de tibieza política, pois, embora fiel à causa que havia esposado, procurava um entendimento pacífico. Seu projeto era fantástico na forma, mas sério em seus propósitos. Propunha que o Rei fosse tirado do comando do seu exército e ficasse de lado, como um augusto observador neutro. Então, realistas e parlamentaristas, a cavalo, a pé e com artilharia, encontrar-se-iam, com efetivos iguais, num local combinado e lutariam até que Deus desse Sua decisão, a qual seria por todos aceita. Isso era uma proposta de paz disfarçada em termos marciais. Entretanto, a ordem que recebeu foi de socorrer Gloucester. Ele aceitou a incumbência, talvez na esperança de que pudesse impedir que a Inglaterra continuasse a se despedaçar. A milícia de Londres, numa súbita resolução, pediu para marchar. Houve cenas entusiásticas nas ruas quando as forças partiram, por entre a multidão que as ovacionava. Os elementos dominantes da capital mais uma vez pareciam plenamente soberanos.

Em Gloucester, o governador Massey abandonara o Rei. O violento puritanismo que reinava na cidade não lhe permitiu praticar a traição a favor dos realistas. Quando Carlos sitiou a cidade, dois grosseiros cidadãos foram mandados com o recado de que "eles somente obedeceriam às ordens de S. M. quando lhes fossem enviadas por ambas as casas do

Parlamento". Mal se afastaram da presença do Rei, puseram os laços alaranjados do exército de Essex em seus bonés. Isso foi considerado muito atrevimento. Mas, os laços alaranjados logo se mostraram de alguma utilidade. Os recursos do Rei, aliás, toda a arte bélica da Inglaterra desse tempo, não ofereciam meios satisfatórios de realizar um sítio. Comparados com as gigantescas operações sistematizadas dos tempos modernos, os sítios da guerra civil inglesa eram débeis e primitivos. Com poucas baterias de canhões e escassa quantidade de pólvora e projéteis, tentou abrir um rombo nas muralhas, a fim de permitir que ambos os exércitos pudessem lutar com suas espadas e arcabuzes, até que se esgotassem as rações, ou a população, temerosa de um saque, forçasse a capitulação. O Rei não fizera progresso no ataque a Gloucester, quando nos primeiros dias de setembro Essex e o exército de Londres, muito superior em número, aproximaram-se. Não havia outra solução senão levantar o sítio e bater em retirada para Oxford.

Essex entrou em Gloucester triunfalmente, mas viu-se imediatamente com falta de suprimentos e alimentos e com um formidável inimigo a barrar-lhe o caminho de sua base. Ambos os exércitos voltaram-se em direção a Londres e, a 20 de setembro, chocaram-se em Newbury, no Berckshire. O embate foi longo e severo. Mais uma vez a cavalaria de Rupert bateu seus adversários. Não conseguiu, porém, impressionar os mosqueteiros e arqueiros londrinos. Um terço das tropas foi vitimado e as hostes realistas muitos nobres tombaram. Entre eles estava Lorde Falkland, que na morte encontrou o alívio que durante certo tempo procurara, de um mundo e de uma luta que ele não podia suportar. A batalha ficou indecisa quando veio a noite. A Essex só restava reencetá-la ao amanhecer. O Rei, no entanto, afetado pela perda de tantos amigos pessoais e com pouca pólvora disponível, retirou-se, deixando a estrada de Londres aberta para os Cabeças Redondas.

O grande plano do Rei para o ano de 1643 fracassou. Não obstante, a campanha lhe fora bastante favorável. Ganhara o controle de uma grande parte da Inglaterra. Suas tropas haviam-se revelado, de modo geral, melhores combatentes do que os Cabeças Redondas. Muito terreno perdido no início da guerra fora recuperado. Um movimento de adesão às forças realista se esboçara. Todos puderam ver como eram desunidas as forças que despedaçavam o reino. Em ambos os lados surgiram defensores da paz. Não Pym, entretanto. Ele pensou nos escoceses e graças a vultuosas quantias conseguiu a intervenção de um exército da Escócia, de mais de onze mil homens. Levou o Parlamento, a 25 de setembro, a assinar uma Solene Aliança e Convênio entre seus membros e com os escoceses, comprometendo-se a arrastarem a guerra com incansável ardor. Era um acordo militar expresso em termos de um manifesto religioso. Então a 8 de dezembro, Pym morreu, sem estar coroado de sucesso, mas também sem ter sido arrasado pela desgraça. Havia negligenciado seus negócios particulares por motivo da causa pública, e seus bens teriam desaparecido não tivesse o Parlamento pago suas dívidas, numa manifestação de pesar e gratidão. Ele ainda é o mais famoso dos velhos parlamentares, como o homem que, mais do que ninguém, salvou a Inglaterra da monarquia absoluta e colocou o país na rota que desde aí tem trilhado.

Ranke presta uma alta homenagem a Pym, quando diz: "Ele possuía talento próprio para tempos revolucionários, capaz de, num golpe, abalar e destruir instituições existentes e estabelecer novas, tão resoluto em aplicar grandes medidas como em solucionar os pequenos casos. Ousado em seus projetos, mas prático na execução deles, era ao mesmo tempo ativo e reservado, atrevido e prudente, sistemático e flexível, cheio de preocupações por seus amigos, desprovido de qualquer consideração por aqueles cujos direitos combatia. Em Pym havia algo tanto de Sieyès como de Mirabeau: é um dos maiores líderes revolucionários que a História conhece. Personalidades como essa situam-se a meio caminho, entre o presente, com que eles rompem sempre, e o futuro, que, entretanto, geralmente se desdobra sob princípios diferentes daqueles que eles pregavam."[14]

Durante o inverno houve uma calmaria. Carlos foi encorajado pela morte do grande ministro francês Richelieu, que trouxe a restauração do poder ao irmão de sua esposa, Luís XIII, bem como pelo auxílio amigável do rei da Dinamarca. Na Irlanda, o Conde de Ormande, vice-rei, fizera um armistício com os católicos, os quais, apesar de todas as atrocidades cometidas e sofridas, ainda aceitavam a monarquia. O acampamento realista chegou até a considerar a hipótese de trazer os papistas

---

[14] "História da Inglaterra" vol. II, pág. 394.

irlandeses para a Inglaterra, e tais rumores prejudicaram a causa do Rei. Mas a "Cessação" ou armistício, na Irlanda, permitiu que fossem levados para a Inglaterra regimentos irlandeses protestantes e outras tropas reais, e aí eles desempenharam importante papel.

Carlos jamais dissolveu o Parlamento que o guerreava, porque, se assim fizesse, invalidaria sua aprovação não só com respeito ao Ato que ele inadvertidamente aceitara em 1641, tornando a Câmara virtualmente perpétua, como com muitas outras leis que contavam com seu próprio apoio. Declarando, portanto, que o Parlamento em Westminster não mais era um parlamento livre, ele incitou todos os que haviam sido expulsos ou haviam abandonado suas fileiras a formarem um Contra-Parlamento. O resultado foi notável. Oitenta e três pares e cento e setenta e cinco membros reuniram-se em Oxford, a 22 de janeiro de 1644.

Tais vantagens foram, porém, suplantadas pela chegada à Inglaterra de um exército escocês de 18.000 homens da infantaria e 3.000 cavaleiros, que cruzaram o Tweed em janeiro. Esse socorro custou ao Parlamento de Londres 31.000 libras mensais, além dos equipamentos. Mas, os escoceses, embora de certo modo mercenários, tinham outros objetivos além do dinheiro. Aspiravam, agora, a extirpar o Episcopalismo e impor à Inglaterra, pela força armada, o sistema presbiteriano de governo da Igreja. Isso demonstra bem a diferença de ambiente, pois há cerca de seis anos antes, apenas, o Rei Carlos e Laud é que tentavam impor a liturgia inglesa aos escoceses. Agora, os escoceses não se limitavam a defender suas próprias liberdades religiosas. Iam mais além, procurando compelir a nação inglesa, muito maior e mais forte, a se conformar com suas idéias. Radiosas perspectivas abriram-se à ambição escocesa. Eles tinham melhor material humano; haviam sido convidados a invadir um país rico, às suas próprias custas, para auxiliar a causa de Deus Todo-Poderoso e a causa da sua própria convicção religiosa. Do outro lado da fronteira aguardavam os escoceses os pagamentos pontuais, em metal sonante, e... a salvação da alma. Em homenagem à Escócia é preciso que se diga que a assembléia de Edinburgo, que se vendeu a semelhante política, possuía uma forte minoria, a qual foi efetivamente abafada.

CAPÍTULO VII

MARSTON MOOR E NASEBY

O Rei, no início de 1644, contava com o apoio da maior parte do país e de um importante Parlamento próprio, que se reunia em Oxford. A vitória militar na Inglaterra parecia ao seu alcance. Os escoceses, todavia, mudaram o fiel da balança. Avançando rumo ao Sul, dominaram os condados realistas do Norte, atacaram a cidade de Newcastle e mandaram a conta para Westminster. Sua ascendência tornou-se decisiva. Seus agentes chegaram a Londres com três objetivos principais: primeiro, a imposição do presbiterianismo em toda a Inglaterra; segundo, participação no governo inglês através do Comitê dos Dois Reinos, instalado em conseqüência da Solene Aliança e Convênio, não apenas para direção da guerra, mas para a política geral; terceiro, a manutenção da monarquia. Elogiaram hipocritamente a majestade e a santidade da Coroa e opuseram-se às tendências republicanas, porque lhes agradaria ver uma dinastia escocesa no trono inglês. Tudo isso lhes convinha.

Embora a causa dos falecidos Pym e Hampden agora estivesse reduzida a essas baixezas, tais transações não passaram sem protestos. Os contribuintes de impostos, partidários do Parlamento, ressentiam-se das despesas impostas pelo exército escocês. A Câmara dos Lordes, ou o que restava dela em Westminster, resistiu ao plano do Comitê dos Dois Reinos, como coisa capaz de subverter seus direitos constitucionais. Responderam-lhes que a guerra deveria ser feita em comum pelas duas nações unidas. A divergência mais séria, porém, era no tocante à religião. Foi então que Olivério Cromwell ficou em preeminência. O parlamentar por Cambridge era considerado o melhor oficial dessa facção, embora ainda não lhe tivesse sido confiado um supremo comando. À frente das tropas da Associação dos Condados de Leste, ele triunfara em Gainsborough numa hora crucial. Seu regimento tinha uma disciplina e valor que ultrapassavam, aparentemente, qualquer contigente do adversário. Tal homem não podia ser ignorado. Nem liqüidado. A ascensão de Cromwell para a primeira linha do poder, durante 1644, deveu-se tanto a seus triunfos nos campos de batalha, como à sua resistência aos presbiterianos e aos escoceses em Westminster. Exceto quanto aos papistas e episcopalistas, ele era a favor da liberdade de consciência, razão pela qual todas as seitas protestantes mais obscuras viram nele seu defensor.

Quando a assembléia conjunta de teólogos ingleses e escoceses discutiu, em Westminster, apaixonadamente o delicado assunto do governo da Igreja entre cristãos, foi aberto um verdadeiro abismo entre os presbiterianos e os congregacionalistas ou independentes. Estes eram apenas uma sétima parte da assembléia, mas seu ardor e valor os fizeram poderosos no exército. Eles rejeitavam todas as formas de ordenação com as mãos estendidas. Isso, alegavam, com alguma lógica, cheirava a episcopalismo. A Reforma poderia ser executada somente se se voltasse à instituição original das igrejas independentes. Eram, porém, menos rigorosos do que os presbiterianos ou os puritanos mais antigos, no que tocava à correção de comportamento, mas cada membro devia achar-se num estado de graça, de que a congregação seria juiz. Tinham seus ministros, mas recusavam-se a outorgar-lhes qualquer parcela da autoridade espiritual reclamada pelo padre anglicano ou pelo ministro presbiteriano. Essas congregações fomentavam constantemente o extremismo na política. A disciplina presbiteriana lhes era tão odiosa quanto o episcopalismo. Os agentes escoceses e teólogos ficaram intrigados com tais doutrinas de anarquismo espiritual, mas nem eles, nem seus colegas ingleses, poderiam atrever-se a lutar contra Cromwell e seus Independentes, enquanto os realistas estivessem por ser subjugados. Acharam melhor para seu exército penetrar profundamente na Inglaterra e envolver-se na guerra antes de negociar com esses "irmãos dissidentes" como eles mereciam. Foi assim, não pela primeira vez nem pela última, que a teologia dependeu das armas, e, afinal, foi a aliança de Anglicanos e Presbiterianos contra seu inimigo comum, os Independentes, que restaurou a monarquia e a Igreja Estabelecida.

Ao Norte, o Marquês de Newcastle tinha, agora, de lutar com o exército escocês numa frente e com os dois Fairfaxes em outra. Realizou os movimentos estratégicos usuais nessas circunstâncias. Na primavera, rumou para o norte, atacando os escoceses, e deixou Lorde Bellasis aparando o golpe dos Cabeças Redondas. Bellasis foi dominado em Selby a 11 de abril, pelos Fairfaxes A retaguarda de Newcastle ficou, assim, exposta, e ele nada mais pode fazer senão manter-se em York, onde estava, então, fortemente sitiado. A perda de York arruinaria a causa do Rei na região norte. Carlos, por isso, mandou o Príncipe Rupert, com uma forte cavalaria, que ia aumentando seus efetivos à medida que avançava, auxiliar a cidade e apoiar o assolado e fiel Marquês. Rupert abriu caminho através do Lancashire, lutando e golpeando pesadamente, a torto e a direito. Lathom House, defendida pela Condessa de Derby, foi libertada e os soldados que a sitiavam, destruídos. Stockport foi pilhada. Bolton assaltada. No dia 1º de junho, Lorde Goring, com 5.000 cavaleiros, juntou-se ao Príncipe. Unidos, tomaram Liverpool.

O Rei escreveu, então, a Rupert uma carta que contém a seguinte passagem. "Se perder York, pouco valor darei à minha coroa, a menos que apoiada por vossa imediata aproximação de mim, e uma conquista milagrosa no setor sul, antes que as conseqüências da perda do norte lá cheguem... Por isso, determino e suplico-vos, por amor ao dever e pela afeição que sei que me devotais que, pondo de lado qualquer nova empresa, marcheis imediatamente de acordo com vossa primeira intenção, com todo vosso poderio, para auxiliar York. Mas, se essa cidade for tomada... que vós imediatamente marcheis com todas vossas forças diretamente para Worcester, para amparar-me e a meu exército, sem o que — a libertação de York pela derrota dos escoceses — todos os sucessos que vós no futuro conseguirdes, serão inúteis para mim."[15] Rupert não

---

[15] Gardiner "História da Grande Guerra Civil (1901)", vol. I, pág. 371.

precisava de estímulo, e tomou essas palavras como uma ordem expressa para travar combate imediato, na primeira oportunidade. "Perante Deus — disse Colepeper a Carlos, quando soube que tal carta fora enviada — vós estais arruinado porque diante dessa ordem peremptória ele lutará de qualquer maneira." E assim foi

Rupert salvou York em seu último suspiro; a mina foi dinamitada; as muralhas já estavam arrombadas. Os escoceses e os Cabeças Redondas retiraram-se, juntos, para Oeste, protegendo Leed e juntando as forças de East Anglia sob o comando de Lorde Manchester e Cromwell. Os três exércitos puritanos foram, assim, reunidos e somaram 20.000 homens da infantaria e 7.000 cavaleiros. Seus postos avançados estavam numa elevação de terra em Marston Moor. Rupert encontrou-se com o Marquês de Newcastle e suas forças unidas alcançaram 11.000 homens da infantaria e 7.000 cavaleiros. O Marquês era contra o prosseguimento da luta. Considerava o "front" do Norte pacificado. Aguardava reforços de Durham. Ficou vexado por Rupert poder vir a comandá-lo. Ficaria satisfeito de ver o Príncipe marchar de volta ao Sul, para se juntar ao Rei, mas Rupert disse que "tinha uma carta do Rei que era uma ordem positiva e absoluta para atacar o inimigo." "Aconteça o que acontecer — respondeu o Marquês a seu amigo — não fugirei à luta, pois não tenho outra ambição se não viver e morrer como um leal súdito de Sua Majestade." Assim, o exército realista perseguiu o inimigo até Marston Moor e a 2 de junho aproximou-se do seu acampamento. Quase todos condenaram o ataque de Rupert, nesse instante, porém o mais discutível foi a tática empregada. Embora conservasse a infantaria no centro da linha, procurou com a sua até então invencível cavalaria, abrir uma brecha na defesa inimiga, e assim perdeu o comando daquela massa com a qual tantas vezes obtivera retumbantes vitórias. Perguntou, então, ansioso, a um prisioneiro: "Cromwell está aí?"

O tempo esteve o dia todo variável, com chuva e sol, e ambos os exércitos mantiveram-se em íntimo contato. Rupert imaginou que o adversário, tal como ele, descansaria para recomeçar a batalha na manhã seguinte, mas às seis horas da tarde ele foi atacado por toda força dos Cabeças Redondas, que suplantavam em número sua infantaria, na proporção de 2 para 1. Uma cerrada coluna de cavaleiros envoltos em suas armaduras de ferro foi avistada, aproximando-se rapidamente. Eram as forças de Cromwell e seus "Ironsides".[16] O exército real, que, embora em forma, se preparava para tomar sua refeição vespertina, não pode contar com a vantagem de uma posição defensiva, nem de um ataque. Entretanto, lutou bravamente. A cavalaria de Goring, do flanco esquerdo, atacou a direita dos Cabeças Redondas, caindo sobre os escoceses no centro da linha, puseram-nos em desordenada retirada. O veterano Alexandre Leslie, agora Lorde Leven, abandonou o campo de batalha, dizendo que tudo estava perdido, e foi preso por um oficial de polícia a 16 km de distância. Mas Cromwell, com o auxílio dos escoceses remanescentes, sob as ordens de David Leslie, recuperou-se. Agora, pela primeira vez a heróica e temida força dos "Cavaliers" realistas encontrou seu competidor e o próprio chefe. "Pusemos toda a cavalaria do Príncipe fora de combate — escreveu Cromwell. Deus permitiu que os retalhássemos com nossas espadas. Em seguida aprisionamos, com nossa cavalaria, sua infantaria e destroçamos tudo que encontramos."

Marston Moor foi a maior e mais sangrenta batalha da guerra. Nessa luta sem quartel pereceram quatro mil pessoas. Os "paletós-brancos" de Newcastle lutaram até a morte e não arredaram o pé. Costumavam jactar-se de que borrariam seus paletós brancos com o sangue dos adversários. Os uniformes foram de fato tingidos de vermelho, mas com o sangue deles próprios. Somente à noite cessou a perseguição, pondo fim a esse desastre de primeira grandeza, que arruinou a causa do Rei. Seu exército do norte fora desbaratado e toda a região estava perdida. O prestígio da cavalaria de Rupert desaparecera. O Marquês profundamente angustiado, fugiu para o exílio. Rupert, que não se assustava com nada, reuniu os remanescentes do seu exército e conduziu-os a salvo, rumo ao sul até Shrewsbury.

* * *

O sucesso da campanha do Rei no sul disfarçou, pelo menos durante algum tempo, o desastre de Marston Moor. Carlos revelou qualidades

---

[16] N. do T. "Ironsides". Homens de grande força e bravura que usavam armaduras de ferro; nome dado particularmente aos cavaleiros de Cromwell.

inéditas como general. Começava a gostar da vida de campanha, com sua azáfama e movimento de guerra. Sabran, o embaixador francês, que tivera uma longa conversa com ele, a cavalo, admirava-o bastante. "Sua Majestade é judicioso e sagaz, nunca se deixa levar por qualquer ação precipitada em sua melindrosa situação, dá pessoalmente suas ordens, tanto as importantes, como as de menor importância, nunca assina documento algum sem antes o ler, e a cavalo ou a pé está sempre à frente de suas tropas." Em maio, Carlos apenas podia contar com dez mil homens para enfrentar os dois exércitos de Essex e Waller, cada um dos quais tinha maior efetivo. Esperava que o desentendimento latente entre os generais adversários lhe desse uma oportunidade de atacá-los separadamente. Mas, ao invés disso, eles marchavam unidos em direção a Oxford. A cidade não estava devidamente preparada para um sítio, e certamente não conseguiria defender a contento o "front" realista, nem manter suas guarnições. Não só os parlamentaristas, como seus próprios correligionários, esperavam que o Rei fosse aprisionado em Oxford e intimado a render-se. Entretanto, após providenciar a defesa da cidade, Carlos, com grande habilidade, iludiu ambos os exércitos convergentes e alcançou Worcester.

Isso forçou os dois generais parlamentaristas a dividirem suas forças, como o Rei previra. Waller manobrou contra o soberano, que gradualmente se movia rumo ao norte, enquanto Essex invandiu o setor oeste dos realistas. Depois, voltando-se para leste, o Rei infligiu um severo ataque a Waller, em Cropredy Bridge, no Oxforshire, a 6 de junho, capturando toda sua artilharia. Marston Moor estava vingada. Ultrapassando em astúcia e geograficamente Waller, ele subitamente, durante o mês de agosto, começou a marchar rumo oeste, com intenção de atacar Essex pela retaguarda. Este fizera algum progresso e levantara o sítio de Lyme e Plymouth. Mas, encontrou obstinada oposição em distritos onde toda a zona rural era hostil aos Cabeças Redondas. Agora, o próprio Rei vinha ao seu alcance. Essex tinha maior efetivo, mas estava desabastecido, por isso, após rejeitar uma proposta de rendição, partiu para Plymouth, ordenou à cavalaria que escapasse da armadilha e deixou o resto do seu exército entregue à própria sorte. Toda a infantaria e a artilharia, num total de cerca de oito mil homens, renderam-se em Lostwithiel, em Cornwall, a 2 de setembro.

O inverno aproximava-se, mas a guerra não parecia chegar ao fim. Os Cavaleiros do Rei, desanimados por verem o território sob o seu controle diminuir cada vez mais, diante das forças dos Cabeças Redondas, superiores em número e recursos, defendiam-se em todos os condados onde tinham forças. As forças principais do Parlamento foram, então, atiradas contra o Rei. Manchester e Waller receberam reforços de Cromwell. A posição realista, centralizada em Oxford, compreendia um sistema de cidades fortificadas que abrangia Gales e o oeste da Inglaterra. Era entre esses pontos que o Rei manobrava. Mais uma vez, a 27 de outubro, os exércitos se encontraram em Newbury e novamente houve uma batalha mais ou menos equilibrada, embora por fim os realistas se retirassem. Somente em fins de novembro a atividade bélica sofreu uma pausa. Carlos voltou a Oxford em triunfo. A campanha representava seu maior feito militar. Nas portas da adversidade mantivera-se de pé, com pouco dinheiro e suprimentos, na proporção de 3 ou 2 para 1, em comparação com o adversário. Ademais, o lado parlamentarista contava sempre com a vantagem de uma artilharia grandemente superior.

* * *

Cromwell deixou o exército para assumir suas funções de membro do Parlamento. Suas divergências com os escoceses e sua oposição à uniformidade presbiteriana já começavam a dominar a política dos Cabeças Redondas. Ele fez, então, um veemente e cerrado ataque contra a orientação da guerra e as falhas da direção a cargo de generais displicentes, pertencentes à nobreza, citando nominalmente Essex e Manchester. O primeiro estava bastante desacreditado após Lostwithiel, mas Cromwell também acusou Manchester pela derrota na segunda batalha de Newbury, por motivo de incúria e falta de entusiasmo. Cromwell, no íntimo, estava ávido de poder e de vontade de assumir o comando que, estava certo, poderia manejar com sucesso. Mas, agia astutamente. Enquanto mostrava a necessidade de uma completa reconstituição do exército parlamentarista, baseado num "novo modelo", semelhante ao do seu próprio exército, nos condados de leste — seus amigos na Câmara dos Comuns propuseram uma resolução chamada "Auto-renúncia militarista", em virtude da qual todos os membros, de ambas as Câmaras, seriam excluídos dos postos militares. O grupo de lordes que ainda permanecia em Westminster percebeu logo que isso era um ataque à sua hegemonia na orientação da guerra, se não à sua própria autoridade. Mas, havia tantas razões de ordem militar favoráveis à medida, que nem eles, nem os escoceses, que ainda temiam Cromwell, puderam evitar que a medida fosse aprovada. Essex e Manchester, que desde o começo da peleja lutavam contra o Rei, que haviam formado regimentos e servido à causa do Parlamento com toda fidelidade, foram demitidos. Não se falou mais neles.

Durante o inverno o exército foi reconstituído de acordo com as idéias de Cromwell. Os antigos regimentos formados por nobres parlamentares foram dissolvidos e seus oficiais e soldados incorporados a formações completamente novas. Estas, do "novo modelo", compreendiam onze regimentos de cavalaria, cada um com 600 homens; doze regimentos de infantaria, cada um com 1 200 homens; e mil dragões. Ao todo, 22.000 homens. As fileiras foram preenchidas com a convocação compulsória. Em um distrito de Sussex as três conscrições de abril, julho e setembro de 1645 reuniram um total de 149 homens, apenas. Foi necessária uma escolta de 134 guardas para levá-los a jurar à Bandeira...

No quartel-general do Rei acreditava-se que essas medidas desmoralizariam as tropas parlamentaristas, e sem dúvida no começo isso aconteceu. Mas, a facção dos Cabeças Redondas tinha, agora, uma organização militar simétrica, encabeçada por homens que se fizeram nos campos de batalha e não tinham outros títulos exceto seus feitos militares e um entusiasmo religioso. Sir Tomás Fairfax foi nomeado comandante-em-chefe. Cromwell, como parlamentar por Cambridge, foi de início deixado de lado. Entretanto, logo ficou patente que sua "autodesmilitarização" se aplicava apenas a seus rivais. A urgência de uma nova campanha e descontentamento de ordem militar que somente ele poderia sufocar, forçaram até mesmo os lordes mais relutantes a abrirem uma exceção a seu favor. Em junho de 1645 ele foi nomeado general de cavalaria e passou a ser, portanto, o único homem que acumulava um alto comando militar com uma saliente posição no Parlamento. A partir desse instante Cromwell tornou-se a figura dominante em ambas as esferas.

Premido por essas forças, o Arcebispo Laud que, doente, mofava na Torre, foi conduzido ao cadafalso. Cabeças Redondas, escoceses e puritanos entenderam-se perfeitamente quanto a esse ato de ódio. A Câmara dos Comuns, dividida, recusou seu apelo para ser decapitado, ao invés de enforcado, arrastado e esquartejado. À noite, porém, esta bárbara decisão foi reconsiderada e após ele ter proferido um veemente discurso, a cabeça do velho foi cortada de maneira condigna

O desejo de todos os ingleses para que se pusesse um fim a essa absurda contenda premia os mais inflamados partidários. Os "caceteiros" reapareceram. Grande número de fazendeiros e seus trabalhadores, juntamente com pessoas da cidade, reuniam-se em vários pontos do país, empunhando as armas que conseguiam obter, protestando contra as extorsões e pilhagens das forças contendoras. Mostravam-se mais favoráveis, agora, ao Rei do que ao Parlamento. Em grande parte para agradar aos escoceses, uma negociação de paz teve início em Uxbridge, perto de Londres, alimentando a esperança de muita gente, embora não dos mais exaltados parlamentares. Durante vinte dias a vila e suas hospedarias foram divididas entre os delegados de ambas as facções. Eles reuniam-se e discutiam com solene cerimônia. Mas, nem os Estados-maiores do Rei, nem tampouco os dirigentes dos Cabeças Redondas tinham a menor intenção de ceder nos dois principais pontos em litígio: episcopalismo e o controle das forças armadas. No quarto ano de guerra tais assuntos ainda lhes pareciam ponto de honra, sobre os quais não era possível estabelecer acordos Uxbridge serviu apenas para demonstrar a feroz perseverança de ambas as facções em sua luta pelo poder supremo.

O antagonismo dos escoceses com relação a Cromwell e a pressão para forçar, através de uma lei, o sistema presbiteriano contra o sectarismo independente, estava agora no seu auge. Ressentimentos oriundos de Marston Moor ainda ecoavam, misturando-se às divergências religiosas. Os independentes exploravam os episódios da batalha. Leven e uma parte do exército escocês haviam fugido, enquanto Cromwell e seus Ironsides permaneceram para vencer. Os escoceses retrucavam acusando Cromwell de covardia pessoal em combate, argumento que não conseguia convencer. Sua indesculpável e intolerante interferência na vida inglesa, embora bem remunerada, atraíra para eles uma formidável animosidade. Em conseqüência, seu principal objetivo de impor à força o presbiterianismo era agora frustrado pelas forças que ninguém imaginava pudessem existir, mas que manejavam a espada afiada e agressiva.

Nessa mesma ocasião o Marquês de Montrose apareceu em cena. Ele havia sido um dos partidários do Convênio, mas tendo-se desentendido com Argyll, passou para o lado do Rei. Agora entrava na História como um personagem nobre e um brilhante general. Hipotecou fidelidade ao Rei e atormentou toda a Escócia com uma série de vitórias obtidas contra forças muito maiores, embora algumas vezes seus homens tivessem apenas pedras para atirar, antes de investirem com as lanças. Dundee, Aberdeen, Glasgow, Perth e Edinburgo estiveram, vez por outra, em seu poder. Ele escreveu a Carlos assegurando-lhe que traria toda a Escócia em seu socorro se conseguisse dominá-la. Mas, uma batalha decisiva estava iminente no sul.

A 14 de junho de 1645, os adversários mediram suas forças pela última vez. Carlos, tendo tomado Leicester, que foi saqueada, encontrou-se com Fairfax e Cromwell no elegante campo de caça nas cercanias de Naseby. Os Cavaleiros haviam tantas vezes salvado a própria pele graças à tática da ofensiva, que Rupert usava de preferência à outra estratégia, que eles não hesitaram em atacar violentamente o exército dos Cabeças Redondas, que tinha duas vezes o seu tamanho. A ação seguiu o que já se tornara quase uma rotina. Rupert atacou o flanco esquerdo dos parlamentares e pensando que, como aconteceu em Edgehill, suas tropas seriam atraídas pela coluna de equipamentos e munições do adversário, voltou para atacar severamente a infantaria dos Cabeças Redondas, no centro da linha. Mas, Cromwell, no outro flanco, expulsou todos que estavam à sua frente e ainda controlou as reservas dos Cabeças Redondas. A infantaria realista, cercada por todos os lados por esmagadora força, lutou com desprendimento. O Rei desejava ir ao socorro dos seus homens, atacando com a última reserva que permanecia a seu lado. Chegou mesmo a dar a ordem. Mas, alguém do seu estado-maior prudentemente o deteve e as reservas realistas fizeram uma reviravolta para a direita e retiraram-se mais de uma milha. Aí eles juntaram-se a Rupert, que saíra vitorioso, sendo que a cavalaria realista deixou o campo de batalha intacta. Os soldados da infantaria foram mortos ou capturados. Houve uma trégua e a carnificina foi menor do que em Marston Moor. Cem mulheres irlandesas, encontradas no acampamento realista, foram passadas ao fio da espada pelos Ironsides, por motivos de ordem moral, bem como de preconceito nacional. Naseby foi o derradeiro esforço dos

Cavaleiros em campo aberto. Ainda restavam muitos sítios a serem levantados e tropas a movimentar, mas a Guerra Civil já se decidira.

Cromwell mais tarde registrou suas impressões em repelentes sentenças: "Posso dizer isto de Naseby: quando vi o inimigo erguer-se e marchar em perfeita ordem em nossa direção, nós um *bando de pobres homens ignorantes* para ver como poderia orientar nossa batalha, desde que o General me determinara que comandasse toda a cavalaria, não pude, cavalgando sozinho em minha missão, senão sorrir para Deus, em seu louvor e certo da vitória. Porque Deus não permitiria que um Bem acontecesse a quem não é bom Disso eu tinha plena certeza -- e Deus assim fez." Cromwell, ao usar a expressão "um bando de pobres homens ignorantes", referia-se a veteranos, na sua maioria os mais bem equipados e disciplinados, que compunham as tropas mais bem pagas até então vistas na Inglaterra, e duas vezes mais numerosas do que as do seu adversário..

CAPÍTULO VIII

O GOLPE FINAL

Por ocasião da primavera de 1646 toda a resistência armada aos exércitos parlamentaristas desaparecera. Sir Jacob Astley, preso e derrotado com as últimas tropas do Rei, em Stow-on-the-Wold, disse aos seus vencedores: "Bem, rapazes, vocês já cumpriram sua missão e podem voltar para casa e divertir-se — a menos que um comece a lutar contra o outro."

Os puritanos haviam triunfado. Em suma, a classe média, mais ligada ao parlamentarismo, derrotara a aristrocacia e as classes abastadas, que estavam divididas. O novo poder financeiro da City derrotara a velha fidelidade ao Rei. A cidade dominara o campo. O que algum dia viria a ser a "Capela",[17] vencera a Igreja. Havia muitas exceções, mas de modo geral era esse o panorama. A Constituição, entretanto, ainda permanecia confusa. Tudo o que Carlos prestigiara no tempo do seu governo pessoal fora posto de lado. Mas, surgiram problemas ainda mais importantes, para cuja solução a nação ainda não estava preparada. Todos

---
[17] N. do T. - "Chapel" ou "Capela" lugar de culto dos não conformistas ou protestantes dissidentes.

tinham como ponto comum a posição e a pessoa do Rei. Carlos dispunha-se a deixar o comando das forças armadas, mas para permitir que o episcopalismo estabelecesse a Igreja da Inglaterra preparou-se para continuar a luta sozinho. Montrose fora derrotado no outono de 1645, em Philiphaugh, perto da fronteira, por destacamentos do exército regular escocês na Irlanda. Não obstante, Carlos pensava em voltar-se para o governo escocês. Via o abismo que se abrira entre a Escócia e os Ironsides. Ele não tinha recursos materiais, mas esperava que sua soberana majestade, embora despida do poder, ainda pudesse extrair novos recursos para sua interminável luta, exatamente daquele povo que lhe parecia o mais adverso. Também alimentava esperança de que a França o auxiliasse, pois lá a Rainha Henriqueta Maria se refugiara. Afinal, todos os esforços desta em benefício do Rei deram em nada, e ela jamais tornou a ver o marido.

Após alguns meses angustiosos, durante os quais Rupert tão facilmente entregou Bristol e as fortalezas realistas foram uma a uma destruídas, o Rei pensou em ir a Londres sozinho e tentar compensar as perdas da guerra com arranjos diplomáticos. Muitos círculos desejavam bastante que isso acontecesse. Sua Majestade aparentemente não tinha receios, no tocante à sua segurança pessoal. A Câmara Municipal e poderosas correntes do Parlamento e do exército dos Cabeças Redondas eram favoráveis ao plano. O Rei, porém, acabou pondo-se nas mãos dos escoceses. Um agente francês obteve deles uma promessa verbal de que o Rei teria plenas garantias pessoais e seria respeitado, não sendo coagido a fazer coisa alguma contra sua consciência. Nesses termos ele asilou-se no quartel-general do exército escocês, que, com os Cabeças Redondas, sitiara Newark. Esta cidade caiu e os escoceses voltaram-se imediatamente para o Norte.

O Rei estava convicto de que era um hóspede, mas logo percebeu que não passava de prisioneiro. Quando, no avanço, ele perguntou a um oficial escocês qual devia ser sua posição, o General Davis Leslie proibiu terminantemente que a conversa continuasse. Embora tratado com cerimônia, o Rei era rigorosamente vigiado, impedido de qualquer comunicação com seus admiradores pessoais; as janelas do seu alojamento eram vigiadas, a fim de evitar que uma carta não censurada fosse atirada à rua. Foi conservado, em Newcastle, nessas severas condições, durante quase um ano, negociando tenazmente em torno dos problemas nacionais em foco. Teve altercações com os escoceses, que tentaram forçá-lo a aceitar o Convênio e impor presbiterianismo à Inglaterra. Ao mesmo tempo, discutiu os problemas constitucionais que o Parlamento inglês lhe apresentou. O plano do Parlamento era conservar Carlos cativo até que tivessem preparado para ele os grilhões constitucionais e religiosos, e entrementes utilizar seu nome e sua chancela para conseguir tudo que fosse de interesse para o partido. Ele teria de subscrever o Convênio e acabar com os bispos. A Esquadra e a milícia ficariam durante vinte anos nas mãos do Parlamento. Uma série imensa de ameaças e penalidades, descritas como "subdivisões" e "limitações", transformou todos seus fiéis amigos e correligionários num bando de proscritos, de maneira indiscriminada, tal como acontecera com a Casa de Lancaster, depois de Towton. Como salientou um moderno historiador, de notável intuição: "Carlos tinha somente que abandonar sua coroa, sua Igreja e seus amigos e se teria, se valesse a pena, conservado Rei da Inglaterra... Rei da Inglaterra, sim, mas: prisioneiro em um acampamento estrangeiro, proibido de ter seus próprios capelões, obrigado a ler o Livro de Orações, sozinho, em seu quarto, tornando-se assim essa figura perigosa e atraente, o "Homem Usurpado".[18]

O Rei naturalmente alimentava a esperança de poder tirar proveito das divergências entre o Parlamento e o exército, e entre os governos inglês e escocês. Ele hesitou tanto, porém, que os governos chegaram a um acordo à sua revelia. Em fevereiro de 1647 os escoceses, tendo recebido apenas a metade da soma que lhes deviam pelos serviços prestados na Inglaterra, entregaram Carlos aos agentes parlamentaristas, que prometeram garantir-lhe a integridade física, e voltaram para seu país. Essa transação, embora de cunho muito prático, teve e ainda tem um deplorável aspecto. Muita gente repetia o estribilho:

"Escoceses traidores
Venderam seu Rei por quatro pence."[19]

---

[18] G. M. Young, "Carlos I e Cromwell" (1935)

[19] N. do T. - "Traitor Scot / Sold his king for a groat".

A confusão e as aflições do ano de 1646, com sua interminável discussão sobre assuntos religiosos e políticos, bem como a paralisação da vida do país, motivaram um feroz descontentamento geral. De todos os lados vinham novos protestos de lealdade ao Rei.

Quando os escoceses receberam sua paga, Carlos foi conduzido por seus novos dominadores, com toda deferência, a Holmby House, em Northamptonshire. A popularidade do soberano logo se evidenciou: de Newcastle para o sul a jornada foi feita sob aclamações do povo e sinos bimbalhando. A aspiração nacional era saudar o Rei, livrar-se das guerras cruéis, reviver a Velha Inglaterra, sem dúvida com algumas importantes modificações. Fragorosamente derrotado no campo de batalha, como também o fora antes na contenda parlamentarista, Carlos era ainda, fora de qualquer dúvida, a figura mais importante na Inglaterra. Todos eram a favor do Rei, desde que Sua Majestde fizesse o que eles desejassem... Despido de toda força material, ele estava mais do que nunca cônscio do poder da instituição que personificava. Todavia, surgira em cena, na Inglaterra, um terceiro personagem. O exército dos Ironsides, com 22.000 homens, ainda não era senhora da situação, mas também não vivia apenas como servo de seus criadores. À sua frente estavam generais famosos e merecedores de confiança: Tomás Fairfax, comandante-em-chefe; Olivério Cromwell, seu ídolo glorioso; Henrique Ireton, seu cérebro pensante e em grande parte seu inspirador. Em torno deles fermentavam controvérsias políticas e religiosas, suficientes de per si para provocar guerras civis e rebeliões sociais, muito mais violentas do que aquelas que chegavam ao fim.

O Parlamento fora renovado pela eleição de novos membros para preencher as vagas dos realistas. Foi eleito um forte grupo de Independentes, que apoiava o exército. A maioria, porém, ainda representava o interesse presbiteriano e lutava por uma monarquia rigorosamente limitada. O exército não compartilhava, de maneira alguma, os pontos de vista religiosos dos seus altos patronos presbiterianos. Seus mais ferozes batalhadores, mais violentos pregadores e mais apaixonados sectários, opunham-se ao presbiterianismo quase tanto quanto ao episcopalismo. Divergiam dos escoceses e do Acerbispo Laud. A convicção da liberdade de culto incutira-se neles graças à variedade e vigor de suas seitas. Na realidade, eles estavam prontos a fazer pressão sobre os outros; mas, quem faria pressão sobre eles?

Agora que a guerra fora vencida, muitos membros do Parlamento e seus líderes não precisavam mais do exército, que tinha de ser reduzido a modestas proporções. O poder civil devia imperar. As despesas precisavam ser cortadas. Numerosos regimentos deviam ser empregados na Irlanda, para vingar o massacre de 1641. Na Inglaterra deviam ser mantidas apenas as guarnições necessárias. Os soldados restantes deviam ser recambiados a seus lares, com os agradecimentos da Câmara dos Comuns para incentivá-los no futuro. Surgiu, porém, um obstáculo muito delicado nessa emergência: o pagamento do exército estava atrasado. Em março de 1647 os soldados da infantaria tinham em atraso o soldo de dezoito semanas, e os da cavalaria, quarenta e três. Em Westminster, o outrora ilustre parlamento pensava que o pagamento de seis semanas de soldo liqüidaria a dívida. Divergindo entre si em torno de muitas coisas importantes, os parlamentares estavam coesos na questão do pagamento. Os soldados estavam resolvidos a não voltar para a Irlanda, nem a seus lares, até que essa questão e outras de seu interesse fossem resolvidas. Surgiu, então, uma grave disputa entre o Parlamento e o Exército, pois ambos estavam convencidos de que tinham a vitória em suas mãos e mereciam uma recompensa.

Na primeira fase da disputa o Parlamento entendeu que podia dar ordens. Cromwell, como representante de Cambridge, lhes garantiu "em nome de Deus onipotente" que o exército se desmobilizaria quando recebesse a ordem. Mas, provavelmente ele usou os termos diferentes no outro lado, pois quando o exército recebeu as decisões do Parlamento, os oficiais responderam enviando respeitosa petição. Nesse documento, redigido provavelmente por Ireton, solicitavam para eles e seus homens o pagamento dos soldos atrasados, indenidade por atos praticados na guerra, garantia contra futura conscrição e uma pensão para os soldados inválidos, viúvas e filhos menores. Alegavam, textualmente: "considerando que as contingências da guerra nos forçaram a praticar muitos atos que não se enquadram na lei (e que não praticaríamos em tempo de paz), humildemente desejamos que, antes de nos dispersarmos, nos seja fornecida uma provisão do Parlamento (para a qual seria desejável a sanção do Rei), para nossa completa indenidade e segurança em tal emergência." Mesmo depois de Marston Moor e Naseby os vitoriosos Ironsides não estavam mais convictos de que algo tinha valor sem a autorização do Rei... Eles pleiteavam uma garantia permanente e de âmbito nacional, e a coesa maioria de Westminster entendia que tal medida somente o Rei poderia tomar. Está aqui um aspecto típico que distingue a Revolução Inglesa das demais: aqueles que vencem pela força sabem que isso não lhes dá segurança ou estabilidade. Nada é mais característico do povo inglês do que sua instintiva reverência, mesmo numa rebelião, pela Lei e pela Tradição. Os próprios homens que haviam destruído o poder do Rei estavam plenamente convictos de que somente poderiam fazer algo construtivo usando a lei em seu nome.

Os líderes parlamentares receberam com desagrado a petição dos oficiais, pois pensavam que dominavam a situação. Finalmente, ordenaram que cada regimento fosse para um lugar diferente, visando ao poder desmobilizá-los separadamente ou mandá-los para a Irlanda. O exército retrucou, concentrando-se em Newmarket, onde seus membros estabeleceram o solene compromisso de não se dispersarem antes de conseguirem seu "desideratum". Como a disputa entre a força do direito e o direito da força parecia empatada, cada lado procurou fazer aliados: os parlamentaristas voltaram-se para os escoceses e os líderes do exército, para o Rei. Os generais – Cromwell, Ireton e Fairfax, comandante-em-chefe (citados em ordem decrescente do prestígio de cada um) – viram-se na iminência de serem reduzidos a algo inferior aos venenosos políticos dissidentes, que se julgavam donos da vitória e por isso achavam que somente lhes competia desfrutá-la e distribuir os seus louros a uma camarilha. Neste ponto o exército, por seus generais, oficiais e soldados, estava coeso.

Cromwell e Ireton perceberam que se conseguissem dominar o Rei fisicamente, antes que o Parlamento o fizesse, isso seria uma grande coisa. Se conseguissem dominá-lo moralmente, isso seria tudo. Ireton já estava em contato secreto com o soberano. Em princípios de junho, obedecendo a ordens de Ireton e Cromwell, Cornet Joyce, com cerca de quatrocentos cavaleiros Ironsides, marchou até Holmby House. O Rei estava resignadamente residindo aí, cercado por sua "entourage" e assistido por agentes parlamentaristas. O coronel da guarda parlamentarista fugiu. Carlos, convencido da sua inviolabilidade pessoal, passou a noite tranqüilamente. Houve troca de cortesias entre os oficiais de sua casa militar e as tropas

Na manhã seguinte Cornet Joyce comunicou, com o devido respeito, que ali fora para buscar o Rei. Carlos não protestou. Saiu ao terraço e olhou a massa de cavaleiros em suas armaduras de ferro, com um ar confiante como se ele fosse o comandante. Disse Joyce aos seus comandados: "Fiz três promessas em vosso nome: vós não ofenderei a pessoa do Rei; não o forçareis a fazer nada contra própria vontade; permitireis que seus servidores o acompanhem. Todos prometeis cumpri-las?" "Todos!" — gritaram em coro. "E agora, Mr. Joyce — disse o soberano — dizei-me, onde está vossa autorização? Tendes alguma ordem escrita de Sir Tomás Fairfax?" Cornet Joyce ficou embaraçado. Olhou de um lado para outro e por fim disse, apontando para o regimento: "Ei-la!" O Rei esboçou um sorriso confiante, digno de um soberano "por direito divino", e respondeu: "Com efeito, é uma ordem que sei ler sem soletrar. Há muito tempo não via uma companhia de cavaleiros tão garbosa e distinta.. Que vamos fazer agora, Mr. Joyce?"

O plano de Cornet e daqueles que o haviam incumbido dessa missão era tão-somente auscultar os desejos do Rei enquanto o tivessem sob sua custódia. Passaram por Oxford, mas o Rei achava-a insalubre. Cambridge era mais agradável. O Rei achou Newmarket atraente. O exército de modo algum, porém, ficou lá. Prosseguiram a marcha todos juntos, despreocupados e quase felizes, com a sensação de terem a História inglesa em mãos. O Rei ficou três dias em Childerley, perto de Newmarket. A Universidade de Cambridge foi fértil em manifestações de lealdade que negara na Guerra Civil. Logo chegaram Cromwell, Ireton e Fairfax. A majestade seqüestrada foi transferida para Hatfield, e daí para Hampton Court.[20] Os oficiais de sua comitiva ficaram atônitos ao ver o Rei andando, durante horas, de um lado para outro, no jardim do palácio, rindo e conversando com os generais rebeldes, todos aparentemente de muito bom humor. Por fim, foi arquitetada a seguinte mensagem real: "S. M., considera as proposições do Parlamento contrárias aos mais elevados interesses do exército, e de todos aqueles que o estimam. E S. M., tendo

---

[20] "Hampton Court" – N. do T. Um palácio real inglês situado às margens do Tâmisa, perto de Londres, construído pelo Cardeal Wolsey e entregue por ele e Henrique VIII, em 1526. Hoje é um local de exposições, muito popular, possuindo famosa galeria de pintura.

tomado conhecimento das propostas do exército... acredita que suas duas Câmaras concordarão com ele que tais propostas vão muito mais ao encontro do interesse comum e podem estabelecer sólidos alicerces para uma paz duradoura, do que as proposições ora feitas pelo Parlamento. S. M., por isso, propõe (como melhor caminho, em seu modo de pensar, para consolidar a paz) que suas duas Câmaras tomem imediatamente em consideração aquelas propostas do exército."[21]

Atrás de tudo isso estava uma grave questão política e pessoal. Ninguém sondara seus detalhes exatos. Havia um acordo religioso que poderia agastar a nação. Havia uma constituição onde o poder estava dividido entre parlamentaristas e a coroa. Havia, ainda, a pesada indenização e recompensa a ser paga ao exército, quando desmobilizado. Esse é o esboço de um Cromwell, Conde e Cavaleiro da ordem da Jarreteira, sufocando, como vice-rei, as rebeliões irlandesas, reeditando em termos diferentes a administração pela qual Strafford dedicara sua vida. Como Chanceler do Reino, Ireton, o espírito político mais construtivo do momento, poderia ter moldado a constituição da Ilha e ultrapassado a penosa marcha das gerações. Nesse momento o povo inglês tinha ao alcance das mãos o Poder, e a faculdade de organizá-lo de acordo com seus desejos. Mas, evidentemente, isso era muito bom para ser verdade, nem pode a humanidade fugir tão facilmente aos rigores do seu destino. Carlos jamais fora inteiramente sincero com os líderes do exército; ele ainda alimentava esperanças de que os escoceses o socorressem. O Parlamento, por sua vez, rejeitou as propostas militares e reais. Defendia a política partidária e esperava, também, que os escoceses pudessem ser trazidos para derrotar os guerreiros que os haviam salvo quando deles precisaram. Aí estavam os obstáculos. Mas outro surgiu, vindo do próprio exército.

Até então, os generais comandavam os oficiais e estes, como é lógico, os soldados. Agora, porém, as divergências religiosas fermentavam-se com violência. Os soldados estavam apegados ao Velho Testamento. Ehud e Eglon, Saul e Samuel, Ahab e Jenu, eram nomes familiares à sua mente. Admiravam em especial a conduta de Samuel Quando, perante o Senhor, cortou Agag em pedaços, embora ele

---

[21] G. M. Young, "Carlos I e Cromwell", pág. 67.

aparecesse delicadamente. Os generais desejavam um arranjo que satisfizesse ao país, ao Rei e a eles próprios. Os oficiais e soldados tinham convicções mais radicais. A única possibilidade de se conseguir um entendimento entre Carlos e Cromwell era agir imediatamente. Ao invés disso, a coisa ia se protelando. A principal preocupação dos generais era controlar seus homens. Mas, as antigas arengas pareciam não repercutir mais numa assembléia militar que já considerava o Rei como "sanguinário" e admirava-se ao ver seus honrados chefes profanarem-se em negociações com ele. Os soldados tornavam-se cada vez mais impertinentes, e os generais viam-se na iminência de perder seu controle sobre os mesmos.

O partido presbiteriano na Câmara dos Comuns compenetrava-se, agora, da impossibilidade de apaziguar o exército. Mas a City de Londres, seus artesãos e o povo, embora ainda não convencidos, forçaram o Parlamento a cumprir seu dever. Foram obrigados, através de violentas manifestações de desagrado, a revogar as resoluções conciliatórias que, muito contra sua vontade, haviam oferecido ao exército. Temendo a população londrina, o presidente e cinqüenta ou sessenta palarmentares foram ao quartel-general do exército, em Hounslow, reclamando a proteção de Cromwell. Isso foi atendido. A 6 de agosto o exército marchou sobre Londres, ocupou Westminster, entrou na City e tudo, exceto seus problemas, caiu prostrado a seus pés

* * *

Em Putney, no outono de 1647, o exército foi empolgado por uma série de ásperos debates. Os generais, especialmente Ireton, procuraram canalizar essa turbulência, constituindo uma sociedade militar, nos moldes do Parlamento, para tais discussões. Os regimentos elegeram seus delegados, chamados por eles de "agentes" ou "agitadores". Ireton redigira a constituição militar. Estava preparado a tudo fazer para evitar perturbação da ordem social ou dos direitos de propriedade. Em Putney houve troca de insultos e idéias, durante semanas, em ambiente inflamado. Arranjaram um secretário para anotar os debates. Essas atas acabaram num colégio de Oxford, e no século XIX foram apresentadas ao público, dentro de uma vitrina, revelando nomes como Sexby, Rainborow, Wildman,

Goffe, o coronel pregador. Esses falaram com fervor e entusiasmo, atacando diretamente. Cromwell teve de ouvir alegações deste tipo: "O indivíduo mais pobre que existe na Inglaterra leva uma vida de nababo"; "Não se pode dizer que um homem está integrado num sistema de governo que ele de modo algum ajudou a formar." Era uma mistura de calorosa pregação e ameaças.

A doutrina do direito natural à igualdade política melindrou, Ireton tanto quanto teria melindrado, Burke ou Fox. Ele procurava firmemente um meio-termo entre um parlamento que não pudesse ser dissolvido e um exército cujas fileiras não pudessem ser dispersadas. Seus sensatos argumentos convenceram Cromwell como intelectual, mas não como político. Havia a ameaça dos "agentes" dos soldados. Quando o General Ireton se apegou ao princípio de que apenas poderiam votar aqueles que tivessem o que, então, se chamava "algo o que perder", seus ouvintes ficaram preocupados. Quando ele afirmou que uma campanha em prol da igualdade política baseada na lei de Deus ou da Natureza afetaria os direitos de propriedade, dizendo que "pelo mesmo direito da Natureza ele tinha um direito igual a usufruir qualquer bem que aparecesse", os soldados não se horrorizaram diante de tal conclusão. Suas idéias logo se equipararam às dos constitucionalistas do século XIX: direito de voto aos maiores de 21 anos, distritos eleitorais idênticos, parlamentos eleitos de dois em dois anos e muitas outras coisas.

Cromwell escutou tudo e pôs-se a meditar no que ouviu. Sua filosofia era elisabetiana. Achava que tais reivindicações levariam à anarquia. Quando oradores provocavam entusiásticos aplausos da assembléia, falando do dia em que reis, lordes e os latifúndios seriam abolidos, seus pensamentos voltavam-se para seus bens de raiz. Evidentemente, aquilo era um perigoso contra-senso. Os argumentos supostamente apaziguadores de Ireton apenas abriam novas perspectivas de subversão. Afora toda essa polêmica política, Cromwell precisava pensar na disciplina. Ele ainda era dono do poder e usou-o sem hesitação, fazendo aprovar uma resolução segundo a qual os oficiais representativos e agitadores seriam mandados de volta aos seus regimentos. Substituiu o Conselho Geral do Exército por um Conselho Geral de seus oficiais. As concepções políticas dos Ironsides, em Putney, estavam destinadas a se concretizar somente agora, em nossos dias.

No fim do outono de 1647, Cromwell e Ireton chegaram à conclusão de que, nem com o pagamento dos atrasados e da indenização, conseguiriam unir o Rei e o exército. Eles não poderiam conter as tropas. Nos conclaves dos militares tratava-se de tudo: concepções religiosas que deixariam horrorizados Pym e Hampden; um republicanismo que o Longo Parlamento cuidadosamente evitara; e questões de propriedade e do sufrágio universal masculino, nas quais estavam implícitas idéias que hoje rotularíamos de socialistas ou comunistas. Restava apenas procurar uma oportunidade para romper esses perigosos e ostensivos contatos. Não houve dificuldade. A Inglaterra realista, batida pelas armas, prejudicada economicamente, ainda vivia e respirava, aguardando um ensejo para se impor. O Parlamento continuava a lutar por seus objetivos políticos solidamente alicerçados. Os escoceses, imbuídos de fervor religioso e cupidez pessoal, estavam à espreita, na fronteira. Carlos, que estava a par de todos esses movimentos, pôs-se à procura de uma outra solução. Nessas ciscunstâncias aflitivas acabou por se romper o acordo entre o Rei derrotado e os generais vitoriosos. Foi fácil para um coronel Ironside, sob inspiração de seus chefes, insinuar a Carlos que sua vida estava em perigo, que seu assassínio pelo bem da pátria era discutido abertamente em reuniões, por homens sem piedade. Ao mesmo tempo nenhuma restrição se fez mais a seus movimentos.

Em novembro, o Rei, convencido de que seria morto pela soldadesca, cujos oficiais não mais a controlavam, cavalgou à noite até Carisbrooke Castle, na Ilha de Wight, que atingiu facilmente, em várias etapas. Aí, num lugar ermo, residiu durante quase um ano, indefeso, sacrossanto, como um Rei espiritual, instrumento cobiçado, intrigante personagem, vivendo seu último sacrifício. Ele ainda encarnava um princípio que precisava ser aproveitado — ou destruído. Na Inglaterra, porém, ele não tinha mais o poder de fazer a escolha. Restavam os escoceses. Assinou com eles um compromisso secreto pelo qual o realismo e o presbiterianismo seriam aliados. Essa ligação foi a causa imediata da segunda guerra civil.

Não se sabia ao certo até que ponto Cromwell e o Rei teriam tentado manter seu entendimento. O exército estava a pique de se revoltar. Foi feito um complô para prender ou assassinar os generais. Os coronéis falavam do "impeachment" de Cromwell, que estava "seguindo o mesmo caminho de Hotham." A 15 de dezembro os generais enfrentaram seus homens. Alguns dos regimentos submeteram-se imediatamente, mas os de Roberto Lilburne e Tomás Harrison amotinaram-se. O historiador Gardiner assim descreveu a cena: "Eles apareceram no campo com cópias do Acordo do Povo espetadas em seus chapéus, a que acrescentaram o lema *Liberdade dos Ingleses! Direitos dos soldados!* O regimento de Harrison foi logo submetido por algumas palavras de exortação de Fairfax, mas o de Lilburne, não estava com tanta boa vontade. Cromwell, vendo que somente com persuasão nada conseguiria, passou revista às tropas, montado, em seu cavalo, ordenando asperamente que todos tirassem aquele papel do chapéu. Não sendo obedecido, enveredou por entre os rebeldes com a espada em punho. Havia algo naquele rosto severo e naquela ação resoluta que compelia à obediência. O instinto da disciplina militar reviveu e os soldados, momentos antes tão atrevidos, arrancaram os papéis dos chapéus e imploraram misericórdia. Os cabeças foram presos e três deles condenados à morte por uma improvisada corte marcial. Permitiu-se a esses três, todavia, que decidissem sua sorte jogando dados e o perdedor, cujo nome era Arnoldo, foi fuzilado na presença dos seus camaradas. Assim, às custas de uma vida, apenas, a disciplina foi restaurada, sem o que o exército se teria dissolvido num verdadeiro caos."[22]

A segunda Guerra Civil foi muito diferente da primeira, tanto nas causas, como nas condições. O papel desempenhado por quase todos os principais litigantes foi alterado, se não invertido. O Rei e sua "prerrogativa" eram agora vistos, não como obstáculo ao direito do Parlamento, mas como o repositório da tradicional liberdade inglesa. Grande parte dos membros do Longo Parlamento e quase todos os Lordes, se pudessem ser ouvidos, manifestariam o mesmo ponto de vista. Os escoceses, antigamente tão exigentes em sua oposição ao Rei, estavam agora convencidos de que o perigo estava no lado oposto. Gales mantinha-se firme em seu realismo. Londres, outrora o principal apoio de Pym e Hampden, estava agora francamente inclinada à restauração da autoridade real. Os artesãos, que haviam escorraçado Carlos da capital, ainda

---

[22] "História da Grande Guerra Civil", vol. IV, pág. 23.

provocavam desordens com seu entusiasmo... mas, agora, insultando a soldadesca e gritando "Viva o Rei!" Metade da Marinha, antes uma arma mortal voltada contra Carlos, amotinou-se a seu favor. A maioria dos navios envolvidos no motim zarpou para a Holanda e seus tripulantes suplicaram ao Príncipe de Gales que se tornasse seu almirante. Todas as forças realistas, sofrendo, sangrando física e financeiramente, ultrajadas em seus sentimentos e interesses sociais, estavam ansiosas para desembainhar a espada. A grande massa ainda permanecia relativamente inerte. Não houve, então, o ardor coletivo que provocou a Restauração, em ·1660. Mas, todas as forças vivas da sociedade inglesa movimentavam-se unidas e mesmo na massa prevalecia a impressão de que o Rei e o Parlamento haviam sido postos de lado por uma nova tirania, que poderia prejudicar os trabalhadores. Virtualmente prisioneiro em Carisbrooke, Carlos era agora, na verdade, mais soberano do que havia sido nos áureos tempos do governo pessoal.

    A história da segunda Guerra Civil é curta e simples. O Rei, os Lordes e os Comuns, proprietários de terras e mercadores, a City e a zona rural, bispos e presbiterianos, o exército escocês, o povo galês, a esquadra inglesa, todos estavam contra o exército do "novo modelo". O exército derrotou a coligação. E à sua frente estava Cromwell. Sua situação, de início, parecia desesperadora; mas justamente isso dissipou toda a rivalidade que havia entre eles. Fairfax, Cromwell e Ireton, uniram-se então contra seus ferozes inimigos. O exército marchou disposto a lutar. Foi a Gales, à Escócia e ninguém pode resistir-lhe. Um simples destacamento foi suficiente para dominar um levante geral em Cornwall e no oeste. Quebraram a resistência realista em Colchester e aí a luta assumiu um aspecto mais violento. Os comandantes realistas, Lucas e Lisle, contrariando todas as praxes anteriores, foram, por ordem de Fairfax, fuzilados fora dos muros da cidade, após sua rendição. Cromwell, tendo subjugado o levante na Gales, marchou rapidamente para o norte, reuniu suas forças e atacou um exército escocês em marcha através do Lancashire. Embora comandado por David Leshe, este não era o velho exército escocês. As forças escocesas, bem instruídas, sob o comando de Lord Leven, mantinham-se distantes. Os invasores foram atacados, caçados e destruídos em Preston. A esquadra, que poucos anos antes havia sido tão poderosa contra um Rei em luta, pouco pode fazer contra esse furioso e esmagador exército, cujos soldados marchavam esfarrapados, quase descalços, mas com armaduras reluzentes, espadas afiadas e uma sublime convicção de estar cumprindo fanaticamente sua missão.

Em fins de 1648 tudo estava terminado. Cromwell era ditador. Os realistas foram esmagados; o Parlamento transformara-se num fantoche; a constituição, numa fantasia. Os escoceses foram repelidos; os galeses, mandados de volta às suas montanhas; a esquadra, reorganizada; Londres, intimidada. O Rei Carlos, no êrmo castelo de Carisbrooke sobrou para saldar os débitos. O preço era sua própria vida.

* * *

Não nos devemos deixar iludir pelos escritores vitorianos, encarando este triunfo dos Ironsides e de Cromwell como uma espécie de vitória da democracia e do parlamentarismo sobre o direito divino e as caducas idéias do velho mundo. Foi, tão-só, o triunfo de cerca de 20.000 militares fanáticos, resolutos, cruéis, disciplinados, sobre tudo o que a Inglaterra já almejara ou planejara. Para uma recuperação foram necessários longos anos de incessante agitação. Assim, a luta, pela qual temos hoje tanta simpatia, que começou visando a uma monarquia constitucional e limitada, acabou levando à autocracia da espada. O cidadão severo, temível, eletrizante, cuja carreira errática, oportunista e egocêntrica ainda se mantém ímpar nos anais da História, era agora o senhor absoluto. Os doze anos seguintes nada mais foram que o registro de seus vaivéns, bem intencionados, mas inquietantes.

Em última análise, o fruto da vitória que podia ser mais facilmente apanhado era a cabeça do Rei. Em verdade, ele jamais se locomovera de Carisbrooke, mas não fora o inspirador máximo de todo aquele vasto movimento da Inglaterra contra o exército, seu comando e suas finanças? Não fora ele o pivô em torno do qual toda a opinião pública se reuniu? Não personificara o regime que os Ironsides odiavam e não podiam modificar? Não era ele, afinal um troféu legitimamente conquistado em combate? Num instante de grande confusão em assuntos governamentais, quando tudo era fluido e incerto, ali estava um ato supremo que todos entenderiam e em torno do qual o exército poderia unir-se. A execução de Carlos Stuart, "o sanguinário", bastaria para satisfazer os soldados e permitir que seus chefes os mantivessem obedientes.

Numa tarde tempestuosa, sob forte aguaceiro, notou-se na Ilha de Wight que várias embarcações carregadas de soldados Ironsides navegavam, através do Solent e aportavam em Newport e Cowes. A "entourage" do Rei investigou e manteve-se em cuidadosa vigilância. Os amigos mais fiéis aconselharam uma fuga, a qual ainda não parecia impossível. Carlos, que ainda acreditava em novas e bem-sucedidas negociações com o Parlamento, tinha confiança suficiente na estabilidade de sua posição para rejeitar a oportunidade. Foi a última. Poucos dias mais tarde Sua Majestade foi trazido para o continente e confinado no castelo de Hurst. Aí a severa mentalidade resultante da segunda guerra civil ditou as regras a que o Rei foi submetido. Anteriormente, sua dignidade e bem-estar pessoal sempre foram considerados. Agora, tendo apenas um criado particular, viu-se trancafiado na penumbra de uma pequena prisão. Ainda houve algumas negociações, que não passaram de expediente para ganhar tempo, pois o destino de Carlos já estava selado. Foi na queda que o Rei alcançou sua grandeza. No seu reinado turbulento e infeliz, por certo tomou muitas atitudes erradas. No derradeiro instante, porém, os fados lhe confiaram o papel realmente magnífico de indiscutível campeão dos direitos e da liberdade, não só da Inglaterra, mas da Grã-Bretanha. Após alguns adiamentos, na época de Natal ele foi levado para Londres. De início, receou que o coronel Harrison, o oficial que o fora buscar, viesse a ser seu assassino. Mas, não se cogitava disso. O exército queria derramar seu sangue de modo que vingasse suficientemente seu poder e sua fé. Cromwell, que nada mais tinha para oferecer às suas ardentes legiões, poderia afinal presenteá-las com uma terrível e empolgante cena de expiação. Certa tarde, na viagem para a capital, o Rei Carlos perguntou, de chofre, ao Coronel Harrison: "Viestes para me assassinar?" "Não é verdade, Majestade — respondeu o Coronel. A lei é igual para os grandes e pequenos." Carlos dormiu em paz. Estava tranqüilo com respeito a um asssassínio: por lei ele era inviolável.

Certamente foi um vivo contraste com as privações do castelo de Hurst a situação do Rei em seu repouso de quase uma semana, em Windsor. Aí tudo era respeito e cerimônia. Um núcleo do Estado-Maior e dos seus acompanhantes ficou ao seu dispor. O Rei jantava todas as noites com a antiga pompa, servido de joelhos. Os oficiais parlamentaristas juntavam-se a ele à mesa, saudavam e afastavam-se com as mais solenes curvaturas de espinha... Um estranho interlúdio! Mas, urgia ir para Londres; ainda havia muito que marchar. "Deseja V. M. graciosamente continuar?"

Londres estava tomada pelo exército e nela só se penetrava com a contra-senha. Alguns servidores parlamentaristas haviam ficado ao lado do Cel. Pride, quando os parlamentares procuravam tomar posse de suas cadeiras na Câmara dos Comuns, e barraram todos aqueles que não se dispuseram a obedecer às vontades do exército. Quarenta e cinco membros que tentaram entrar foram presos, e de um total de mais de quinhentos, trezentos não conseguiram reassumir suas cadeiras. Esse foi o expurgo de Pride. O grande julgamento do "sanguinário" estava prestes a ser encenado perante a nação e o mundo. A lei inglesa e os precedentes dos tempos mais remotos foram perscrutados, mas não se achou uma culpa ou mesmo um pretexto para semelhante procedimento. Havia muitos exemplos de execuções de príncipes. Eduardo II, no Castelo de Barkeley, e Ricardo II, em Pontefract, enfrentaram seu atroz destino; mas foram acontecimentos envoltos em segredo, não aprovados pelas autoridades, encobertos, na época, pelo mistério ou a escusa de razões imperiosas. Agora, o exército vitorioso queria ensinar o povo inglês que doravante precisava obedecer. E Cromwell, que 18 meses antes poderia ter sido o vice-rei de Carlos na Irlanda, agora via no seu assassínio sua única possibilidade de sobrevivência e supremacia. Fairfax mostrou, em vão, que com a morte do Rei cativo, seu filho — que se achava na Holanda — se tornaria livre possuidor de todos os seus direitos. Não se encontrou um jurista inglês para estruturar ou forjar um libelo de acusação. Um advogado holandês, Isaac Dorislaus, que vivera muito tempo na Inglaterra, foi capaz de interpretar de maneira conveniente a Antiguidade. Os termos da ordem convocando o tribunal não tinham relação alguma com a História inglesa. Evocavam a antiguidade clássica, quando a ruína dos tiranos era decretada pelo Senado ou pela guarda pretoriana. Um édito aprovado pelos dóceis remanescentes dos Comuns criou um tribunal de 135 jurados, dos quais apenas 60 serviriam, com o fim de julgar o Rei. Os carpinteiros prepararam o palácio da justiça de Westminster para o seu mais memorável espetáculo. Não se tratava apenas do assassínio de um rei, mas de um soberano que nesse instante representava a vontade e as tradições de quase toda a nação britânica

* * *

Quanto mais detalhada a descrição desse julgamento, mais percebemos sua intensidade dramática. O Rei, com base na lei e na constituição que ele tanto exaltara e de que tanto se beneficiara, em seus anos de prosperidade, enfrentou seus inimigos com uma inquebrantável resistência. Fitou seus juízes, como disse Morley, "com natural desdém". Recusou-se a reconhecer o tribunal, que para ele não passava de monstruosa ilegalidade. João Bradshaw, presidente do tribunal em apreço, não conseguiu estabelecer a lógica daquilo tudo. Cromwell e o exército podiam, no entanto, cortar a cabeça do Rei, e isso eles queriam fazer a qualquer custo. A grande massa presente ao julgamento simpatizava com o soberano. Na tarde da última sessão, após lhe ter sido negada permissão para falar, o Rei foi retirado do palácio da justiça sob murmúrios mal abafados de "Deus salve o Rei!" Mas os soldados, instruídos por seus superiores e alguns por conta própria, começaram a gritar: "Justiça! Justiça! Execução! Execução!"

Por fim, resolveram pensar na dignidade pessoal do Rei e em sua conveniência. Todas as facilidades foram concedidas ao soberano para acomodar seus assuntos particulares e receber os consolos da religião. Não se tratava de uma matança, pura e simples, mas de uma cerimônia — um sacrifício — ou, se nos permitem plagiar os tribunais espanhóis da Inquisição, de um "ato de fé". Na manhã de 30 de janeiro de 1649, Carlos foi levado da corte de S. Jaime, para onde fora removido de seus confortáveis alojamentos às margens do rio, para Whitehall. Nevava, e ele vestia grossas roupas de baixo. Caminhou lepidamente por entre a guarda dos Ironsides, perfazendo os oitocentos metros que o separavam do palácio de banquetes, dizendo. "Desapareçam, agora." Ninguém procurou interferir com seus desejos, desde que não fossem contrários ao que fora resolvido. Muitos dos signatários da sentença de morte recuaram diante da iminência da consumação dos fatos por que seriam responsáveis, sujeitando-se a uma vingança posterior. Cromwell encontrou grande dificuldade em manter unido o número suficiente dos seus signatários. Fairfax, pessoa não desprezível, ainda comandante-em-chefe, fora ultrajado. Precisava ser dominado. Ireton e Harrison permaneciam no palácio, com o Rei condenado. Cromwell estava onde fosse preciso.

A uma hora da tarde, Carlos foi informado de que seu instante final chegara. Caminhou por entre uma ala da Banqueting House até o cadafalso. Massas de militares, de vários postos, mantinham a multidão a certa distância. O Rei olhava desdenhosamente as cordas e carretilhas que haviam sido preparadas para amarrá-lo, na fantástica hipótese de ele levar seu repúdio ao tribunal a ponto de uma resistência física. Foi-lhe permitido falar como entendesse. Sua voz não ultrapassava as tropas que o cercavam e ele, por isso, falou aos que estavam próximos ao cadafalso. Disse que "morria como um bom cristão; havia perdoado a todos, sim, principalmente àqueles que lhe causaram a morte (não disse o nome de ninguém). Desejava que se arrependessem e que eles pudessem seguir o caminho certo para a paz do reino, que não fosse pela força. Ele não acreditava que a felicidade do povo dependesse de sua participação no governo, pois a soberania e a obediência eram coisas diferentes. E, se tivesse praticado um governo arbitrário e mudado as leis com a espada, não precisaria ter sofrido, nem se transformado em mártir do povo".

Resignou-se à morte e ajudou o carrasco a arrumar seus cabelos sob um pequeno boné de cetim. Curvou-se sobre o cepo e a um sinal dele próprio sua cabeça foi decepada de um só golpe. A cabeça austera foi mostrada ao povo e alguém gritou: "Eis a cabeça de um traidor!"

Uma incalculável multidão acorrera ao local, levada por intensa, embora velada emoção. Quando o público viu a cabeça do Rei, "houve tal lamento entre os milhares de pessoas presentes", escreveu um cronista da época, "como jamais ouvi antes e nunca mais desejo ouvir de novo". Um estranho destino marcou este Rei da Inglaterra, com efeito. Ninguém, resistiu com mais obstinação à agitação do seu tempo. No apogeu do poder foi o convicto adversário do que nós hoje chamamos "nossas liberdades parlamentares". No entanto, quando a desgraça o atingiu, ele se foi tornando cada vez mais a personificação das liberdades e tradições da Inglaterra. Seus enganos e gestos errados não provieram tanto de ambição pessoal por um poder arbitrário, porém mais da concepção do dever do Rei – concepção que adquirira no berço e que estava de acordo com os costumes do país. No final, ele ergueu-se contra um exército que destruíra todo o governo parlamentarista, e estava a pique de atirar o país numa tirania ao mesmo tempo a mais irresistível e a mais ignóbil que se conhecera até então. Não abandonou, de modo algum, as causas que acreditava. Não obstante, sem dúvida, em barganhas e manobras com seus inimigos, agisse com má-fé e trapaceasse, isso decorreu da gravidade e mutabilidade da guerra. Aliás, seus adversários fizeram o mesmo. Nunca, porém, fugiu do seu tema central, tanto em assunto de Estado, como de religião. Aderiu firmemente ao Livro de Orações da Igreja Reformada e ao Episcopalismo, que achava estarem irmanados ao Cristianismo. Por sua constância, que suportou todas as reviravoltas desses anos tumultuosos e de mudanças rápidas, ele manteve intatos os ideais que lhe guiaram a vida. Não foi um mártir, no sentido de alguém que morre por um ideal espiritual. Seus próprios interesses como Rei confundiam-se, a cada passo, com assuntos mais vastos. Alguém tem procurado apresentá-lo como o campeão dos humildes e pequeninos contra o crescente poderio financeiro. Isso é fantasia. Carlos não pode ser considerado defensor das liberdades inglesas, nem totalmente da Igreja da Inglaterra, entretanto, ele morreu por tais coisas, e com sua morte preservou-as não só para seu filho e herdeiro, como para nossa própria civilização contemporânea

Livro VI

A Restauração

CAPÍTULO

I

A REPÚBLICA INGLESA

A república inglesa já existia, mesmo antes da execução do Rei. A 4 de janeiro de 1649, a totalidade dos membros da Câmara dos Comuns, que servia aos propósitos de Cromwell e do exército, resolvera que o "o povo é, pela graça de Deus, a origem de todo poder legítimo,... que os Comuns da Ingalterra, reunidos no Parlamento, escolhidos pelo povo que representam, têm o poder supremo da Nação". No dia 9 foi aprovada a lei segundo a qual não mais seria mencionado um simples nome individual no Grande Selo, em documentos oficiais. Um novo selo foi instituído, apresentando de um lado o mapa da Inglaterra e Irlanda e de outro um desenho da Câmara dos Comuns, com a inscrição: "No primeiro ano da Liberdade, restaurada por graça divina." Uma estátua de Carlos I foi derrubada, e no pedestal foram escritas estas palavras: "Abaixo o tirano, o último dos Reis." A 5 de fevereiro, proclamou-se que a Câmara dos Lordes "é inútil e perigosa e precisa ser abolida". A partir daí, ela deixou de se reunir. Houve vingança contra um certo número de pares aprisionados na segunda guerra civil, e os Lordes Hamilton e Holland, estadistas de alto nível intelectual e honrosa folha de serviços prestados, foram degolados.

O país era, agora, governado por um Conselho de Estado escolhido anualmente pelo Parlamento. Seus 41 membros incluíam pares, juízes e membros do Parlamento, entre estes muitos dos principais regicidas. O Conselho era destemido, diligente e incorruptível. O judiciário ficou por algum tempo numa posição indecisa. Seis dos doze juízes recusaram-se a continuar, mas o restante, vendo seu juramento de fidelidade praticamente superado, concordou em servir à Commonwealth. Os elementos altamente conservadores que dirigiam o exército mantiveram firmemente o Direito Municipal e a administração da justiça em todos os assuntos não políticos. A participação de juristas no novo regime era essencial para a defesa da liberdade pessoal e do direito de propriedade contra os assaltos dos igualitários, agitadores e extremistas. Esse tornara-se o ponto nevrálgico da situação. Ante a atividade violenta e furiosa dos Levellers (igualitários), os que estavam no poder não hesitaram em derrubá-los. Até Ireton foi excluído do novo Conselho de Estado, que era todo o Poder. Cromwell e seus companheiros conheciam bem as pretensões dos extremistas, as quais haviam sido expostas, pela primeira vez, por cinco regimentos de cavalaria que assinaram o Acordo do Povo, promovido por João Lilburne por ocasião das negociações fracassadas, entre Cromwell e o Rei, em 1647.

O essencial era dividir e dispersar o exército, e Cromwell estava planejando comandar a maior parte dessas forças numa guerra de punição, em nome do Senhor Jeová, contra os idólatras e sanguinolentos papistas da Irlanda. Pensava-se que um empreendimento deste tipo agradaria ao fanatismo dos militares de qualquer graduação. Muitos convocados foram destinados à Irlanda, e por isso foram sorteados novamente até que apenas os regimentos em que os Levellers predominavam foram chamados. Um panfleto intitulado "Novas Cadeias da Inglaterra" difundiu-se entre os soldados e oficiais do exército. Motins estouraram. Centenas de soldados veteranos surgiram para apoiar "a soberania do povo", direito de sufrágio dos maiores de 21 anos e eleição anual dos parlamentos. Tal estado de ânimo não se limitava aos soldados. Atrás desses princípios mais vastos estava a idéia de igualdade nos direitos de propriedade e de cidadania, arrojadamente exposta por um grupo liderado por Geraldo Wynstaley, conhecido pelo cognome de "Os Cavadores".

Numerosas pessoas apresentaram-se aos proprietários de terras em Surrey, preparados a cultivá-las sob bases que hoje diríamos comunistas. "Cavadores" não molestaram as terras cercadas, deixando-as para que fossem colonizadas por quem pudesse fazê-lo; mas, eles reclamaram que toda a terra era um "tesouro comum", e que, em conseqüência, a "terra comum" devia ser de todos. Mais tarde argumentaram que o Rei que fora degolado passara seu direito a Guilherme, o Conquistador, com quem uma multidão de nobres e aventureiros penetrara na Inglaterra, pilhando pela força a população, que foi privada de seus antigos direitos — e isto nos tempos primitivos. Historicamente, essa pretensão era suplantada por seis séculos de tradição embora fosse por si altamente disputável. Mas, isso é o que eles diziam. Os regulamentos da Comunidade encaravam isso tudo como coisa perigosa e um foco de idéias subversivas.

Ninguém ficou mais chocado do que Cromwell, que se preocupava com o direito de propriedade particular quase tanto quanto com a liberdade religiosa. "Um nobre, um cavalheiro, um oficial da casa real — disse ele — representam um legítimo interesse da pátria." O Conselho de Estado perseguiu os prováveis proprietários da terra comum, e imobilizou os oficiais e soldados revoltosos, de maneira definitiva. Cromwell sufocou novamente um motim, pessoalmente, e obedecendo às suas ordens o soldado de cavalaria Guilherme Thompson, partidário de Lilburne, foi morto a tiros num cemitério de igreja, em Oxfordshire. Suas opiniões e sua prisão levaram alguns a cognominarem-no "o primeiro mártir da democracia". Cromwell também dispensou do exército, provando-os de receber os atrasados, todos os homens que não se apresentaram como voluntários na campanha contra a Irlanda. Designado pelo Conselho como comandante, ele deu à sua missão um caráter não só marcial, como sacerdotal. Aliou-se aos pregadores puritanos na propaganda a favor de uma guerra santa contra os'irlandeses, e fez uma peregrinação a Charing Cross,[23] numa carruagem puxada por seis cavalos flamengos. Tudo isto foi feito como parte de uma política cuidadosamente

---

[23] N. do T. - *Charing Cross* - Distrito londrino ao sul de Ixofolgar Square, no local da antiga vila de Cherringe. Aí foi erigida uma cruz gótica, por Eduardo I, em memória de sua esposa; foi destruída em 1647 e substituída em 1865 por um moderno cruzeiro.

calculada, diante dos perigos militares e sociais que, se não fossem dominados, acabariam provocando na Inglaterra uma nova guerra civil, feroz e de conseqüências imprevisíveis.

* * *

A campanha de Cromwell, em 1649, na Irlanda, foi também travada a sangue frio, igualmente imbuída daqueles sentimentos hauridos do Velho Testamento, que dominavam o espírito dos puritanos. A fibra e os riscos a que os irlandeses estavam expostos provavelmente os levaram a se unirem em torno da tolerância católica e da monarquia, e baseando nisto eles poderiam ter feito sólida aliança como os realistas protestantes, os quais, sob o comando do Marquês de Ormande, tinham um exército organizado de 12.000 homens. Mas, a chegada do Núncio Apostólico Rinuccini agravou as divergências. O exército de Ormande foi sensivelmente enfraquecido, antes que as forças de Cromwell chegassem. Em 1647 já cedera Dublin a um general parlamentarista; mais tarde, porém, ocupara as cidades de Drogheda e Wesford, as quais estava decidido a defender. Para isso, Cromwell marchou com seus dez mil veteranos cavaleiros. Ormande teria agido melhor se conservasse o campo de batalha guarnecido apenas com tropas regulares, deixando que a fúria dos invasores puritanos varresse a nação irlandesa à retaguarda. Ao invés disso, ele pensou que Cromwell se arrebentaria num prolongado sítio de Drogheda, onde ele mantinha uma guarnição de três mil homens, compreendendo a flor dos realistas irlandeses e voluntários ingleses. Cromwell sabia que a destruição desses homens não só arruinaria o poder militar de Ormande, mas espalharia pela ilha todo o terror, que lhe seria favorável. Diante disso, ele resolveu agir à sua moda, para desespero dos seus futuros admiradores.

Tendo fracassado em levar a guarnição a render-se, rompeu as defesas com seu canhão e no terceiro assalto, que dirigia pessoalmente, atacou de rijo a cidade. Seguiu-se um massacre tão arrasador que chegou a causar espanto até mesmo à opinião pública dessa época tanta violência. Toda gente foi passada pela espada. Ninguém escapou. Os padres e frades foram degolados e os corpos despojados dos seus pertences que apresentassem algum valor. O Governador, Sir Arthur Ashton, tinha uma perna artificial que os Ironsides acreditavam fosse feita de ouro, no entanto, apenas encontraram sua fortuna particular no cinto. A matança e pilhagem duraram três dias.

Não há controvérsia sobre o ocorrido, pois Olivério contou sua própria história numa carta endereçada a João Bradshaw, presidente do Conselho de Estado. "Aprouve a Deus abençoar nosso procedimento em Tredah (pois assim ele pronunciava a palavra Drogheda). Após o ataque com a bateria, nós atacamos a praça. O inimigo contava com cerca de 3.000 homens. Resistiram firmemente, a ponto de fazerem recuar cerca de mil soldados nossos, depois de haverem penetrado na cidade. Mas Deus encorajou-os novamente, e eles atacaram outra vez e entraram, destruindo as defesas inimigas... Uma vez lá dentro, recusamos dar-lhes uma trégua e atacamos a cidade toda. Creio que passamos pela espada a totalidade dos seus defensores. Não acredito que tenham escapado mais de trinta, com vida. Esses que assim agiram estão seguros, em custódia, apesar dos Barbados... Foi uma grande e maravilhosa graça. O inimigo, não desejando arriscar-se num campo de batalha, pôs nessa guarnição quase todos seus melhores soldados.... sob o comando de seus mais competentes oficiais... Não creio, nem ouvi dizer, que algum oficial tenha escapado vivo, salvo um... O inimigo, diante disso, ficou aterrorizado. Acredito sinceramente que essa vitória evitará muito derramamento de sangue, graças à bondade de Deus. Desejo que todos os corações honrados dêem graças a Deus tão-somente, a quem a glória desta graça pertence."

Em outra carta, ao Presidente da Câmara, Lenthall, ele adiantou maiores detalhes. "Remanescentes do inimigo retiraram-se para Mil-Mount, fortificação de difícil acesso.. O governador, Sir Artur Ashton, e numerosos ilustres oficiais estavam lá, por isso ordenei a meus homens que os alcançassem e os passassem pela espada. Realmente, no auge da luta, proibilhes que poupassem qualquer pessoa armada da Cidade. Acredito que nessa noite passaram pela espada perto de dois mil homens. Os oficiais e soldados restantes fugiram através da ponte para outra parte da cidade, onde cerca de cem homens se apossaram do campanário da igreja de São Pedro... Intimados à rendição, recusaram-se. Então, ordenei que o campanário fosse incendiado, tendo alguém exclamado, dentre as chamas: 'Deus me acuda! Estou-me queimando, estou-me queimando!...' Estou persuadido — prosseguiu Cromwell — que esse foi um julgamento muito justo aplicado por Deus a esses desgraçados, que mancharam suas mãos de tanto sangue de inocentes."[24] Atrocidades semelhantes foram perpetradas algumas semanas depois, no assalto a Wexford.

Na época tranqüila e confortável da Rainha Vitória, quando Liberais e Conservadores, Gladstone e Disraeli discutiam o passado, e quando os nacionalistas irlandeses e radicais não conformistas se empenhavam em suas velhas polêmicas, surgiu uma corrente de opinião que procurou envolver de respeito e até de furtiva admiração esses crimes selvagens. Acreditava-se que tais cenas jamais se repetiriam e que enquanto marchavam para uma época de completa paz, prosperidade econômica e liberdade política, podiam dar-se ao luxo de homenagear a memória desses ríspidos guerreiros que lançaram os alicerces de uma sociedade liberal. No século XX têm-se alertado os intelectuais contra semelhantes indulgências. Temos visto a técnica do terror aplicada em nossa época com "cromweliana" brutalidade e em escala muitíssimo maior. Conhecemos suficientemente os déspotas, seus impulsos e capacidades, e não podemos adotar a filosofia dos nossos antepassados. Urge relembrar o princípio básico de que a matança em massa de pessoas desarmadas mancha para sempre a memória dos conquistadores, não obstante eles tenham triunfado.

O espírito embrutecido de Olivério era cheio de contradições. Escreveu sobre o "remorso e arrependimento" que tais crimes provocaram. Enquanto se blasonava disso, apresentou diversas justificativas, que Carlyle apaixonadamente endossou. Para citar um exemplo típico: Cromwell acreditava que havia poupado maior derramamento de sangue. Mas, isso não foi o que aconteceu. A guerra continuou de maneira furiosa durante mais dois anos depois de haver ele partido da Irlanda. No seu ódio ao papismo, que ele considerava uma conspiração mundial a favor do Mal, procurou identificar a guarnição realista de Drogheda com os camponeses católicos-romanos da Irlanda, que haviam massacrado os latifundiários protestantes em 1641. Ele certamente sabia que nenhum deles tinha a menor ligação com aquela tragédia ocorrida há oito anos. Escudou-se no "ardor da luta" quando suas tropas não haviam sofrido uma centena de

---

[24] Tomás Carlyle, "Cartas e Discursos de Olivério Cromwell", 1864, vol. II, págs. 59-62.

baixas, e quando, no juízo imparcial de Ranke, "por toda a parte misturavam-se uma ação friamente calculada e uma violência deliberada". Sobretudo, a consciência humana deve sentir náuseas ante a imagem de um pseudo-Deus, faccioso, concebido pela mente de um político ambicioso e interesseiro, para quem as palavras "justiça" e "misericórdia" serviam de escárnio. Nem sequer a segurança do Estado pode ser invocada como atenuante. Cromwell, na Irlanda, dispondo de uma força imensa e usando-a com impiedosa perversidade, aviltou os padrões da conduta humana e obscureceu sensivelmente a marcha da Humanidade. Os massacres de Cromwell na Irlanda encontram paralelo na história de todos os países durante a Idade da Pedra. É, portanto, necessário despir homens capazes de tais atos, de todo e qualquer título honorífico, seja no sentido de atribuir-lhes qualidades de grandes capitães-de-guerra, reputados príncipes ou estadistas.[25]

Já vimos os laços estreitos que, vez por outra, mantiveram unidos os habitantes da ilhas ocidentais, e mesmo na própria Irlanda permitiam um regime de vida perfeitamente suportável a protestantes e católicos. O procedimento de Cromwell foi um impacto contra tudo isso. Através de um permanente processo de terror, por uma iníqua política de conquista de território, pela proscrição virtual da religião católica, sem falarmos nos acontecimentos sangrentos já citados, ele abriu novos abismos entre nações e seitas. "O inferno ou submissão!" — eram os termos do dilema que impôs à população local. Em troca, durante 300 anos, essa população vem usando como símbolo do mais profundo ódio, esta expressão: "Que a maldição de Cromwell caia sobre vós!" As conseqüências da administração de Cromwell na Irlanda atingem ali, até hoje, a política dos ingleses. Para saná-las têm sido vãos os esforços e a lealdade das gerações sucessivas. Durante certa época tal ressentimento se tornou um poderoso obstáculo à harmonia dos povos de língua inglesa em todo o mundo. Sobre nossas cabeças ainda pesa a ameaça da "maldição de Cromwell".

* * *

---
[25] Escrito em 1938-39. W. S. C.

Desde o momento em que o machado cortou o pescoço de Carlos I, seu filho mais velho tornou-se, na opinião da maior parte dos seus súditos e da Europa, o Rei Carlos II. Seis dias após, logo que os mensageiros a cavalo levaram as notícias para o Norte, os Estados Escoceses proclamaram-no Rei da Grã-Bretanha, França e Irlanda. Seus representantes em Londres exigiram seu reconhecimento. Os oligarcas que se intitulavam "Parlamento" repeliram os emissários, declarando que eles haviam "lançado as sementes de uma nova e sangrenta guerra". Carlos II homiziou-se em Haia. O sentimento predominante na Holanda era de simpatia por ele, feridos que todos haviam ficado com a execução de seu pai. Dorislaus, o jurista holandês que fora tão útil na constituição do tribunal regicida, foi assassinado por realistas escoceses, quando se assentava à mesa para jantar. Embora a lei fosse invocada contra os assassinos, o crime foi largamente aplaudido.

Montrose, quando seu exército desmoronou, a conselho do finado Rei abandonou a Escócia, acreditando de início que a execução de Whitehall privara sua vida de qualquer objetivo. Foi um sacerdote que tornou a levantar-lhe o moral, convencendo-o do dever de obter vingança. Com um pugilo de correligionários, desembarcou em Caithness, sendo derrotado pelas forças governamentais e traído por um vil suborno entre suas fileiras. Foi arrastado, numa "via crucis", por várias cidades escocesas e executado em Edinburgo, numa forca muito alta, especialmente levantada, perante imensa e agitada assistência. Consolado pelo domínio do espírito sobre a desgraça física, encarou seus sofrimentos como um glorioso martírio, confundiu seus mais cruéis inimigos pela sua serenidade e deixou aos pósteros um nome por muito tempo glorificado pelo povo escocês, em suas baladas e narrativas. Seu corpo, retalhado, foi espalhado como exemplo nos próprios locais dos seus antigos triunfos. Todavia, enquanto Argyll e os partidários do Convênio infligiam esse castigo tão selvagem a realistas não ortodoxos, estes se preparavam para a guerra contra a Inglaterra em prol da causa da monarquia e estabeleciam urgentemente um acordo com o jovem Rei.

A estrada que Carlos II ia trilhar era agreste. O governo escocês propunha-se a submeter-se inteiramente à sua soberania, caso Sua Majestade aderisse ao Convênio e se tornasse o defensor da causa presbiteriana. Dispunha-se, ainda, a marchar com Carlos II para a Inglaterra, onde os presbiterianos e realistas ingleses se uniriam a eles, para restabelecerem a sagrada majestade da Coroa contra os republicanos e regicidas. No momento crucial era, assim, proclamada a continuação da monarquia. Mas, o preço era extorsivo e fatal. Carlos II devia empenhar-se em destruir o episcopalismo e impor à Inglaterra um sistema religioso odioso para todos os que haviam lutado ao lado de seu pai. Recebera uma educação esmerada e era versado nas controvérsias religiosas e políticas da época. Hesitou bastante antes de tomar a cruel decisão de vender sua alma ao diabo — como afirmava — no interesse da Coroa, e trair a causa para garantir sua sobrevivência. Os exigentes emissários escoceses que o aguardavam na Holanda compreendiam bem tudo aquilo que essa barganha representava. Um deles afirmou: "Fizemos Carlos II assinar e jurar obediência a um Convênio que ele, por motivos claros e compreensíveis, detesta de todo coração... Ele concordou pecaminosamente com uma coisa que nós também pecaminosamente lhe impusemos." Até a Rainha Henriqueta Maria, que desejava ver vingada a morte do amado esposo e para quem uma heresia protestante não era pior que outra, tinha dúvida sobre se seu filho devia ou não aceder.

O cumprimeto do contrato era mais penoso do que sua assinatura. No navio, antes do Rei desembarcar na Escócia, as garantias essenciais foram cassadas. Quando o Rei olhou pela janela da casa onde fora alojado, em Aberdeen, deu com um espetáculo horrendo: eram as mãos enrugadas de Montrese, seu devotado servidor e amigo, pregadas à parede. Viu-se prisioneiro nas mãos daqueles que lhe haviam implorado fosse seu soberano. Ele teve de escutar, ademais, infindáveis sermões e admoestações. Curvou-se de joelhos perante aquilo que representava para ele o templo de Baal. É possível que se admire a firmeza de convicções e propósitos do governo escocês e seus teólogos, mas devemos rejubilar-nos por nunca termos estado em cóntato com eles.

A política escocesa timbrava em separar sua nova guerra contra a Inglaterra da invasão que tão lamentavelmente fracassara em Preston, dois anos antes. Todos aqueles que haviam tomado parte naquele malfadado atentado — os "Engagers" (concordantes) como eram chamados, por motivo do acordo com Carlos I — foram rejeitados na nova aventura. Um expurgo no exército privou-o de 3.000 ou 4.000 dos seus mais experientes oficiais e soldados, que foram substituídos por "filhos de ministros, seus ajudantes e outros beatos desse jaez, que nunca tinham visto ou ouvido falar em outra arma, senão a do espírito". Todavia, era um exército disposto a combater pela Coroa e tanto o Cardeal Mazarino, da França, como o Príncipe Guilherme de Orange, da Holanda, emprestaram seu apoio à Escócia. O desventurado e jovem Rei foi forçado, pela necessidade de lutar e desejo de vencer, a expedir uma declaração na qual afirmava desejar estar "profundamente humilde perante Deus devido à oposição de seu pai à Solene Liga e Convênio; e porque sua mãe fora culpada de idolatria, cuja tolerância na Casa do Rei nada mais era que uma provocação às iras de Deus, que caíam sobre o filho, por culpa dos pecados paternos". Carlos imaginava como poderia enfrentar sua mãe, depois disso. Esta, por sua vez, disse-lhe que não mais seria seu conselheiro político. Foi nessa estranha circunstância que um grande exército escocês se agrupou na fronteira.

A ameaça no Norte fez Cromwell voltar da Irlanda. Fairfax, completamente rompido com seus ex-companheiros, recusou-se a invadir a Escócia, e o Conselho de Estado por fim designou Cromwell para ser oficialmente comandante-em-chefe, pois de fato já o era havia muito tempo. Ergueu sua espada afiada e sanguinolenta ante as tropas dos Ironsides, recém-saídas da matança da Irlanda. Não fugiu à discussão antes da luta. Argumentou veementemente com homens que acreditavam que muitas das doutrinas que ele conhecia e considerava como instrumento político eram questão de salvação ou condenação eterna da alma. "Suplico-vos — exclamou ele, num tremendo repto — pelas entranhas de Jesus Cristo, que penseis na possibilidade de estardes enganados." Foi inútil. Mas, quanto à despesa e perigo de se manter um exército em campanha, teriam discutido eternamente. Entrementes, as tropas inglesas invadiram Lowlands, dominando o litoral, onde eles podiam ser abastecidos pelo mar, através de sua Esquadra. Os exércitos manobraram um contra o outro. David Leslie não era um adversário desprezível e seu exército era bem mais numeroso. Cromwell foi forçado a retirar-se de volta a Dunbar, ficando sujeito às intempéries para seu suprimento. Podia, ainda, escapar para o sul, por mar, abastecendo-se nos portos do litoral leste. Mas essa perspectiva não era digna de sua carreira de constante sucesso. No acampamento escocês as opiniões se dividiam. Uns, chefiados por Leslie, achavam que se devia deixar Cromwell ir. Outros, onde se destacavam seis ministros religiosos, achavam que havia chegado a hora de aplicar a vingança do Senhor sobre os culpados, que desejavam anarquizar espiritualmente a Igreja Reformada. A beatice prevaleceu sobre a estratégia. O piedoso exército escocês saiu de sua posição de bloqueio e acercou-se de Cromwell e seus "santos", para evitar que embarcassem. Ambos os lados apelaram, confiantemente, para Jeová. E o Altíssimo, pouco tendo que escolher entre os dois, em matéria de fé e ardor religioso, de certo deixou que fatores puramente militares prevalecessem. Era novamente 3 de setembro. Um ano transcorrera desde o massacre de Drogheda. Esperavam-se novas manifestações do "auxílio divino", pois, como observou Cromwell entusiasticamente: "Muito esperamos do Senhor, de cuja misericórdia temos vasta experiência." Um oficial de Yorkshire, João Lambert, que ainda daria o que falar, convenceu-o da fraqueza do flanco sul dos escoceses, o qual ele observou. Ao raiar do novo dia Cromwell, despistando a ala direita, atacou de rijo a esquerda. "Agora — exclamou, enquanto o sol nascia sobre o mar, atrás dele — deixemos que Deus se erga e que seus inimigos sejam dizimados." Uma vez iniciada a luta entre esses guerreiros político-religiosos, o desfecho foi acelerado. Os escoceses, verificando que o flanco fora repelido, fugiram, deixando no campo de batalha três mil mortos Nove mil foram aprisionados no acampamento faminto de Cromwell, e assim, o exército dos presbíteros foi derrotado.

* * *

O desastre levou a política escocesa a ultrapassar os dogmas. Clamava-se, agora, antes de tudo, pela segurança nacional. Apressou-se em apaziguar os "Engagers" e reforçar as desfalcadas fileiras, com oficiais e soldados tão imprevidentemente dispensados. O auxílio dos realistas ingleses foi gratamente aceito. O Rei foi coroado em Scone. As idéias políticas predominavam após a guerra religiosa. O plano de marchar para o sul, deixando Cromwell na retaguarda em Edinburgo, que ele ocupara, e levantando as forças realistas na Inglaterra, fascinava a maioria dos Conselheiros escoceses. Mas, a influência da religião e do que, mais tarde, se chamaria radicalismo, ainda era suficientemente forte para impedir a execução desse plano. Os seis ministros presbiterianos que alegavam saber o que agradaria ao Todo Poderoso, difundiram a crença de que a derrota em Dunbar fora devida à impossibilidade de o Senhor Jeová apoiar um exército que esposava a causa do filho de um Rei não partidário do Convênio. Sob esse pretexto muitos soldados abandonaram as fileiras.

Um exército escocês invadiu a Inglaterra em 1651, mais por motivos realistas do que presbiterianos. Cromwell deixou-o passar, demonstrando sagacidade política e militar. Poderia, marchando a tempo, tê-lo atacado quase na fronteira. Sua intenção, porém, era cortar esse exército dos seus suprimentos. Os fatos justificaram o plano: os realistas ingleses, desamparados e exaustos, não foram capazes de nenhuma reação, mesmo porque a maioria dos seus chefes principais já havia sido executada. Carlos II pisou seu solo natal como Rei. Marchou num gélido silêncio à frente de suas tropas. Mas, Cromwell podia, agora, seguir-lhe facilmente ao encalço, e sua concentração de todas as forças da Commonwealth contra os invasores do norte foi avassalante. Nesse dia fatídico — 3 de setembro — 16.000 escoceses foram à luta em Worcester, contra não só 20.000 veteranos do "Novo modelo", mas a milícia inglesa, que foi reunida em grandes regimentos para se opor àqueles odiosos e atrevidos invasores escoceses. Leslie, no comando, resistiu na cidade com a cavalaria escocesa, até a parada ficar perdida. Carlos comportou-se com distinção. No auge da luta, passou em revista os regimentos, a cavalo, encorajando-os a cumprir seu dever. A batalha foi um dos mais duros encontros das guerras civis, mas acabou mal: os escoceses e seus camaradas realistas foram destruídos como força militar. Poucos voltaram à Escócia. Para Cromwell essa foi a "máxima graça". Para Carlos II representou a mais romântica aventura de sua vida. Escapou com dificuldade do campo de luta. Sua cabeça foi posta a prêmio por 1.000 libras esterlinas. A região foi esquadrinhada à sua procura. Ele ficou um dia todo escondido no famoso carvalho de Boscobel, enquanto seus perseguidores passaram sem dar por sua presença. Em toda parte havia gente que prazerosamente receberia o prêmio por sua captura. Mas, em toda parte havia, também, pessoas amigas, discretas, sem ganância. Cerca de cinqüenta pessoas reconheceram o Rei, tornando-se, assim, cúmplices de sua fuga e sujeitas a graves penalidades. A magia das palavras: "O Rei, nosso amo" — exercia seu fascínio sobre todas as classes. "O Rei da Inglaterra, meu amo, vosso amo e amo de todos os bons cidadãos ingleses, está próximo de vós e em grandes apuros: podeis auxiliar-nos a encontrar uma embarcação?" "Ele está bem? Está a salvo?" "Sim." "Louvado seja Deus!" Tais diálogos refletiam o estado de espírito de todos que vinham a descobrir o segredo ou o mesmo lhes era confiado.

Assim, após seis semanas de desesperado perigo o Rei viu-se de novo no exílio. O mais fiel colaborador que ainda restava, Lorde Derby, pagou o último tributo de lealdade, no patíbulo. Lady Derby, que defendera valorosamente seu lar em Lathom House, ainda alimentou a esperança de conservar o pavilhão real hasteado na Ilha do Homem, cuja independência os Derbys haviam proclamado. Mas, as idéias parlamentares e mais tarde as suas tropas abateram esse último reduto do realismo. A valente capitã ficou prisioneira por longo tempo e por fim morreu na penúria. Este foi o fim da Guerra Civil ou Grande Rebelião. A Inglaterra foi dominada, a Irlanda aterrorizada, a Escócia conquistada. Os três reinos foram unidos sob um governo com sede em Londres, que dispunha de poder autocrático. O capítulo mais memorável da História inglesa fora fechado por forças irresistíveis, que dominaram em caráter absoluto por algum tempo, mas nada edificaram. Em períodos rudes ou melancólicos os homens livres podem sempre encontrar conforto e consolo na grande lição da História: a de que as tiranias não podem perdurar, a não ser entre raças servis. Os anos que parecem intermináveis àqueles que os suportam, não passam de um relâmpago de infortúnio ao longo da jornada. Novas e naturais esperanças brotam do coração do homem a cada primavera, que revigora o solo cultivado e recompensa os agricultores pacientes e fiéis.

CAPÍTULO II

O LORDE PROTETOR

A monarquia e os lordes haviam desaparecido. A Igreja da Inglaterra achava-se prostrada. Dos Comuns apenas restavam poucos sobreviventes, pejorativamente chamados de "Os Remanescentes" ou parlamento "Rump", que, no entanto, tinham a si próprios em alta consideração, como personificação da causa parlamentarista. Seus membros achavam que o país necessitaria de sua orientação durante muitos anos. Enquanto Cromwell lutava na Irlanda e Escócia, esses destacados puritanos governavam com eficiência através do Conselho de Estado por eles escolhido. Embora falassem com fervor sobre religião, moldaram na prática uma política que, se não estava isenta de ódio, era forte. Constituíam uma oligarquia resultante da guerra e ainda em guerra. Precisavam de dinheiro, que provinha principalmente de uma taxa sobre mercadoria e propriedade, que a sabedoria dos outros tempos não havia suprimido do sistema financeiro britânico. Os realistas, derrotados, e os católicos-romanos, proscritos, obviamente eram fontes de rendas. Muitas pesadas lhes foram impostas. Para conservar parte de suas propriedades, tinha de alienar o restante. Houve grandes vendas de terra. Desde que somente a terra diretamente confiscada foi liberada quando Carlos II recuperou o trono, houve uma duradoura redistribuição da mesma, a qual, embora feita entre uma mesma classe, criou nos novos proprietários certos interesses pessoais, em torno do que, anos depois, os Liberais se reuniram paulatinamente. O dualismo da vida política inglesa após a Restauração encontrou sua raiz comum em duas espécies de nobres, divididos em interesses, tradições e idéias, mas ambos estribados na propriedade de terras. Foi esse um dos sólidos alicerces do duradouro sistema partidário.

Os Remanescentes eram nacionalistas, ao mesmo tempo que protecionistas e belicosos. Seu Ato de Navegação proibia a entrada no país de qualquer mercadoria que não fosse transportada por navios ingleses ou do país de origem. A rivalidade com a Holanda, que controlava o comércio no Báltico e o mercado de especiarias com as Índias, e ainda dominava a pesca do arenque, provocou contra uma república irmã, protestante, a primeira guerra da História inglesa originada por razões fundamentalmente econômicas. Roberto Blake, mercador de Somerset, que se distinguira na guerra civil, mas que não tinha experiência naval, foi nomeado Almirante. Ele foi o primeiro e o mais famoso dos "generais do mar", que, como o Príncipe Rupert, provou que a guerra naval nada mais é senão a mesma música, tocada com instrumentos diferentes. A Marinha Inglesa dominou perfeitamente os holandeses e os numerosos marujos realistas. Blake logo aprendeu a dar ordens aos capitães do mar, impôs disciplina e coesão à Esquadra, e na sua campanha final contra os piratas do Mediterrâneo provou que baterias de terra, que até então eram consideradas inabordáveis, poderiam ser silenciadas com ataques partidos de navios ao largo.

Os Remanescentes dominaram somente durante o tempo em que seu Lorde General estava ocupado com batalhas. Quando ele regressou, vitorioso, ficou chocado em constatar a impopularidade desse parlamento, bem como seu caráter nada representativo. Ele observou, sobretudo, que o exército, antes ocupado, à sua moda, das questões divinas – tinha má aparência sob o comando de civis e políticos. Cromwell procurou harmonizar o amedrontado Parlamento e sua gigantesca espada, mas não pode criticá-lo. Era contrário à guerra contra a Holanda protestante. Desaprovou os Atos de Licença e os Atos de Traição, que contrariavam liberdades tradicionais. Finalmente, convenceu-se de que os membros restantes do Parlamento eram "orgulhosos, ambiciosos e atrevidos". Anteviu e receou o perigo de eles conseguirem perpetuar seu predomínio. Cromwell encarou o Parlamento da mesma forma desdenhosa que Napoleão, de volta do Egito, mais tarde encarou o Diretório. Os oligarcas, na ilusão de que a supremacia parlamentar fora para sempre estabelecida com a execução do Rei, e ignorando sua instabilidade, permaneceram inflexíveis. O ponto de vista e a linguagem do Lorde General não deixaram margens a dúvidas. "Esses homens — disse Olivério — jamais deixarão o poder, a não ser que o exército os puxe pelas orelhas."

Assim, a 20 de abril de 1653, ele foi à Câmara, acompanhado de trinta mosqueteiros. Tomou assento onde lhe competia e ficou ouvindo os debates, por algum tempo. Súbito, ergueu-se e começou a discursar cada vez com mais agressividade. "Compreendam — concluiu — que irei por um ponto final a vossa tagarelice. Vós não sois um Parlamento." Chamou os mosqueteiros, fez evacuar a sala e trancou as portas. Enquanto os políticos, indignados, muitos dos quais, homens de força e eloqüência, eram empurrados para a rua, o General pousou os olhos sobre as insígnias simbólicas da autoridade do presidente. "Que vamos fazer desta droga?" — perguntou. "Atirem-na fora!" Nessa noite um londrino gaiato qualquer rabiscou na porta de S. Estevão o seguinte: "Aluga-se esta casa — sem mobiliário."

Culminaram nisso os denodados esforços em que Seldan e Coke se empenharam, e aos quais Pym e Hampden sacrificaram a própria vida. Nesse instante despareceram todas as garantias constitucionais e direitos conquistados desde Simon de Montfort até a Petição de Direitos. Agora, a vontade de um único homem era a lei. Durante algum tempo seu espírito confuso e introspectivo, mas explosivo, tornou-se o guardião de todo o acervo e da continuidade da civilização inglesa.

Quando o Abbé Sieyès retornou a Paris, após Napoleão haver expulso os legisladores republicanos, de que fazia parte, no 18 Brumário, ele observou a seus colegas de Diretório: "Senhores! Nós temos um Chefe!" Assim também a Inglaterra, Escócia e Irlanda tinham, agora, um chefe – e nada mais. Mas, quanto este chefe era diferente do brilhante aventureiro do século XVIII! Napoleão sabia o que estava fazendo. Não tinha escrúpulos. Tinha confiança em si. Pretendia ter em mãos o poder supremo, para usá-lo ilimitadamente até que ele e sua família controlassem o mundo. Não se importava com o passado. Sabia que não tinha meios de projetar seu poder no futuro distante, mas o presente era o prêmio que podia desfrutar.

Cromwell, embora hábil e cruel quando as circunstâncias o exigiam, foi sempre um ditador relutante e que vivia pedindo desculpas. Ele próprio reconhecia e deplorava o caráter arbitrário do seu governo, mas não hesitava em persuadir a si mesmo de que tal autoridade emanava tanto do Alto como de baixo. Não era ele o novo Moisés, o Protetor predestinado do povo de Deus, incumbido de conduzi-lo à Terra prometida, se ela realmente pudesse ser descoberta? Não era ele o único condestável disponível para sobreguardar" as várias formas de devoção desta nação? E especialmente na esfera civil, os bens dos servos de Deus, que haviam estado no lado certo, contra os conspiradores realistas ou os aloucados e vorazes igualitários? Não era ele o Lorde General instituído pelo finado Parlamento, capitão de todas as forças armadas, único herdeiro de toda a autoridade do Estado e, como ele mesmo dizia, "uma pessoa que tinha poder ilimitado sobre três nações?"

Cromwell desejava o poder pessoal apenas para arrumar as coisas de acordo com o que desde muito jovem idealizara, não para si, ou sua glória pessoal, mas para a Inglaterra. Era um grande saudosista da era elisabetiana, um "rústico cavaleiro Tudor, nascido fora de sua época", que "desejava ver a Escócia e a Irlanda trazidas à sua legítima obediência" e a Inglaterra transformada na potência mais respeitável "do mundo ocidental, adornada e defendida por robustos membros da guarda nacional, magistrados honrados, ministros sábios, universidades florescentes, esquadras invencíveis."[26] Quanto à política exterior, ainda combatia a Armada Espanhola, sempre ansioso por levar seus Ironsides de túnica vermelha contra os instrumentos de tortura de algum Grande Inquisidor ou as superstições idólatras de um Papa italiano. Não estavam eles clamando por um golpe de espada, a mesma espada que dizimara os malignos Cavaleiros em Marston Moor e Naseby, e exterminara os papistas de Wextford e Drogheda? João Thurloe, competente e devotado secretário do Conselho de Estado, apontou, em vão, que a Espanha estava em decadência – o que não era novidade para ninguém

---

[26] G. M. Young, "Carlos I e Cromwell", 1935

— e que a ameaça do futuro estava no poderio sempre crescente da França unida por Richelieu e Mazarino. Nada disso o Chefe enxergava. Estava afiando a brava espada à moda de D. Quixote, visando aos sucessores de Torquemada.

* * *

Os sucessos e fracassos de Cromwell na política exterior produziram conseqüências que atingiram todo o reinado de Carlos II. Procurou incrementar o protestantismo no âmbito mundial e as necessidades particulares do comércio e da navegação britânica. Em 1654 pos fim à guerra marítima contra os holandeses que havia começado dois anos antes. Fez ardentes propostas de aliança entre as repúblicas da Inglaterra e Holanda, que formariam a base de uma Liga Protestante, capaz não somente de se defender, como de atacar os poderes Católicos. Os líderes holandeses rejubilaram-se por se livrarem de uma guerra a qual sabiam estar perdendo, sem muito prejuízo para seus projetos comerciais.

Os conflitos entre a França e a Espanha, entrementes, prosseguiram. Cromwell podia escolher o partido que melhor lhe aprouvesse. Não obstante sólidos argumentos contrários levantados pelo Conselho, ele mandou uma expedição naval às Índias Ocidentais, em setembro de 1654, e ocupou a Jamaica. Este ato de agressão acabou provocando a guerra entre a Inglaterra e Espanha, e uma conseqüente aliança entre aquela e a França. Em junho de 1658 seis mil soldados ingleses veteranos, comandados pelo marechal Turenne, em Flandres, derrotaram os esponhóis na batalha das Dunas, e auxiliaram na captura do porto de Dunquerque. O bloqueio das costas espanholas revelou a força do poderio marítimo britânico e um dos capitães de Blake destruiu a "esquadra do tesouro", ao largo de Tenerife. Os anseios imperialistas de Cromwell voltaram-se, então, para Gibraltar. Pôs-se a estudar planos para capturar o maravilhoso rochedo. O desfecho desses planos somente ocorreria na época de Marlborough, mas a Inglaterra manteve o domínio sobre Dunquerque e Jamaica, como resultado da guerra de Cromwell contra a Espanha

Cromwell não teve dificuldade em conciliar o caráter imperialista da guerra da Espanha com suas diligências para formar uma Liga

Protestante Européia. Estava disposto a combater a perseguição religiosa aos protestantes, no exterior. Quando, em 1655, soube que uma seita protestante nos vales ao norte de Piedmont, chamada Vaudois, estava sendo oprimida e massacrada por ordem do Duque de Savoy, suspendeu suas negociações com a França e ameaçou mandar a esquadra atacar o porto de Nice, em poder de Savoy. Ao saber que estalara a guerra entre dois bons vizinhos protestantes, como os suecos e dinamarqueses, procurou persuadir os holandeses a intervirem como mediadores, conseguindo um armistício provisório. No seu todo, porém, a política exterior de Cromwell foi mais feliz em incentivar o comércio e a navegação britânica, do que em combater ou neutralizar a Contra-Reforma. Limpou o Mediterrâneo e o Canal da pirataria, expandiu o comércio exterior e ensinou o mundo inteiro a respeitar o poderio marítimo britânico. O poeta Waller compôs estes versos:

"The sea's our own, and now all nations greet
With bending sails each vessel of our fleet;
Your power extends as far as winds can blow
Or swelling sails upon the globe may go."[27]

Outro poeta, Dryden, assim cantou as glórias do seu tempo:

"He made us freemen of de Continent
Whom nature did like captives treat before;
To nobler preys the English lion sent
And taught him first in Belgian walks to roar."[28]

* * *

---

[27] N. do T. – O mar é nosso; e agora todas as nações saudam / Respeitosamente cada vaso de nossa Esquadra; / Sua força vai tão longe quanto sopra o vento / Ou podem alcançar as velas intumescidas.

[28] Ele nos fez os homens livres do continente / A quem a natureza antes tratava como escravos; / Mandou o leão inglês em busca de mais nobres presas / E nas plagas belgas ensinou-o a rugir

O problema para Cromwell, agora, era encontrar um Parlamento dócil e útil, temente a Deus e cônscio de sua missão, para auxiliar e confortar o Lorde Protetor em sua missão. Procurava um Parlamento cuja autoridade o livrasse da pecha de um despotismo semelhante àquele que o levava a punir o "rei sanguinário"; que sustentasse e discretamente corrigisse suas iniciativas, sem, evidentemente, divergir de seus ideais e criar-lhe obstáculos. Parlamentos assim, porém, não existem. Eles são esquisitos: tendem a formar opiniões coletivas próprias, inspiradas nas de seus eleitores. Cromwell desejava um Parlamento que lhe conviesse, para limitar seu próprio poder ditatorial, sem opor-se à sua vontade, e lutava para consegui-lo. Primeiro, experimentou uma oligarquia puritana; depois, uma assembléia meio burguesa, onde havia muitos elementos surgidos na vida pública graças a feitos militares; em seguida, Cromwell voltou-se para uma ditadura abertamente militar; finalmente, retornou à monarquia constitucional, embora só no nome. Achando que o prazo previsto pela eleição popular já fora ultrapassado, dissolveu os Remanescentes. Em seu lugar colocou um grupo de notáveis puritanos, escolhidos a dedo, e não eleitos, que se tornou conhecido como o Parlamento de Barebone,[29] por causa de um de seus membros, Louva-Deus Barebone. Este devia ser um Parlamento de Santos, cuja atuação política merecia confiança. As igrejas independentes ou congregacionais apresentaram uma lista de nomes, da qual os Oficiais do Conselho escolheram 129 representantes ingleses, 5 escoceses e 6 irlandeses — o que revela seu curioso senso de proporção. Eram, como disse Cromwell em seu discurso à Assembleia em julho de 1653, "pessoas escolhidas por Deus para Servi-Lo e louvá-Lo." Este trecho sutil de uma frase desse discurso mostra o remorso por ter recorrido à nomeação, em vez da eleição. "Se fôssemos comparar vossa posição com a daqueles que têm sido convocados pelo sufrágio popular, tomara que Deus permita logo que o povo esteja preparado para votar; ninguém deseja isso mais do que eu."

O comportamento político dos "Santos" resultou num triste desaponto para seus convocadores. Puseram-se logo, furiosamente, a limpar o terreno de todos os escolhos a fim de criar ambiente para um novo

---

[29] N. do T — *Barebone:* Esqueleto; pessoa muito magra.

regime que atingira tanto a vida espiritual, quanto a temporal. Eles procuraram abalar a Igreja e abolir os dízimos, sem estabelecer nenhum meio de subsistência para o clero. Num só dia de debate aboliram a Corte da Chancelaria. Ameaçaram os direitos de propriedade e manifestaram idéias de cunho que hoje diríamos socializantes. Com uma temeridade justificada tão-somente por inspiração espiritual, reformaram o lançamento de taxas de um modo que pôs em xeque o pagamento dos soldados. Tocaram, assim, no ponto nevrálgico da questão. O exército irritou-se. Cromwell, cujos conselhos os "Santos" não mais ouviam, viu neles nada mais do que um bando de perigosos idiotas. Mais tarde ele se referiu ao gesto de convocá-los nestes termos: "Uma prova de minha própria fraqueza e insensatez." Os líderes do exército, desejando evitar o escândalo de outro violento expurgo, persuadiram ou compeliram os "Santos" mais moderados a levantarem-se bem cedo, certa manhã, antes de os outros e assim aprovarem uma resolução devolvendo seu poder ao Lorde General, de quem ele proviera. Cromwell não desperdiçou energia em discussões estéreis. Declarou imediatamente que seu próprio poder se tornava novamente ilimitado e tratou de encontrar outros meios de disfarçá-lo o mais decentemente possível.

Sua alta posição, a despeito de toda sua força aparente, estava na dependência da precária harmonia entre o Parlamento e o exército. Podia, sempre, usar este contra aquele; mas, sem o Parlamento, sentia-se sem apoio, mesmo tendo o exército nas mãos. Os líderes da força armada também estavam cônscios da distância que os separava de seus oficiais subalternos e soldados rasos, tanto por questão de hierarquia militar, como de classe social. Eles também mantinham sua posição defendendo os interesses e as idéias da soldadesca. Era preciso que a tropa tivesse algo contra que lutar, caso contrário não mais seria necessária. Assim, todos esses revolucionários bem intencionados, práticos e até então vitoriosos, precisavam instituir um Parlamento, pelo menos para terem algo que derrubar. Ireton morrera na Irlanda, mas Lambert e outros líderes do exército de várias patentes, redigiram um Instrumento de Governo, que foi na realidade a primeira e última constituição escrita na Inglaterra. O poder executivo intitulado Lorde Protetor, conferido a Cromwell, era controlado e contrabalançado por um Conselho de Estado, de membros vitalícios, composto de sete líderes do exército e oito civis. Foi, então, instalada uma simples Câmara, eleita por um novo critério com base no número de propriedades. O sistema antigo exigia a posse de terras que rendessem pelo menos 40 "shillings" por ano. O novo critério era a posse de bens imóveis pessoais com um capital no valor de 200 libras. Graças a esse estratagema, todos aqueles que haviam lutado contra o Parlamento foram desqualificados da eleição. Cromwell muito gratamente aceitou o Instrumento e assumiu o título de Lorde Protetor.

Mais uma vez, porém, tudo saiu às avessas com o Parlamento. Mal se instalou, em setembro de 1654, viu-se que dele participava um grupo de republicanos, violento e ativo, que, sem a menor gratidão para com os líderes do exército ou ao Protetor por sua condescendência para com as idéias republicanas, pôs-se a retalhar a nova Constituição. Cromwell imediatamente excluiu os republicanos da Câmara. Mesmo assim, entretanto, a maioria parlamentar restante procurou limitar o grau de tolerância religiosa garantida pelo Instrumento, para restringir o domínio do Lorde Protetor sobre o exército e reduzir a força armada, tanto em tamanho, como em soldos. Isso era levar muito longe a farsa. Na primeira oportunidade permitida pelo Instrumento, Cromwell dissolveu os Comuns. Seu discurso de despedida foi uma série de censuras: eles haviam — disse Cromwell — negligenciado suas oportunidades e atacando o exército, minaram as bases da segurança nacional e poluíram a atmosfera política. "Parece — acrescentou, severamente — que se procurou preparar o terreno para uma luta, ao invés de se dar ao povo um Código de leis." Assim, Cromwell de novo se defrontava com o velho e intermitente problema. "Sou, como qualquer pessoa, favorável a um governo que conte com a colaboração da Câmara" — disse ele a um republicano que o criticava, acrescentando: "Mas, onde encontraremos essa colaboração?"

Sobreveio a ditadura militar sem o menor disfarce. Um coronel realista chamado Penruddock tentou tomar Salisbury, em março de 1655. O levante foi facilmente abafado. Mas a rebelião, combinada com a descoberta, por Thurloe, que dirigia um serviço secreto altamente eficiente, de uma série de complôs fracassados, convenceu o Protetor de que estava correndo grande perigo. "O povo — dissera Cromwell ao Parlamento — preferirá sua segurança a suas paixões políticas, ou fórmulas ocas." Tratou, então, de dividir a Inglaterra e Gales em onze distritos, colocando à frente de cada um deles um Major-General, dispondo de uma companhia de cavalaria e uma milícia reorganizada. Aos Majores-Generais foram dadas três funções: policiamento e manutenção da ordem pública, coleta de taxas especiais de notórios realistas e rigorosa imposição da moral puritana. Durante alguns meses eles dedicaram-se com extremo zelo à sua missão.

Ninguém se atreveu a opor-se aos Majores-Generais; mas, a guerra com a Espanha era dispendiosa e as taxas, insuficientes. Como Carlos I, Cromwell foi forçado novamente a convocar um Parlamento. Os Majores-Generais garantiram-lhe que eram capazes de formar uma Câmara complacente. Mas os Levellers, republicanos e realistas, estavam dispostos a explorar o descontentamento contra a ditadura militar, e numerosos ex-parlamentares, que eram inimigos do Protetor, retornaram à Câmara. Usando capciosamente de uma cláusula do Instrumento de Governo, Cromwell procurou excluir da Câmara uma centena dos seus adversários, enquanto outros cinqüenta ou sessenta voluntariamente afastaram-se em sinal de protesto. Mesmo depois desse expurgo ele tentou obter uma confirmação do sistema de governo local dos Majores-Generais, mas encontrou tanta oposição que foi obrigado a desistir. Com efeito, muitos dos parlamentares restantes "eram tão fanaticamente contrários à atuação arbitrária dos Majores-Generais", que eles "procuravam avidamente qualquer poder que fosse regulado e limitado pela lei".

Foi a esta altura dos acontecimentos que um grupo de magistrados e de pessoas abastadas resolveu oferecer a Coroa a Cromwell. "O título de Protetor — disse um deles — não é limitado por nenhuma lei ou regulameto; o título de Rei é." Assim a "Humilde Petição e Advertência", de 1657, que incorporava a Constituição proposta, cuidava não só da restauração do reinado, mas também de um sólido Parlamento, inclusive uma Câmara Alta eleita e impunha uma redução substancial nos poderes do Conselho do Estado. Embora considerasse a coroa apenas "uma pena no chapéu", Cromwell não via com maus olhos a idéia de se tornar Rei, e anunciou que "estava imensamente comovido por aquelas palavras". Mas, os líderes do exército e principalmente os soldados demonstraram imediatamente sua franca hostilidade à rapinagem da monarquia, e Cromwell teve de contentar-se com o direito de designar seu sucessor ao "trono" de Protetor. Em maio de 1657 ele aceitou as cláusulas principais da nova Constituição, sem o título de Rei

Os republicanos muito acertadamente previram que essa virtual restauração da monarquia abria caminho para a volta dos Stuarts. Nos termos da "Humilde Petição" Cromwell concordara com a volta a Westminster dos membros que ele havia excluído, enquanto seus mais capazes correligionários eram retirados para preencher a nova Câmara Alta. Os republicanos poderam, assim, agir tanto fora, como dentro do Parlamento, contra o novo regime. Cromwell, na crença exagerada de que se tramava contra si, subitamente, em janeiro de 1658, dissolveu o Parlamento mais amigo que jamais tivera. Terminou seu discurso de dissolução com estas palavras: "Deixemos que Deus julgue entre mim e vós." "Amém!" –– responderam os impenitentes republicanos.

* * *

A manutenção de todos os privilégios e autoridade em suas próprias mãos, na política interna, e a política exterior de agressão e conquista absorveram quase todas as energias de Cromwell e seu Conselho. Em matéria de legislação social, eram completamente bisonhos. O modo com que trataram a Lei dos Pobres foi considerado "rudeza misturada com fracasso". Condições muito melhores e maiores realizações foram estabelecidas sob o governo pessoal de Carlos I, entre 1629 e 1640, do que no período desse governante que dizia governar em nome de Deus e da soberania dos Santos. Eles consideravam que a pobreza devia ser punida, ao invés de socorrida.

Os puritanos ingleses, como seus irmãos em Massachusetts, empenhavam-se ativamente na repressa do vício. Todas as apostas e jogos de azar eram proibidos. Em 1650 foi aprovada uma lei tornando o adultério punível pela pena de morte, ferocidade atenuada pelo fato de que nada convenceria os jurados da culpabilidade do acusado. A embriaguez foi atacada vigorosamente e numerosas cervejarias foram fechadas. Blasfemar era uma infração punível por uma escala crescente de multas: um duque pagava 30 "shillings" pela primeira infração, um barão 20 e um escudeiro 10. Gente do povo podia dar expansão às suas iras por apenas 3 "shillings" e 4 "pence". O dinheiro não valia muito: um homem era multado por exclamar: "Deus é minha testemunha!" e outro por dizer: "Pela minha vida!" Os tempos eram duros. Os dias santos, considerados indulgências supersticiosas, foram substituídos por um dia de jejum por mês. O Natal provocou a mais severa hostilidade desses fanáticos. O Parlamento preocupava-se muito com a liberdade que dava aos deleites carnais e sensuais. No dia de Natal soldados percorriam as ruas de Londres, antes da hora da ceia, invadindo lares, apreendendo a carne que estava sendo preparada em todas as cozinhas e fornos. Por toda parte imperavam a deleção e a espionagem.

Em todo o país as "árvores de maio" (May Poles) eram abatidas, com medo de que as tradicionais danças nas aldeias, ao redor delas, pudessem levar a práticas imorais ou ao menos à leviandade de costumes. Quem saísse de casa aos sábados "Sabbath", exceto para ir à igreja, era punido, e o mesmo acontecia a quem fosse a uma paróquia vizinha para ouvir um sermão. Chegou-se até a propor a proibição de sentar-se à porta da própria casa, ou encostar-se a ela, nos sábados. A luta de ursos ou briga de galos terminavam, efetivamente, com a morte dos ursos e o destroncamento do pescoço dos galos. Todas as modalidades de práticas esportivas, corridas de cavalos e luta livre foram banidas e leis solenes vedavam o uso de adornos nos vestuários de homens e mulheres.

Vemos como a ânsia de ocupar postos públicos ou obter promoção leva à hipocrisia. Se olhares azedos, olhos revirados, voz estridente, frases cheias de citações do Velho Testamento ajudavam alguma coisa, aqueles que não tinham tais sentimentos religiosos podiam, facilmente, fingi-los. Atrás de todo esse aparato de hipocrisia e malícia, erguia-se um exército de disciplinados sectários, que constantemente extorquia aumentos tanto de seus efetivos como de seus soldos, e contra quem não se podia fazer frente. Seus generais e coronéis logo anexaram aos seus bens terras pertencentes ao patrimônio da Coroa: Fleetwood tornou-se proprietário de Woodstock Manor, Lambert de Wimbledon, Okey de Ampthill e Pride de Nonesuch Hazlrigg e Birch asseguraram a posse dos bispados de Durhan e Hereford. A grande parte da população, entretanto, o governo de Cromwell manifestou-se na forma de inúmeras e miseráveis pequenas tiranias, tornando-se assim o mais odiado governo inglês de todos os tempos. Pela primeira vez o povo inglês sentiu-se governado por um órgão central onde sua voz nem sequer era ouvida. A fúria e o ódio dominavam os mais fortes porque não podiam manifestar-se facilmente. Os antigos reis podiam ter oprimido os nobres e taxado os ricos; mas, agora tratava-se de personagens que haviam galgado o poder ilegalmente, através de violências sangrentas e arvoraram-se presumidamente o direito de orientar a vida e os hábistos de cada uma das vilas e aldeias, e a mudar costumes de tradição secular. Não era de estranhar que à sombra dos frondosos carvalhos, por todo o interior do país, muita gente sonhasse com a lembrança do que agora chamavam "os bons tempos de outrora" e ansiassem pelo dia em que "o rei pudesse divertir-se outra vez". Olhado de longe, no auge de seu poder, Cromwell não mostra esse aspecto repulsivo, mas parece uma figura encantadora. Vemos o Lorde Protetor em sua glória, o campeão do protestantismo, o árbitro da Europa, patrono da cultura e das artes. Sentimos a dignidade do seu comportamento perante todos e sua ternura com relação à juventude. Percebemos sua paixão pela Inglaterra, tão fervorosa quanto a de Chatham, e de certo modo mais cordial e emotiva. Ninguém lhe nega o desejo de encontrar uma base moral para seu poder ou o seu senso de responsabilidade perante o país e seu Deus, servindo-lhe de ideal. Embora Cromwell tenha facilmente convencido a si próprio de que fora escolhido por Deus como o Supremo Chefe de Estado, estava sempre pronto a compartilhar seu poder com outros, desde que eles concordassem consigo... Tinha vontade, até mesmo ansiedade, por governar através de um Parlamento, desde que este aprovasse as leis e taxas que ele quisesse. Mas, nem suas predileções, nem seus expurgos, induziram o Parlamento a cumprir sua vontade. Por várias vezes foi forçado a usar a espada ou ameaçar de usá-la, e o governo que ele procurou fazer um meio termo constitucional entre a anarquia e o absolutismo, na prática tornouse uma autrocracia militar.

* * *

Não obstante, a ditadura de Cromwell diferiu, de muitas maneiras, dos padrões modernos. Embora a imprensa fosse amordaçada e os realistas maltratados; embora juízes fossem intimidados e privilégios locais restringidos, sempre houve uma oposição verbal "de facto", conduzida por republicanos convictos. Não se procurou fundar um partido em torno da personalidade do ditador, nem tampouco um partido do Estado.

Mostrava-se respeito pela propriedade privada, e o processo de multar os Cavaleiros e forçá-los a ceder parte de seus bens imóveis foi aplicado com requintes de formalismo. Poucas pessoas foram condenadas à morte por crimes políticos e ninguém foi atirado ao cativeiro, indefinidamente, sem julgamento. "O que nós conseguimos espontânea e livremente — disse Cromwell ao seu exército, em 1647 — é duas vezes melhor do que o que obtemos pela força e ficará indelevelmente em nossa posteridade... O que conseguistes pela força para mim nada vale."

A liberdade de consciência, tal como Cromwell a concebia, não dava direito à profissão pública do catolicismo romano, da prelazia ou da seita dos Quakers. Proibiu a celebração em público da missa e atirou à prisão centenas de Quakers. Mas, tais limitações à liberdade de culto foram causadas menos por preconceitos religiosos do que pelo medo de distúrbios político-sociais. A tolerância religiosa desafiou todas as crenças da época de Cromwell e encontrou nele próprio seu melhor defensor. Acreditando que os judeus eram um elemento útil à comunidade, abriu novamente para eles as portas da Inglaterra, que Eduardo I fechara quase quatro séculos antes. Na prática houve relativamente poucas perseguições por motivos puramente religiosos e mesmo os católicos-romanos não foram seriamente molestados. A dramática intervenção de Cromwell a favor de um Quaker e unitário blasfemador a quem o Parlamento desejava condenar à morte sob tortura, prova que ele era a própria fonte de muitos lenitivos. Um homem que, nessa época amarga da História, escrevia que "não procuramos violência, mas a clareza e a razão", e que sonhava com a união e o perfeito entendimento entre judeus e gentios, não pode ser totalmente excluído da relação dos que batalharam pelas idéias liberais.

Embora se apaixonasse por um assunto, quando nele empenhado profundamente, era freqüentemente assaltado por conflitos de consciência e íntimas dúvidas. Sua formação estritamente puritana e os conflitos de consciência de sua mocidade deixaram-no, embora convencido de que pertencia ao Povo Eleito de Deus, sem nenhuma convicção quanto à sua probidade. Embora ele atribuísse suas vitórias políticas e militares à intervenção especial da Providência, escreveu a um amigo que temia estar dando muita importância à divindade. Essa falta de confiança em si explica seu oportunismo e reflete-se no seu famoso pronunciamento final: "Nenhum homem vai tão alto quanto aquele que não sabe para onde vai." Suas dúvidas a respeito de objetivos políticos acentuaram-se nos seus últimos anos de vida e tornaram-no cada vez mais dependente do conselho e da opinião de terceiros. E, ademais, sempre houve um conflito de consciência entre suas convicções sobre direito divino de governar para o bem do povo e uma humildade genuinamente cristã por sua própria indignidade. "É possível renunciar à graça?" — perguntou a seu capelão, no leito de morte. Certificando-se disso, exclamou: "Então, estou salvo, porque eu sei que uma vez estive na graça do Senhor."

A 3 de setembro de 1658, aniversário das batalhas de Dunbar e Worcester e do massacre de Drogheda, quando desabava uma tremenda tempestade, a morte colheu o Lorde Protetor. Ele fora sempre um bom e fiel homem de família e a morte de sua filha favorita e menos puritana abalara-o profundamente. Designou como seu sucessor o filho mais velho, Ricardo, um inofensivo cavalheiro do campo e por algum tempo ninguém contestou seu testamento. Se, em crises tremendas, a espada de Cromwell salvara a causa do Parlamento, sua figura na História ficou gravada como a de um representante da ditadura militar, com todas suas qualidades como soldado e estadista, mas em permanente paradoxo ante o gênio da raça inglesa.

Todavia, se o examinarmos mais detidamente, veremos que ele defendeu a Inglaterra não só de generais ambiciosos, como das formas de opressão de feitio inimaginável, pela qual os veteranos Ironsides teriam usado seu poder. Com todas suas faltas e fracassos, ele foi realmente o Lorde Protetor dos legítimos direitos da Velha Inglaterra que ele tanto amava, contra as armas terríveis que ele e o Parlamento forjaram para defendê-los. Não tivesse existido Cromwell, não teria havido progresso, mas também não teria havido colapso, nem a recuperação. Entre as ruínas de toda instituição social e política, que até então guiava a vida da Ilha, ele ergueu a coluna solitária, gigantesca, resplandecente e indispensável, que permitiu se alcançasse a hora da conciliação e reconstrução.

CAPÍTULO III

A RESTAURAÇÃO

Foi impossível preencher o vazio que a morte de Lorde Protetor criou. Em sua agonia Cromwell, em palavras "muito obscuras e imprecisas", designou seu filho mais velho Ricardo, para sucessor. "Ricardinho Cai-não-cai", como seus inimigos o apelidaram, era uma pessoa respeitável e bem intencionada, mas sem a força e capacidade exigidas por aqueles tempos severos. De início foi aceito pelo exército e devidamente instalado no posto outrora ocupado pelo pai; mas, quando tentou exercer a autoridade, não o conseguiu. A primeira nomeação que Ricardo procurou fazer no exército, de que seu próprio cunhado, Carlos Fleetwood, era o comandante-em-chefe, foi vetada pelo Conselho de Oficiais. Ricardo ficou ciente de que o comando do exército não era hereditário, e também que não podia permanecer vago. Seu irmão, Henrique, capaz e enérgico, esforçou-se como Ricardo para fortalecer o poder civil, mesmo às custas dos atributos monárquicos do cargo de Protetor. O Parlamento foi convocado por sugestão de Henrique Cromwell.

Era um Parlamento do qual, evidentemente, todos os realistas foram formalmente excluídos, e que o sempre ativo Thurloe fez o possível para encher de simpatizantes do Protetorado. Não obstante, essa assembléia imediatamente levantou as mais importantes questões governamentais. Após Ricardo abri-lo na forma de praxe e haver pronunciado sua "mensagem do trono", os Comuns trataram sem demora de restaurar os princípios da Commonwealth e controlar o exército. Puseram em dúvida a validade de todos os Atos, desde que o expurgo de 1657 privara o Parlamento de sua integridade representativa. Procuraram transferir a subordinação do exército do Protetor para eles próprios. Os líderes do exército estavam, todavia, resolvidos a preservar seu poder independente. Queixaram-se da conduta dos Comuns e de que a "velha e boa causa" estava perigando. "Por esta causa — alegaram eles — cobrimo-nos de sangue; trememos só em pensar em nossa responsabilidade se um dia o povo perder suas liberdades conquistadas com sangue." Os Comuns achavam insuportável a idéia de que o exército viesse a estabelecer-se como um autônomo Estado do Reino. Por isso, dirigiram-se aos oficiais reunidos, concitando-os a voltarem a cumprir seus deveres militares. "Ficaria mal ao parlamento — declararam — se não mais tivesse forças para ordená-los a voltar aos seus postos." Eles resolveram que todo oficial deveria comprometer-se, por escrito, a não interromper as sessões e debates do Parlamento

Em seu conflito com o exército eles passaram a pleitear o comando para o Protetor. Isto fez a disputa alcançar seu ponto culminante. Ambas as facções coordenaram suas forças; mas, não obstante parecesse à primeira vista que tanto o Protetorado como o Parlamento tinham oficiais e regimentos em número proporcional, a vontade dos oficiais inferiores e da soldadesca prevaleceu. Quatro meses após ter assumido seu elevado cargo, Ricardo Cromwell viu-se abandonado até mesmo por sua guarda pessoal. Exigiu-se a imediata dissolução do Parlamento, e um comitê de oficiais passou a noite aguardando a submissão. De manhã eles foram atendidos. Os membros da Câmara dos Comuns que tentaram reunir-se foram novamente afastados pela tropa. O exército dominava, tendo à frente os rivais Fleetwood e Lambert. Estes generais teriam tido a complacência de deixar a Ricardo uma dignidade limitada, mas o espírito das tropas tornara-se hostil ao Protetorado. Estavam resolvidos a instaurar uma República pura, na qual seus interesses militares e as doutrinas sectárias e anabatistas pudessem ocupar um lugar de relevo.

Mesmo nesse instante de triunfo absoluto e sem derramamento de sangue, a soldadesca sentia a necessidade de alguma aprovação civil dos seus atos. Mas, onde poderiam encontrá-la? Por fim, foi-lhe sugerido um meio. Declararam que não haviam esquecido que os membros da assembléia parlamentar que se reunira em abril de 1653 foram "campeões da boa e velha causa e inteiramente assistidos pela graça divina." Foram até a casa do ex-presidente, Lenthall, e convidaram-no, bem como seus companheiros sobreviventes, daquela assembléia, a renovar o exercício dos seu poder. Assim, com as formalidades de praxe esses quarenta e dois ilustres puritanos reassumiram, atônitos, suas cadeiras, das quais haviam sido expulsos seis anos antes. Eram os Remanescentes do Longo Parlamento, exumados do ostracismo e exibidos a um país perplexo.

Um Conselho de Estado foi constituído no qual os três principais líderes republicanos, Vane, Hazelrigg e Scott tomaram assento com oito generais e dezoito outros membros do Parlamento. Cuidou-se dos filhos de Olivério Cromwell, cuja aquiescência na abolição do Protetorado foi obtida. Suas dívidas foram pagas e eles presenteados com residências e uma pensão. Ricardo aceitou essas propostas imediatamente, mas Henrique hesitou um pouco. Ambos viveram sem ser molestados o resto de suas vidas. O Grande Selo do Protetorado foi quebrado em dois pedaços. O exército declarou que reconhecia Fleetwood como seu comandante-em-chefe, mas concordava que a designação dos altos oficiais deveria ser assinada pelo presidente do Parlamento em nome da Commonwealth. Foi outorgada uma constituição republicana baseada no princípio representativo, à qual todas as autoridades do país se submeteram. Mas, o conflito subterrâneo entre o exército e o Parlamento continuou. "Não sei porque eles não nos perdoam, assim como nós a eles" — observou o general Lambert.

Enquanto esses escolhos prejudicavam a administração republicana, em Londres, um vasto movimento realista explodiu no país. As recentes mudanças no poder central colocaram no poder adversários inveterados da casa dos Stuarts. Parecia uma boa razão para um apelo à força. No verão de 1659 os Cavaleiros apareceram empunhando armas em vários condados, estranhamente aliados aos presbiterianos. Estavam mais fortes no Lancashire e Cheshire, onde a influência de Derby era grande. Sir George Booth logo se viu à frente de uma grande força. Contra ele marchou Lambert, acompanhado de 5.000 homens. Na Ponte de Winnington, a 19 de agosto, os realistas foram desbaratados, embora, como disse Lambert em seu despacho, "a cavalaria de ambos os lados tivesse lutado como legítimos ingleses" Em outros lugares os Cavaleiros foram dispersados pela milícia local. A revolta fois esmagada tão rapidamente que Carlos II, para sua felicidade, aliás, não teve tempo de por-se à sua frente. O exército conseguiu, com a mesma facilidade, derrubar os partidários do Protetorado e da monarquia. O triunfo pelas armas deu novamente aos generais consciência do seu poder, e, logo, puseram-se a combater rijamente o truncado Parlamento que eles haviam ressuscitado.

Nesse momento Lambert tornou-se a figura de maior proeminência. Voltara a Londres, depois de sua vitória em Winnington Bridge, com a maior parte de suas tropas. Em outubro, quando o Parlamento, ofendido por sua arrogância, tentou afastá-lo e aos seus companheiros, do comando, tomou a iniciativa de levar seus regimentos a Westminster e barrar todas as entradas da capela de S. Estevão. Até mesmo o presidente Lenthall, que assinara a nomeação dos generais, foi impedido de entrar. Quando perguntou, indignado, se não o conheciam, os soldados replicaram que não o haviam visto em Winnington Bridge. Não houve derramamento de sangue, mas o poder central ficou por algum tempo nas mãos de Lambert.

Lambert era um homem de grande habilidade, militar cujos feitos apenas eram inferiores aos de Olivério Cromwell, e tinha larga visão política. Não procurou fazer-se Lorde Protetor, pois as idéias que o empolgavam eram completamente diferentes. Sua esposa, mulher de cultura e boa família, simpatizava com os realistas e tinha ambições. Foi proposto um plano, com o qual ela e o General concordaram, para o casamento de sua filha com o irmão de Carlos II, o Duque de York, como parte de um processo pelo qual Lambert, caso se tornasse supremo magistrado da República, restauraria o trono para Carlos II. Este projeto foi seriamente acalentado por ambos os lados, e prova disto é a benevolência demonstrada para com todos os realistas aprisionados na recente rebelião. Aparentemente, Lambert acreditou que poderia satisfazer o exército, tanto no ponto de vista político como religioso, muito melhor em uma monarquia restaurada do que sob o Parlamento Remanescente ou um Protetorado. Seu caminho era secreto, tortuoso e cheio de perigos. As suspeitas de Fletwood já estavam despertas, e um profundo antagonismo surgiu entres esses dois chefes militares. Ao mesmo tempo o exército, percebendo sua própria desunião, começou a por em dúvida suas violentas ações contra o Parlamento.

O mais severo e inflexível dos parlamentares republicanos era Hazelrigg, cujas faces pálidas, lábios finos e olhar penetrante davam a todos a impressão de possuir uma constância semelhante à de Brutus. Hazelrigg, barrado dos Comuns, correu a Portsmouth e convenceu a guarnição de que as tropas em Londres haviam traído nobres princípios. Quando Fleetwood e Lambert, eles próprios divididos, mandaram uma força para bloquear Portsmouth, Hazelrigg converteu os sitiadores ao seu modo de pensar. Essa parcela do exército Ironside rumou, então, para Londres a fim de intervir nos acontecimentos. O cisma nas fileiras começava a destruir a confiança dos soldados em si e pos termo ao domínio da espada na Inglaterra. Pelo Natal o exército resolveu reconciliar-se com o Parlamento. "Vivamos e morramos com o Parlamento!" – exclamaram. A tropa marchou a Chancery Lane e postou-se diante da casa do presidente Lenthall. Ao invés do desrespeito com que os soldados até havia a pouco o tratavam, eles agora manifestaram seu arrependimento por haverem suspenso as reuniões da Câmara. Submeteram-se à autoridade do Parlamento e saudaram o presidente como seu general e o pai da pátria. Mas, obviamente isso não podia durar. Alguém deveria por em marcha o movimento que daria à Inglaterra um governo que significasse algo. Mas, o desfecho viria de outra fonte.

* * *

O comandante cronveliano na Escócia, embora homem de temperamento muito diferente do de Lambert, era também um obstinado. Mais uma vez a Inglaterra estava destinada a ser salva por um homem sem pressa. Jorge Monk, um cavalheiro de Devonshire, que na mocidade recebera um vasto treinamento militar nas guerras holandesas, voltara à Inglaterra no início da Grande Revelião dono de precioso conhecimento profissional. Era um soldado da fortuna, importando-se mais em exercer seu comércio do que as causas em jogo. Combatera por Carlos I em todos os três reinados. Após ter sido capturado e aprisionado pelos Cabeças Redondas, passou para o lado deles e logo ganhou importante comando.

Combateu na Irlanda e no mar contra os holandeses. Enfrentou todos os percalços da carreira, apoiando sucessivamente e sempre na hora oportuna o Parlamento, a Commonwealth e o Protetorado. Dominou completamente a Escócia no tempo de Olivério Cromwell, mas sem expor-se a nenhuma animosidade prolongada. Mudou de posição, ficando contra a violência do exército de Londres. Acompanhando a evolução dos sentimentos do povo escocês, conseguiu da Convenção meios para manter seu exército, sem causar ofensa. Expurgou do comando todos os oficiais em quem não podia confiar. Lambert, ainda tentando alcançar seus obscuros objetivos, viu-se face a face com Monk. Este usava as senhas do Parlamento e da Lei; contava com a simpatia dos republicanos ingleses e a completa confiança dos escoceses, cujos interesses ele prometera defender. Lambert, que marchara para o Norte, partindo de Londres, em novembro de 1659, com um poderoso exército, não defendia nenhuma causa e aparentemente só ostentava a violência militar, tendo de manter suas tropas graças às contribuições compulsórias da zona rural, para desespero de sua população.

Monk era um desses ingleses que compreendem e sabem usar com perfeição o tempo e as circunstâncias, um tipo que tem proliferado em nossa Ilha. Os ingleses costumam admirar os homens que não tentam dominar os acontecimentos ou torcer o destino; que sabem contemporizar cumprindo seu dever de todos os dias, até a ocasião em que se certificam de que a maré está no ponto máximo do fluxo ou do refluxo; e então, demonstrando senso de oportunidade e completo desprendimento, caráter e sentimentos firmes e puros, movem-se vagarosa e cautelosamente rumo aos óbvios objetivos da Nação. Durante o outono de 1659 o General Monk, em seu quartel-general sobre o rio Tweed, com seu bem formado exército de cerca de 7.000 homens, era objeto de veementes apelos provindos de toda a parte. Diziam-lhe que tinha o futuro da Inglaterra nas mãos e todos apelavam para sua boa vontade. O General recebia os emissários de todos os matizes em seu acampamento. Ouvia pacientemente, como o faria todo ilustre inglês, tudo que eles pleiteavam, e com aquela simples honestidade de caráter que nossa raça tanto se ufana de possuir, mantinha-os na expectativa durante bastante tempo.

Por fim, quando toda a paciência estava esgotada, Monk agia. Informado dos acontecimentos em Londres, cruzou o Tweed à altura de

Coldstream no frio e claro dia de Ano Novo de 1660 Apesar de todas as preocupações, suas ansiedades a respeito de suas tropas tinham bastante fundamento. Num ambiente de geral instabilidade conseguia mantê-las precariamente. O veterano Cabeça Redonda, Tomás Fairfax, surgiu novamente em York e reuniu um vasto grupo de pessoas que clamavam por um Parlamento Livre Monk prometera estar com ele ou perecer dentro de dez dias. Cumpriu a palavra. Recebeu em York o que havia muito tempo almejava, ou seja, o convite da Câmara dos Comuns, os desesperados Remanescentes, para ir a Londres. Marchou rumo sul através de cidades e condados cujas populações clamavam em uníssono por um "parlamento livre". Quando Monk e suas tropas alcançaram Londres, imediatamente ficou encolerizado pelas ordens peremptórias dadas a ele pelos Remanescentes, inclusive uma que mandava demolir as portas da City a fim de intimidar a capital, pois a City então tornara-se realista e coletava fundos para Carlos II. Ao contrário de Cromwell e Lambert, Monk decidiu submeter o Parlamento, enfraquecendo-o e não dissolvendo-o. Em fevereiro tornou a convocar os membros que haviam sido excluídos pelo expurgo de Pride. Eram distintos presbiterianos, a maioria convictamente realista. A restauração da monarquia estava a vista. Na noite em que os membros excluídos retornaram, Samuel Pepys viu a City de Londres "coberta de glória, de ponta a ponta, tão brilhante era a luz das imensas fogueiras de festa... enquanto os sinos bimbalhavam por toda a parte". A primeira medida do Parlamento restaurado foi declarar nulos todos os Atos e transações desde o expurgo de Pride, em 1648. A assembléia fora dissolvida por um general e restaurada por outro. Nesse intervalo de 12 anos ocorreram acontecimentos inomináveis. Declararam Monk comandante-em-chefe de todas as forças Os Remanescentes do Longo Parlamento foram dissolvidos por seu próprio consentimento. Monk rejubilou-se por ver que um parlamento livre poderia ser convocado, e que tal parlamento certamente reporia Carlos II no trono: Estava sinceramente convencido, após sua marcha militar da Escócia, que o grosso do povo inglês estava cansado de experiências constitucionais e ansiava pelo retorno da monarquia.

  Evidentemente, o povo desejava que o Rei pudesse "desfrutar de novo sua vida". Esta simples expressão, partida do coração do cidadão-comum, também ecoava nas fileiras e criava um ambiente favorável ao

Rei Foi transportada de aldeia a aldeia e de feudo a feudo, em cantigas populares, apesar da pressão dos Majores-Generais e seus esbirros. Sua letra era assim.

> "Till then upon Ararat's hill
> My hope shall cast her anchor still,
> Until I see some peaceful dove
> Bring home the Branch she dearly love
> Then will I wait, till the waters abate,
> Which now disturb my troubled brain;
> Else never rejoice till I hear the voice
> That the King enjoys his own again."[30]

Havia, porém, agitações que precisavam ser contornadas. A época não comportava vinganças. Se o exército parlamentarista estava disposto a trazer o Rei de volta, isso não deveria implicar em renegar as vigorosas campanhas que fizera contra seu pai. Foi quando a sabedoria latente da Pátria entrou em ação. Na hora da vitória houvera excessos, e os princípios da Grande Rebelião foram indevidamente exagerados. Urgia retomar, somente em teoria, a posição original. Monk enviou uma mensagem a Carlos II aconselhando-o a oferecer uma anistia ampla e geral, sujeita apenas a algumas exceções a serem fixadas pelo Parlamento; a prometer o pagamento integral dos soldos atrasados e a confirmar as vendas de terras. A Inglaterra vira passar para outros proprietários uma grande parte de suas terras, a principal fonte de riqueza e nobreza. Tais mudanças tiveram boas conseqüências e não podiam ser desfeitas completamente. O rei poderia desfrutar novamente de seus direitos, mas não todos os Cavaleiros. Devia reconhecer-se plenamente que o cidadão podia conservar o que conseguisse ou ainda lhe restasse. Não devia haver represálias. Todos deveriam começar de novo em bases justas.

---

[30] N. do T. "Minha esperança vai até o cume do monte de Ararat, de que possa ver alguma pomba da paz trazer para sua pátria o ramo querido; esperarei, então, que se amaine a tempestade que ora maltrata meu espírito atribulado; somente me rejubilarei quando souber que o Rei desfruta novamente seus direitos." Livro de Oxford da Poesia do século XVII, 1934, pág. 584.

Mas, o sangue sagrado fora derramado. Os autores desses morticínios que ainda se achavam vivos eram poucos e perfeitamente identificáveis. Se todos aqueles que haviam lucrado com a vitória parlamentarista tivessem certeza de que em nada seriam afetados e não sofreriam penalidades, certamente não se oporiam muito em punir os regicidas. O acontecimento de 1649 fora contrário à lei, contra o direito presuntivo do Parlamento e prejudicial a toda a Nação. Era preciso que os culpados fossem castigados. Esta resolução, de certo modo vil, foi considerada a única compatível com aquele espírito de conciliação que tem desempenhado papel tão importante em nossos problemas.

O conselho de Monk foi aceito pelo fiel chanceler de Carlos, Hyde, que compartilhara o exílio de seu amo e logo mais seria recompensado com o condado de Clarendon. Hyde redigiu o manifesto de Carlos, chamado a Declaração de Breda. Neste documento o Rei prometeu deixar todos os problemas espinhosos para os futuros parlamentares resolverem. Deve-se em grande parte à concepção judicial que Hyde tinha do Parlamento e dos acontecimentos passados, o fato de a Restauração firmar-se, permitindo o retorno da ordem e o revigoramento das antigas instituições nacionais, após as experiências de Cromwell.

Enquanto as negociações chegavam a bom termo, realizaram-se as eleições do novo Parlamento. Teoricamente, aqueles que haviam lutado contra a Rrepública foram excluídos, mas a corrente realista engrossou tanto que essa proibição perdeu efeito. Presbiterianos e realistas conseguiram grande maioria e os republicanos e anabatistas perderam para eles em todos os condados. Haviam lutado em vão: propuseram inutilmente convocar de novo Ricardo Cromwell, que estava a ponto de procurar refúgio na França. Fizeram-nos lembrar que eles mesmos haviam afastado o filho de Cromwell. Lambert, fugindo da Torre, onde fora aprisionado, preparou-se para disputar a luta em campo aberto. Seus homens, porém, desertaram e ele foi recapturado sem derramamento de sangue. Este fracasso selou o êxito da Restauração. Monk, o grosso do seu exército, a milícia da City, os realistas de todo o país, a esmagadora maioria dos recém-eleitos membros da Câmara dos Comuns, os pares, que se reuniram novamente como se nada tivesse acontecido, estavam todos coesos e cônscios do poder. Os Lordes e Comuns foram restaurados. Faltava apenas completar os três Estados do Reino, pela reconvocação do Rei.

O Parlamento apressou-se em mandar ao soberano exilado uma grande importância em dinheiro, para suas despesas, e logo incumbiu-se de preparar as carruagens de Estado, ornamentadas com veludo vermelho. A Esquadra, outrora tão hostil, foi incumbida de trazê-lo à sua terra natal. Imensa multidão esperou-o em Dover. Aí, em 25 de maio de 1660, o General Monk recebeu-o com profunda reverência. A jornada até Londres foi triunfal. Toda a população, sem distinção de classe social, aglomerou-se nas ruas para as boas-vindas ao Rei, em seus domínios. Houve exclamações de júbilo e choro incontido de emoção. Todos se sentiam como se despertassem, aliviados, de um pesadelo. Entravam numa Idade de Ouro, pensavam. Carlos, Clarendon, Nicolau, o experimentado secretário e um punhado de aventureiros que haviam compartilhado os azares do Rei, encaravam a massa, perplexos. Seria aquela a mesma ilha de onde haviam fugido precipitadamente havia poucos anos? Muito mais admirado deve ter ficado Carlos, ao deitar-se e levantar-se em Blackheath, tendo diante de si as maciças e refulgentes colunas do exército Ironside, em majestosa formação de sentido, demonstrando leal obediência. Havia apenas oito anos ele se escondera das patrulhas desse exército nas copas dos carvalhos de Boscobel. Alguns meses antes esses soldados haviam dizimado seus simpatizantes em Winnington Bridge. A entrada na City foi um esplendor de ação de graças. O Lord Mayor e Conselheiros da rebelde Londres dirigiram a cerimônia. Os sacerdotes presbiterianos interromperam o cortejo somente para terem a honra de apresentar a Bíblia entre suas fervorosas saudações. Ambas as câmaras manifestaram sua devoção aos direitos e à pessoa do soberano. E por toda a massa, entre ricos e pobres, Cavaleiros e Cabeças Redondas, episcopalistas, presbiterianos e independentes, eclodiam cenas de reconciliação e júbilo sem comparação na História. Foi para a Inglaterra seu supremo dia de alegria.

* * *

O cenário não se alterou completamente, como muita gente pensara. Não acontecera apenas a restauração da monarquia, mas também do Parlamento. Com efeito, essa foi a hora mais gloriosa da história parlamentar. A Câmara dos Comuns destruíra, em combate, a Coroa; por fim, conseguiu dominar o terrível exército que criara para esse fim.

Expurgava-se dos seus próprios excessos e agora erguia-se livre de qualquer desafio ou necessidade de argumentar, como a instituição dominante do reino. Tudo que fora válido nos clamores constitucionais levantados contra Carlos I enraizara-se tanto que nem sequer era necessário mencionar. Todas as leis do Longo Parlamento, desde que Carlos I deixou Londres no começo de 1642, todos os estatutos da Commonwealth ou do Protetorado, agora caíram por terra. Restavam, porém, as poderosas limitações da Prerrogativa, com as quais Carlos I havia concordado. Os estatutos que ele havia marcado com seu selo eram válidos. A obra de 1641 ainda estava de pé. Sobretudo, todos tinham como coisa líqüida e certa, agora, que a Coroa era o instrumento do Parlamento e o Rei, o servo do povo.

Se a doutrina do Direito Divino fora novamente proclamada, por outro lado o poder absoluto fora abandonado. A jurisdição criminal do Conselho Privado, da Star Chamber e do Supremo Tribunal desaparecera. A idéia de a Coroa lançar taxas sem o consentimento do Parlamento ou usando de estratagemas discutíveis, também fora posta de lado. Toda legislação, a partir desse momento, dependia da maioria dos parlamentares legalmente eleitos e nenhuma determinação real poderia substituí-la. A Restauração conseguiu concretizar o que Pym e Hampden inicialmente aspiraram e rejeitou os excessos aos quais eles foram atirados, sob a pressão de conflitos, crimes, loucuras da guerra e ditadura. A vitória dos Comuns e do Direito Civil foi permanente.

Uma nova concepção de soberania surgira. Em seus primeiros conflitos com Carlos I e seu pai, os parlamentaristas não mostraram desejo de ver a Prerrogativa completamente abolida. Os legisladores dos Comuns suportaram o impacto da luta e os princípios pelos quais eles lutavam estavam consubstanciados nas cláusulas básicas do Direito Civil. Haviam lutado para assegurar a subordinação do Rei à lei. Isto significava a lei que a Magna Carta deveria garantir: a lei tradicional, a espécie de lei que fez o cidadão inglês tornar-se livre da prisão e punição arbitrárias; a lei que durante séculos foi respeitada nos tribunais do Direito Civil. O Parlamento não se empenhou em fazer-se onipotente ou destruir os poderes tradicionais da Coroa, mas em controlar seu exercício, de modo que as liberdades do Parlamento e do indivíduo fossem resguardadas e protegidas. Coke reivindicou para os juízes a posição de supremos intérpretes da lei. Durante os anos em que o país não teve Rei, nem imperou sua Prerrogativa, a idéia predominante era a de que um Ato do Parlamento representava a autoridade suprema. Isto não tinha raiz no passado, nem era interessante aos magistrados. O poder passara destes para os líderes da cavalaria e eles deixaram sua marca na Constituição. A alegação de Coke de que a lei fundamental do costume e da tradição não podia ser ignorada, nem sequer pela Coroa e Parlamento reunidos, bem como sua aspiração de ver na Suprema Corte do Direito Civil os juízes declarando o que era ou não era legal, foram postas de lado para sempre na Inglaterra. Tal ponto de vista reviveu na Nova Inglaterra, no além mar, e acabou eclodindo numa revolução americana dirigida tanto contra o Parlamento como a Coroa .

* * *

A questão financeira no período da Restauração era, como sempre, imperiosa e espinhosa. Necessitava-se de vultosas quantias, além das verbas ordinárias, para pagar e dissolver o exército e saldar as dívidas contraídas pelo Rei no exílio As dívidas do Protetorado foram francamente repudiadas. O Rei desistiu dos seus direitos feudais sobre tutela, feudos dados aos cavaleiros com a condição de servirem ao Rei nas guerras, e outras reminiscências medievais. A troco disso, o Parlamento garantiu-lhe rendas vitalícias, as quais, somadas às das propriedades hereditárias, foram calculadas num total de cerca de 1.200.000 libras esterlinas. Isso implicava mantê-lo num regime de grande austeridade, mas ele e seus conselheiros deram-se por contentes. o país foi empobrecido pelos percalços que enfrentara; o sistema de coletar taxas foi completamente desorganizado; logo, uma renda vitalícia não era coisa desdenhável. Para qualquer outro gasto extraordinário o Rei dependia do Parlamento, e tanto ele como Clarendon curvaram-se a isso, numa confirmação de que a Coroa não se livraria dos parlamentares.

Mas, tanto a Coroa como o Parlamento libertaram-se do exército. Esta força, que agrupava 40.000 homens, cuja capacidade de combate era inigualável no mundo, tinha de ser dissolvida e não se cogitaria de restabelecer nenhuma força semelhante. O "slogan" de todos os partidos seria: "Nada de exército permanente "

Tais decisões da nação unida, que mexeram no ponto nevrálgico de muitas feridas, não podiam, embora imprescindíveis, ser recebidas sem manifestações de protestos por parte dos diretamente atingidos. Os cavaleiros não se conformavam em ver que a defesa de sua causa não os libertara das penalidades de que haviam sido vítimas. Protestaram em vão, afirmando que o Ato de Anistia e Indenidade era, de fato, relegar ao esquecimento os serviços prestados e indenidade pelos crimes do passado. Escandalizaram-se com o fato de que apenas aqueles que efetivamente condenaram o Mártir Real devessem ser punidos, enquanto que os que projetaram e levaram a termo sua ruína numa guerra sangrenta e saciaram sua fúria sobre fiéis amigos do Rei escapassem sãos e salvos e até enriquecidos. Todos, porém, com exceção dos soldados, concordavam em se livrar do exército. Que isso pudesse ser feito sem derramamento de sangue parecia um milagre. Os soldados Ironsides tornaram-se impopulares, voltando-se todos contra eles. Após todos os serviços que haviam prestado, as vitórias conquistadas no campo de batalha, os ardentes esforços que haviam feito para estabelecer um piedoso governo no reino, a observação de uma austera conduta pessoal, viam-se detestados por todos. Deviam ser relegados ao esquecimento. Mas, curvaram-se ao peso da opinião pública. Haviam cumprido sua obrigação. Retornaram aos seus lares e antigas profissões e, dentro de poucos meses, aquela máquina invencível, onipotente, que poderia a qualquer momento ter devorado todo o reino e a sociedade da Bretanha, dissolveu-se por entre a população civil, deixando apenas um tênue rastro. Desde aí esse exército tornou-se símbolo da sabedoria e sobriedade, como outrora o fora do valor e entusiasmo.

Dos sessenta homens que assinaram a sentença de morte do antigo Rei, um terço já havia morrido, outro terço fugido e os vinte restantes permaneciam no país. O Rei Carlos empenhou-se junto ao seu leal Parlamento para salvar tantos quantos fosse possível. Os sentimentos inflamaram-se. O Rei lutou a favor da clemência para os assassinos do próprio pai, e o Parlamento, onde muitos membros instigaram sua ação, clamava por vingança. Por fim, nove sofreram a penalidade máxima, acusados de traição. Foram o bode expiatório do crime coletivo. Quase todos eles glorificaram-se por seu feito. Harrison e outros oficiais subiram ao cadafalso com a convicção de que a posteridade elogiaria seu sacrifício.

Hugo Peters, o fogoso pregador, foi o único a demonstrar fraqueza, mas o exemplo dos seus companheiros e uma forte dose de um estimulante o mativeram em pé. Quando o carrasco, cutelo em punho, coberto de sangue, encontrou-se com ele no local da execução, perguntou: "Que acha disto, Dr. Peters?" Ele respondeu, firmemente, que achava que tudo estava muito bem

O número de executados foi tão aquém do que o público exigia, que se improvisou uma tétrica demonstração adicional, que afinal não custou a vida de ninguém mais. Os corpos de Cromwell, Ireton e Bradshaw foram retirados dos seus sarcófagos na Abadia de Westminster, onde haviam sido sepultados alguns anos antes, em solene pompa. Postos sobre carretas, percorreram as ruas até Tyburn, onde foram espetados na forca de três bicos Aí ficaram durante 24 horas. As cabeças foram pregadas em lugares proeminentes e o resto dos despojos atirados às esterqueiras. Pym e vinte outros parlamentaristas também foram exumados e queimados num fosso. Tais nojentos procedimentos contra os mortos foram impostos pela ferocidade do povo, a quem o Rei alegrava-se, todavia, em atirar ossadas, ao invés de homens vivos.

Somente outras duas pessoas foram condenadas à morte, na Inglaterra: General Lambert e Sir Henrique Vane. Lambert tinha seguido uma brava carreira e, no último ano da República, esteve a ponto de tomar o poder supremo. Vimos os planos que ele traçou em torno do casamento de sua filha. Imaginava-se na posição de Condestável da Restauração, adiantando-se a Monk, ou em outra alternativa, como sucessor de Sua Alteza o Lorde Protetor, após destruir Monk Ele era um homem de ilimitada audácia e longa experiência em revolução militar. Mas, tudo simplesmente falhou. Então, Lambert, o general Ironside, herói de uma dúzia de batalhas, humilhou-se perante seus juízes. Procurou obter perdão do Rei, encontrando no irmão do soberano, o Duque de York, um poderoso advogado. Ele foi perdoado e viveu o resto de sua vida em Guernsey, "com liberdade de movimentar-se pela ilha" e mais tarde em Plymouth, consolando-se com pintura e botânica.

Vane era mais rijo. Não quis pedir perdão e fez uma defesa tão brilhante, argumentou com tanta lógica, que poderia bem ter sido absolvido. Mas, havia um incidente em seu passado que então se tornou fatal para ele. Lembrou-se de que vinte anos antes ele furtara e mostrara a

Pym as anotações de seu pai a respeito das reuniões do Conselho Privado, provando que Strafford aconselhara a vinda de um exército irlandês para a Inglaterra, o que, aliás, selou o destino de Strafford. Se havia dívidas a pagar, esta era uma que não podia ser desprezada. Carlos não mostrava desejo de poupá-lo. "Ele é muito perigoso para continuar vivo — disse o Rei — se podemos honestamente pô-lo fora do caminho." Foi ao encontro da morte com a maior alacridade e confiança em si e o ruído das trombetas cobriu os eficazes argumentos que tentou atirar à multidão hostil.

Quase o único nobre da Escócia, a sofrer a pena de morte na Restauração, foi o Marquês de Argyll. Ele foi a Londres para participar da recepção do Rei, mas foi imediatamente preso. Carlos, para ver-se livre dessa responsabilidade, mandou-o de volta à Escócia para ser julgado por seus pares e patrícios. O Rei restaurado tinha lutado muito e podia desdenhar esses procedimentos cruéis. "Estou cansado de enforcamentos" — disse ele. Mas, o Parlamento escocês, na cólera do momento, apressou-se em mandar para o patíbulo seu antigo guia e mentor. Ele também morreu com firmeza e coragem e com exemplar piedade. Mas, todos perceberam que a morte de Montrose era vingada. Ao todo, portanto, através da diligência de Carlos e em parte às custas de sua popularidade, menos de doze pessoas foram condenadas à morte nessa intensa contra-revolução. Por irônica coincidência, que Carlos deve ter apreciado, eles foram condenados por alguns dos principais cúmplices e beneficiados dos seus crimes. Figuras destacadas do partido parlamentarista, pares e comuns, altos oficiais da República ou de Cromwell acomodaram-se nos tribunais que condenaram à morte os regicidas. É sobre estes que a história deve dirigir o ódio que eventualmente tenha marcado essas melancólicas, mas limitadas represálias.

CAPÍTULO IV

O ALEGRE MONARCA

O Parlamento que reconvocou o Rei era uma assembléia equilibrada, e representava ambos os lados da nação. Sobrepujou as graves dificuldades políticas da Restauração com sucesso. No entanto, não tinha validade constitucional, desde que não fora convocado por ordem escrita do Rei. Este era considerado um defeito fatal. O soberano, que achava que podia ir mais além e ficar mal colocado, apoiou oficialmente a assembléia, endossando retrospectivamente a sua convocação. Mas, isso não parecia legalizar perfeitamente a situação. A Câmara não podia intitular-se um Parlamento, mas apenas uma Convenção. Em fins de 1660, julgou-se necessária a sua dissolução. Esta concessão a um recém-recuperado respeito pela lei evitou toda possibilidade de um movimento religioso que envolveria toda a nação. As eleições exprimiram o deleite de um povo libertado. Os realistas nada fizeram por ocasião da Restauração. Foram completamente batidos e intimidados. Agora, chegava sua vez. Uma poderosa maioria antipuritana surgiu em Westminster. E de suas casas em ruínas e terras mutiladas, onde alegremente se enterraram durante a tirania de Cromwell, vieram os homens que haviam lutado contra Rupert, ou os filhos desses homens.

Começou, então, o mais duradouro Parlamento da História inglesa, que perdurou por dezoito anos. Foi chamado o Parlamento dos Cavaleiros ou, mais apropriadamente, o Parlamento dos Aposentados. Era composto, de início, de homens maduros e de alquebrados veteranos da guerra, mas quando foi finalmente dissolvido, todos, exceto duzentos deles, foram substituídos em eleições suplementares, na maior parte por Cabeças Redondas ou seus descendentes. A partir do momento em que se reuniu pela primeira vez o Parlamento mostrou-se mais realista em teoria do que na prática. Rendia todas as homenagens ao Rei, mas não tinha intenção de ser governado por ele. Os numerosos proprietários de terras que se haviam tornado pobres por causa da Coroa não eram monarquistas convictos. Não desejavam prescindir de nenhum dos direitos parlamentares que haviam conquistado em luta. Estavam prontos a precaver-se para a defesa do país por meio da milícia, mas, esta devia ser controlada pelos Vice-Reis dos condados. Sustentavam veementemente a supremacia da Coroa sobre as forças armadas; mas, tomavam cuidado em que apenas as tropas no país ficassem sob o controle local de sua própria classe. Assim, não só o Rei mas o próprio Parlamento, estavam sem exército algum. O repositório da força militar, agora, eram as famílias dos condados e os senhores de terras. Tendo estabelecido isto como resultado de amargas experiências e longa meditação, o Parlamento dos Cavaleiros voltou-se para a religião, com especial atenção aos aspectos político-sociais e aos seus próprios interesses.

Desde os tempos da Rainha Isabel até a Guerra Civil o desejo da monarquia era o estabelecimento de uma única Igreja Nacional, baseada no Livro de orações e no Episcopalismo. Havia também o desejo de unificar política e religiosamente Inglaterra e Escócia. Esses anseios, estendendo-se mesmo à Irlanda, foram alcançados sob formas totalmente diferentes, de maneira brutal, pela espada de Cromwell. Contra tudo isto, tanto na Igreja como no Estado, no Parlamento como na Corte, havia agora uma profunda reação.

Desde que Clarendon, como Lorde Chanceler, era o primeiro ministro e tinha preponderância no governo, seu nome é identificado com a série de Atos que restabeleceram a Igreja Anglicana e levaram as seitas protestantes a manter sua oposição. Carlos teria preferido o caminho da tolerância e Clarendon, o da compreensão. Mas, o entusiasmo do Parlamento dos

Cavaleiros, dos seguidores de Laud então de volta do exílio, e de alguns líderes presbiterianos recalcitrantes, derrotou-os a ambos. O Parlamento reconheceu que havia órgãos religiosos definitivamente fora da igreja Nacional e determinou, se não a sua extirpação, pelo menos deixá-los de lado, em incômoda situação. Assim agindo, ele consolidou o não conformismo como uma força política com objetivos claros: primeiro, tolerância, que foi assegurada na revolução de 1688; e, depois disso, a abolição do "status" privilegiado da igreja. Mas, este último desiderato foi alcançado, e apenas parcialmente, quando no século XIX o voto das classes comerciais e industriais se tornou um fator decisivo nas combinações políticas. Um levantamento exato da influência do não conformismo no pensamento político inglês é difícil de ser feito. Ele assimilou e conservou muito da austeridade e obstinação do velho puritanismo, com muita de sua estreiteza. Sua erudição era de modo geral apreciável. Talvez uma igreja compreensiva, com largo número de adeptos, tivesse servido melhor a causa da religião. Mas, é também possível que a variedade de modos de pensar sobre a religião, que o não conformismo permitiu, não pudesse ser enquadrado numa Igreja do Estado, embora dotada de amplas bases; e que os Três órgãos, como passaram a ser chamados — Presbiterianos com seu racionalismo, Congregacionalistas com sua independência e Batistas com seu fervor — tenham sido expressões de tendências da mentalidade inglesa, profundamente arraigadas e divergentes.

Para o bem ou para o mal, o "Código de Clarendon" foi meio caminho andado. Ele destruiu toda possibilidade de uma Igreja Nacional Unida. O Episcopalismo, talvez inconscientemente, mas decididamente, aceitou a posição não de líderes de um credo de âmbito nacional, mas de uma simples seita. Era a "Grande Seita", a "seita oficial", a "seita estabelecida" — mas sempre uma seita. Fora dela havia todas as formas de dissidência ou não conformismo. O Parlamento-Convenção podia ter conseguido conciliar a grande maioria dos cristãos do credo protestante na Inglaterra. O Parlamento dos Cavaleiros aceitou o cisma, rejubilando-se por pertencer à maior facção, mais rica e mais favorecida. Eles construíram à sua moda, não uma nação, mas um partido. Os cavalheiros rurais e os proprietários de terras que lutaram por Deus e pelo Rei deveriam ter sua própria Igreja e seus próprios bispos, como já tinham sua própria milícia e Comissão de Paz.

O Código de Clarendon, de 1662, de certo modo ultrapassou as idéias do próprio Clarendon. Ele aspirava a união da Igreja e do Estado, inspirada na confraternização geral que a Restauração provocou. Nem Carlos queria essa grande cisão, e valendo-se da indiferença, escudou-se numa atitude de tolerância. Realmente, ele não se preocuapava com assuntos espirituais. Se um cavalheiro quisesse tornar-se religioso, talvez Roma lhe desse a maior satisfação. Mas, então, isso causaria muita atribulação, e não era a Igreja Anglicana o baluarte do trono? Ele desejava que todo o fervor religioso esfriasse e se abatesse. Por que criar mais dificuldades neste mundo, em nome do "outro"? Por que maltratar pessoas por motivo de não concordarem com os vários, duvidosos e discutíveis métodos de obter salvação? Ele teria gostado de antecipar e endossar a simplória declaração de Frederico, o Grande, que disse: "Na Prússia cada um deve ir para o Céu à sua moda." Mas, o Rei não permitiu provocar agitação por causa de seu ponto de vista pessoal. Fez o melhor que pode em cada etapa em prol da tolerância, e, quanto ao resto, deu de ombros. A uma comissão de Quakers, que o visitou na época do Parlamento-Convenção, disse categoricamente: "Disto podeis estar certos: nenhum de vós sofrerá por vossas opiniões ou crenças religiosas, desde que vivais pacificamente. Tendes a palavra de um Rei para garantir isto." O Parlamento dos Cavaleiros corrigiu severamente esse deplorável relaxamento. O Código Clarendon consistia em uma série de estatutos: o Ato de Corporação, de 1661, obrigava todas as pessoas que ocupavam postos municipais a renunciar à Solene Liga e Convênio — uma determinação que excluía muitos presbiterianos; a prestar o juramento de não-resistência — o que excluiu os republicanos, e a receber o Sacramento de acordo com os ritos da Igreja da Inglaterra — o que excluiu os Católicos Romanos e alguns não conformistas. O objetivo deste Ato era monopolizar os cargos municipais, intimamente ligados à eleição dos membros do Parlamento, aos anglicanos realistas. O Ato de Uniformidade, de 1662, impôs ao clero o Livro de Orações da Rainha Isabel, com alguns cortes e adições de importância. Exigia deles uma declaração de sincera aceitação e reconhecimento a tudo aquilo contido no Livro de Orações e exigia deles e de todos os professores nas escolas e universidades uma declaração de que "concordavam com a Liturgia da Igreja da Inglaterra como ela é agora, por Lei, estabelecida." Uma quinta parte do clero, quase dois mil ministros, recusando-se a aceder, foi privada dos seus subsídios. Essas decisões radicais foram acompanhadas de outras medidas de coação. O Ato do Conventículo, de 1665, procurou evitar que o clero expulso pregasse a auditórios próprios; e o Ato das Cinco milhas, de 1664, proibia-os de irem além de 5 milhas (cerca de 8 Km) de qualquer "cidade ou distrito, paróquia ou lugar onde tivessem pregado ou ocupado algum cargo".

Este código significava o triunfo daqueles que haviam sido derrotados nos campos de batalha e que pouco haviam participado da Restauração. Até hoje a vida religiosa da Inglaterra sente os efeitos dessa política divisória, que influiu bastante na fundação dos partidos. O partido realista, vendo-se de posse do poder, planejou unir os interesses dos seus afiliados. Todos os outros elementos da nação, inclusive aqueles que outrora a haviam governado e imposto o terror, juntaram-se indistintamente. Um grande grupo de aldeias, onde hoje se ergue a moderna Birmingham, estava a mais de 5 milhas de distância de qualquer "cidade ou distrito". O não conformismo de Midlands centralizou-se aí e ainda hoje pode ser tido em alta conta. Assim, a Restauração não resultou a união nacional, mas, ao contrário, surgiram duas Inglaterras, cada qual com suas características, interesses, cultura e modo de pensar próprios. Evidentemente, não havia uma separação estanque entre ambas. Como escreveu Macaulay, e mais tarde outros escritores confirmaram, "havia uma grande linha separando os homens ligados ao governo e seus amigos e dependentes, que às vezes eram chamados de 'Partido da Corte', daqueles que às vezes eram honrados com a denominação de 'Partido da Nação'". Aqueles que desfrutavam do prestígio oficial, ou desejavam tal, naturalmente alimentavam interesses diversos daqueles que estavam na oposição. Mas, ao lado dessa distinção, outra se formava. As correntes políticas estavam sendo demarcadas de acordo com a tradição Conservadora ou Radical, o que persiste até hoje. Começava a era do conflito entre grandes grupos partidários, que logo tomariam os nomes de Tory (conservadores) e Whig (liberais, partido popular) e que moldaram os destinos do Império Britânico, até que tudo se fundisse nas chamas da Grande Guerra de 1914.

* * *

Carlos II não pode ser responsabilizado por essa divisão de tão longo alcance. Durante todo seu reinado ele batalhou sem cessar pela tolerância. Em maio de 1663 tentou suspender durante três meses a aplicação do Ato de Uniformidade; mas, os bispos reintegrados e os juristas da Constituição frustraram sua intenção. Em dezembro ele expediu sua primeira Declaração de Indulgência, arrogando-se o direito inerente à Coroa de dispensar os Dissidentes de cumprir as leis obrigando a conformidade religiosa ou exigindo juramentos; mas, os Comuns, sem se darem conta de que eles estavam fazendo exatamente isso, protestaram veementemente contra qualquer esquema visando "estabelecer o cisma através de uma lei". Em março de 1672 o soberano arriscou-se novamente, expedindo uma segunda Declaração de Indulgência, que visava suspender "a execução de toda modalidade de leis penais em matéria eclesiástica, contra os não conformistas e os Inconformados", como eram chamados os Católicos-Romanos "Estatutos penais em matéria eclesiástica — retrucou a Câmara dos Comuns, severamente — não podem ser suspensos a não ser por um ato do Parlamento". Esta advertência foi acompanhada de uma ameaça de ordem financeira. O Rei, lembrando-se da "espada de Cromwell", agora tão singularmente colocada sobre sua cabeça, submeteu-se, como competia a um soberano constitucional. Os partidários do Parlamento deviam ter percebido que, nesse período crucial, o Rei era quase o único a pensar de maneira moderna e humana.

Carlos II necessitava, porém, de um Ato de Indulgência para si próprio. O escândalo proliferava abertamente na Corte Suas duas amantes principais, Bárbara Villiers, tornada Condessa de Castlemaine, e Luísa de Kerouaille, chamada pelos ingleses de "Madame Carwell", feita Duquesa de Portsmouth, ocupavam seus lazeres e divertiam-se com a política exterior O casamento do Rei com Catarina de Bragança, que trouxe um rico dote de 800.000 libras e as bases navais de Tânger e Bombaim, de modo algum interrompeu essas dissipações O modo com que Carlos tratava sua esposa era de extrema crueldade, forçando-a a aceitar Bárbara como sua dama de companhia A princesa portuguesa, devota e de maneiras refinadas, certa vez se encolerizou a tal ponto que o sangue jorrou de suas narinas e foi retirada da Corte, desmaiada. Por isso, foi com alívio que o público soube que o Rei arranjara uma mulher do povo como amante, Nell Gwyn, de transcendente beleza e temperamento afável.

que era entusiasticamente saudada nas ruas como "a prostituta protestante". Mas, esses eram apenas os fatos mais notórios de uma vida de luxúria e auto-indulgência que desgraçava um trono cristão e que numa Corte asiática ficariam velados nos mistérios de um serralho.

O exemplo do Rei difundiu a desmoralização por toda a parte, e um senso de alívio da tirania puritanista contribuía para incentivar toda aventura galante. Era a natureza humana, afrontada, que reclamava com juros seus direitos. O Parlamento da Commonwealth punia o adultério com a morte; Carlos pôs no ridículo a castidade e a fidelidade. Não há dúvida, porém, de que a massa em geral preferia a dissolução de costumes dos pecadores à rigorosa disciplina dos "santos". O povo inglês, a rigor, não desejava ser o povo de Deus, na acepção puritana da palavra, e desceu muito alegremente das sobre-humanas alturas a que havia sido penosamente guindado. A época heróica do conflito constitucional, das Guerras Civis e das cruéis manifestações do Império Puritano não mais existia. Tudo fora reduzido a menores proporções e simplificado. Carlos notava o quanto era mais fraco o tipo de virilidade da nova geração que o cercava, em comparação com a altivez dos Cavaleiros e rudes Cabeças Redondas que estavam morrendo.

É inevitável que após um período de intenso esforço, haja uma época de exaustão e desordem. Mas, esse foi um fenômeno passageiro. A raça enrijeceu e na Corte de Carlos, a seu lado, já havia nesse tempo um jovem porta-estandarte em sua Guarda, companheiro em seus jogos de tênis e rival — como o Rei veio a saber com algum desgosto – nas afeições de Lady Castlemaine, que um dia empunharia uma espada com mais valor do que Cromwell, e a desembainharia num campo de batalha mais amplo, somente contra os inimigos da grandeza e da liberdade britânica. Um escudeiro de Dorsetshire, Winston Churchill, juntamente com seu pai, lutara nas fileiras realistas e fora ferido, expropriado e multado pelos Cabeças Redondas. O Rei pouco pode fazer em benefício do seu fiel partidário. Tentou inutilmente persuadir Clarendon a incluir Sir Winston em seu comitê particular de administradores parlamentaristas. Mas, ele encontrou um lugar na Corte para seu filho, como um dos seus próprios pajens, e para sua filha Arabela na casa da Duquesa de York. Ambos melhoraram sua posição. João Churchill obteve um comissionamento na Guarda; Arabela tornou-se a amante do Duque de

York, e lhe deu um filho, Jaime Fitz James, mais tarde famoso como o Duque de Berwick.

Personalidades de força e capacidade, cujo caráter era completo contraste, Clarendon e Ashley, mais tarde Duque de Sahftesbury, dominavam o Conselho Privado. Shaftesbury mergulhara na Revolução durante o Curto Parlamento, quando tinha apenas 18 anos de idade. "Não me sinto mais no mundo, mas no meio de uma tempestade." Lutara ao lado dos Cabeças Redondas. Trabalhara com Cromwell. Como líder dos presbiterianos influenciara e auxiliara Monk a restaurar o trono. Levou tempo a subir, mas era ainda jovem e tinha convicções profundamente arraigadas. Ninguém entendia melhor do que ele a anatomia das forças convulsivas que haviam devastado o país, mas que por fim se desgastaram mutuamente. Shaftesbury era o mais poderoso representante das forças dominantes desaparecidas. Embora tivesse chefiado os prebiterianos contra o exército, no ano da anarquia, ninguém conhecia melhor do que ele o espírito dos Independentes. Ele foi, por isso, o mais destacado defensor da tolerância no seio do Conselho, e, sem dúvida, fortificou o Rei em todos os seus atos. Estava sempre alerta contra os ferozes cães Ironsides, que então fingiam dormir placidamente. Sabia onde estavam e como fisgá-los. Sua outra preocupação era a City de Londres, de cuja força decisiva nas grandes ocasiões ele se lembrava muito bem. Durante o reinado ele esteve ao lado da City, e esta o apoiou. A legislação do Parlamento dos Cavaleiros afligia o Rei quase tanto quanto a Shaftesbury, mas nenhum dos dois podia opor-se, na prática ou em princípio, à obstinada força de uma esmagadora maioria parlamentar.

Nos primeiros sete anos do reinado Clarendon continuou como primeiro-ministro. Este estadista sábio e venerável combateu tenazmente a licenciosidade do Rei e da Corte, as intrigas das amantes reais, a desproporção das rendas e a intolerância da Câmara dos Comuns. Enfrentou, também, as intrigas de Henrique Bennett, favorito de Carlos, que foi feito serretário de Estado e Conde de Arlington. Esta figura ilustre desempenhou um papel importante e por vezes sinistro na política do reino. "Era um homem orgulhoso e insolente" — escreveu a respeito de Arlington, seu contemporâneo, Bispo Burnet, acrescentando: "Conhecia a arte de interpretar o temperamento do Rei e manejá-lo como ninguém do seu tempo." A filha de Clarendon, entretanto, conquistara o coração do Duque de York, e apesar de tudo que podia ter sido feito para evitá-lo, e as muitas acusações que havia contra essa Lady, o casamento foi celebrado. O primeiro-ministro passou a ser sogro do irmão do Rei. Seus netos deveriam suceder ao trono. O ciúme dos nobres inflamou-se e o complexo de superioridade de Clarendon aumentou diante dessa afinidade com o soberano.

A posse de Tânger como parte do dote de Catarina de Bragança fez com que o governo voltasse suas vistas para o comércio no Mediterrâneo e Oriente. Os recursos financeiros eram tão escassos que a defesa de Tânger contra os mouros e do comércio no Mediterrâneo contra os piratas somente poderia ser feita com grande economia. A captura de Dunquerque por Cromwell impôs ao tesouro público uma despesa anual não inferior a 120 mil libras, ou seja, um décimo da renda normal. Para Cromwell, que alimentava idéias de grandes intervenções a favor da causa protestante na Europa. Dunquerque era uma cabeça-de-ponte de incalculável valor. A política dos Tories preferia o comércio e a exploração de terras em outros continentes, ao invés da atuação na Europa. Carlos, a conselho de Clarendon, vendeu Dunquerque à França por 400.000 libras. Essa transação, de modo algum descabida em si, foi muito condenada. Clarendon foi acusado de ter sido subornado. O palacete que estava construindo para si, em Londres, foi pejorativamente apelidado de "A Casa de Dunquerque". A acusação ao que parece foi injusta, mas o estigma ficou e, anos mais tarde, quando Dunquerque se tornou um ninho de corsos franceses, muita culpa foi atirada à memória de Clarendon.

A rivalidade entre Inglaterra e Holanda pelo domínio dos mares, onde a pesca e o comércio se tornaram intensos, e a força dos flamengos, revivera, desde a guerra de Cromwell. O comércio das Índias Ocidentais encaminhava-se para Amsterdã e o das Índias Orientais para Flushing. Enquanto isso o comércio da Inglaterra e Escócia atravessava o continente europeu através de Dorte Roterdão. O arenque pescado na costa escocesa produzia ótima renda para os Estados-Gerais. A Companhia Holandesa das Índias Ocidentais dominava a riqueza do Oriente. Desde que o governador português de Bombaim se mostrava recalcitrante em entregar essa parte do dote de Catarina, os ingleses ainda não podiam contar com uma base sólida na Índia. Entrementes, poderosas esquadras holandesas dobravam o Cabo da Boa Esperança diversas vezes por ano. Na costa da África

Oriental os holandeses também prosperavam, e suas colônias e empórios comerciais cresciam sem parar. Tinham uma colônia no Hudson, encravada entre as colônias da Nova Inglaterra. Era demasiado. O Parlamento foi movimentado pelos mercadores; o Rei inflamou-se de patriotismo e o Duque de York estava sedento de glória naval. Foi aprovada uma importante verba de mais de dois milhões e meio de libras esterlinas. Mais de uma centena de novos navios foram construídos, armados com modernos e pesados canhões. Antigos oficiais dos Cavaleiros e de Cromwell deram-se as mãos e receberam incumbência do Rei. Rupert e Monk comandaram divisões da Esquadra. A guerra marítima começou ao largo da costa oeste da África, em 1664, e alcançou águas inglesas no ano seguinte.

Em junho a esquadra inglesa de mais de 150 navios, tripulada por 25.000 homens e somando 5.000 canhões, enfrentou igual poderio dos holandeses ao largo de Lowestoft. Travou-se uma demorada e cruel batalhas, na qual muitos dos comandantes de ambas as facções pereceram. O velho almirante cromweliano, João Lawson, que costumava trajar-se como um simples marujo, foi mortalmente ferido. Do lado do Duque de York seus amigos Lordes Falmouth e Muskerry foram mortos por um único tiro de canhão. Mas, o almirante holandês Kortenaer e seu comandante-em-chefe, Opdam, tiveram o mesmo fim. No auge da luta o "Royal Charles" (ex-"Naseby), com o Duque a bordo, atraiu para perto de si a nave-capitânia holandesa. Opdam, calmo e resoluto, estava dirigindo a batalha sentado numa cadeira em seu posto, quando uma carga certeira dos ingleses incendiou o paiol de pólvora, que explodiu juntamente com o navio. A artilharia inglesa era marcadamente superior em força e habilidade, e os holandeses se retiraram derrotados, mas não desanimados.

A volta do Almirante De Ruyter das Índias Ocidentais restaurou as finanças da República. Lord Sandwich, que sucedeu temporariamente ao Duque de York, esperava capturar as esquadras mercantes holandesas do Mediterrâneo e de ambas as Índias, que transportavam cargas de imenso valor, mas, evitando o Canal e navegando quase para o norte, refugiou-se na baía de Bergen. O Rei da Dinamarca e Noruega, que estivera na rixa com os holandeses, prometeu a troco de metade da pilhagem, manter-se neutro se a Inglaterra atacasse a esquadra do tesouro, em sua barra. Entretanto, as ordens necessárias não haviam alcançado o comandante dinamarquês quando a esquadra inglesa atacou; ele abriu fogo com as baterias de terra e expulsou os assaltantes. A Inglaterra, indignada, declarou guerra aos dinamarqueses, que se tornaram aliados dos holandeses. De Ruyter chegou à costa e comboiou a esquadra do tesouro que aportou, com segurança, em Texel. Causou admiração na Europa o fato de a Holanda poder manter-se tão firme contra a força marítima muito maior da Inglaterra, durante o primeiro ano de guerra.

Uma batalha ainda maior do que a de Lowestoft foi travada em junho de 1666. Luís XIV prometera auxiliar a Holanda se ela fosse atacada. Não obstante Carlos protestasse que os holandeses eram os agressores, a França declarou guerra à Inglaterra. Durante quatro dias as esquadras inglesa e holandesa lutaram ao largo de North Foreland. De Ruyter comandou os holandeses, cujos navios já estavam equipados com canhões mais pesados, cujos estrondos foram ouvidos em Londres, onde se compreendeu com espanto que Rupert, tendo de vigiar o Canal contra a esquadra francesa, estava separado de Monk. No fim do segundo dia de conhoneio os ingleses foram suplantados; então, Rupert, chegando no terceiro dia, restaurou o equilíbrio. Mas, o quarto dia foi adverso, obrigando Monk e Rupert a retirarem-se pelo Tâmisa a dentro, com grandes perdas. De Ruyten triunfou.

Os ingleses não se abateram com a derrota, mais do que os holandeses no ano anterior. Com grande esforço a esquadra foi reorganizada e logo se fez ao mar mais forte do que antes. Tornaram a encontrar seu formidável inimigo, e a 4 de agosto de 1666 obtiveram uma nítida vitória. Entretanto, a República pela terceira vez levou a esquadra ao mar em perfeita forma, e então, finalmente, a esquadra francesa também apareceu no Canal da Mancha.

A Inglaterra ficou isolada, e mesmo sua força no mar era incerta. Ambos os lados curvaram-se às dificuldades financeiras. Mas, outras calamidades minaram a força da Ilha. Desde a primavera de 1665 a Grande Peste assolava Londres. Nunca, desde a Morte Negra, em 1384, a peste provocara tamanha devastação. Em Londres, no auge da epidemia, cerca de sete mil pessoas morreram numa só semana. A Corte retirou-se para Salisbury, deixando a capital a cargo de Monk, capaz de suportar qualquer espécie de esforço. Daniel Defoe, em seu "Diário do Ano da Peste", reconstrói para nós, com seu estilo vivo, todo o pânico e horror dessa época. A epidemia declinava quando, em setembro de 1666, o Grande

Incêndio dominou a atormentada capital Teve início perto da ponte de Londres, numa rua estreita, de casas de madeira, e levadas por um violento vento leste as chamas espalharam-se furiosamente pela cidade, durante quatro dias. A população enfureceu-se, suspeitando que o incêndio fora obra de anabatistas, católicos ou inimigos estrangeiros. O Rei, que voltara a Londres, muniu-se de coragem e espírito humanitário. Quando o incêndio foi, por fim, dominado fora dos muros da City, fazendo-se dinamitar ruas inteiras, mais de treze mil residências e oitenta igrejas, além da Catedral de São Paulo, haviam sido devoradas pelas chamas. Os armazéns onde estavam depositadas mercadorias, para serem comercializadas durante meses, e muitos depósitos de interesse militar foram destruídos. A arrecadação da "taxa da lareira", então importantíssima para a renda nacional, foi prejudicada. O incêndio, todavia, pôs termo à peste. Mais tarde viu-se que a verdadeira calamidade não foi tanto a destruição daquela cidade do tipo medieval e insalubre, mas principalmente o fracasso em se levarem avante os planos de Wren de reconstruí-la formando um conjunto de cais e avenidas, tendo ao centro a Catedral de S. Paulo e o Royal Exchange. A tarefa da reconstrução foi, porém, enfrentada com coragem e das cinzas da velha igreja surgiu a majestosa cúpula da Catedral de S. Paulo, tal como ela se mostra hoje.

Embora a guerra continuasse até 1667, Carlos procurou fazer as pazes com a França e Holanda. A falta de dinheiro impediu a esquadra de guerra inglesa de controlar o mar, e enquanto se desenrolavam as negociações, os holandeses, para estimulá-las, navegaram pelo Medway acima, sob o comando do Almirante De Witt, irmão do famoso João, Primeiro-Ministro da Holanda; romperam o bloqueio do porto de Chataham, incendiaram 4 navios e afugentaram o navio de guerra "Royal Charles", que destruíra o Almirante Opdam na batalha de Lowestoft. O estrondo dos canhões inimigos, desta vez mais próximo e mais forte, ecoou pelo Tâmisa a dentro. A indignação e o sobressalto generalizaram-se e até os Cavaleiros notaram que nada semelhante acontecera no tempo de Cromwell. Para os puritanos, a peste, o incêndio e a derrota marítima eram o castigo divino para a imoralidade da época e especialmente da Corte

A paz, de que ambos os litigantes necessitavam de maneira igual, foi feita de qualquer modo. O que a Inglaterra ganhou de mais importante na guerra foi a colônia de Nova Amsterdã, que passou a chamar-se Nova

York. Mas, as recriminações começaram. A Corte perguntou como o país poderia ser defendido, se o Parlamento mantinha o Rei sem recursos financeiros. Os parlamentares retrucaram que ele gastara demasiadamente com suas amantes e seus prazeres. Clarendon, censurando ambos, foi atacado por todos. Discutiu com o Parlamento, criticou as amantes e, o pior de tudo, aborreceu o Rei. Foi submetido a "impeachment" e enviado para o exílio, onde terminou sua importante obra "História da Rebelião", um fiel e bem feito apanhado dos tempos em que ele viveu. Após a queda de Clarendon, o Rei foi orientado, durante algum tempo, principalmente por Arlington, e em momentos de lazer pelo seu amigo Buckingham, filho do assassinado favorito de Jaime I, um nobre alegre, mordaz e dissoluto, cuja espada tinha a mancha de sangue de um marido enganado, que ele certa vez matara em duelo. O crescente descontentamento do Parlamento dos Cavaleiros com relação à moral e às despesas da Corte, exigiu que se alargasse a base do governo; por isso, a partir de 1668, cinco principais personagens passaram a ser reconhecidos como os ministros responsáveis. Havia muitos comentários sobre o gabinete e a cabala. Agora, por curiosa coincidência, as iniciais dos nomes desses cinco homens formavam realmente a palavra "cabal" (cabala): Clifford, Arlington, Buckingham, Ashley e Lauderdale.

* * *

O fenômeno mais importante que ocorria no continente europeu, jamais compreendido por Cromwell, era o aparecimento da França como potência de primeira grandeza, em detrimento da Espanha e Áustria. Poucos homens nascidos com predestinação ao trono tiveram mais capacidade do que Luís XIV. Nessa época ele estava em plena mocidade. O povo francês, consolidado pelo sagaz governo do Cardeal Mazarino, constituía, sem dúvida, a nação mais forte da Europa. A França tinha uma população de 20 milhões, quatro vezes mais do que a Inglaterra. Possuindo as terras mais belas e férteis do globo, encabeçando a cultura européia tanto nas artes, como na inteligência, possuindo um magnífico exército e um executivo centralizado, a França salientava-se entre os países vizinhos e aceitava prazerosamente a liderança do seu Rei ambicioso e dominador. A guerra dos Trinta Anos, que terminou somente em 1648, derrotou o poder imperial na Alemanha. A Casa dos Habsburgos reinava num sentido histórico e espiritual sobre uma frouxa associação de divididos principados germânicos, sem exercer a autoridade, recebendo apenas uma obediência formal. Mesmo em suas terras hereditárias, na Áustria, o Sacro Império Romano era pertubado pela hostilidade dos magiares da Hungria e a ameaça permanente da invasão turca. Assim, ao longo das fronteiras francesas não havia nenhum Estado forte ou confederação solidamente organizada. A Flandres, Brabante, Liége, Luxemburgo, Lorena, Alsácia, Franche-Comte e Savóia estavam ao alcance da ambição, da força e da diplomacia da França

Concomitantemente, ao sul, a evidente decadência da Espanha e da sua família real deixava o mundo intranqüilo. Mazarino planejou unir, se não as Coroas, pelo menos as famílias reais da França e Espanha, com todos os seus domínios. Convenceu Luís XIV a se casar com a infanta da Espanha; mas, embora como Rainha da França ela tivesse de renunciar seus direitos na sucessão espanhola, tal renúncia era condicionada ao pagamento de uma grande soma de dinheiro incluída em seu dote. Os espanhóis não podiam pagar, e Luís já considerava a união das duas coroas, da França e Espanha, como o principal objetivo de sua vida.

Mas, o Rei Felipe, da Espanha, casou-se novamente e quando ele morreu em 1665 deixou seu filho doentio, que, como Carlos II da Espanha, permaneceu durante 35 anos como obstáculo aos desígnios da França. Luís, vendo seus anseios adiados indefinidamente, resolveu tirar compensações nos Países Baixos. Declarou que, conforme antigo costume do Ducado de Brabante, os filhos de um primeiro casamento não podiam sofrer o prejuízo algum se seu pai tornasse a se casar. Assim, a Rainha da França tinha soberania sobre os domínios espanhóis dos Países Baixos, de que Brabante constituía uma grande parte. Essas pretensões foram sustentadas na primeira guerra que Luís impôs ao seu povo. O governo espanhol não se zangou, mesmo porque não podia resistir às exigências da França sobre as províncias belgas. Mas, se a Bélgica passasse para a França a república holandesa não poderia sobreviver. João De Witt, à frente da oligarquia holandesa, desejava lutar contra a Inglaterra no mar, mas uma guerra em terra contra a França estava acima das forças da República. Além do mais, isso daria novas forças ao partido de Orange, que era rival de De Witt Seu chefe, o Príncipe Guilherme, tinha 17 anos de idade e era de uma capacidade espantosa. Desde os tempos de Guilherme, o Silencioso, membros da Casa de Orange dominavam o cargo de "Stadtholder" ou supremo magistrado, e em tempo de guerra o comando geral das forças armadas. O conflito com a França daria ao Príncipe Guilherme a oportunidade de reclamar para si as honras dos seus antepassados, que tanto lhe negavam. De Witt procurou negociar, propondo-se a grandes concessões. Mas, Luís XIV mandou o Marechal Turenne para a Flandres, ocupou uma grande parte dos Países Baixos dominados pela Espanha, e acalmou o Imperador com um tratado de partilha que de certo modo respeitou os interesses imperiais. Acossado desse modo, De Witt fez as pazes com a Inglaterra. Carlos e a "Cabala", auxiliados por seu enviado Sir Guilherme Temple, em Haia, concluíram uma tríplice aliança com a Holanda e Suécia, contra a França. A combinação protestante foi recebida com júbilo em todo o país O Reis e Ministros tornaram-se, por algum tempo, extremamente populares. Esta, a primeira de uma longa série de coalizões contra a França, pôs em xeque por algum tempo Luís XIV, que foi forçado a assinar a paz com a Espanha. Pelo tratado de Aix-la-Chapelle, em 1668, ele devolveu o Franche-Comté ao Rei de Espanha, mas alargou suas próprias fronteiras na Flandres. Isto lhe deu, entre outras coisas, a próspera cidade de Lille, que ele converteu na maior e mais poderosa fortaleza francesa.

O sucesso e popularidade, em Londres, da aliança holandesa e sueca em nada ajudou a resolver os atritos de ordem comercial entre Inglaterra e Holanda. A Suécia, governada por um rapazola, era fraca e logo mudou de partido. A Tríplice Aliança fracassou. Luís XIV estava resolvido a imobilizar, pelo suborno, uma das forças marítimas, antes de reencetar a guerra. Voltou-se para a Inglaterra e em 1670 começaram as negociações secretas com Carlos II. A irmã deste, Henriqueta, a encantadora "Minette", era esposa do irmão de Luís, o Duque de Orleans, e facilitou íntimas comunicações. Carlos, antes de tudo, precisava de dinheiro. Mostrou a Luís que o Parlamento lhe daria amplos fundos para combater a França; quanto lhe daria ele para deixar de combatê-la? Se ele pagasse o suficiente, Carlos não precisaria convocar o temido Parlamento. Esta foi a base do vergonhoso Tratado de Dover.

Além das cláusulas que foram afinal tornadas públicas, havia uma outra, secreta, que só Arlington e Clifford, confidentes de Carlos, conheciam. "O Rei da Grã-Bretanha, estando convencido da verdade do credo Católico, está resolvido a declarar-se Católico... logo que os negócios de Estado do seu reino o permitam. Sua Cristianíssima Majestade promete compensar este gesto dando ao Rei da Grã-Bretanha dois milhões de "livres tournois"... e auxiliar Sua Majestade Britânica com 6.000 soldados de infantaria." O Rei devia receber também uma subvenção anual de 166.000 libras. Carlos, como vemos, traiu seu país por dinheiro, parte do qual dissipou com seus prazeres e suas amantes. Mas é duvidoso que tenha tido intenção de cumprir promessa tão absurda. Pelo menos não procurou fazer tal coisa e gastou a maior parte do dinheiro com a Esquadra.

O Tratado de Dover permitiu uma terceira guerra holandesa, na qual França e Inglaterra se uniriam quando Luís XIV achasse o momento oportuno. Em março de 1672 Luís reclamou o cumprimento do pacto. Havia pretextos de sobra para uma luta entre Inglaterra e Holanda. "Nossa função — escreveu um diplomata inglês em Haia — é romper com eles, deixando, todavia, a porta entreaberta para negociações." Contrariando a praxe, a esquadra holandesa não saudou o iate que trazia para sua pátria a esposa de Sir Guilherme Temple. Os holandeses mostraram-se conciliatórios quando a Inglaterra protestou, e assim arquitetou-se um ato de provocação. Os ingleses atacaram sem êxito a esquadra holandesa que vinha de Smyrna, quando ela subia o Canal, depois de Portsmouth. A guerra começou. No mar, Inglaterra e França tinham 98 vasos de guerra, contra 75 do inimigo. Tinham 6.000 canhões e 34.000 homens contra 20.000 holandeses e 4.500 canhões. Mas, o gênio do Almirante De Ruyter surpreendeu ingleses e franceses, que tinham dez navios a mais do que eles, enquanto estavam ancorados. A batalha foi longa, penosa e cruel. As praias de Suffolk ficaram povoadas de frenéticos espectadores, e o canhoneio foi ouvido a muitos quilômetros de distância. A esquadra francesa fez-se ao largo, mas o vento evitou que entrassem em choque. A nau-capitânia do Duque de York, o "Prince", foi cercada por todos os lados. Em seus conveses estava a primeira companhia dos Guardas, na qual o porta-estandarte Churchill servia. Essa bandeira ficou tão estraçalhada que o Duque, que lutou com sua habitual coragem, foi forçado a transferir seu pavilhão para o "St. Michael", e, quando este navio por sua vez ficou desarvorado, para a "London". Lorde

Sandwich, na segunda nau-capitânia, pereceu quando o "Royal James" afundou em chamas. Não obstante, os holandeses retiraram-se com pesadas perdas.

Em terra, Luís atacou violentamente a combatida república. De repente, sem que nada deixasse entrever seu gesto, sua cavalaria cruzou a nado o Reno e seus exércitos invadiram a Holanda. Cento e vinte mil soldados franceses, armados pela primeira vez com baionetas colocadas de lado, de modo a não tapar a boca dos mosquetes, tornaram-se irresistíveis. Quatro províncias holandesas foram ocupadas e muitas praças fortes abriram suas portas. O povo holandês, ameaçado de extermínio, voltou-se em desespero para Guilherme de Orange. O bisneto de Guilherme, o Silencioso, agora capitão-general, não lhes falhou. Foi ele quem proferiu o famoso desafio: "Estamos dispostos a morrer na última vala." As comportas dos diques foram abertas, as águas vorazes rolaram, como num dilúvio, pela terra fértil e a Holanda foi salva. Em Haia ocorreu uma revolução e Guilherme de Orange tornou-se chefe do Estado. De Witt demitiu-se. Ele e seu irmão foram linchados por uma multidão de simpatizantes de Orange, na capital.

Durante todo o ano de 1673, De Ruyter manteve as forças holandesas no mar, travando muitas batalhas violentas, com resultados diversos. Num grande ataque ao largo de Texel, a 21 de agosto, De Ruyter frustrou uma invasão anglo-francesa e conseguiu deixar entrar a esquadra da Índia Ocidental Holandesa. Em terra, Luís XIV assumiu o comando pessoalmente. Enquanto Condé, com pequenas forças ocupava os holandeses ao norte e Turenne enfrentava as forças do imperador na Alsácia, o Rei, acompanhado pela Rainha e sua amante Mme. de Montespan, e mais uma enorme Corte, avançava no centro, atrás do esplendor do exército francês. Logo, tornou-se evidente que Maestricht, uma poderosa fortaleza holandesa guarnecida por cerca de 5.000 homens, fora escolhida para cenário do seu triunfo. "Gosto mais dos grandes cercos do que dos outros" — disse ele. Tais cercos, certamente, estavam mais de acordo com sua inclinação militar do que as batalhas. Maestricht rendeu-se após uma prolongada batalha, mas a campanha não foi de modo algum decisiva.

CAPÍTULO V

A CONSPIRAÇÃO PAPISTA

A reunião do Parlamento em fevereiro de 1673 revelou a Carlos o descontentamento dos seus súditos quanto à guerra contra a república protestante holandesa, em que ele se deixara envolver, não como defensor do comércio inglês, mas como lacaio de Luís XIV. Ressentimentos pelas afrontas holandesas no mar e inveja pelo seu próspero comércio foram suplantados pelo medo e ódio à França papista e sua crescente influência na Europa. Corria à boca pequena, em Londres, a notícia de que o Rei e seus ministros haviam sido subornados pela França, traindo assim a liberdade e a fé religiosa da Ilha. O artigo secreto do Tratado de Dover, uma vez conhecido, provocaria uma explosão política de incomensurável violência. Shaftesbury, embora não inteirado dos seus termos, certamente tinha suas suspeitas. Já em 1673 Arlington, ao que parece, confessou-lhe os fatos. Com destreza e prontidão, Shaftesbury livrou-se do governo e tornou-se o líder de uma oposição que acabou sendo tão violenta quanto a de Pym. O crescente antagonismo dos Comuns para com a França, o medo de que a influência do Papa retornasse, a "frouxidão do Rei contra os papistas", a conversão ao catolicismo do Duque de York, tudo isso provocou profunda e perigosa agitação em todo o país, na qual as forças dominantes anglicanas estavam de pleno acordo com o modo de pensar dos presbiterianos e puritanos. Em toda a parte a paixão política provocava comentários: nas tavernas cochichava-se, panfletos circulavam, eleições complementares eram motivo para tumultos. Uma lei foi impingida ao Rei, instituindo uma Prova "Test"). Ninguém poderia ocupar um cargo ou desempenhar uma missão do Rei, em terra ou mar, sem repudiar solenemente sua crença na doutrina da Transubstanciação. O expurgo destruiu a "Cabala. Clifford, um católico, recusou-se a ser perjuro; Arlington foi demitido por causa de sua impopularidade; Buckingham teve uma rixa particular com o Rei. Shaftesbury já havia votado a favor do Ato da Prova ("Test Act"), e era o líder da oposição. Só permaneceu Lauderdale, cínico, cruel e servil, senhor da Escócia.

Todos voltaram a vista para Jaime, Duque de York. Seu casamento após a morte da primeira esposa, Ana Hyde, com a princesa católica Maria de Módena, tornou-o suspeito. Será que ele dissimularia ou abandonaria seu cargo? Não tardou a se saber que o herdeiro do trono havia deixado seu posto de Lorde do Alto Almirantado, para não se submeter ao Teste. Este fato abalou a nação. A Rainha, ao que tudo indicava, não daria um herdeiro ao Rei Carlos. A Coroa, assim, passaria a um rei papista, que demonstrara que, por questão de consciência, não hesitaria em sacrificar qualquer vantagem material. As forças que agora se opunham ao soberano e sua política resultariam da virtual unanimidade que reinava entre anglicanos e os Dissidentes, entre as espadas que haviam seguido Rupert e aquelas que acompanharam Cromwell. Todas as forças armadas estavam nas mãos dos potentados realistas, e só em Londres havia muitos milhares de velhos soldados de Cromwell. Todos estavam do mesmo lado, agora, e, à sua frente, estava o segundo grande tático parlamentarista do século, Shaftesbury. De todos os agrupamentos de forças, este era o mais ameaçador para o Rei. Dryden registrou seu veredito, parcial, mas incisivo, sobre Shaftesbury em frases indeléveis:

> "For close designs and crooked counsels fit,
> Sagacious, bold, and turbulent of wit,
> Restless, unfixed in principles and place,
> In power unpleased, impatient of disgrace;
> A fiery soul which, working out its a way,

Fretted the pigmy body to decay
And o'er-informed the tenement of clay.
A daring pilot in extremity,
Pleased with the danger when the waves went high,
He sought the storms; but, for a calm unfit,
Would steer too nigh the sands to boast his wit.
Great wits are sure to madness near allied,
And thin partitions do their bounds divide."[31]

O poder do Parlamento dos Cavaleiros tornara-se evidente em todas as disputas com a Coroa. Mostrara-se na política exterior, controlava completamente os assuntos domésticos e levou o Rei a mudar seus conselheiros, através do rude expediente do "impeachment" ou da aplicação do Ato do "Test". Uma nova alteração foi feita. Sir Tomás Osborne, proprietário de terra em Yorkshire, conseguira alcançar uma influente posição nos Comuns, e foi praticamente imposto ao Rei para sua própria salvação. Sua política era a união em torno de um partido forte, de programa popular, de todos os elementos que haviam lutado pela monarquia na Guerra Civil e agora estavam profundamente magoados com a corte. Economia, Anglicanismo e independência da França eram os ideais principais desse partido, e Osborne então levou-os ao Conselho do Rei. Logo foi elevado ao pariato como Conde de Danby, e começou uma administração baseada numa organização partidária possuindo pequena, mas atuante maioria na Câmara dos Comuns. A fim de reunir seus participantes em torno da Coroa e romper com a oposição, Danby propôs, em 1675, que ninguém poderia assumir cargo algum ou ter assento na Câmara dos Comuns

---

[31] N do T. - "Talhado para maquinações mesquinhas e conselhos perversos, / Sagaz, atrevido e de espírito turbulento, / Incansável, sem princípios e posição fixa / É descontente no poder e impaciente na desgraça; / Alma ardente, abrindo a custo seu caminho, / Corroeu o corpo de pigmeu até a decadência / E animou a casa de barro. / Piloto atrevido ao extremo, / Diverte-se com o perigo, quando as ondas sobem bem alto, / Pois ele procura as tempestades; porque em uma calmaria inoportuna, / navegaria muito próximo das areias para poder mostrar sua capacidade. / As grandes inteligências, por certo, são parentes da loucura, / E há uma separação muito tênue entre uma e outra."

sem primeiro declarar, sob juramento, que qualquer resistência ao poder real constituía um crime. Isto foi ideado visando traçar uma linha divisória rigorosa entre os elementos puritanos e suas tradições. O plano era colocar todo o governo, nacional e local, no partido da Corte e combater o resto. Em seus desígnios, que Danby procurou alcançar dirigindo corruptamente o partido e exercendo uma atividade sem precedentes nas eleições complementares, ele foi combatido na Câmara dos Lordes por Shaftesbury e Buckingham. Foi tão vigorosa a oposição desses dois ex-ministros, que Danby teve de abandonar seu novo "Test" de represália.

Na política exterior, o novo Ministro divergia publicamente do seu amo e senhor. Opôs-se à ascendência e interferência da França e com isso conseguiu o apoio geral; mas, foi forçado a tornar-se confidente das intrigas secretas do Rei com Luís XIV, e, fortemente apegado ao princípio dos Cavaleiros, segundo o qual o Rei devia ter considerável poder pessoal, foi levado a pedir dinheiro para o monarca francês, em proveito de Carlos. O auge de sua precária popularidade foi alcançado quando ele arquitetou o casamento de Maria, filha do primeiro enlace do Duque de York, com o então famoso herói protestante, Guilherme de Orange. Este matrimônio teve as maiores conseqüências. O pavor de que surgisse um rei papista já atraíra a atenção de todos para a figura formidável e brilhante de "Stadtholder" da Holanda, neto de Carlos I, por parte de sua filha. O inflexível protestantismo de Guilherme, seu comportamento austero, seus elevados dotes e nobre ascendência já o haviam elevado a uma posição de preeminência na Europa. Casando-se agora com a filha do Duque de York, herdeiro presuntivo inglês, aparentemente oferecia uma alternativa para a sucessão à Coroa. Isto não estava nos planos de Carlos II, muito menos nos de seu irmão, Jaime. Não viram nisso, todavia, um perigo muito grande. Carlos foi levado a acreditar que a oposição de Shaftesbury poderia ser abrandada por esse casamento, e a serenidade do Duque de York era prova de que essa ameaça ao seu título era muito remota. Diante disso, o enlace processou-se e duas nações marítimas, que ainda há pouco mediam forças em memoráveis batalhas nos mares do Estreito, uniram-se por um apertado laço. Desde aí os povos holandês e inglês raramente se separaram no desenrolar dos acontecimentos europeus.

* * *

Foi nesse momento que Luís XIV, aborrecido com o seu empate de dinheiro na política inglesa e indignado com o casamento que ameaçava arrastar a Inglaterra para o sistema holandês, e representava importante vantagem para os interesses protestantes, resolveu arruinar Danby. Revelou a oposição, pela qual muitos componentes haviam sido subornados quando não agradavam aos seus interesses, que o ministro inglês havia pedido dinheiro da França. A revelação foi feita na Câmara dos Comuns, cuidadosamente preparada, e de maneira bem dramática. Explodiu num momento horrível. Corria o boato de que se tramava a subjugação da Inglaterra protestante à Igreja de Roma. Rumores sobre um tratado secreto com o Rei francês e o espectro da aparentemente inevitável sucessão do Duque de York inflamaram, então, a opinião pública e se transformaram no que se convencionou chamar de "conspiração papista".

Um sacerdote renegado, de caráter desacreditado, Dr. Titus Oates, apresentou-se como defensor dos protestantes. Havia conseguido obter cartas escritas por católicos e jesuítas na Inglaterra, para seus correligionários em St. Omer e outros centros católicos franceses. Baseado nesses documentos ele acusou o secretário particular da Duquesa de York, Coleman, de uma conspiração destinada a matar o Rei, provocar uma invasão francesa e um massacre geral de protestantes. Muitos homens de responsabilidade, em ambas as câmaras, acreditaram nas acusações de Oates ou fingiram acreditar. Foi expedida uma ordem de prisão de Coleman. Está fora de dúvida que ele não tinha nenhuma intenção contra Carlos, mas era o centro da atividade católica, inclusive a troca de correspondência. Conseguiu queimar os seus papéis; mas, alguns documentos que foram apanhados continham referências indiscretas à restauração da Velha Crença e ao desaponto dos católicos diante da atitude de Carlos, o que na fúria do momento deu força às acusações de Oates. Coleman foi interrogado em outubro de 1678, perante um magistrado, Sir Edmundo Berry Godfrey, e, enquanto o caso tinha andamento, Godfrey foi encontrado morto, certa noite, ao pé da colina de Greenberry, hoje Primrose Hill. Apesar de três homens, cujos nomes por estranha coincidência eram Green, Berry e Hill, terem sido enforcados como supostos assassinos, o mistério de sua morte jamais foi desvendado. Essa sobrecarga de emoções levou a sociedade inglesa às bordas da insânia. Anglicanos e puritanos armaram-se com espadas e cacetes, e, em Londres, toda gente estava à espera de um golpe do Papa. Oates em poucos meses tornou-se um herói popular; e, oportunista como os outros, tratou de tirar a máxima vantagem da situação. Entrementes, Shaftesbury, bastante versado em revoluções, viu chegado o momento oportuno para provocar a tempestade.

Montagu, ex-embaixador na França, em conluio com os líderes Whigs e Puritanos, exibiu cartas escritas por Danby, nas quais se mencionava a quantia de seis milhões de "livres" como o preço do consentimento inglês ao projeto Tratado de Nimwegen, entre a França e Holanda, e também o desejo do Rei de se livrar da necessidade de obter apoio financeiro do Parlamento. Com esse tratado a França lucraria bastante. Danby, em resposta, leu outras cartas que suavizavam, mas não desfizeram os fatos em si. Resolveu aplicar-lhe o "impeachment". Nem Strafford chegara a uma situação tão perigosa. Realmente, parecia muito difícil que ele pudesse salvar a própria pele. Carlos, desejando sustar a aplicação da pena máxima contra seu ministro, em parte injusta, pois o certo é que se destinava a punir gestos que Danby praticara unicamente para agradar ao Rei, finalmente, em dezembro de 1678, dissolveu o Parlamento dos Cavaleiros.

Esta assembléia reunira-se com alguns intervalos, durante dezoito anos. Teve origem no fervor dos realistas por ocasião da Restauração; terminou quando o Rei se convenceu de que ela o reduziria às proporções de um doge veneziano. Em tempo de vida, ultrapassou o Longo Parlamento. Em fidelidade à constituição e oposição à Coroa rivalizou-se durante muito tempo com o vigor inicial do seu predecessor Esse parlamento transformou numa vitória realista todos os sucessos alcançados pela Grande Rebelião. Restaurou dentro de certos limites, sob moldes que daí por diante seriam compreendidos, o prestígio da Prerrogativa Real e do sistema monárquico. Estabeleceu, também, o controle parlamentar das finanças e entrelaçou mais a responsabilidade dos ministros perante as Câmaras dos Lordes e dos Comuns Foi fundado sobre um rochedo: o caráter parlamentarista e protestante da constituição inglesa. Mostrou-nos o peso dessas forças, tão contrárias entre si, quanto ao objetivo final e que acabaram produzindo a revolução de 1688.

* * *

Carlos, rompendo esse suporte que por muito tempo lhe valera, não teve a intenção de confiar-se a um partido diferente. Esperava que o novo grupo de parlamentares fosse menos rígido, não muito rotineiro ou opiniático como o outro. Supunha que o país fosse mais simpático a ele do que a colméia londrina da qual Shaftesbury, agora, era o chefe supremo. Tudo isso, porém, era ilusão: o país era-lhe mais adverso do que a capital. Por toda parte os eleitores se rejubilaram com as eleições, discutindo com entusiasmo, comendo e bebendo às custas dos candidatos. Como aconteceu após o Curto Parlamento de Carlos I, todos os oposicionistas importantes foram reeleitos. Os fiéis partidários da Corte, que outrora constituíam um bloco de 150 pessoas agora mal chegavam a 30. A situação era algo parecida à de 1640, mas com uma diferença: tanto o Rei como o país haviam passado por uma experiência que nenhum deles desejava repetir. Sobre a Inglaterra pairava o terror de uma guerra civil, e de todas as atrocidades cromwelianas que dela pudessem resultar. A sombra do cadáver do pai estendia-se diante do Rei e levava-o a procurar salvar o reinado e sua própria pele, a todo custo. Carlos II cedeu ao desejo da nação, curvando-se ao Parlamento hostil. Danby, sob ameaça de sentença de morte, rejubilou-se por ficar esquecido na Torre durante cinco anos. Mais tarde, ainda voltaria à cena.

A ação canalizou-se para Jaime, Duque de York. O Rei já lhe pedira que não comparecesse ao Conselho Privado, e agora aconselhou-o a sair do país. O Duque retirou-se para os Países Baixos, levando em seu estado-maior o jovem capitão do exército inglês e coronel do exército francês, João Churchill, seu fiel ajudante de campo e secretário. Carlos, vendo-se em situação mais aliviada na política interna, enfrentou a fúria do furacão antipapista. Oates e outros perjuros que a ele aderiram, instituíram um reinado de terror contra os nobres católicos ingleses. Usando do juramento falso e do testemunho mediante suborno, mandaram para a forca numerosos católicos inocentes. O Rei não poupou esforços para salvá-los. Quando viu que tudo era vão, resignou-se a deixar prosseguir a obra sanguinária. Seu cínico, mas profundo conhecimento da natureza humana e as vicissitudes dos anos que passara no exílio, muito o auxiliaram. Não foi levado por motivos mesquinhos que ele suportou as horríveis provas que seus súditos lhe impuseram, obrigando-o a assinar a sentença de morte de homens que ele sabia não terem culpa alguma.

Mas, houve uma radical alteração em sua conduta. Acabou abandonando sua atitute comodista e indolente perante a política. Percebeu que sua vida e a dinastia estavam em perigo. Por isso, empenhou-se com todos os recursos e com toda sua habilidade de estadista, que a História cada vez mais exalta, a fim de recuperar o terreno perdido. Os últimos cinco anos do seu reinado são dos mais honrosos a seu nome. O duelo de morte que manteve com Shaftesbury foi um episódio empolgante. Era diamante tentando cortar diamante De início o Rei parecia estar à mercê do seu terrível súdito; mas, deixando que o tempo fizesse as paixões amainarem, bem como usando de uma tática demoníaca, Carlos II surgiu vitorioso e o desgraçado Shaftesbury, manchado pelo sangue de inocentes, acabou morrendo no exílio.

A luta centralizou-se em torno do projeto da "lei de exclusão". Evitar que o herdeiro papista alcançasse o trono era o objetivo principal da maioria da nação. Qualquer outra solução seria melhor do que essa. Mas, quem, então, deveria ser o sucessor? Shaftesbury pensou em Guilherme de Orange; mas, também pensou, com mais entusiasmo, no Duque de Monmouth, filho ilegítimo de Carlos com Lúcia Waters. Era um jovem encantador, romântico, bravo, brilhante, o amado duque protestante: bastardo ou filho oriundo de um matrimônio secreto? Ao que se acreditava fora celebrada uma certa forma de casamento entre o Rei e Lúcia. Dizia-se que a certidão de casamento estava guardada numa "caixa preta", a qual fora escamoteada por emissários do Papa. O grupo que se tornara o mais poderoso partido da Inglaterra procurava, agora, estabelecer a legitimidade de Monmouth. Eles queriam um Rei — protestante, anglicano, criado à moda constitucional, com umas gotas de sangue comum para lhe dar bom-senso — e uma habilidade política que lhe permitisse organizar o protestantismo contra o domínio católico da Europa, que Luís XIV estava procurando alcançar. Um homem, somente, poderia decidir esse assunto. Carlos tinha apenas de reconhecer Monmouth como seu herdeiro, para livrar-se de qualquer preocupação e assegurar o futuro do seu país. Nada induzia o Rei a trair a sucessão. Sensual, libertino, agnóstico e diletante, ele tinha, porém, lealdade a uma coisa: o sangue azul, a sucessão legítima. Embora isso pudesse ser penoso para ele e seu reino, Carlos considerava seu sagrado dever passar a coroa a um irmão cujas virtudes e cujos vícios, também, o tornavam a pessoa menos indicada para usá-la. Não obstante a lenda da "caixa preta" continuou. Em nossos dias soube-se que um tal Duque de Buccleuch, descendente do infortunado Monmouth, descobriu e destruiu, como coisa perigosa à monarquia, o certificado de casamento de Lúcia Waters.

A nova Câmara dos Comuns mostrou-se mais feroz do que a antiga. Havia uma esmagadora maioria anticatólica, que tratou imediatamente de aplicar o "impeachment", e, como esta medida demorasse, condenar Danby à morte por alta traição. A Câmara concentrou seus esforços em torno da Lei de Exclusão, que se baseava numa severa lógica. Se os papistas haviam sido excluídos, por lei, de todos os postos do reino, como poderia o poder real e sua prerrogativa ficar em mãos de um membro do credo proscrito? Carlos procurou contemporizar. Não podia admitir que o Parlamento viesse a alterar a linha sucessória da coroa. Por causa disso estourara a Guerra das Duas Rosas. Mas, ele ofereceu importantes concessões que, se aceitas ou impostas à força, criariam na Inglaterra uma monarquia constitucional estreitamente limitada. Toda influência eclesiástica seria afastada do soberano papista. Nenhum papista poderia ter assento no Parlamento ou ocupar qualquer cargo ou posição de confiança. O Parlamento que estivesse constituído por ocasião da morte do Rei, deveria continuar reunido durante um certo tempo, ou voltar à atividade sem nova convocação, caso não estivesse em sessão. Os juízes somente poderiam ser nomeados com o consentimento do Parlamento. Finalmente, ele abandonou formalmente a aspiração pela qual seu pai tanto lutara: o poder da espada. Os vice-reis, que controlavam a milícia, seus delegados e os oficiais da Marinha seriam nomeados pelo Parlamento. Mas, no modo de pensar da época, ninguém acreditaria que qualquer restrição pudesse ser imposta a um rei papista. A Lei de Exclusão foi aprovada em segunda discussão por esmagadora maioria, e o Rei dissolveu novamente o Parlamento

Não obstante, essa legislatura de vida efêmera construiu um verdadeiro monumento jurídico. Aprovou a lei do "habeas corpus", que garantiu e ampliou a liberdade do indivíduo contra a prisão arbitrária ordenada pelo governo executivo. Nenhum cidadão inglês, fosse grande ou humilde, podia ser preso por mais de alguns dias, sem que razões concretas contra ele fossem apresentadas, num tribunal livre, de acordo com a lei do país. O Rei não opôs objeção a isso. O equilíbrio de forças no país, nessa época, parecia tão estável, que seus próprios cortesãos, servos ou ex-ministros poderiam vir a precisar dessa proteção. Ele preferiu as tradicionais palavras em francês normando: *"Le Roi le veult"* — e até hoje, onde quer que se fale oficialmente o inglês — onde quer que a autoridade da Coroa Imperial Britânica ou do Governo dos Estados Unidos prevaleça — todos os cidadãos obedientes à lei respiram livremente. A queda para o despotismo, que tem atingido tantas nações importantes de nossa época, tem realçado as virtudes desse princípio legal, oriundo do gênio político inglês.

As correntes protestantes dominaram, novamente, o país e em toda parte clamava-se contra a possibilidade de o Duque de York tornar-se Rei. Sacerdotes devotos e veneráveis procuraram convencer Jaime a voltar para a Igreja de seu pai e dos seus futuros súditos. Ele manteve-se obstinado, acrescentando às qualidade de guerreiro que possuía, o fanatismo de um convertido. Não faria como Henrique de Navarra, que se curvara às exigências de todos para ganhar uma coroa terrena. Preferia o exílio, a pobreza e até a morte. Era preferível até que o país se arruinasse com a guerra civil. Os motivos que justificavam a atitude de ambos os lados merecem respeito, mas o certo é que levaram inexoravelmente a amplas e duradouras desgraças. Hoje, quando a Igreja Católica levanta sua imemoriável autoridade contra a tirania secular, é difícil compreender como era diferente seu aspecto para a Inglaterra de 1679, que se lembrava muito bem das fogueiras de Smithfield, do massacre de São Bartolomeu, da Invencível Armada e da Conspiração da Pólvora.

CAPÍTULO VI

WHIG E TORY

Logo que o rei viu que a eleição não melhorou sua situação, prorrogou a posse do novo Parlamento por quase um ano. E foi nesse intervalo que, pela primeira vez, notamos o uso dos nomes Whig (liberais) e Tory (conservadores), que dividiram a Ilha Britânica, politicamente, por quase duzentos anos. Embora a raiz da luta ainda fosse de ordem religiosa, foi no reinado de Carlos II que as idéias liberais se livraram de suas bases sectárias. O espírito público da Inglaterra elevava-se, das rasteiras intrigas religiosas, para assuntos mais sérios, embora menos pitorescos. O impulso da controvérsia religiosa, que até então tinha sido de importância vital para o progresso político, a partir desse momento passou para o segundo plano. A sombria contenda de credos e seitas sucedeu a esquálida, mas muito menos racional ou incontrolável disputa dos partidos.

Durante o ano de 1680, antes de o novo Parlamento reunir-se, os potentados que dominavam as terras começaram a ser perturbados pela violência do movimento protestante. Os elementos realistas-anglicanos cada vez reconheciam mais, na agitação de Shaftesbury, a herança terrível de Olivério Cromwell. A desagradável lembrança da Guerra Civil e a chamada "República" obcecaram a geração mais velha. Se petições

343

pró-exclusão do Duque de York eram assinadas por milhares de pessoas, nas cidades e vilas, assim também a oposição a essas exigências contra a Coroa tinha muitos adeptos no país. Nenhum partido, porém, poderia viver sob rótulos tais como Peticionários e Opositores. Ao invés de escolherem uma denominação para si, cada qual escolheu um nome para o outro partido. O termo "Whig" representava um presbiteriano escocês, azedo, hipócrita, fanático e avarento. Os bandidos irlandeses-papistas, saqueadores de propriedades e de residências senhoriais, eram chamados "Tories". Nenhuma facção deixava de abusar do poder. "Um Tory é um monstro com cara de inglês, coração de francês e consciência de irlandês. Uma criatura de testa grande, boca enorme, pernas flexíveis e sem cérebro. São uma espécie de porcos selvagens, que extirpariam a Constituição... que com métodos políticos dúbios fariam explodir de uma só vez os dois baluartes de nossa liberdade, o Parlamento e o Júri; transformando o primeiro num parlamento à moda de Paris e o segundo em meros instrumentos manejados a bel-prazer pelos juízes." Os Whigs, por sua vez, "só falam de uma nova luz e profecias, rendas espirituais, vida interior, emanações, manifestações, determinações... para o que também sua voz estridente e fanhosa acrescenta não pequena ênfase... Eles monopolizam tudo e clamam sem cessar: "Ruína! Ruína!" "Sua oração é uma rapsódia de soluços sagrados, maledicências santificadas, iluminados revirar de olhos, suspiros, gemidos, murmúrios e queixumes. Oram para o Rei, porém com mais reserva e hipocrisia do que um homem honesto teria em aceitar o Convênio".[32]

Por essas expressões de desdém e ódio podemos ver que a Inglaterra escapou por um triz de outro expurgo sangrento. Todavia, as denominações Whig e Tory não só se firmaram, como passaram a ser cultivadas com carinho por aqueles contra quem foram lançadas. Aos poucos integraram-se à vida da nação e representaram em formas sucessivas seus principais tipos de temperamento. Contribuíram com feitos memoráveis para o bem-estar da Inglaterra e ambos os partidos tiveram seu quinhão de glória na expansão e engrandecimento futuro do país. Esses nomes, bem como a lealdade dos seus membros para com os respectivos

---

[32] "Inglaterra no reinado de Carlos II", David Ogg (1934).

partidos, foram transmitidos de geração a geração, embora os problemas mudassem com o tempo e os grupos partidários variassem. Oradores e famosos escritores, na certeza de que tais nomes falavam de perto ao povo, usaram-nos orgulhosamente.

O Rei, acossado, ao invés de enfrentar seu quarto Parlamento, adotou um expediente que lembrou o fútil "Magnum Consilium" a que seu pai recorrera, quarenta anos antes. Sir Guilherme Temple, embaixador em Haia, um dos principais defensores de uma política antifrancesa e arquiteto da tríplice aliança que pôs em xeque Luís XIV em Aix-la-Chapelle, propôs um plano instituindo um Conselho Privado, de número reduzido de membros, mas investido de poder. Trinta magnatas de ambos os partidos, a metade ocupando cargos, outra metade independente, substituiria o velho e secreto "Cabal" ou gabinete, que fora conivente com o Tratado de Dover. Para o bem ou para o mal a política real devia ser de portas abertas: a diplomacia secreta, pensava-se, devia ter um fim. Carlos estava agora inteiramente rompido com Luís XIV, que espalhou seus subornos largamente entre a oposição. Ele aceitou o plano. Um Conselho Privado glorificado reuniu-se. Shaftesbury, líder da oposição, foi designado seu presidente, pelo Rei. Esses esforços bem intencionados deram em nada. A tensão era muito grande, e dentro do Conselho de trinta membros logo se formou uma "panelinha" que mandava e desmandava Shaftesbury não foi, de modo algum, apaziguado por sua readmissão à vida oficial. Ele não abandonou o movimento e o partido de que era chefe Ao contrário, utilizou-se de sua posição para defender seus interesses. Quando o Parlamento se reuniu em outubro de 1630 pôs-se à frente dos defensores da Lei de Exclusão e nesse momento alcançou seu zênite Parecia combinar em sua pessoa o poder de um ministro da Coroa e a popularidade de um líder de uma nascente revolta. A Lei de Exclusão foi aprovada pelos Comuns e a disputa foi travada na Câmara dos Lordes

O fato de ela ter terminado sem derramamento de sangue deve-se em grande parte ao estadista que tirou da palavra "acomodatício" seu sentido pejorativo. Jorge Savile, Marquês de Halifax, era adversário tanto do Papado como da França. Era um desses raros seres humanos nos quais uma fria moderação e ampla visão das coisas estão combinadas com a capacidade de agir resolutamente. Era capaz de defender um meio-termo, com uma constância que habitualmente é privilégio dos extremistas. Podia passar de um lado para outro, ir a favor ou contra a maré, sem perder sua força ou a estima em que era tido. Nunca lhe faltou aplauso popular e suportava todo insulto e calúnia do servilismo. Nos imortais perfis literários que Dryden traçou das personalidades dessa época turbulenta, nenhum agrada mais do que a de Jotham, o qual

> "Only tried
> The worse awhile, then chose the better side,
> Nor chose alone, but changed the balance too.
> So much the weight of one brave man can do."[33]

Halifax, que fora violento adversário de Danby, levou a Lei da Exclusão à Câmara dos Lordes. Sua tarefa foi tornada mais fácil pela dificuldade em encontrar uma alternativa para a escolha do sucessor da Coroa. Entre aqueles que eram contrários a Jaime, alguns eram a favor de sua filha mais velha, Maria, esposa do renomado Príncipe de Orange, em cujas veias também corria o sangue azul inglês. Shaftesbury alimentara essa idéia, mas por fim decidiu-se pelo bastardo Monmouth. Obteve sua admissão no Conselho Privado. Envolveu-o nas intrigas do seu partido. Os Whigs incumbiram-se de espalhar a lenda de que, afinal de contas, ele era mesmo filho legítimo. De qualquer maneira, o Rei amava bastante seu filho, brilhante e elegante. Não devia ele, à medida que aumentavam o perigo e as pressões, tomar a deliberação segura e fácil de desclará-lo filho legítimo? Mas, esta solução complacente, que Carlos jamais toleraria, não impressionava uma assembléia em que todos os membros possuíam terras, riquezas e poder, graças à rigorosa interpretação do direito hereditário. A Igreja Anglicana recusava-se a resistir ao Papado, através da coroação de um bastardo. Assim, a Lei de Exclusão foi rejeitada, por 63 votos contra 30

* * *

---

[33] N. do T. - "apenas experimentava / O pior por algum tempo, depois logo escolhia o lado melhor, / Não apenas escolhia, mas alterava o equilíbrio, também. / Tão poderosa é a força de um homem bravo."

A fúria contra a conspiração papista foi gradualmente extinguindo-se no sangue de suas vítimas. Em novembro de 1680 uma das últimas delas, Lorde Stafford, declarou sua inocência ao pé da forca e a multidão berrou: "Nós acreditamos em vós, Mylord!" A rede de mentiras em que Oates e outros se haviam envolvido estava desaparecendo. Os juízes começaram a notar contradições e absurdos nas provas pelas quais as vidas de católicos eram cortadas. A onda de pânico fora muito aguda para durar tanto tempo. O fato de que o Rei estava obviamente separado de Luís XIV abrandava as paixões políticas. Carlos viu nesse novo estado de espírito a oportunidade para obter um Parlamento mais favorável. Halifax, que acabava de prestar-lhe o mais alto serviço, opôs-se à dissolução, acreditando que o Parlamento de 1680 ainda podia ser aproveitado para alguma coisa. O Rei, porém, após um amplo debate em seu Conselho Privado, dominou a maioria. "Senhores — disse ele — já ouvi bastante." E pela terceira vez em três anos houve uma medida de forças eleitorais. Mas, isso implicava desafiar os eleitores a votarem do mesmo modo do pleito anterior. Não houve, pois, alteração decisiva no caráter da maioria do novo Parlamento.

Resolveu-se que as reuniões parlamentares seriam realizadas em Oxford, onde o soberano não seria ameaçado com as bravatas da City de Londres e pelos grupos de jovens simpatizantes de Shaftesbury, chamados "Rapazes brancos". Retiraram-se, assim, todos para Oxford. Carlos transferiu sua Guarda para a cidade e ocupou militarmente vários pontos das estradas que ligavam Oxford a Londres. Os Lordes Whigs chegaram com um bloco de correligionários armados, que olharam a Cavalaria da guarda real e os cortesãos com a respeitosa hostilidade de dois cavalheiros num campo de duelo. Os parlamentares foram em grupos de 40 ou 50, escoltados por cidadãos armados. Um choque parecia iminente e ninguém poderia prever se não seria sangrento. A grande maioria dos Comuns ainda insistia na aprovação da Lei de Exclusão.

Aparentemente, o Rei mantinha abertas duas saídas, ambas preparadas por ele próprio. Ordenara a Lourenço Hyde, filho de Clarendon, cunhado do Duque de York, competente financista, que examinasse meticulosamente a situação da renda normal, de caráter vitalício, atribuída ao Rei. Poderia o soberano, com rigorosa economia, "viver por conta própria?" Nestes cálculos incluía em primeiro plano a manutenção da

Marinha, que ele colocava mesmo acima de suas amantes e do seu conforto pessoal. Hyde informou que era impossível exercer os serviços reais suprimindo a primitiva renda dos direitos alfandegários, cisa e outras taxas que o Parlamento posteriormente havia concedido. Com rigorosa economia, no entanto, o déficit não seria muito grande. Hyde foi em seguida incumbido de negociar com Luís XIV, e por fim foi obtida uma verba de 100.000 libras anuais, sob a condição de que a Inglaterra não agiria contra as ambições francesas no continente. Com esse reforço pensava-se que o Rei pudesse agir independentemente do feroz Parlamento. A Inglaterra atingiu, então, na História, um ponto tão baixo como quando o Rei João, em situação semelhante, tornou o país um feudo do Papa. Os observadores modernos, que julgam os gestos de Carlos do ponto de vista constitucional, revoltam-se diante do espetáculo de um príncipe vender a política exterior de seu país por cem mil libras anuais. Mas, se os atuais padrões de julgamento forem aplicados, então a intolerância religiosa do Parlamento e a violência partidária de Shaftesbury devem ser igualmente condenadas.

Ademais, o Rei não teve intenção de adotar essa ignominiosa política que trazia no bolso (ou quase), a menos que não pudesse mais contar com o Parlamento. Ameaçou espetacularmente de tomar medidas extremas para ir ao encontro do medo de toda a nação de que viesse um Rei papista. O sagrado princípio da sucessão hereditária não devia ser destruído, mas além disso toda segurança deveria ser proporcionada. Jaime, quando viesse a sucedê-lo no trono, seria um Rei apenas no nome. O reinado seria controlado por um Protetor e pelo Conselho Privado. O episódio da conversão ao catolicismo romano do herdeiro presuntivo não o privaria de seu direito à realeza, mas comprometer-lhe-ia todo o poder. A administração deveria ser entregue a protestantes. Se Jaime tivesse um filho, ele seria educado como protestante e ascenderia ao trono logo que tivesse idade apropriada. Na falta de um filho, os descendentes de Jaime, as duas fiéis princesas protestantes, Maria, e depois dela Ana, reinariam. O Protetor, entrementes, devia ser Guilherme de Orange.

Não há dúvida de que o Rei poderia ter concordado com tais arranjos e poderia ter enfrentado a França e feito uma aliança com a Holanda e os príncipes protestantes da Alemanha. Ninguém pode censurar esse esquema, sequer levemente, e o fato de que ele foi esboçado revela os atrozes conflitos de consciência de Carlos Mas, Shaftesbury pensava de modo diferente Ele e todo o seu partido queriam Monmouth no trono. Mal se reuniu, notou o Parlamento essa tendência hostilizante. O Rei, em seu discurso, deplorou o comportamento faccioso e desarrazoado do Parlamento anterior A Câmara dos Comuns reelegeu seu antigo presidente que, em seu humilde discurso, insinuou que não via necessidade de mudar seu comportamento. Shaftesbury, ainda membro do Conselho Privado, de certo modo parte do governo, teve uma séria conversa com o Rei na presença de vários nobres atemorizados. Foi enviado a Carlos um documento exigindo que Monmouth fosse declarado sucessor. O Rei replicou que isso era contrário à lei e também à justiça. "Se vós estais impedido apenas por uma questão de lei e justiça – disse Shaftesbury – confiai em nós e deixai-nos agirmos. Faremos leis que darão legalidade a medidas tão necessárias para acalmar a nação." "Que não haja equívoco – retorquiu o Rei. Eu não cederei, nem tenho medo de bravatas. Os homens, geralmente tornam-se mais tímidos à medida que envelhecem. Comigo dá-se o contrário. E pelo que ainda resta de minha vida estou resolvido a não deixar nada manchar minha reputação. A lei, a razão e todos os homens sensatos estão do meu lado. Também a Igreja; — e aqui ele apontou os bispos — e nada jamais nos separará."

A reunião dos Comuns dois dias depois, a 26 de março de 1681, foi decisiva. Um dos seus membros, confidente do Rei, revelou à Casa os planos que o soberano tinha no sentido de estabelecer um protetorado protestante durante o reinado de Jaime. Carlos talvez tivesse sido prudente se deixasse a discussão prosseguir. Mas, Oxford era um campo em que duas facções armadas se provocavam mutuamente. A qualquer momento poderia haver uma explosão. Assim como Jaime sacrificaria tudo por sua crença religiosa, assim também Carlos se atreveria a tudo, para defender o princípio de sucessão hereditária. Estava disposto a correr todo risco para impedir seu filho amado, Monmouth, de esbulhar um irmão que era a origem de todas as preocupações.

Os Comuns aprovaram uma resolução excluindo o Duque de York Na segunda-feira seguinte duas cadeirinhas fechadas rumaram para o Parlamento. Na primeira ia o Rei, com a coroa escondida junto aos pés; na segunda, que estava fechada, estavam o cetro e as vestimentas de Estado. Assim, Carlos rumou para a Câmara dos Lordes, instalada na

Escola de Geometria da Universidade. Os Comuns estavam debatendo uma questão sobre jurisdição, surgida em torno de um libelo da Coroa, e um parlamentar discorria sobre a relação da Magna Carta com o assunto, quando o porteiro da Câmara bateu à porta e convocou-os à Câmara dos Lordes. Muitos parlamentares pensaram que se tratava de alguma submissão do Rei à vontade da Casa. Ficaram surpresos quando viram Sua Majestade envergando as vestes oficiais, sentado no trono, e não contiveram seu assombro quando o Lorde Chanceler declarou em seu nome que o Parlamento estava novamente dissolvido.

As conseqüências eram imprevisíveis. Quarenta anos antes a assembléia escocesa recusara-se a ser dissolvida ante a determinação da Coroa. Um século mais tarde a assembléia nacional da França seria transferida para a quadra de tênis, em Versalhes, para provar que continuava existindo. Mas, o narcótico da guerra civil ainda atuava sobre os ingleses de 1681. Seu respeito à lei impedia-os de agir. O Rei retirou-se, fortemente escoltado por sua Guarda, para Windsor. Shaftesbury tentou converter os elementos do Parlamento dissolvido numa convenção revolucionária, mas ninguém lhe deu ouvidos. Carlos jogara uma cartada certa. Em 24 horas transformou um Parlamento que se considerava dono dos destinos do país, pronto a agir valentemente, numa confusão de indivíduos disputando um meio de transporte para voltar para casa.

A partir desse momento a estrela de Shaftesbury apagou-se e a do sagaz Halifax começou a brilhar. A reação contra a execução dos Lordes católicos e outros cidadãos era, agora, evidente, ainda mais fortalecida pela submissão do Parlamento a uma terceira dissolução. Dois meses após o Rei sentiu-se com força suficiente para processar Shaftesbury como fomentador de rebelião. Este estranho homem estava já fisicamente abatido, embora conservasse o espírito lúcido. Sua aparência – ele mal podia andar – desanimava seus partidários. O Grande Júri de Middlessex, fiel à sua causa, escreveu "Ignoramus" na denúncia que foi apresentada contra Shaftesbury. Isto significava que o tribunal achava as provas insuficientes. Ele foi, então, libertado na forma da lei. Entrementes, um dos seus partidários foi enforcado em Oxford, devido a acusações semelhantes às de que Shaftesbury havia escapado, em Londres. Não lhe era possível continuar a luta. Havia aconselhado a insurreição, cujo primeiro passo seria, certamente, a morte do Rei. Shaftesbury a esta altura fugiu para a Holanda, esperando, talvez, obter o apoio dos holandeses, porém, faleceu em Haia algumas semanas depois. Ele não pode ser colocado, perante a História, juntos dos principais arquitetos do parlamentarismo. Como um revolucionário puritano, entendia todos os movimentos do jogo partidário, mas manchou deliberadamente as mãos com sangue inocente, visando acima de tudo ao triunfo do partido e suas doutrinas. Sua vida não deixou saldo para a Inglaterra. Embora tivesse sido tão formidável quanto Pym, sua glória paira muito abaixo.

* * *

A questão mais importante era, agora, saber se haveria ou não uma guerra civil. Todas as forças cromwelianas estavam ativas. Com efeito, todos encaravam com terror a hipótese de que, se Jaime subisse ao trono, somente lhes restaria optar por esses dois caminhos: o da adesão ao papismo ou a da fogueira. Seu pavor aumentou quando Jaime voltou do exílio em maio de 1682. Há apenas uma geração Cornet Joyce retirara o Rei de Holmby House. Um ex-oficial dos Cabeças Redondas, "Anibal" Rumbold, que estivera junto ao cadafalso de Whitehall, a serviço, no memorável 30 de janeiro, morava em Rye House, junto à estrada de Newmarket, onde o caminho passava por uma pequena mata. Cinqüenta ardentes Ironsides poderiam facilmente dominar a pequena escolta de viagem do Rei e do Duque de York quando voltassem da corrida de cavalo, que era seu passatempo. Paralelamente a esse plano, mas sem ligação com ele, tramava-se uma ação armada generalizada. Muitas, mas não todas, das forças que poucos anos mais tarde derrubariam Jaime do trono, estavam moralmente preparadas para a luta. Vários nobres e magnatas Whigs havia entrado em entendimento. O feliz acidente de um incêndio em Newmarket, que destruiu grande parte da cidade, fez com que Carlos e Jaime voltassem alguns dias antes do dia esperado. Passaram por Rye House sãos e salvos e poucas semanas depois o segredo da conspiração foi violado. Isso comprometeu os círculos muito mais vastos onde a resistência armada estava sendo cogitada.

Quando a notícia se difundiu pelo país todo, veio a reação realista, que transformou todo o panorama político. Até então os Whigs haviam explorado a conspiração do Papa, fazendo o povo acreditar que o Rei estava a ponto de ser assassinado pelos católicos-romanos. Agora, surgiu o antídoto: uma conspiração dos Whigs ou puritanos visando a mesma coisa. Toda a veneração que os ingleses tinham para com a monarquia e a acentuada popularidade pessoal de Carlos, graças às suas maneiras elegantes e vícios perigosamente atraentes, foram reforçadas ante o temor de que sua morte fizesse subir ao trono seu irmão papista. A partir desse momento o triunfo de Carlos foi completo. Halifax queria a convocação de outro parlamento. Mas, o Rei já estava farto dessas convulsões. Com o subsídio de Luís XIV ele podia manter-se financeiramente. Quando trinta vítimas católicas foram condenadas à morte, mediante testemunhos falsos, e Carlos teve de assinar as sentenças, não causou surpresa que aproveitasse o ensejo para se vingar.

Dois homens famosos foram atingidos. Nem Guilherme Lord Russel, nem Algernon Sidney haviam atentado contra a vida do Rei; mas, Russel havia sido conivente com os preparativos da revolta e em poder de Sidney haviam encontrado um boletim ainda não distribuído, de caráter acadêmico, justificando a resistência à autoridade real. O partido Tory – Cavaleiro, de cunho realista, aliviado dos seus temores, ergueu-se, então, clamando por vingança. Carlos classificou Russel, e de modo menos grave Sidney, com Sir Harry Vane como inimigos da monarquia. Após um julgamento público ambos foram para o patíbulo. Russel recusou-se a tentar salvar a vida, curvando-se ao princípio da não-resistência. Sidney afirmou até seu último suspiro as doutrinas fundamentais do que então se tornou o Partido Liberal (Whig). Uma discussão estabeleceu-se entre a Igreja e o Estado e esses dois homens indomáveis. Não cederam um milímetro. Ranke, em um trecho comovente, escreveu: "Nisso está a marca peculiar deste século: no choque de opiniões políticas e religiosas, que lutam pela supremacia, convicções inalteráveis são formadas, emprestando ao caráter uma firme estrutura interior, a qual se sobrepõe novamente às contendas partidárias. Quando a sorte é lançada, ou os homens obtêm o poder e vêem suas idéias vitoriosas, ou oferecem seu pescoço ao cutelo vingativo."

Essas execuções tiveram muita importância. Mártires religiosos havia muitos: protestantes, católicos, puritanos, presbiterianos, anabatistas, quakers, haviam trilhado o caminho do patíbulo de cabeça erguida. Grandes ministros de Estado e homens públicos haviam caído em desgraça política; os regicidas haviam enfrentado a morte com orgulho. Mas, estes eram os primeiros mártires do Partido. Toda a família Bedford, com suas ramificações, defendeu a honra de Russel. E os Whigs, já contentes com essa denominação, cultuaram por gerações sucessivas a memória desses defensores de sua doutrina e dos seus interesses. Por muito tempo eles exaltaram a causa pela qual "Hampden morrera no campo de batalha e Sidney no cadafalso". O Partido Whig integrou-se na História. Quando consideramos quanto os princípios do governos livre, que então lutavam para se imporem num mundo de contradições e desentendimentos, são preciosos para nós hoje em dia, também somos levados a render nossa homenagem à memória desses homens que proclamaram abertamente essas idéias igualitárias, como verdadeiros pioneiros da democracia.

O poder de Carlos permaneceu, desde então, inquestionável no país. Mostrara ser capaz de fazer um contra-ataque. Os núcleos partidários dos Whigs estavam nos distritos e cidades. Estes para funcionarem, dependiam de autorização de quem controlava o governo local e os tribunais de justiça. A influência nas eleições parlamentares também estava em jogo. Através de pressão e estratagemas, magistrados Tory foram eleitos em Londres, e desde aí, por meio deles, podia-se confiar na severidade dos júris para com os delinqüentes Whig. Não havia perigo de ocorrer novamente algo parecido com a absolvição de Shaftesbury. À vitória, em Londres, seguiu-se a consolidação do poder nas províncias. As corporações dos Whigs foram convidadas por citações de "quo warranto" a provarem através de documentos seus direitos às liberdades que desfrutavam de há muito. Tais documentos foram considerados defeituosos, em muitos casos, para satisfação dos juízes reais. Sob essas pressões grande número das corporações outrora hostis ficaram à mercê da Coroa e imploraram por novas autorizações para funcionar, as quais eram dadas a bel-prazer do Rei. Os nobres do campo, com inveja dos privilégios que os citadinos desfrutavam, apoiaram o governo. Assim, os Whigs, que eram suplantados na zona rural, agora viam sua força também comprometida nas cidades. É digno de nota que eles tenham conseguido sobreviver como força política e que o transcorrer dos acontecimentos tenha em tão curto prazo permitido que voltassem ao primeiro plano.

Contrariando seus próprios desejos o Rei triunfante seguia brandamente a política exterior que seu patrão francês adotava. Vivia de maneira extremamente frugal. Suas amantes preocuparam-se com seu futuro e trataram de obter sólidas pensões garantidas pelas rendas dos Correios. Apenas a Esquadra recebia carinho especial. Luís XIV continuava suas agressões e guerras contra a liberdade e o credo protestante. Seus exércitos invadiram a área espanhola dos Países Baixos, atacaram Strasburgo; investiram sobre os principados germânicos. Dominava completamente a Europa. A Inglaterra, que no tempo de Isabel e de Cromwell havia influído bastante na política européia, estava por ora recolhida à posição de comunidade tranqüila e satisfeita (salvo os problemas de política interna), ocupada com o comércio e as colônias, absorvida em seus próprios problemas e grata por eles serem mais suaves.

No além-mar desenvolviam-se importantes iniciativas, partidas mais dos próprios colonos do que de uma ação planejada por Londres. O comércio inglês expandia-se na Índia e na costa ocidental da África. A Companhia da Baía do Hudson, fundada em 1669, instalara seus primeiros empórios comerciais e estendia sua influência para os territórios a nordeste do Canadá. Nas costas da Terra Nova pescadores ingleses reviveram a antiga colônia da Coroa. No continente americano a ocupação britânica de todo o litoral oriental era quase completa. A captura de Nova Iorque e a colonização da Nova Jersey estabeleceram a ligação entre os dois blocos de colônias existentes ao norte e ao sul. O interior do Estado de Pensilvânia começava a tomar forma como um refúgio dos perseguidos de todos os países, sob a orientação do seu proprietário Quaker, Guilherme Penn. Em direção ao sul as duas Carolinas haviam sido fundadas e assim denominadas em homenagem ao Rei. No fim do reinado de Carlos as colônias americanas possuíam perto de um quarto de milhão de colonizadores, além do crescente número de escravos africanos. As assembléias locais dos colonos defendiam vigorosamente os tradicionais direitos ingleses contra as intervenções dos ministros do Rei que se achavam na metrópole. Absorvidos nos prazeres e nas rixas da Restauração, provavelmente poucos foram os ingleses, em Londres, que previram as largas perspectivas que se abriam diante dessas relativamente pequenas e longíquas comunidades americanas. Sir Winston Churchill foi um dos que vislumbraram isso. No fim de sua vida publicou um livro intitulado "Divi Britannici", que foi citado desfavoravelmente por Macauly, em homenagem à grandeza e antiguidade da monarquia britânica.

Churchill falou com orgulho dos novos horizontes que se abriam à Bretanha no século XVII, "estendendo-se a essas regiões longíquas, que agora nos pertencem e logo se tornarão a região mais vasta e importante do país, na ensolarada América". Mas, isso ainda era coisa do futuro.

* * *

A idéia de se excluir Jaime do trono desapareceu. Ele tornara-se o entusiasta defensor das aspirações da França, na Europa. Não se preocupando com o passado, sonhava em reconverter a Inglaterra a Roma, sob a espada da França. Não obstante, sua própria popularidade renasceu. Seu procedimento na Marinha não foi esquecido, como cantaram os poetas-de-água-doce conservadores:

"The glory of the British line,
Old Jimmy's come again".[34]

Ele reassumiu suas funções. Para todos os efeitos tornou-se novamente o Lorde do Alto Almirantado. Estendeu a Carlos, que não alimentava ilusões, o entusiasmo para com a comprovada eficácia de uma política forte. Fortificou-se e preparou o espírito para a missão que tinha diante de si.

O Rei tinha apenas 56 anos de idade e aparentava vivacidade e robustez, mas suas extravagâncias haviam minado seu organismo. Apresentá-lo como um indivíduo simplesmente voluptuoso é depreciar tanto seu caráter, como seu intelecto. Toda sua vida foi uma constante luta. A tragédia que testemunhou e suportou em sua mocidade, as aventuras e privações de sua maturidade, os vinte e cinco anos de tramas políticas pelas quais se manteve no trono, as odiosas sujeições que lhe foram impostas pela conspiração papista, afinal nos seus últimos anos de vida foram substituídas por um período de calmaria. O fogo praticamente cessara, mas ainda restava um braseiro onde o Rei, cansado, podia queimar as mãos.

---

[34] N. do T. - "A glória da defesa britânica, / O velho Jaiminho está de volta."

Halifax, agora mais digno de confiança do que nunca, ainda tentava levá-lo à aventura de um novo Parlamento, e Carlos certamente acabaria concordando, mas de repente, em fevereiro de 1685, um ataque de apoplexia o derrubou. Os médicos o torturaram com seus remédios, em vão. Com aquele ar de superioridade perante a morte, de que todos os mortais devem ter inveja, ele desculpou-se por estar "levando tanto tempo para morrer". Jaime estava ali para salvar sua alma. O velho padre Huddleston, o sacerdote que o auxiliara nos dias agitados e que se homiziara num carvalho em Boscobel, foi trazido discretamente para reuni-lo a Roma e dar-lhe o último sacramento. Além da monarquia hereditária, não havia muita coisa mais em que Carlos acreditasse neste mundo ou no outro. Quis ser Rei, como era de direito, e teve uma vida prazerosa. Era mais cínico do que cruel e mais indiferente do que tolerante. O cuidado que dedicou à Marinha Real merece a gratidão dos seus patrícios.

CAPÍTULO VII

O Rei Católico

A luta entre a Coroa e o Parlamento, que dominou a vida política inglesa desde o reinado de Jaime, voltara agora à estaca zero. Oitenta anos de horríveis acontecimentos e acentuados altos e baixos na fortuna, levaram a monarquia, para atender às exigências do momento, quase a um absolutismo dos Tudores. Apesar das derrotas de Marston Moor e Naseby, da execução de um Rei, do governo de Olivério Cromwell, da anarquia militar, do entusiasmo da Restauração, da furiosa revolução incipiente que cercou a conspiração papista, Carlos II foi capaz de reinar durante três anos sem o auxílio do Parlamento e transmitiu a coroa de um país protestante a um sucessor católico. A instituição monárquica tinha importância tão vital para aqueles que viviam nessa época austera, que nem mesmo a barreira de uma religião hostil era capaz de impedir que o herdeiro legítimo subisse ao trono por entre as respeitosas homenagens dos seus súditos britânicos.

Nos dois últimos anos do reinado de seu irmão, Jaime participara ativamente dos negócios do reino. Tirou vantagem da vitória que Carlos, por complacência, perseverança e uma ignominiosa política exterior, obtivera sobre a casa dos Stuarts. Sua ascensão ao trono parecia-lhe ser a conseqüência lógica das concepções que sempre manifestara sem rodeios e defendera. Só faltava, em sua opinião, para tornar-se um rei de verdade, conforme os padrões estabelecidos na Europa, por Luís XIV, manter uma esquadra leal e um exército permanente, bem treinado e equipado. Gostava bastante de assuntos ligados ao comando militar. Lutara sob as ordens de Turenne, na primeira linha, em sangrentas batalhas marítimas. Encarou, pois, como primeiro objetivo, constituir forças de terra e mar obedientes à autoridade do Rei e à sua pessoa. Era essa a chave com que abriria todas as portas. Se possuísse uma força militar volumosa, equilibrada e afiada tudo entraria nos eixos: o Parlamento tagarela, a nobreza orgulhosa e altamente politizada; o episcopalismo restaurado e triunfante; os vociferantes "whigs"; os rabugentos e introspectivos puritanos.

Toda a gente vivia atemorizada ou enfeitiçada ante o esplendor da França sob a monarquia absoluta. O poder da nação francesa, agora que suas lutas internas haviam terminado e as forças se uniram em torno do grande Rei, era o fato mais importante da época. Por que as Ilhas Britânicas não poderiam alcançar grandeza igual, adotando os mesmos métodos?

Mas, atrás disso tudo, estavam as esperanças do Rei de que pudesse conseguir harmonizar toda a sua gente novamente, em torno do antigo credo, e sustar o cisma que durante várias gerações vinha cindindo a cristandade. Ele estava resolvido a garantir, pelo menos, a tolerância entre os cristãos ingleses, embora ainda seja questão controvertida na História saber se era apenas isso que o Rei desejava. Jaime era um romano convertido. Beato, não havia sacrifício que não fizesse para sua seita. Perdeu seu trono em conseqüência disso e seu filho continuou a mesma contenda em matéria de consciência, para seu próprio prejuízo. A tolerância era naturalmente o primeiro passo para reviver o catolicismo. O Rei estava determinado a impedir que os católicos fossem perseguidos e, por motivos táticos, tempos depois, estendeu sua proteção aos Dissidentes. É possível que se tenha fortificado interiormente, proclamando que só desejava tolerância, e pelo uso esclarecido do seu poder de dispensar favores, a fim de se tornar o verdadeiro pai de todos seus súditos.

Esses vastos planos povoaram a mente resoluta e obstinada de Jaime. A opinião protestante jamais duvidaria de que, se ele conseguisse obter o poder despótico, usá-lo-ia em benefício de sua religião, da mesma forma cruel que Luís XIV o fazia. No mesmo ano da ascensão de Jaime,

O Rei da França revogou o Édito de Nantes e, através de perseguições conhecidas pelo nome de "Dragonadas", sufocou as últimas resistências dos huguenotes. Jaime, em cartas que ainda estão conservadas, aprovou as perseguições praticadas pelo monarca francês. Por outro lado, em seu reinado, ele jamais se atreveu a ultrapassar os limites da tolerância. Todavia, como ele foi destronado antes de completar a primeira fase do seu governo, não se pode garantir que tivesse intenção de agir sempre assim. Finalmente, no exílio, manteve correspondência com Rancé, prior dos Trapistas. Nas sessenta cartas que foram conservadas para a posteridade, vê-se que ele combinava a devoção pelo catolicismo com a tolerância. Mas, na época, tolerância era o máximo que ele podia esperar, se voltasse à Inglaterra. A nação protestante inglesa teria sido muito tola se concordasse em ficar à mercê das tolerâncias de Jaime II, depois que ele tivesse conseguido obter os plenos poderes que desejava.

Os ingleses não fizeram isso. Olharam com bastante desconfiança tudo aquilo que o Rei fazia em nome da tolerância. Conhecendo seu caráter, seu passado, suas convicções confessadas e inabaláveis e a organização da Igreja Católica desse tempo, eles tinham certeza de que, quando o Rei erguesse sua espada, eles teriam de escolher entre aceitar a Missa ou o cativeiro.

Os acontecimentos prosseguiram em seu curso incessante. A morte súbita de Carlos II caiu como um raio sobre a cabeça do seu bem-amado bastardo, Monmouth. Este achava-se na Holanda, desfrutando seus lazeres de príncipe, alegre e feliz, dançando e patinando com sua bela amante, Lady Wentworth. Assim ele matava o tempo, à espera de que o movimento protestante na Inglaterra e o amor de seu pai pudessem garantir-lhe o exercício do que ele julgava ser seu direito nato. De repente, viu que, doravante, devia tratar não com um pai que perdoava tudo, mas com um tio implacável que tinha muitas contas a ajustar. Guilherme de Orange o hospedara amavelmente em Haia, mas quando soube da morte de Carlos, as razões de Estado obrigaram-no a ordenar-lhe que saísse do país. Deu-lhe um bom conselho: obter um comissionamento militar do Imperador contra os turcos. Mas, Monmouth estava influenciado pelos exilados. Em torno dele viviam os desesperados fugitivos da conspiração de Rye House. "Reclame seus direitos!" — diziam. "Agora ou nunca!" Monmouth talvez preferisse viver feliz com sua Lady Wentwoth, mas esses homens rabugentos e fanáticos levaram-no à ruína. Todos se lembravam da Inglaterra que haviam deixado em 1681. Monmouth antevia sua caminhada triunfal através do oeste do país. Será que os ingleses não se ergueriam todos a favor do seu "amado Duque protestante" contra um Rei papista? Três pequenos navios, com Argyll, filho do Conde do Convênio e "Aníbal" Rumbold, estavam preparados para zarpar para a Escócia. Outros três, com outros conspiradores de Rye House ou partidários de Shaftesbury, levariam Monmouth ao cenário de seu audacioso desafio.

Jaime ascendeu ao trono com toda a facilidade de Ricardo Cromwell. Tomou antecipadamente todas as medidas necessárias para exercer o poder real, e suas primeiras declarações confortaram o inquieto país. Ele procurou desfazer a crença de que era uma pessoa vingativa ou inclinada ao governo arbitrário. "Já arrisquei muitas vezes minha vida em defesa desta nação, e prosseguirei mais do que ninguém garantindo-lhe todos os seus legítimos direitos e liberdade." Declarou-se resolvido a manter, tanto no Estado como na Igreja, um sistema de governo estabelecido por lei. "As leis da Inglaterra — afirmou — são suficientes para fazer do Rei um grande monarca." Manteria os direitos e prerrogativas da Coroa e não se envolveria na propriedade de ninguém. Afirma-se mesmo que ele disse que "no tocante às suas opiniões religiosas particulares, ninguém deveria perceber que ele as possuía". Não obstante, a partir do momento em que se firmou no trono, na segunda semana após sua ascensão, foi publicamente à missa em sua capela. O Duque de Norfolk, que transportava à sua frente a espada do Estado, estacou à porta. "Senhor — disse o Rei – seu pai teria ido mais além." "E o pai de V. Majestade não teria chegado até aqui". — retrucou o Duque.

Sua prática pública do credo católico imediatamente provocou desassossego entre o clero anglicano; mas, seus efeitos não atingiram, por algum tempo, o país. A proclamação real foi de modo geral aceita. A convocação de um Parlamento para votar as rendas que haviam terminado com a morte de Carlos II, era indispensável. Os eleitores fizeram voltar à Câmara dos Comuns elementos leais e amigos do novo soberano. Eles destinaram-lhe uma renda vitalícia que, com o acréscimo do comércio, alcançava perto de dois milhões de libras por ano. Sir Eduardo Seymour, destacado elemento Tory, que ficara fora de si com a orientação dada às eleições em seu distrito, a zona oeste do país, advertiu sozinho a Câmara de sua imprudência e pediu um adiamento. Encorajado pela atitude do Parlamento, Jaime decidiu de início perfilhar métodos constitucionais. Sabia o que queria e esperava que isso lhe fosse permitido de comum acordo. Não houve uma modificação muito grande nos ministros Halifax continuou por algum tempo a ser o líder dos Conselheiros e todos se preocupavam com a coroação

Foi neste instante, a 11 de junho de 1685, que Monmouth desembarcou. Estivera dez dias no mar, valendo-se de sua boa estrela para escapar aos vasos de guerra ingleses. Aportou em Lyme Regis, perto de Portland Hill. Imediatamente foi ovacionado pela população. Expediu uma proclamação afirmando a validade do casamento de sua mãe e denunciando Jaime como um usurpador que havia assassinado Carlos II. Em apenas 24 horas quinze mil pessoas apresentaram-se como voluntárias no seu exército. Quando mensageiros a galope levaram a notícia a Whitehall, Jaime viu-se diante da primeira prova de sua autoridade. Não possuía um exército grande, mas, contava com a guarnição da cavalaria e um regimento de dragões sob o comando do seu antigo e fiel oficial e agente, Lorde Churchill. Havia também dois regimentos da infantaria regular sob o comando do Cel. Kirke, que fora retirado de Tânger quando esse posto avançado foi abandonado. Todas as forças dominantes agruparam-se em torno da Coroa. O Parlamento jurava viver ou morrer com o Rei. Monmouth foi condenado à morte e teve a cabeça posta a prêmio. Verbas extraordinárias foram votadas. A milícia foi convocada e atendeu quase em peso. Um emigrante francês, Luís Duras, há muito tempo residente na Inglaterra, que fora feito Conde de Feversham, foi incumbido de comandar as tropas reais; mais, Churchill, através de marchas forçadas, já havia atingido o inimigo Monmouth e seus rebeldes, que então alcançavam perto de seis ou sete mil homens entusiastas, fez uma longa marcha através de Taunton e Brigwater rumo a Bristol, que lhe fechou as portas, depois voltou, contornando Bath e Frome e, finalmente, um mês após seu desembarque, alcançou Brigwater novamente. Churchill, agora em companhia de Kirke, acercava-se do inimigo dia a dia, enquanto Feversham e o exército real se aproximavam

Apesar do entusiasmo que sua causa despertara na população, o infeliz Duque sabia que estava condenado. Soubera que Argyll e Rumbold, desembarcando na Escócia, haviam sido subjulgados e capturados. Sua execução era iminente. Restava uma última chance: um ataque inesperado, à noite, ao exército real. Feversham foi surpreendido em seu acampamento, em Sedgemoor; mas, um vale imprevisto e profundo, denominado Bussex Rhine, evitou o ataque corpo-a-corpo. Churchill, vigilante ativo, controlou-se. Os camponeses e mineiros da região oeste, embora atacados por dezesseis peças de artilharia e atacados ao flanco e à retarguada pelas tropas da Guarnição, lutaram com a tenacidade própria dos Ironsides. Foram massacrados onde se achavam, e uma impiedosa perseguição, com execuções em massa, pôs fim ao seu desesperado esforço. Monmouth escapou do campo de batalha, mas foi caçado alguns dias depois. Não podia clamar por misericórdia e não recebeu nenhuma. O Rei tem sido censurado por lhe haver concedido uma entrevista, quando sua ofensa fora mortal e seu destino estava selado: "Morro como protestante pertencente à Igreja da Inglaterra" — declarou ele no cadafalso. "Se vós sois da Igreja da Inglaterra, My Lord — intervieram os sacerdotes que o assistiram — vós deveis reconhecer que a doutrina da não-resistência é um fato." Os anglicanos haviam levado sua abjeta teoria até esse ponto...

O chefe da Justiça, Jeffreys, foi mandado para o oeste a fim de lidar com os numerosos prisioneiros. Esse magistrado cruel, competente e inescrupuloso tornou seu nome para sempre odioso nos "tribunais sangrentos". Entre 200 e 300 pessoas foram enforcadas e cerca de 800 transportadas para Barbados, onde seus descendentes ainda vivem. As damas da Corte disputaram os lucros resultantes da venda desse pobres escravos, e Jaime indicou o cruel juiz para promoção a Lorde Chanceler. Churchill, que de vez em quando aparecia na ribalta, foi procurado para intervir a favor de dois jovens batistas, os Heulings, condenados à morte. Poderia conseguir que a irmã deles se aproximasse do Rei? Churchill usou de sua influência a favor dela. "Mas, senhora — exclamou, apontando para uma lareira — não quero iludi-la com esperanças; pois, o coração do Rei é tão insensível à compaixão como um pedaço de mármore." Os Hewlings foram executados.

A conduta de Guilherme de Orange mostrou sua habilidade de estadista. Por um tratado era obrigado a mandar três regimentos de infantaria ao auxílio de Jaime. Ele cumpriu sua obrigação com alarde, oferecendo-se até a ir pessoalmente, comandando-as. Por outro lado, não se esforçou muito para impedir a partida da expedição de Monmouth. Se o Duque vencesse haveria um Rei protestante na Inglaterra, que certamente participaria de uma coalizão contra Luís XIV. Se falhasse, a última barreira que existia entre Guilherme e sua mulher Maria e a sucessão do trono inglês, desapareceria para sempre. Das duas alternativas, aconteceu a que ele mais desejava.

* * *

Jaime estava, agora, no auge do poder. A derrota dos rebeldes, evitando uma nova guerra civil, provocou uma união nacional em torno da Coroa, da qual ele tirou imediata vantagem. Logo que a "campanha de Jeffreys" — como Jaime a chamava — terminou, ele propôs ao Conselho a revogação do Ato do "Test" e da lei do "habeas corpus". Essas duas odiadas relíquias do reinado de seu irmão pareciam-lhe os dois principais empecilhos. Em situação de emergência, dera muitas incumbências a oficiais católicos. Estava resolvido a mantê-los em seu novo exército, três vezes maior. Halifax, como Lorde Presidente do Conselho, assinalou os estatutos que isso iria ferir; o Lorde Chanceler North avisou seu amo dos perigos que estava enfrentando. Halifax foi removido, não só da presidência do Conselho, mas do Conselho Privado também; e quando North faleceu logo em seguida, o Chefe de Justiça Jeffreys, ainda com as mãos manchadas pelo "tribunal sangrento", foi nomeado seu substituto. Roberto Spencer, Conde de Sunderland, no fim do ano tornou-se Lorde Presidente no lugar de Halifax, bem como Secretário de Estado, e foi a partir de então o primeiro-ministro de Jaime. Sunderland era uma figura maleável que serviu sucessivamente a Carlos, Jaime e mais tarde a Guilherme III. Prosperava mudando de partido. No momento, era papista, para agradar ao seu senhor. Ninguém melhor do que ele conhecia os políticos e as inclinações das principais famílias do país, e isso o tornava indispensável aos sucessivos soberanos.

O Parlamento reuniu-se em sua segunda sessão a 9 de novembro, e o Rei apresentou-lhe seu intento imediato. Com seus modos ríspidos, ele declarou, com certa razão, que a milícia era inútil. Ela fugira por duas vezes dos camponeses meio desarmados de Monmouth. Um exército forte e permanente era indispensável para manter a paz e a ordem do reino. Deixou claro, também, que não demitiria seus oficiais católicos, que acabavam de prestar bons serviços. Essas duas decisões abalaram até os alicerces o Parlamento tão amigo. Estava profundamente imbuído do espírito dos Cavalheiros. O maior receio do Parlamento era justamente um exército permanente e seu ideal mais caro a Igreja Estabelecida. O medo e a perplexidade apossaram-se de todos os seus membros, atingidos tanto em seus sentimentos religiosos, como seculares; e sob essa agitação passou a agitar-se a revolta. Enquanto as velhas lealdades, revividas nos perigos recentes, ainda inspiravam os nobres Tories e os cavalheiros rurais, a doutrina da não-resistência dominava a Igreja. Ambos estavam dispostos a perdoar a infração do Ato do "Test", cometida pelos oficiais católicos durante a rebelião. Os comuns ofereceram um auxílio adicional de 700 mil libras esterlinas para fortalecer as forças reais. Apenas pediam, com profundas expressões de devoção, uma confirmação de que os atos do Parlamento não seriam postos de lado pelo direito de prerrogativa e palavras de conforto sobre a estabilidade da religião protestante. O Rei deu uma resposta atravessada.

Em conseqüência, um grupo tratou de defender os direitos da nação: na Câmara dos Lordes, Devonshire, o severo Whig; Halifax, o renomado ex-ministro; Bridgwater e Nottingham, atualmente membros do Conselho Privado; e o nada desprezível Henrique Compton, Bispo de Londres, cujo pai dera a vida por Carlos I, em Newbury. Marcaram um dia para as discussões posteriores, e os juízes foram convidados a dar parecer sobre a legalidade do procedimento real. Jaime ainda não colocara seus partidários no Tribunal de Justiça. Percebeu claramente que a declaração que a Câmara dos Lordes e os juízes fariam constituiria um obstáculo muito sério exatamente para o seu direito de poupar e promover os católicos, questão em que estava sinceramente empenhado. Diante disso, repetiu o golpe com que Carlos I dissolveu o Parlamento, em Oxford, em 1681. A 20 de novembro ele apareceu inesperadamente na Câmara dos Lordes, convocou os Comuns para o Tribunal e prorrogou o Parlamento, o qual não mais se reuniu enquanto ele reinou

Libertando-se da oposição parlamentar, através de repetidas prorrogações, o Rei Jaime agiu durante o ano de 1686 de modo a auxiliar seus companheiros de religião. Primeiro, ele desejou abolir a prova anticatólica no exército. Os juízes que ele consultou foram contrários, mas após várias demissões e nomeações, o Tribunal assumiu uma nova estrutura, e um caso alusivo ao Ato do "Test", Hales versus Godden, foi arquitetado. Hales, católico, nomeado governador de Portsmouth, foi processado por fraude por seu cocheiro, Godden, que reclamava uma recompensa de 500 libras como qualquer delator de um infrator da lei do "Test". Hales apelou para o poder de graça do Rei. A Corte concordou. Assim armado, Jaime outorgou uma dispensa ao Curato de Putney, embora ele se tivesse tornado católico, para continuar em usufruto do seu poder eclesiástico. Ao mesmo tempo pares católicos-romanos foram admitidos no Conselho Privado. O Rei foi mais além. Estabeleceu uma Comissão Eclesiástica, quase idêntica à velha Corte da Alta Comissão, destruída pelo Longo Parlamento, cuja principal função seria evitar que o clero anglicano pregasse contra o catolicismo. O Bispo Compton já fora demitido do Conselho Privado. Agora, foi suspenso de suas funções como bispo de Londres.

Esses gestos perturbaram todo o reino. Os métodos de absolutismo que estavam sendo usados para restaurar a religião católica causavam mais pavor do que o próprio absolutismo. Os entendidos em lei compreenderam que surgira um conflito direto entre a lei estatutária e a Prerrogativa Real. Ademais, eles agora afirmavam que o soberano devia não só estar sob a lei, mas sob a lei feita pelo Parlamento, a lei do estatuto. Os legisladores municipais agruparam-se todos nessa nova corrente.

No fim do ano Jaime havia afastado muito dos seus fiéis amigos e inquietado todo mundo. Halifax, que o salvara da Lei de Exclusão, homiziara-se no interior. Danby, solto da Torre somente em 1684, abandonara a força dos seus ideais referentes à Igreja e ao Rei. Percebia que essas idéias jamais poderiam ser realizadas sob um reinado papista. Albemarle, filho do General Monk, abandonara o serviço real. O leal Parlamento que se unira a Jaime contra Monmouth e Argyl, não mais poderia ser reunido, sem luta. Seus lordes e cavaleiros viviam raivosos e rabugentos no meio de seus subordinados. A Igreja, baluarte da legalidade, campeã da não-resistência, fervilhante de boatos alarmantes, contava apenas com a influência de Lourenço Hyde, agora conde de Rochester, para impedir que os bispos e o clérigo explodissem violentamente. Estava claro que o Rei, com toda a manifesta resolução de sua natureza, estava ativamente empenhado em subverter a religião e a Constituição do país.

Durante os anos de 1686 e 1687 Jaime manteve o Parlamento obediente e usou seu poder de graça para colocar os católicos-romanos em posições-chaves. Whigs e Tories uniram-se. Jaime estava unindo o partido que desafiara seu irmão ao partido que se colocara tão ardentemente na defesa desse mesmo irmão. Estava praticando uma manobra política ao mesmo tempo arrojada, artificiosa e enganadora. Até então lutara apenas para auxiliar seus súditos católicos. Agora, propor-se-ia a auxiliar os Dissidentes, que estavam igualmente oprimidos. Se liberais e conservadores se combinassem, ele os enfrentaria através de uma coalizão de papistas e não conformistas, sob o poder armado da Coroa em Guilherme Peen, o cortesão Quaker e fundador do Estado de Pensilvânia, no além-mar, influente tanto neste como no reinado anterior, ele encontrou um agente poderoso e hábil. Assim, o Rei quebrou os obstáculos nacionais do seu trono e procurou ampará-lo com novos suportes, desordenados e inadequados.

Em janeiro de 1687 ocorreu a queda dos Hydes. Durante muito tempo ambos se sentiam mal em seus cargos. Clarendon, o irmão mais velho, na Irlanda, havia sido intimidado pelo fiel partidário de Jaime, o romano católico Conde de Tyrconnel; Rochester, em Whitehall, foi subjulgado por Sunderland. A 7 de janeiro de 1687, Rochester foi demitido do Tesouro e três dias depois Clarendon foi substituído por Tyrconnel. O amigo dos Hydes, que governava a Escócia em nome de Sua Majestade, foi imobilizado por dois católicos. Essas alterações marcaram outra etapa definida no reinado de Jaime II. A prorrogação do Parlamento, em fins de 1685, fora o começo do descontentamento dos Cavaleiros e Anglicanos contra a Coroa. Com a demissão de Rochester, teve início a conspiração religiosa.

Entrementes, Jaime mantinha e preparava seu exército. As forças de Carlos II, de cerca de 7 000 homens, custava 280.000 libras por ano. Já gastara Jaime 600.000 libras na manutenção de mais 20.000 homens. Três tropas de Salva-vidas, cada qual tão forte quanto um regimento; os Azuis; dez regimentos de cavalaria ou dragões; dois batalhões de guardas de infantaria e 15 da linha, além de tropas de guarnição – tudo isso estava mobilizado em fevereiro de 1686. Todo verão era armado um grande acampamento em Hounslow, para impressionar os londrinos. Em agosto de 1686, essa força alcançava dez mil homens. Um ano mair tarde Fever-sham poderia reunir 15.000 homens e 28 canhões. O Rei foi para o acampamento, procurando tornar-se popular aos oficiais e soldados. Permitiu que se celebrasse a missa numa capela de madeira, sobre rodas, colocada no meio do acampamento, entre a cavalaria e a infantaria. Observou o exercício da tropa e jantou com Feversham, Churchill e outros generais. Continuou sua confraternização com oficiais católicos e recrutas irlandeses. Fez um pároco, Johnson, ser posto no pelourinho e açoitado de Newgate e Tyburn, por motivo de um panfleto sedicioso endereçado aos soldados protestantes. Confortava-se com a contenção daquele exército formidável, como não se vira igual desde Cromwell, e contra o qual nada podia ser igualado na Inglaterra. Continuou a promover católicos a postos de importância. O Duque de Berwick, então com 18 anos de idade, foi nomeado governador de Portsmouth e católicos comandavam tanto Hull como Dover. Por fim, um almirante católico comandou a esquadra do Canal da Mancha.

CAPÍTULO VIII

A REVOLUÇÃO DE 1688

Guilherme de Orange acompanhava atentamente os movimentos do Rei. Logo após a demissão dos Hydes, Dykevelt, um holandês da mais alta distinção, chegou a Londres como seu emissário, em parte para demonstrar que Guilherme estava pleiteando junto a Jaime que moderasse seus gestos, e em parte para sondar os líderes oposicionistas. Dykevelt viu todos os estadistas da oposição à Corte e tornou bem claro que eles podiam contar com o apoio de Guilherme e Maria. Durante alguns meses o Rei Jaime e o partido católico vinham tramando um plano para colocar a Princesa Ana como sucessora imediata à Coroa, com a condição de que ela se tornasse católica. O círculo de Ana em sua casa, a Cockpit,[35] era francamente protestante. O Bispo Compton era seu guia espiritual, João Churchill seu conselheiro de confiança e sua esposa Sara sua amiga íntima. Os rumores de tais planos bastaram para tornar mais coeso esse grupo, e Ana, tomada de medo e de cólera à simples sugestão de que sua fé religiosa pudesse ser negociada, colocou-se numa posição

---
[35] N. do T. - "Cockpit": rinha para briga de galos.

de mártir. Essa atitude decidida, sincera e natural desse grupo bastante coeso veio a desempenhar importante papel nos acontecimentos futuros. Após a partida de Dykevelt, Churchill escreveu a Guilherme, no dia 17 de maio de 1687, assegurando-lhe categoricamente que "minha posição e os favores do Rei nada representam em comparação com minha fidelidade à religião. O Rei pode mandar em mim em tudo, menos nisso; e, invoco o testemunho de Deus, que arriscarei alegremente minha vida por ele, de tal modo sou grato pelos seus favores." Mas, ele declarou que "embora eu não possa viver como um santo, estou resolvido, se preciso, a mostrar a firmeza de um mártir"

As provocações da política real continuaram A primeira Declaração de Indulgência foi expedida, representando exatamente o que o Parlamento de Jaime havia condenado logo de início: pôs de lado um ato legal, com base na prerrogativa do Rei Entrementes, uma tentativa de impor um presidente católico no Colégio de Madalena, em Oxford, e a expulsão dos alunos que se opuseram a isso, contribuíram para aumentar a agitação. Em junho Jaime planejou a recepção pública do Núncio Papal, d'Adda. O Duque de Somerset, quando recebeu ordem para dirigir o cerimonial, protestou alegando que o reconhecimento dos oficiais do Papa fora declarado ilegal por ocasião da Reforma. "Estou acima da lei" — retrucou Jaime. "Vossa Majestade está — replicou o Duque — mas, eu, não." Ele foi imediatamente demitido de todas suas funções.

O Rei tinha, como hoje se diz, traçado sua plataforma política. O segundo passo foi criar uma máquina partidária, e o terceiro garantir um Parlamento incumbido de revogar os "Tests". A limitada prerrogativa podia ser manejada no campo, em grande escala, pelos vice-reis e magistrados; e nas cidades e vilas pelas corporações. Por isso, o soberano encaminhou seus esforços para essa direção. Vice-reis, inclusive muitos dos maiores magnatas territoriais, que se recusaram a auxiliar na instituição de um parlamento favorável, foram demitidos; em seu lugar foram postos católicos ou servidores fiéis. As corporações municipais e os tribunais de magistrados foram drasticamente remodelados, de modo a garantir a predominância de papistas e dissidentes. O governo tratou de extorquir de todas as autoridades locais o compromisso para apoiar a política do Rei. Essa manobra de colocar papistas e dissidentes no lugar de anglicanos ou cavaleiros, ou acima deles, rompeu e inverteu toda a estrutura social inglesa estabelecida pela Restauração. Não somente os mais orgulhosos e ricos nobres, mas o grosso da população foi atingido. Os ricos e poderosos, resistindo à Coroa, viram-se suplantados pela massa de não votantes.

Os defensores da conduta de Jaime foram acusados de exagerar o número de católicos ingleses. Alega-se, mesmo, que um oitavo da população, apesar das perseguições que duraram muitas gerações, ainda pertence ao Antigo Credo. As antigas famílias católicas da Inglaterra, entretanto, salvo exceções individuais, mostraram-se profundamente apreensivas ante a temerária aventura a que o Rei as atirava. O próprio Papa, conforme a política da cátedra eclesiástica, desaprovou o excessivo ardor de Jaime e seu delegado na Inglaterra aconselhou cuidado e prudência. Mas, o Rei, cada vez mais decidido, fortaleceu seu exército.

Durante muitos meses ainda houve negociações. Os párocos pregavam contra o Papado. Halifax publicou sua convincente "Carta a um Dissidente", para neutralizar a tentativa de Jaime de reviver os não conformistas. O Bispo Burnet escreveu, de Haia, apelando aos anglicanos para se manterem unidos contra a política do Rei, apesar de sua doutrina de não-resistência. Guilherme de Orange não escondeu seus sentimentos. O temor e o ódio da nação contra o catolicismo eram inflamados pelo desembarque diário, na costa inglesa, de miseráveis vítimas da "tolerância" católica, tal como era praticada na França pelo mais poderoso soberano do mundo. Ninguém ignorava a íntima simpatia mútua e a cooperação das cortes da França e Inglaterra. Partidos e grupos viam ameaçada toda a ordem social em que viviam. Por isso, puseram-se, após muita hesitação e escrúpulo, a seguir a trilha da conspiração e rebelião.

* * *

Durante os dez anos que se seguiram ao Tratado de Nimwegen, Luís XIV manteve-se no apogeu. A Inglaterra, ocupada com lutas intestinas, deixara de participar dos eventos europeus. O Império dos Habsburgos foi também paralisado em sua ação no oeste, pela invasão otomana e revoltas húngaras. Luís, consciente do seu poder, dominador, procurava reviver o império de Carlos Magno numa escala mais vasta. Considerava-se candidato natural ao trono do Império. Traçara esquemas para garantir o domínio da Espanha e do seu império do Novo Mundo por um príncipe francês. Suas penetrações na vizinhança continuavam sem cessar. Em 1681 lançou-se através do Reno e ocupou Strasburgo. Em 1684, bombardeou Gênova, sitiou Luxemburgo, reuniu tropas na fronteira da Espanha e reclamou vastos territórios no noroeste da Alemanha. Seus vizinhos dobraram-se aos seus ataques inexoráveis, temerosos. Sua fúria caiu sobre os huguenotes, mas nem por isso deixou de bater-se violentamente contra o Papado. Ordenou e disciplinou o clero francês tal como fizera com o exército. Apoderou-se de todas as rendas e bens eclesiásticos, mas aspirava não somente controle temporal, como também, em muitos casos, espiritual. A Igreja da Gália curvou-se, com patriótica adulação, a todas suas ordens. Todos os que se atreviam a divergir eram esmagados pela mão pesada que destruíra os huguenotes.

O Papa Inocêncio XI foi um dos mais notáveis pontífices. As virtudes deste clérigo eminentemente prático e combatente, que começou sua vida como soldado, permanecem indeléveis através das gerações. De maneiras afáveis, temperamento tolerante, humanitário no sentimento, de visão larga e compreensivo, ele não obstante era voluntarioso, inflexível nas ações, de impertubável coragem. Entendia o equilíbrio político da Europa tão bem quanto qualquer estadista da época. Desaprovava a perseguição de protestantes na França. Condenava conversões efetuadas por semelhantes métodos. Cristo não se utilizara de apóstolos armados. "Os homens devem ser conduzidos ao templo e não arrastados a ele." Cassou toda a autoridade espiritual do episcopado francês. Expediu decretos de interdição e excomunhão, e finalmente envolveu-se completamente na coligação européia que se formava contra a hegemonia da França. Enquanto, por um lado, auxiliava o imperador católico, por outro lado também apoiava o calvinista Príncipe de Orange. Assim, lentamente, mas com perseverança e firmeza, desenvolveu-se em milhões de homens o senso da causa comum, que ultrapassava todas as barreiras de classe, raça, credo e interesses partidários.

Na Inglaterra, durante o outono de 1688, tudo indicava, tal como em 1642, a explosão de uma guerra civil. Agora, porém, o agrupamento das forças era muito diferente de quando Carlos I desfraldou seu estandarte e Nottingham. O Rei contava com um exército regular, grande, bem equipado e com uma poderosa artilharia. Acreditava-se dono da melhor, se não a maior Marinha do momento. Podia contar com o valioso apoio armado da Irlanda e da França. Tinha os principais portos marítimos e arsenais em mãos de fiéis governadores católicos. Seus rendimentos eram substanciais. Supunha que a Igreja da Inglaterra estava paralisada por sua doutrina de não-resistência, e tomara o cuidado de não permitir que parlamento algum se reunisse para uma ação coletiva. Contra ele, por sua vez, estavam não somente os Whigs, mas quase todos os velhos amigos da Coroa. Os homens que haviam promovido a Restauração, os filhos daqueles que haviam lutado e morrido em defesa do seu pai, em Marston Moor e Naseby, a Igreja cujos bispos e ministros haviam enfrentado durante tanto tempo a perseguição por adotarem o princípio do Direito Divino, as Universidades que haviam fundido seus metais para o tesouro do Rei Carlos I, e mandado seus jovens alunos para o exército, a nobreza e potentados de terras cujos interesses pareciam tão ligados à monarquia – todos, decididos e inflamados, deveriam agora preparar-se para enfrentar seu Rei pelas armas. Jamais a aristrocacia ou a Igreja Estabelecida enfrentaram uma prova mais cruel ou serviram melhor a nação do que em 1688. Eles jamais falharam, nem hesitaram.

Nessa vasta e secreta conspiração havia duas divisões políticas principais. Os moderados, conduzidos por Halifax e Nottingham, clamavam por cautela e contemporização, alegando que o ministério estava esfacelando-se. Não haviam ocorrido as conversões em massa para o catolicismo, como Jaime esperara, e ele jamais conseguira um parlamento que o apoiasse. Ainda não ocorrera um caso que caracterizasse uma traição. Era preciso lembrar — alegavam eles — como um exército se aferrava a seus deveres, desde que a luta começasse. Era preciso lembrar-se, ainda, de Sedgemoor. "Tudo vai indo bem, se ninguém atrapalhar." No outro lado, estava o partido da ação, dirigido por Danby. Ele foi o primeiro homem de posição elevada que se decidiu a trazer Guilherme e um exército estrangeiro para a Inglaterra. Com Danby estavam os líderes Whigs: Shrewsbury, Devonshire e outros. No início da primavera de 1688 eles convidaram Guilherme a vir, tendo ele respondido que somente iria se recebesse, na hora oportuna, um convite formal, de destacados estadistas ingleses. Estaria pronto em setembro. Em fins de maio uma conspiração de âmbito nacional estava armada. Planos detalhados foram feitos e o país encheu-se de boatos, idas e vindas misteriosas.

Agora, muita coisa dependia do exército. Se as tropas obedecessem as ordens e lutassem pelo Rei, a Inglaterra seria agitada pela guerra civil, de conseqüências imprevisíveis. Mas, se o exército se recusasse a lutar, ou fosse impedido de qualquer jeito de combater, então os sérios problemas em equação poderiam ser resolvidos sem derramamento de sangue. Parecia certo, embora não haja prova concreta disso, que a conspiração revolucionária geral tinha no seu âmago, um claro cunho militarista, surgido no exército, ou pelo menos entre os altos oficiais, "pari passu" aos planos dos estadistas. O objetivo supremo de todos os conspiradores, civis e militares, era coagir o Rei sem usar de força física. Pelo menos esta era a intenção de Churchill, longamente amadurecida. Com ele, em conluio secreto, estavam os coronéis dos dois regimentos de Tanger, Kirke e Trelawny, o Duque de Grafton, comandante da Guarda, o Duque de Ormande e numerosos outros oficiais. E agora os acontecimentos vinham ao seu encontro.

* * *

Em fins de abril, Jaime expedira uma segunda Declaração de Indulgência, ordenando que a mesma fosse lida em todas as igrejas. A 18 de maio sete bispos, encabeçados pelo Primado, o venerável Guilherme Sancroft, protestaram contra tal uso do poder de legislar. O clero obedeceu a seus superiores eclesiásticos, deixando de ler a Declaração. Jaime, furioso ante semelhante desobediência, e visivelmente escandalizado por essa mudança do procedimento da Igreja que procurava dominar, valendo-se de sua doutrina de não-resistência, exigiu que os bispos fossem julgados por sedição. Seu ministro, Sunderland, completamente alarmado, procurou dissuadi-lo dessa medida extrema. Até mesmo o Lorde Chanceler, Jeffreys, disse a Clarendon que o Rei estava indo muito longe. Mas, Jaime persistiu, o julgamento foi determinado e os bispos, que se recusaram unanimemente a prestar fiança, foram trancafiados na Torre.

Até então, havia sempre a esperança de que os aborrecimentos que torturavam a nação terminariam com a morte do Rei. A ascensão de Maria, herdeira presuntiva, ou Ana, a imediata na lista sucessória, representaria o fim da contenda entre um monarca católico e um povo protestante. O povo, pacífico, aguardava pacientemente que a tirania terminasse. A doutrina da não-resistência não implicava em desespero. A 10 de junho, porém, enquanto o julgamento dos bispos ainda estava em andamento, a Rainha deu à luz um filho. Surgiu assim, diante do povo inglês a perspectiva de uma dinastia papista, de duração indefinida pela vida a fora.

Os bispos, outrora detestados e jamais populares, tornaram-se então os ídolos da nação. Quando tomavam a barca que os conduziria à Torre foram ovacionados por imensas multidões, cuja reverência se confundia com simpatia política. Pela primeira vez o episcopalismo viu-se aliado à população londrina. Cenas idênticas ocorreram quando eles foram trazidos de volta a Westminster Hall, a 15 de junho, e no seu julgamento, no dia 29 do mesmo mês. O tribunal esteve reunido até altas horas e os jurados passaram a noite juntos. Quando, no dia seguinte, os bispos foram declarados inocentes, o veredito foi recebido com aclamações gerais de alegria. Quando saíam do tribunal, multidões em que se incluíam antigos adversários do episcopalismo, ajoelharam-se e pediram a bênção dos bispos. Mas, a atitude do exército foi muito mais importante. O Rei o visitara em Hounslow, e ao sair ouviu exclamações de alegria. "Que clamor é esse?" — perguntou. "Sire, não é nada; somente os soldados, que estão alegres pela libertação dos bispos." "Achais que isso não é nada?" — retrucou Jaime.

Na mesma noite, enquanto salvas de canhões e manifestações ruidosas davam expansão à alegria popular, os sete líderes do partido da ação encontraram-se na prefeitura de Shrewsbury, e aí assinaram e expediram sua famosa carta a Guilherme. Seus termos eram frios, num tom comercial. "Se as circunstâncias o permitirem — disseram eles — e tiverdes tempo de nos prestar assistência ainda este ano,... nós, que esta subscrevemos, não deixaremos de assistir vosso desembarque." Os signatários eram Shrewsbury, Danby, Russel, Bispo Compton, Devonshire, Henrique Sidney e Lumley. A carta foi levada a Haia pelo Almirante Herbert, disfarçado em marinheiro comum, e os signatários puseram-se a viajar pela Ilha com o fim de organizar a guerra contra o Rei. Shrewsbury, ex-católico, convertido para o protestantismo, após hipotecar suas propriedades para levantar a importância de 40.000 libras, partiu ao encontro de Guilherme. Danby tomou a seu cargo levantar Yorkshire; Compton rumou para o Norte "para visitar suas irmãs".

Devonshire, que vivia em Chatsworth, na obscuridade, desde 1685, transformou seus inquilinos rurais num regimento de cavalaria. Guilherme, provocado em seu espírito ambicioso pelo nascimento de um herdeiro masculino dos Stuarts, exclamou: "Agora ou nunca!" E pôs-se a preparar sua expedição

O nascimento do principezinho foi um golpe tão cruel nas esperanças da nação, que a notícia foi recebida com geral incredulidade, sincera ou estudada. De início, duvidara-se da gravidez temporã da Rainha. As preces e vigílias dos católicos, que confiavam que em resultado disso um filho seria gerado, levaram à convicção generalizada de que se praticara um truque. A lenda de que uma criança fora introduzida furtivamente no Palácio de S. Jaime, pela chaminé, circulava mesmo antes das cinzas das fogueiras festivas terem sido varridas das ruas. Graças à imprevidência do Rei, a maior parte das pessoas presentes ao nascimento eram papistas, esposas de papistas ou estrangeiros. O Arcebispo de Canterbury estava ausente nesse dia fora levado à Torre. Nenhum dos Hydes fora convocado, embora, como conselheiros, cunhados do Rei e tios das duas princesas, cujo direito à Coroa estava em jogo, sua presença ali fosse coisa natural. O embaixador holandês, que tinha uma submissão especial a Guilherme, não fora convidado O mais importante, talvez, foi a ausência da Princesa Ana, que estava em Bath, com os Churchills. Era de importância vital para a nação provar que a criança era uma impostora. Sinceramente apegados ao princípio da legitimidade, os protestantes ingleses não tinham outro meio de escapar do intolerável fato de um herdeiro papista. Transformaram, então, a lenda da chaminé num artigo fundamental de fé política Ela não foi posta de lado, a não ser depois de muitos anos, cheios de incidentes, e quando a questão perdera qualquer importância prática.

Churchill, em agosto, renovou seu empenho junto a Guilherme, feito quinze meses antes, e escreveu do próprio punho uma carta, ainda existente nos arquivos, que se tivesse sido revelada na época lhe teria custado a vida. Dizia, entre outras coisas: "O sr. Sidney lhe dirá como pretendo comportar-me creio que é o meu dever para com Deus e minha pátria. Minha honra, peço permissão para depositar em mãos de sua Real Alteza, nas quais acredito estar segura Se vós achardes que há algo mais que eu deva fazer, basta ordenar e obedecerei cegamente, pois estou disposto a morrer naquela religião que prouve a Deus dar-vos tanto a vontade como a força para protegê-la." Não obstante este homem extraordinário, que nesse momento desempenhou apenas o papel de subordinado, continuou a manter-se em todos os cargos e comandos do exército, sem dúvida desejando utilizar de toda sua influência juntos às tropas, contra Jaime, quando chegasse a hora oportuna. Esperava desse modo compelir o Rei a submeter-se ou privá-lo de todos os meios de resistência. Sua sinceridade de propósito e duplicidade de métodos eram iguais. Agiu como se estivesse conduzindo uma operação militar. Ademais, a falsidade é inseparável da conspiração.

No além-mar, observando dia a dia os exércitos reunidos da França, estava Guilherme de Orange, com as tropas e a esquadra da Holanda. Tinha a seu serviço seis regimentos escoceses e ingleses, que formavam o grosso de sua expedição. A Europa protestante e a Inglaterra também tinham-no na conta de campeão na luta contra as tiranias e agressões de Luís. Mas, antes que ele pudesse invadir a Inglaterra, tinha de obter a aprovação dos Estados Gerais. Num momento em que todo o exército francês estava mobilizado e pronto para avançar imediatamente, não era fácil persuadir os ansiosos cidadãos da Holanda ou os ameaçados príncipes da Alemanha de que sua melhor oportunidade de obter segurança era mandar um exército holandês para a Inglaterra. Entretanto, Guilherme convenceu Frederico II, de Brandenburgo, e recebeu dele um contingente comandado pelo Marechal Schomberg. Os outros príncipes alemães aquiesceram com o ponto de vista prussiano. A maior parte da Espanha católica colocou a política acima de considerações de ordem religiosa e não criou dificuldade na tentativa de destronar um rei católico. Os escrúpulos religiosos do Imperador foram removidos pelo Papa. Todos esses interesses e credos diversos foram unidos numa estratégia de longo alcance e esclarecida, resultante do perigo gigantesco que a todos ameaçava.

Tudo, no entanto, dependia da atuação da França. Se os exércitos franceses marchassem contra a Holanda, Guilherme e todas as forças holandesas, precisariam enfrentá-la e a Inglaterra seria entregue à própria sorte. Se, por outro lado, Luís atacasse em direção do Reno, Brandenburgo e a coligação germânica, então a expedição poderia zarpar. Luís XIV deixou tudo em "suspense" até o último momento. Se

Jaime tivesse tentado uma aliança com a França, Luís teria invadido a Holanda. Mas, Jaime aliava à beatice religiosa o orgulho patriótico. Hesitou até o último instante, de modo que, na Holanda, pensavam que era aliado da França, e, na França, aliado da Holanda. Luís, por isso, decidiu que o melhor que podia esperar era tornar a Inglaterra impotente, através da guerra civil. Em fins de setembro, voltou suas forças contra o médio Reno, e a partir de então Guilherme ficou livre para avançar. Os Estados Gerais lhe tornaram possível a campanha da Inglaterra e a hora de Jaime chegou.

* * *

No outono, a excitação e tensão nervosa expandiram-se pela Ilha, e a vasta conspiração que agora envolvia as mais poderosas forças do país veio à tona dos acontecimentos. A tentativa do Rei de trazer alguns dos regimentos irlandeses católicos-romanos, que Tyrconnel formava para ele, teve conseqüências tão ameaçadoras que o projeto foi posto de lado. O ódio e os temores de toda a população extravazaram-se numa balada insultuosa e satírica, contra os irlandeses e os papistas. "Lilliburlero", como "Tipperary" de nossa época, estava em todos os lábios e ouvidos, levando aos corações uma secreta mensagem de guerra. Seus versos, de pés quebrados, escritos por Lorde Wharton, que revelou profundo conhecimento do homem-comum e seus modos de pensar e se exprimir, não tinha relação provável com Guilherme, nem com invasão ou revolta. Mas, o estribilho causou, sobre o exército, uma impressão que, como disse o Bispo Burnet, "não pode ser avaliada por quem não viu." Todos observavam o desenrolar dos acontecimentos. A expectativa aumentava. Os boatos ferviam. Dizia-se que os irlandeses estavam chegando. Ou que os franceses estavam desembarcando. Os papistas estavam planejando um massacre geral dos protestantes – anunciava-se. O reino fora vendido a Luís – comentavam. Não havia mais segurança e ninguém confiava em ninguém. As leis, a Constituição, a Igreja – tudo estava em risco. Mas, um libertador estava para surgir, poderoso, do além-mar, para salvar a Inglaterra do papismo e da escravidão. Bastava que o vento soprasse de leste. Então, um dos versos de Wharton, endereçados a Tyrconnel, ganharam um novo significado, completamente diverso:

"O why does he stay so long behind?
Ho! by my shoul, 'tis a Protestant wind."[36]

O "vento protestante" assobiava nos ouvidos de todos, transformando-se num furacão. Logo ele sopraria através do Mar do Norte.

O vulto dos preparativos de Guilherme e o alarmante estado de espírito de toda a Inglaterra encheram Sunderland e Jeffreys de terror. Esses dois ministros convenceram o Rei a inverter totalmente sua política. O Parlamento precisava ser convocado sem tardança. Todas as medidas agressivas posteriores, dos católicos, deviam ser sustadas e uma conciliação com a Igreja Episcopal se impunha. A 3 de outubro Jaime concordou em abolir a Comissão Eclesiástica, a fechar as escolas romano-católicas, restaurar os discípulos protestantes do Colégio de Madalena, impor o Ato de Uniformidade contra católicos e dissidentes. Os vice-reis demitidos foram convidados a reassumir suas funções nos condados. Seus privilégios foram restaurados para as municipalidades recalcitrantes. Suplicou-se aos bispos que dessem tudo por esquecido. Os nobres Tories foram conclamados a reassumir seus lugares na magistratura. Nos últimos meses do seu reinado, Jaime foi obrigado a abandonar os padrões de conduta que estabelecera para si próprio e procurou em vão sacrificar todos os seus objetivos para aplacar a fúria que provocara. Mas, já era muito tarde.

A 19 de outubro, Guilherme fez-se ao mar. Seu pequeno exército era um microcosmo da Europa protestante: holandeses, suecos, dinamarqueses, prussianos, ingleses e escoceses, ao lado de um bando de huguenotes desesperados e devotos, somavam 14.000 homens, ocupando cerca de cinco navios, escoltados por 60 vasos de guerra. Guilherme planejava desembarcar ao Norte, onde Danby e outros nobres estavam prontos para reunir-se a eles. Mas, após ter sido obrigado a voltar, por causa de um furacão, o vento o levou ao estreito de Dover, que ele atravessou ao alcance das populosas costas da Inglaterra e França. A 5 de novembro desembarcou em Torbay, na costa de Devon. Lembraram-lhe que aquela data era o aniversário da Conspiração da Pólvora. Observou, então, a Burnet: "O que vós pensais da predestinação, agora?"

---

[36] N. do T. - "Oh por que ele fica tanto tempo atrás? / Oh! por minh'alma, este vento é protestante."

Jaime de início não se alarmou muito com os acontecimentos. Esperava encurralar Guilherme no oeste e cortar suas comunicações pelo mar. As tropas que havia sido mandadas para Yorkshire foram recambiadas para o sul, e Salisbury estabelecido como ponto de reunião do exército real. Nessa emergência o Rei podia contar com um exército quase tão grande quanto o de Olivério Cromwell, no seu apogeu. Quase 40.000 soldados regulares estavam em armas. As tropas escocesas, com cerca de 4.000 homens, acabaram de atingir Carlisle, o grosso dos 3.000 irlandeses ainda estavam além de Chester e pelo menos 7.000 homens ficariam necessariamente em Londres, para guarnecê-la. Havia ainda 25.000 homens, ou seja, quase o dobro do componente da expedição de Guilherme, nas redondezas de Salisbury, onde o Rei chegou a 19 de novembro. Esta foi a maior concentração de exército regulares que a Inglaterra já havia visto.

Agora, porém, sucessivas deserções passaram a ferir o infeliz soberano. Lord Cornbury, filho mais velho do Conde de Clarendon, e oficial dos Dragões Reais, tratou de levar três regimentos de cavalaria para o lado de Guilherme. Jaime, avisado por muitos, pensou em prender Churchill. Na noite de 23 de novembro, não tendo conseguido levar consigo uma parte considerável do exército, Churchill e o Duque de Grafton deixaram as hostes do Rei, levando cerca de 4.000 oficiais e cavaleiros. Ao mesmo tempo a Princesa Ana, assistida por Sara Churchill e orientada pelo Bispo Compton, fugiu de Whitehall, apressadamente, rumando para o norte. Foi quando a revolta explodiu no país todo. Danby estava em armas no Yorkshire, Devonshire em Derbyshire, Delamare em Cheshire. Lord Bath entregou Plymouth a Guilherme. Byng, mais tarde, almirante, representando os capitães da Esquadra, chegou ao seu quartel-general para informá-lo de que a Marinha e Portsmouth estavam à sua disposição. A rebelião foi alcançando cidade após cidade. Numa convulsão espontânea e tremenda a nação repudiava Jaime

O Rei, vendo que a resistência era impossível reuniu os pares e conselheiros privados que ainda estavam em Londres, e a conselho deles entabulou negociações com o Príncipe de Orange. Entrementes, o exército invasor avançava decididamente rumo a Londres. Jaime mandou sua esposa e filho para o exterior, e na noite de 11 de dezembro saiu sorrateiramente do palácio em Whitehall, atravessou o rio e rumou para o

Biblioteca Êxito -
Volumes publicados:

1. Do Fracasso ao Sucesso na Arte de Vender .... Frank Bettger
2. As Cinco Grandes Regras do Bom Vendedor .... Percy Whiting
3. Vença Pelo Poder Emocional .... Eugene J. Benge
4. Sucesso na Arte de Vender .... Harold Sherman
5. A Arte de Vender para a Mulher .... Janet Woll
6. TNT - Nossa Força Interior .... H. Sherman e C. Bristol
7. O Segredo da Eficiência Pessoal .... Donald A. Lird
8. Realize suas Aspirações .... Elmer Wheeler
9. Dinamize sua Personalidade .... Elmer Wheeler
10. Vença pela Força do Pensamento Positivo .... Pierre Vachet
11. Venda mais e Melhor .... W. K. Levis
12. A Chave do Sucesso .... W. G. Damroth
13. Os Sete Segredos que Vendem .... E. J. Hegarty
14. Psicologia Aplica na Arte de Vender .... Donal A. Laird
15. Grandes Problemas e Grandes Soluções do Vendedor Moderno .... Percy H. Whiting
16. Ajuda-te pela Cibernética Mental .... U. S. Anderson
17. Super TNT - Liberte suas Forças Interiores .... Harold Sherman
18. O Poder da Comunicação .... J. V. Cerney
19. O Poder da Cibernética Mental .... R. Eugene Nichols
20. Leis Dinâmicas da Prosperidade .... Chatherine Ponder
21. Leitura Dinâmica em 7 Dias .... Wiliam Sahial
22. A Psicologia da Comunicação .... Jesse S. Nirenberg
23. Criatividade Profissional .... Eugene Von Fange
24. O Poder Criador da Mente .... Alex F Fange
25. Arte e Ciência da Criatividade .... George F Kneller
26. Use o Poder de sua Mente .... David J. Shwarts
27. Para Enriquecer Pense como um Milionário .... Howard E. Hill
28. Desperto sua Força Mental .... Alex F Osborn
29. Criatividade - Progresso e Potencial .... Calvin W Taylor
30. Criatividade - Medidas, Testes e Avaliações .... E. Paul Torrance
31. Psicologia, Técnica e Prática de Vendas .... Constantino Grecco
32. Vença Pela Fé .... Gordon Powell
33. Idéias para Vencer .... Myron S Allen
34. A Força do Poder Interior .... J. J. McMahon
35. O Lider - 500 Conceitos de Liderança .... Ilie Gilbert
36. Gerência de Lojas .... Constantino Grecco
37. O Lider - vol. II .... Ilie Gilbert
38. Viver Agora .... Joel S. Goldsmith
39. O Lider - vol. III .... Ilie Gilbert
40. Nos Bastidores da Venda .... I. R. Petarca
41. Manual da Criatividade .... Mauro Rodrigues
42. A Alegria do Triunfo .... Patrick Estrade
43. Ajuda-te pela Magia .... J. M. Nogueira
44. Liderança com Sucesso .... Isabel F Furini
45. O Poder do Subconsciente .... Marcel Rouct
46. Otimismo e Ação .... Isabel F Furini
47. Como Tornar-se um Campeão de Vendas .... Jonathan Evotts
48. Os 7 Pilares do Sucesso em Vendas .... Jonathan Evetts
49. Negociação Personalizada .... Tom Anastasi
50. Salmos para a Prosperidade .... Daniel G. Fischman
51. Salmos para a Proteção .... Daniel G. Fischman
52. Meditando Dia-a-dia .... Kimara Amanda
53. Vender é uma Arte .... Terri Murphy
54. Show de Vendas .... Sidney A. Friedman
55. 16 Regras para ser Feliz .... Paulo G. Freitas

litoral, mergulhando o reino na anarquia. Atirou o Grande Selo nas águas do Tâmisa, e ordenou a Feversham que desmobilizasse o exército, e a Dartmouth que zarpasse para a Irlanda com os navios que pudesse salvar. O país encheu-se de terríveis rumores sobre massacres de irlandeses. A turba londrina saqueou as embaixadas. O pânico e o terror tomaram conta da capital. Foi a "Noite Irlandesa". Indubitavelmente um colapso completo da ordem teria ocorrido, não fosse a atuação resoluta do Conselho, que ainda estava reunido em Londres. Com alguma dificuldade ele acalmou a tormenta, e reconhecendo a autoridade de Guilherme, suplicou-lhe que apressasse sua marcha sobre Londres.

Jaime, em sua fuga, conseguiu embarcar num navio, mas, devido à maré vazante, foi apanhado e arrastado para a praia pelos pescadores e moradores do local. Foi levado de volta a Londres, e após alguns dias de angustiante expectativa deixaram-no escapar novamente. Desta vez ele foi bem-sucedido e abandonou o solo inglês para sempre. Mas, embora a queda e a fuga deste monarca politicamente inábil tenham sido, para a época, fatos ignominiosos, sua dignidade a História lhe restaurou. Seu sacrifício em prol da religião fez dele credor do respeito eterno da Igreja Católica. No exílio, Jaime manteve, até morrer, um comportamento majestoso e honrado.

Coleção "Gnose" -
Volumes publicados:

1. As Grandes Religiões .... Félicien Challaye
2. As Sociedades Secretas .... Herman & Georg Schreiber
3. Fenômenos Ocultos .... Zsolt Aradi
4. O Poder da Meditação Transcendental .... Anthony Norvell
5. O Poder das Forças Ocultas .... Anthony Norvell
6. A Bíblia Estava Certa .... H. J. Schonfeld
7. O Ensino das Mahatmas (Teosofia) .... Alberto Lyra
8. Mistérios Cósmicos do Universo .... Adrian Clark
9. A Evolução Divina da Esfinge ao Cristo .... Édouard Schuré
10. Raízes do Oculto – A Verdadeira História de Madame H. R. Blavatsky .... Henry S. Olcoot
11. O Budismo do Buda .... Alexandra David-Neel
12. Diálogos de Confúcio
13. A Sugestão Mental .... J. Ocnorowicz
14. A Magia e o Diabo no Século XX .... Alberto Lyra
15. Catecismo Budista .... Henry S. Olcott
16. Além da Razão – O Fenômeno da Sugestão .... Jean Lerède
17. Os Grandes Iniciados .... Édouard Schuré
18. A Arca da Aliança .... Michel Coquel
19. Os Caminhos do Graal .... Patrik Rivière
20. Os Mistérios da Rosa-Cruz .... Christopher McIntosh
21. Zoroastro – Religião e Filosofia .... Paul du Breuil
22. Qabalah – A Doutrina Secreta dos judeus numa Perspectiva Ocidental .... Alberto Lyra
23. A Alquimia e Seus Mistérios .... Cherry Gilchrist
24. O Poder da Magia .... Israel Regardie
25. Reencarnação e Imortalidade .... Alexandra David-Neel
26. A Religião Astral dos Pitagóricos .... Louis Rougier
27. Tao Te King / I Ching – O Caminho do Sábio .... Sérgio B. de Brito
28. A Franco-Maçonaria .... Robert Ambelain
29. O Mistério de Jesus .... Vamberto Morais
30. A Meditação pela Ioga .... Vamberto Morais
31. Retorno ao Centro .... Bede Griffiths
32. O Pensamento Védico .... Carlos Alberto Tinôco
33. A Primeira Comunidade Cristã e a Religião do Futuro .... Vamberto Morais
34. Psicologia Oriental – Os Sete Raios .... Padma Patra
35. O Tarô Esotérico – O Livro de Toth .... Julio Peradjordi
36. O Sobrenatural Através dos Tempos .... Marc André R. Keppe
37. Os Cátaros e o Catarismo .... Lucienne Julien
38. Santa Verônica e o Sudário .... Ewa Kuryluk
39. O Sentido da Vida .... Vamberto Morais
40. O Povo do Segredo .... Ernst Scott
41. Meditação ao Alcance de Todos .... Henepola Gunaratana
42. A Deusa da Compaixão e do Amor .... John Blofeld
43. A Religião do Terceiro Milênio .... Vamberto Morais
44. O Poder do Som .... Padma Patra
45. Tratado da Pedra Filosofal de Lambsprinch .... Arysio N. Santos
46. O Ocultismo Sem Mistérios .... Lorena de Manthéia
47. As Upanishads .... Carlos Alberto Tinôco
48. Parábolas para Nosso Tempo .... Vamberto Morais
49. Pense Grande .... Saly Marnece
50. O Misticismo à Luz da Ciência .... Newton Milhomens
51. Videntes de Cristo .... Adelaide P. Lessa
52. Histórias da Bíblia – Velho Testamento .... Archer W. Smith
53. Histórias da Bíblia – Novo Testamento .... Archer W. Smith
54. MT – O Despertar para o Conhecimento .... Marilia de Campos
55. Manual do Místico .... Rogério Sidaoui
56. Yoga – Repensando a Tradição .... Acharya Kalyama
57. Sociedade Secreta de Jesus .... Kiko

Produzido sob demanda com exclusividade pela Docuprint.
Direitos desta edição reservados à Editora Ibrasa
Copyright do autor.